D1666572

Harald Parigger

Geschichte erzählt
Von der Antike bis zum 20. Jahrhundert

Harald Parigger

Geschichte erzählt

Von der Antike bis zum 20. Jahrhundert

Gedruckt auf chlorfrei gebleichtem Papier
ohne Dioxinbelastung der Gewässer.

Deutsche Bibliothek – CIP-Einheitsaufnahme

Parigger, Harald:
Geschichte erzählt : von der Antike bis zum 20. Jahrhundert /
Harald Parigger. – Frankfurt am Main : Cornelsen Scriptor, 1994
ISBN 3-589-20940-2

5.	4.	3.	2.	Die letzten Ziffern bezeichnen
98	97	96	95	Zahl und Jahr des Drucks.

Herstellung: Kristiane Klas, Frankfurt am Main
Umschlagentwurf: Studio Lochmann, Frankfurt am Main
Satz: FROMM Verlagsservice GmbH, Selters/Ts.
Druck und Bindung: Paderborner Druck Centrum, Paderborn
Vertrieb: Cornelsen Verlag, Berlin
Printed in Germany
ISBN 3-589-20940-2
Bestellnummer 209402

Inhalt

(Die Sternchen ★ geben Hinweise auf den Schwierigkeitsgrad – s. S. 12.)

Zeit des Wandels: Das 16. Jahrhundert

Steiniger Weg in die Gegenwart: Die Neuzeit

Meiner Frau Gisela,
die mich kritisch und sachkundig
durch 3000 Jahre Geschichte begleitet hat.

Einleitung

Wie einfach man Interesse für historische Themen wecken kann, indem man sie in eine amüsante oder spannende Geschichte verpackt, das war über dem quellenorientierten Geschichtsunterricht der siebziger und achtziger Jahre ziemlich in Vergessenheit geraten. Erst seit einiger Zeit lernt man das Erzählen als Element einer erfolgreichen Vermittlungsstrategie wieder schätzen.

Der steigenden Nachfrage nach Geschichten zur Geschichte steht allerdings nur ein geringes Angebot gegenüber. Die von mehreren Verlagen zusammengestellten Auszüge aus historischen Jugendbüchern bieten zwar Leseanreiz, sind aber als Erzählung im Unterricht oft nur bedingt geeignet, weil sie aus einem größeren Zusammenhang genommen und nicht auf bestimmte historische Themen zugeschnitten sind.

Speziell für den Geschichtsunterricht konzipierte Erzählungen gibt es kaum. In der ehemaligen DDR hingegen erfreute sich ein vierbändiges Werk mit dem Titel „Der Geschichtslehrer erzählt" (von Herbert Mühlstädt) einiger Beliebtheit.

Im Herbst 1992 bat mich der Cornelsen Verlag zu prüfen, ob eine gründliche Überarbeitung von „Der Geschichtslehrer erzählt" den Aufwand lohne. Nach eingehender Prüfung kam ich damals zu dem Ergebnis, daß das Werk heutigen Anforderungen nicht genügt. Die einseitige Ausrichtung auf „historische Persönlichkeiten", die Vorliebe für die Schilderung von Schlachtengetümmel und martialischem Ambiente, die obsolete, oft von Pathos und Schwulst durchsetzte Sprache, die seltsame und formlose Mischung von Bericht, Schilderung, Ereignisparaphrase und angedeuteter Erzählung trugen mit zu diesem Urteil bei.

Konsequenterweise ergab sich daraus der Wunsch nach einer neuen Sammlung historischer Erzählungen. So entstand „Geschichte erzählt" – hundert Geschichten, von der Zeit der frühen Hochkulturen bis zum Beginn des 20. Jahrhunderts, eigens für diesen Band verfaßt und zusammengestellt.

Nach Königen, Kaisern, Päpsten und Generälen wird man darin vergeblich suchen, es sei denn im Kontext mit einem Problem, das auch den Alltag der Menschen betraf oder ein bezeichnendes Licht auf eine Epoche wirft.

Damit ist ein wesentliches Kriterium für die Stoffauswahl bereits angedeutet: Den Schwerpunkt bilden Themen aus der Alltags-, Sozial-, Kultur- und Mentalitätsgeschichte.

Im Rahmen dieser Schwerpunktsetzung wurden die Lebensverhältnisse von Frauen, Kindern und Jugendlichen immer wieder besonders berücksichtigt. Großes Gewicht habe ich auch auf die Darstellung von Menschen in schwierigen Entscheidungslagen, Lebenssituationen oder Zeitläufen gelegt – so gibt es z. B. auch eine Anzahl von Kriegsgeschichten, freilich nicht in Form von farbigen Schlachtengemälden.

Mentalitäten, Alltagskultur und historische Fakten sind in jedem einzelnen Fall sorgsam recherchiert worden: In aller Regel könnten sich die Geschichten so abgespielt haben (sofern wir Heutigen das zu beurteilen in der Lage sind), wobei zu unterscheiden ist zwischen solchen, deren Handlungsabläufe fiktiv sind, und solchen, die auf Quellen beruhen, sowie zwischen denen, deren Helden und Heldinnen frei erfunden sind, und denen, deren Protagonisten tatsächlich gelebt haben.

Wichtig war mir die Vielfalt der Formen, um auch bei häufigerem Gebrauch der Sammlung Eintönigkeit zu vermeiden, um mit Aufbau und Sprache dem jeweiligen thematischen Anlaß gerecht zu werden, und schließlich auch, um meiner eigenen Lust am Fabulieren keine Zügel anlegen zu müssen.

Es finden sich Kurzgeschichten im Lapidarstil neben geschlossenen Erzählungen, knappe Dialoge, nur mit dem nötigsten Beiwerk versehen, neben handlungsintensiven Geschichten und solchen mit ausführlich dargestelltem Zeit- und Lokalkolorit.

Die Probleme einer plausiblen Sprachfindung für historische Erzählungen waren und sind mir wohl bewußt. Ich habe meist eine möglichst zeitneutrale Sprache gewählt, Sterilität und Farblosigkeit aber dabei zu meiden gesucht; stark vom Milieu geprägten Geschichten habe ich eine vorsichtig und nur andeutungsweise an ihre Zeit angenäherte Sprache gegeben.

Grundsätzlich gilt, daß nicht zugunsten von Lerninhalten auf erzählerische Stimmigkeit, logische Konstruktion und erlebnisbetonte Sprache verzichtet wurde. In allen Fällen stehen die Geschichten im Vordergrund, nicht die historischen Fakten, die sie vermitteln: Denn „Geschichte erzählt" soll und kann kein Ersatzlehrbuch sein.

Was kann aber eine gut vorgetragene Geschichte im Unterricht überhaupt leisten?
- Sie kann motivieren und unterhalten und damit sowohl Interesse wecken als auch Leistung belohnen.
- Sie kann Sachinformationen und Wertorientierungen vermitteln und so der Erarbeitung und Problematisierung von Sachverhalten dienen.
- Sie kann provozieren, schockieren oder amüsieren und auf diese Weise nicht nur Diskussionen anregen, sondern in schwierigen Unterrichtsphasen auch zwanglos disziplinieren und Aufmerksamkeit schaffen.

Überall da, wo an Gefühle, an Neugier, an Abenteuerlust, an Phantasie appelliert werden soll, sind Geschichten ein besonders geeignetes didaktisches Mittel.

Welche Einsatzmöglichkeiten bieten sich im *Geschichtsunterricht* ganz besonders an?
- Einstieg in ein neues Thema (z. B. „Götter unter sich" oder „Auf die Verpackung kommt es an");
- alltagsgeschichtlich akzentuierte Vertiefung eines bereits behandelten Themas (z. B. „Der Burgherr mit dem weiten Herzen" oder „Ein Bett für sich allein");
- Abschluß eines Themas mit dem Ziel der weiteren gedanklichen Beschäftigung (z. B. „Tod den Hebräern" oder „Freund oder Feind");
- das Ansprechen von Thematiken, die in den Lehrplänen nicht vorkommen und auch in den Lehrbüchern nicht oder kaum enthalten sind (z. B. „Beim Leibarzt des Kaisers" oder „In der Gewalt des Hexenrichters").

Es sollte vermieden werden, die Geschichten als Arbeitsgrundlage, wie einen Lehrbuchtext oder gar wie eine Primärquelle, zu verwenden („Lest die Geschichte durch und streicht an, was ihr darin über die Prinzipatsverfassung erfahrt"). Das hieße sie als Informationslieferanten zu überfordern, ihren fiktionalen Charakter verschleiern und ihren erzählerischen Reiz zu mindern.

Vielfältig läßt sich „Geschichte erzählt" auch im *Deutschunterricht* einsetzen: als Einstieg in die Diskussion, die Erlebniserzählung, die epischen Kleinformen, als Grundlage einer Fortsetzungsgeschichte, eines „Drehbuchs" für ein Historienspiel oder als Ausgangstext für einen Dialog, nicht zuletzt auch als Vorlage für Inhaltsangaben – wie oft sucht man nicht für Übungsstunden und Klassenarbeiten danach!

Auch für den *Latein-, Griechisch-, Englisch-, Französisch- und Religionsunterricht* finden sich geeignete Texte. Wer in *Vertretungsstunden* die Gelegenheit nutzen will, von Themen zu erzählen, die im Geschichtsunterricht aus Zeitmangel meist arg vernachlässigt werden, aber deshalb nicht

minder interessant sind (z. B. aus der Rechts-, Kultur- oder Medizinge-
schichte), findet in „Geschichte erzählt" reichlich Material dazu.
Nicht zuletzt sei eine weitere Möglichkeit genannt, „Geschichte erzählt"
einzusetzen, die sicher nicht die unwichtigste ist, nämlich die, immer
dann, wenn man meint, den Schülerinnen und Schülern sei das zu
gönnen, eine Geschichte zu erzählen – einfach nur so, zum Vergnügen.
Um den Umgang mit der Sammlung zu erleichtern, gibt es eine Reihe
von Hilfestellungen:
- Hinweise auf den Schwierigkeitsgrad erleichtern die Auswahl: ✴ bedeutet eine einfach konstruierte und leichtverständliche Geschichte;
  ✴✴ eine komplexere Geschichte mit (einfacher) Problemstellung; ✴✴✴
  eine Geschichte, die Aufmerksamkeit, Mitdenken und die Fähigkeit
  zur Verarbeitung verlangt.
- Ein Vorspann führt in die Thematik ein.
- Die Angabe der ungefähren Vorlesezeit hilft bei der Organisation der
  Unterrichtsstunde.
- Die wichtigsten Begriffe, deren Verständnis nicht vorausgesetzt werden kann, werden im Anschluß an den Text aufgeführt und knapp
  erläutert. (Zweckmäßig ist es, diese Begriffe vor dem Vortrag an die
  Tafel zu schreiben und zu besprechen, damit keine Verständnisschwie-
  rigkeiten entstehen.)
Über die Jahrgangsstufe, in der eine Geschichte vorgelesen werden kann,
sagt ihr Schwierigkeitsgrad nicht unbedingt etwas aus – jede Lehrerin,
jeder Lehrer muß selbst entscheiden, ob sie sich für eine Klasse eignet
oder nicht.
Vorgesehen sind die Erzählungen vor allem für die 5. bis 8. Jahrgangsstufe. Aber wer sagt, daß nicht auch ältere Semester bisweilen an einer
Erzählung ihre Freude haben können?
Ein Satz zum Schluß: Keine Geschichte kann wirken, wenn nicht der,
der sie vorliest, etwas einbringt: Temperament, Engagement und über-
zeugende Lesequalität.
Wir alle schimpfen oft über die mangelnde Vortragsfähigkeit unserer
Schulkinder. Bei „Geschichte erzählt" dürfen Lehrerin und Lehrer beweisen, daß sie es besser können.

Lebendige Vergangenheit

*1. Eine alte Frau erinnert sich***

Zeitzeugen, also Menschen, die eine bestimmte Epoche der Geschichte selbst miterlebt haben, sind eine wichtige Quelle. Über den Alltag von damals können sie besser Auskunft geben als jedes Geschichtsbuch.
Vorlesezeit: 9 Minuten

Der U-Bahn-Wagen war fast leer. Drei Männer saßen darin, von denen der eine vor sich hindöste und die anderen in ihre Zeitung vertieft waren.

Zwei Frauen auf gegenüberliegenden Plätzen unterhielten sich sehr lebhaft.

In der hintersten Ecke des Wagens hockte ein Junge mit dunkler Haut und schwarzen Haaren und schaute auf seine wippenden Schuhspitzen.

An der Mitteltür hatte sich eine kleine alte Frau hingesetzt, schräg gegenüber von Sabine, die im Kino gewesen und so müde war, daß sie alle Augenblicke hinter vorgehaltener Hand gähnte.

Die Bahn verlangsamte ihre sausende Fahrt, der enge schwarze Tunnel erweiterte sich zu einer erleuchteten Halle, die Bahn hielt.

In Sabines Wagen stiegen drei junge Männer ein. Normalerweise hätte man sie kaum mit einem Blick gestreift. Sie waren nicht besonders groß und nicht besonders breit, und ihre Gesichter waren Gesichter, wie es sie in einer großen Stadt tausendfach gibt. Aber ihre Köpfe waren kahlgeschoren, und sie trugen lange Mäntel aus glänzendem Leder.

Deshalb sah sie jeder an und sah gleich wieder weg, so, als ob etwas nicht da wäre, wenn man es nicht anschaut. Nur die alte Frau blickte verstohlen immer wieder zu ihnen hin, und es hatte den Anschein, als ob sie noch kleiner würde, als sie ohnehin schon war.

Die drei Männer musterten die wenigen Fahrgäste. Da bemerkte einer von ihnen den Jungen mit den schwarzen Haaren.

Er stieß die anderen grinsend an, und sie gingen durch den fast leeren Wagen ausgerechnet auf die Bank zu, auf der der Junge saß. Zwei lümmelten sich ihm gegenüber in die Sitze, einer warf sich so neben ihn, daß er ihn heftig anrempelte.

„Kannst du nicht aufstehn, wenn deutsche Männer sich setzen wollen, Scheißkanack?" fuhr er ihn an. Die zwei lesenden Männer zogen ihre Zeitung dichter vor das Gesicht, der dösende schlief auf einmal ganz fest, die Frauen betrachteten die schwarzen Tunnelwände, Sabine knetete verlegen ihre Finger.

Die alte Frau starrte auf die Gruppe.

Der Junge erhob sich wortlos, aber einer der Kahlgeschorenen hielt ihn fest. Das Leder des Mantels knisterte. „Wohin willst du?" fragte er. „Du willst nicht da sitzen, wo wir sitzen? Du beleidigst uns, Kümmeltürke!" Ein anderer lächelte und holte ein Klappmesser aus der Tasche. Er ließ es aufspringen. Nachdenklich strich er mit dem Daumen über die Schneide. „Haben solche Untermenschen", fragte er, „eigentlich dasselbe Blut wie wir?"

„Ich glaube nicht", sagte der, der den Jungen festhielt. „Eher so was wie Schweineblut." Er rülpste laut.

Die anderen lachten.

Wieder wurde es hell im Schacht. Die U-Bahn hielt.

„Kommt, wir müssen raus", sagte der Kahlkopf mit dem Messer. „Hast noch mal Glück gehabt, Kanack", grinste er. „Beim nächsten Mal bist du höflich, sonst …" Schwungvoll fuhr er sich mit dem Rücken des Messers über die Kehle.

Die drei jungen Männer verließen den Zug. Das Leder knisterte, als ihre Mäntel sich beim Aussteigen berührten. Zwei Zeitungen raschelten, der schlafende Herr wachte auf und gähnte, die beiden Frauen plauderten angeregt. Der Junge saß zusammengesunken auf seinem Platz. Sabine hörte auf, ihre Hände zu kneten, und sah die alte Frau an. Die war sehr weiß, und in den Runzeln ihres Gesichts schimmerte es feucht wie in den Furchen eines verwitterten Felsens nach dem Regen. Ihr Atem ging schwer.

„Was haben Sie denn?" fragte Sabine und legte vorsichtig ihre Hand auf die der alten Frau. Sie fühlte sich trocken und kalt an.

„Ist es wegen der drei Rowdies? Das waren doch nur Großmäuler, glaub' ich. Es ist doch nichts passiert!"

„Ich … ich weiß, was der Junge fühlt", sagte die alte Frau stockend. „Wenn da Leute sind, die einem sagen, du bist ein Untermensch. Und einen auch so behandeln. Sie sagen ,Scheißkanacke' oder ,Judensau', und ringsherum die Menschen, die hören und sehen weg …" Die Frau hob den Kopf. Ihre Augen blickten verschwommen. „1933", fuhr sie fort, „ich war dreizehn Jahre alt – so alt wie du vielleicht?" Sabine nickte. „1933, da wurde ich von Staats wegen zum Untermenschen erklärt. Ja, auch damals waren es zuerst nur ein paar Gescheiterte, armselige Existenzen wie die drei Kahlköpfe da. Aber es wurden immer mehr, und 1933 eroberten sie die Macht im Staat. Nationalsozialisten nannten sie sich. Damals waren es nicht die Türken, die man Untermenschen nannte. Damals waren es die Juden."

Die alte Frau schluckte. „Wie kann einer ein Untermensch sein, der wie ein Mensch Angst hat, leidet und verzweifelt ist? Männer in braunen Uniformen standen vor dem kleinen Buchladen meiner Mutter und befahlen: ‚Deutsche, wehrt euch, kauft nicht bei Juden!' Wogegen sollten sie sich wehren? Mein Vater verlor seine Stellung beim Landratsamt, weil er nicht arisch war. Was war überhaupt ein Arier? Zwei Jahre später verboten sie den jüdischen Untermenschen, mit den arischen Menschen ein Verhältnis oder eine Ehe einzugehen. ‚Wegen der Reinhaltung des deutschen Blutes', sagten sie. Wieso, war unser Blut denn schmutzig? Und überhaupt, waren wir nicht auch Deutsche? Ich verstand das alles nicht, genausowenig wie der Junge da hinten versteht, warum er ein Untermensch sein soll."

Sabine hörte zu, ohne die kleine alte Frau zu unterbrechen. Sie sah in das runzelige traurige Gesicht und schaute dann zu dem Jungen mit dem schwarzen Haar hinüber.

„Es wurde immer schlimmer", fuhr die alte Jüdin fort. „Eines Tages brannten die Menschen den Untermenschen die Synagogen nieder und plünderten ihre Wohnungen und Geschäfte. Als Untermensch durfte ich nicht mehr mit den Menschen auf eine Schule gehen, wir durften nicht mehr mit Menschen im selben Haus wohnen, in denselben Geschäften einkaufen, dasselbe Konzert besuchen. Und dann kamen sie immer öfter, die Männer in den Ledermänteln." Die alte Frau umklammerte die Bügel ihrer Handtasche so fest, daß die Haut über den Fingerknöcheln weiß wurde.

„Sie hatten keine kahlen Köpfe, sondern trugen meistens Hüte, die sie nicht abnahmen. Aber die Mäntel waren dieselben. Das Leder knisterte, wenn sie sich schnell bewegten. Sie nahmen immer ein paar Untermenschen mit – meinen Großvater, die Eltern einer Freundin, einen jüdischen Arzt; nie kehrte einer zurück.

Eines Tages trieben sie uns alle zusammen auf einen großen Platz, nahmen uns das wenige, was wir noch besaßen, und stopften uns in Güterzüge, die nach Osten fuhren, in das Konzentrationslager Auschwitz. Dort ätzten sie uns eine Nummer ein, denn Untermenschen haben eine Nummer, keinen Namen. Dann begannen die Menschen die Untermenschen zu vernichten. Die Stärksten ließen sie arbeiten, bis sie starben. Die anderen hängten, erschossen oder erwürgten sie, sie vergasten sie wie

Holzwürmer oder erschlugen sie wie lästige Fliegen. Meine Eltern, meine Geschwister, meine Freunde ... ich blieb am Leben, frag mich nicht, wie.

Nach langen Jahren kehrte ich zurück in dieses Land, in dem ich geboren wurde und dessen Sprache ich spreche. Ich war nun wieder ein Mensch. Aber verstehst du, wenn ich Männer in Ledermänteln sehe und wenn ich sie von Untermenschen reden höre, dann fange ich an zu zittern. Vorhin, da war mir, als ob meine Seele in dem Körper des Jungen da wäre, direkt neben seiner. Ich fühlte seine Angst und seine Verzweiflung. Ich sah mit seinen Augen, wie Zeitungen dichter vor das Gesicht gezogen wurden, Lider sich dichter schlossen, Blicke sich in die Dunkelheit richteten."

Die alte Frau stand mühsam auf. „Danke, daß du mir zugehört hast", sagte sie. „Du und die anderen Jungen, ihr solltet nicht vergessen, was die Alten erzählen. Damit nicht wieder eine Zeit kommt, in der es Untermenschen gibt – und Unmenschen."

Als sie haltsuchend nach der Lehne des Sitzes griff, verrutschte der Ärmel der Bluse, und Sabine sah, schwarz und wie eingebrannt, die Nummer auf ihrem Arm.

2. Tinas Entdeckung*

In den städtischen und staatlichen Archiven lagern gewaltige Mengen von Dokumenten aus der Vergangenheit. Wer Geschichte erforschen will, für den ist das Archiv der wichtigste Arbeitsplatz.
Vorlesezeit: 11 Minuten

Die junge Frau, die im Lesesaal des Archivs saß, gähnte ausgiebig. Manchmal war es schon anstrengend, Geschichte zu studieren, und stinklangweilig dazu.

Sie sah auf den Berg von Akten, Protokollen und Schriftsätzen, der vor ihr lag. Mein Gott, war das öde! Klostergeschichte aus dem 18. Jahrhundert – wen interessierte das schon außer dem Professor, der sie hierhergeschickt hatte! Sie jedenfalls war absolut kein Typ fürs Kloster.

Mit spitzen Fingern griff sie nach einem der vergilbten Aktendeckel. Staubig war das Zeug, und lesen konnte man es auch erst, wenn man stundenlang geübt hatte. Wenn sie bloß schon fertig wäre!

Seufzend las sie die Aufschrift: „Verschiedene Verwaltungssachen des Klosters Benediktbeuern." Na, das hörte sich ja wieder unglaublich spannend an!

Als sie die Akte öffnete, mußte sie heftig niesen. Sie schneuzte sich ausgiebig und wollte gerade zu lesen beginnen, da sah sie ein vielfach zusammengefaltetes Stück Papier, das offenbar aus dem Stapel herausgefallen war. Neugierig faltete sie es auf. Es war eng beschrieben, und als Überschrift stand da „Herzallerliebste!" Seltsam. „Herzallerliebste"? Was hatte denn so eine Anrede in den Akten eines Klosters zu suchen? Sie las weiter. Mensch, ein richtiger Liebesbrief! Aus einer Mönchszelle! Der Forscherdrang der jungen Frau war geweckt. Sie blätterte weiter in den Papieren und entdeckte Briefe, Berichte und Protokolle, die mit diesem geheimnisvollen Liebesbrief zu tun hatten. Sie arbeitete alles durch; für die lateinischen Stellen holte sie sich ein Wörterbuch und ruhte nicht, bis sie sie übersetzt hatte.

Was sie sich auf diese Weise Stückchen für Stückchen zusammensetzte, war die Geschichte des Benediktinermönchs Bernhardus Weinberger. Und diese Geschichte, so fand sie, war den Staub und die Mühe wert.

Bruder Bernhard wälzte sich schlaflos auf seinem schmalen Bett. Er konnte es nicht mehr aushalten. Alles war hier geregelt, das frühe Aufstehen, das frühe Schlafengehen, wann man essen und trinken, wann man reden durfte. Fünfmal am Tag mußte man beten und singen, dazwischen hatte man gelehrte Bücher zu studieren oder mußte jedenfalls so tun als ob.

Selbst in der Freizeit konnte man nicht machen, was man wollte. Mit den langweiligen Brüdern Kegel schieben oder Billard spielen oder im Garten lustwandeln und dazu ein frommes Gesicht machen, auch mal einen Schluck Wein trinken – nur ja nicht zuviel!

Aber all das, was er gern mal gemacht hätte: ins Dorf gehen und einige Maß Bier hinunterschlucken, mal bei einer richtigen Rauferei mitmischen, mit einem hübschen Mädchen tanzen – alles strengstens verboten. Das war überhaupt die schlimmste Strafe für ihn: Daß er niemals eine Freundin haben sollte, das machte ihn ganz krank! Acht Jahre war er jetzt schon im Kloster, und mit jedem Jahr fühlte er sich elender. Wäre er doch bloß während des Noviziats gegangen, da hatte man noch die freie Entscheidung. Aber nach den ewigen Gelübden, da ließen sie keinen mehr raus. Keinen – außer ihm, Bernhardus Weinberger. Denn Not macht erfinderisch, und er würde einen Weg finden, er mußte ihn finden, weil er es nicht mehr aushalten konnte im Kloster.

Also grübelte Bruder Bernhard und grübelte, bis ihm die Erleuchtung kam und er endlich schlafen konnte.

Vom folgenden Tag an wurde Bernhard ein ganz anderer. Er aß und trank nur noch wenig, er sprach nur das Nötigste, betete den ganzen Tag und war ernst und in sich gekehrt. Seine Mitbrüder behandelten ihn voller Respekt, und der Abt betrachtete ihn mit Wohlwollen.

Nach etlichen Monaten, in denen er ein fast so hingebungsvoller Mönch zu sein schien wie vor zwölfhundert Jahren der heilige Benedikt, ging er zum Abt und sagte: „Herr Abt, ich bitte Sie, erfüllen Sie mir meinen Herzenswunsch: Entlassen Sie mich aus diesem Kloster, das so freundlich und mild mit seinen Mönchen umgeht. Ich will die härteste Zucht und die strengste Askese, ich will, daß das Fleisch einst völlig dem Geist gehorcht: Lassen Sie mich zu den Franziskanern nach Ungarn, dort werde ich Erfüllung finden!"

Der Abt sah in das bleiche, magere und ernste Gesicht des jungen Mönchs vor ihm und erwiderte: „Wir werden dein Anliegen wohlwollend prüfen und geben dir dann Bescheid!"

Einige Tage später wurde Bernhard zum Abt zitiert: „Wir wollen deiner Berufung nicht im Wege stehn. Geh mit Gott!"

Der junge Mönch erhielt ein Pferd und ein ordentliches Reisegeld zum Geschenk und ritt, von tausend Segenswünschen begleitet, davon.

Kaum war er außer Sichtweite, drückte er seinem Reittier die Absätze in die Seite, so daß es genau den Luftsprung machte, nach dem ihm zumute war. Endlich frei! Er winkte in die Richtung, in der er Ungarn vermutete, und rief fröhlich: „Wartet noch so etwa 100 Jährchen auf mich, vielleicht komme ich dann vorbei!"

Sein Entschluß stand fest: Er wollte Soldat werden. Da konnte er nach Lust und Laune Bier trinken und raufen, und die schönen Mädchen waren ihm gewiß nicht mehr verboten.

Er zog Richtung Norden, lebte unterwegs ganz vergnüglich vom Reisegeld des Abts und trat, als er es verbraucht hatte, in die Armee des preußischen Königs ein. Aber wie groß war seine Enttäuschung, als er schon bald merkte, daß er da erst recht nicht tun konnte, was er wollte: Vorschriften, Vorschriften … Wenn man nicht parierte, dann wurde man eingesperrt oder kriegte Prügel, die Bezahlung war miserabel, und die schönen Mädchen blieben ein Traum.

Kurz, beim preußischen Militär war es so scheußlich, daß Bruder Bernhard schon bald das Weite suchte. Er versuchte es noch in anderen Armeen, doch schließlich gab er es auf, Soldat sein zu wollen. Das war nichts für ihn, ebensowenig wie das Leben im Kloster.

Wo würde er in Freiheit leben können, ohne Uniform oder Ordenstracht, ohne Gehorsamspflicht und pausenlose Disziplin? Wie Schuppen fiel es Bruder Bernhard eines Tages von den Augen: Student müßte man sein, das war es!

Er schlug sich durch bis nach Hause; bei Nacht und Nebel klopfte er an die Tür seiner Mutter und bat sie um Geld.

Frau Weinberger liebte ihren Sohn; sie gab ihm ihre Ersparnisse und erzählte keiner Menschenseele, daß er bei ihr gewesen war.

So zog Bruder Bernhard nach Wien und fühlte sich als Student sehr wohl. Aber da mischte sich der Teufel persönlich in sein Leben ein, das fand er jedenfalls. Als er nämlich eines Tages von einer fröhlichen Runde kam, sah ihn – ausgerechnet ein Pater aus Benediktbeuern, der zu Besuch in Wien war, und erkannte ihn sofort. Er folgte ihm bis zu seiner Wohnung und ließ ihn verhaften.

So wurde der arme Bruder Bernhard von einem Gendarmen nach Benediktbeuern eskortiert und dort erst mal eingesperrt. Aus war der Traum vom freien Studentenleben!

Aber Bernhard gab so schnell nicht auf. Eines Morgens kam der Nachtwächter mit einer großen Beule und noch ganz wirr im Kopf zum Abt gelaufen: „Hochwürdigster Herr, jemand hat mich niedergeschlagen!"

Wer der Übeltäter war, kam bald heraus: Bruder Bernhard hatte es nicht ausgehalten im Kloster, er war zum zweiten Mal davongelaufen und hatte, um nicht aufgehalten zu werden, den armen Wächter hinterrücks niedergestreckt. Man fing ihn bald wieder, doch wieder brach er aus und wurde erneut gefangen.

Dann wurde es lange still um Bruder Bernhard. Er blieb brav im Kloster und hielt sich, wie es schien, an die geltende Ordnung. Aber dann brach sein alter Freiheitsdrang wieder durch. Bald gab es Gerüchte, und der Klosterklatsch blühte. Eines Tages beschloß der Abt, den Verdächtigungen nachzugehen, und ordnete an: „Durchsucht Bruder Bernhards Zelle!"

Das Ergebnis übertraf seine Befürchtungen. Geld und Waffen förderte die Untersuchung zutage, und, was das Schlimmste war, einen Brief mit der Überschrift „Herzallerliebste!"

Das anschließende strenge Verhör brachte die ganze Wahrheit ans Licht: Tatsächlich hatte sich Bruder Bernhard nie mit den Regeln des Klosterlebens und schon gar nicht mit dem Gebot der Keuschheit abfinden können. Mit zwei Schwestern aus dem Dorf hatte er ein Verhältnis gehabt und die, die gerade seine Favoritin war, auch nachts in seine Mönchszelle gelassen. Nach dem Schäferstündchen hatte er sie dann gleich von der Sünde losgesprochen, die sie gerade mit ihm begangen hatte.

Die Strafe, die der Abt ihm für seine Verfehlungen auferlegte, war grausam: Sieben Jahre wurde Bernhard im Klosterkerker eingesperrt und teilweise sogar angekettet, damit er nicht wieder ausbrechen konnte. Nachdem er seine Strafe verbüßt hatte, gab es keine Klagen mehr über Bruder Bernhard. Er lebte noch viele Jahre im Kloster.

„Das Eingesperrtsein hat ihn bestimmt gebrochen", dachte Tina. „Sie hätten ihn besser von seinem Gelübde befreit, vielleicht wäre er noch ein zufriedener Mensch geworden – in den Armen seiner ‚Herzallerliebsten‘." Nachdenklich klappte sie die staubige Akte zu und verließ das Archiv. Aber die Geschichte Bruder Bernhards ging ihr lange nicht aus dem Kopf. Die Geschichte eines Menschen, der ihr so vertraut vorkam, als ob sie ihn jahrelang gekannt hätte, obwohl doch von ihm nicht mehr geblieben war als ein Liebesbrief und ein paar vergilbte Blätter im Archiv.

3. Herr Müller gräbt die Vergangenheit aus*

Je weiter eine Epoche zurückliegt, desto weniger schriftliche Quellen berichten in der Regel über sie. Aber die Archäologen können durch die Untersuchung von Ausgrabungen sehr viel über das Leben in vergangenen Zeiten herausfinden.
Vorlesezeit: 12 Minuten

Der Frühling meinte es gut in diesem Jahr. Es regnete wenig, und seit Wochen hatte es keinen Frost mehr gegeben. Deshalb sagte der Postbetriebsinspektor Florian Müller an einem Freitagabend zu seiner Frau: „Morgen fange ich mit dem Aushub für die Garage an!"
Vor zwei Jahren hatten sie sich in dem fränkischen Städtchen, in dem Herr Müller und seine Frau arbeiteten, ein Haus gebaut. Damals hatte das Geld für eine Garage nicht mehr gereicht. Aber jetzt war wieder ein bißchen da, jetzt sollte auch das Auto seinen Neubau kriegen.
Am Samstag morgen also spannte Herr Müller die Richtschnüre, spuckte in die Hände, griff zum Spaten und fing an zu graben.
Eine Zeitlang ging die Arbeit gut voran, der Boden war locker und feucht. Aber bald stieß der Spaten auf ein Hindernis. Herr Müller trat erst kräftiger zu, dann versuchte er um den harten Gegenstand herumzugraben. Aber das war gar nicht so einfach. Herr Müller buddelte, stemmte und stieß, bis er endlich etwas aus dem Boden gewuchtet hatte,

das einem alten verrosteten Eimer zum Verwechseln ähnlich sah. Mit
einem Fluch schlug Herr Müller mit der Spatenkante darauf, so daß das
Ding in zwei Teile zerbrach. „Elendes Gerümpel!" schimpfte er. „Wie
kommt das in meinen Garten?"

Er grub weiter, aber schon bald war ihm wieder etwas im Weg. Diesmal
war das Hindernis noch größer und sah aus wie ein Suppentopf aus der
Großmutterzeit. Es kriegte seinen Hieb mit dem Spaten und flog zu dem
alten Eimer.

Als Herr Müller aber gleich darauf noch einen Gegenstand zu Tage
förderte, eine Art Nudelsieb aus Blech, nur daß die Löcher zu merkwür-
digen Mustern angeordnet waren, da packte ihn der Zorn. Er schimpfte
so laut, daß seine Frau aus dem hinteren Teil des Gartens herbeigelaufen
kam.

„Aber Florian, was ist denn los?" fragte sie. „Was regst du dich denn so
auf?"

„Ach, schau dir das doch an! Irgendein verdammter Strolch hat hier
irgendwann seinen ganzen Müll abgeladen!"

Frau Müller hob das Sieb auf und schaute es prüfend an. „Ich hab auch
noch so ein Metallsieb, so ähnlich jedenfalls, aber da sind die Löcher
einfach nebeneinander, nicht in solchem Muster … nun, eigentlich ganz
hübsch, findest du nicht? In der Mitte eine Blume, dann so eine Art
Kringel, und außen diese eckigen Linien, wie in einem Labyrinth, wo
habe ich solche Linien schon mal gesehen?"

Frau Müller dachte einen Moment lang nach. Dann weiteten sich ihre
Augen, ihr Mund klappte auf, und sie wurde ganz bleich.

„Mein Gott, Florian", flüsterte sie.

„Ja, was hast du denn? So sag doch schon!"

„Begreifst du denn nicht?" Seine Frau deutete mit ausgestreckten Armen
über den Zaun.

Herr Müller, der viel langsamer dachte als seine Frau, zuckte die Achseln.
Dort lag das Römerbad, das vor kurzem entdeckt und ausgegraben
worden war. Sollte angeblich 1800 Jahre alt sein. Ein paar Trümmer und
einige Ziegelmauern, mehr nicht, aber die Leute machten ein Theater
darum, als ob es mindestens so was wäre wie der Eiffelturm.

„Aber Florian, um Himmels willen, verstehst du denn immer noch nicht?
Das Römerbad!"

Jetzt allmählich dämmerte es Herrn Müller: „Du meinst …?" fragte er.

„Ja." Seine Frau bückte sich, stocherte mit den Fingern im Boden herum
und hob etwas aus der schwarzen Erde, das auf den ersten Blick wie eine
dicke Wurzel aussah. Sie zog den Gartenschlauch herbei, stellte das Wasser

an und spülte alle Erdklumpen von der „Wurzel" ab. Zum Vorschein kam
eine zierliche Figur, eine nackte junge Frau mit üppigen Locken, die auf
einem runden Sockel stand.
„Ist sie nicht schön?" flüsterte Frau Müller und kratzte an den Reifen,
die das Figürchen um Arme und Knöchel trug. „Mein Gott, das ist ja
Gold …!"
Dann war es mit ihrer Beherrschung vorbei. Sie ließ den Schlauch fallen,
daß er spritzend auf dem Rasen herumtanzte, fiel ihrem Mann um den
Hals und schrie: „Mensch, Florian, wir haben einen Römerschatz gefunden!"
„Pst!" sagte ihr Mann. „Nicht so laut! Übrigens habe ich den Schatz
gefunden, und ich sage dir, kein Mensch darf etwas davon wissen. Wir
graben jetzt alles aus, was wir finden können, und nächste Woche fahr'
ich nach München und versuche einen Antiquitätenhändler zu finden,
der uns das ganze Zeug abkauft. Sonst kommen nämlich irgendwelche
staatlichen Museumsfritzen, nehmen uns alles weg, und wir kriegen
keine Mark dafür."
„Du bist verrückt", stellte Frau Müller fest.
„Der Schatz gehört hierher, in diese Stadt, den darfst du nicht einfach an
einen Privatmann verkaufen. Und außerdem kannst du dir als Beamter
solche krummen Sachen gar nicht leisten."
Herr Müller wollte noch das und jenes einwenden, aber seine Frau hörte
gar nicht mehr hin.
„Am besten, du läßt jetzt alles so liegen, wie es ist", meinte sie, „damit
du nicht noch mehr kaputt machst …" Sie deutete vielsagend auf die
Trümmer im Gras. „Und Montag früh ruf' ich gleich im Landratsamt an.
Dann sollen die entscheiden, was weiter geschieht."
Sie tätschelte ihrem Mann die Wange. „Sie werden schon einen Finder-
lohn bezahlen. Und die kleine Schöne hier", sie drückte die Figur an
ihre Brust, „die stelle ich einstweilen auf den Wohnzimmertisch."

Bald war in dem kleinen Städtchen und besonders bei den Müllers
allerhand los. Fachleute gruben den Schatz aus, Sachverständige begut-
achteten ihn, Vertreter von allen möglichen Zeitungen, von Radio und
Fernsehen kamen und wollten immer wieder die Geschichte hören, wie
Herr Müller mit seinem Spaten aus dem 20. Jahrhundert auf einen
Bronzeeimer aus dem 3. Jahrhundert gestoßen war.
Ein paar Wochen nach dem aufregenden Fund, der inzwischen – gegen
Quittung, versteht sich – in eine staatliche Restaurierungswerkstatt
gebracht worden war, besuchte ein Herr aus München die Müllers.

Er kam ohne Umschweife zur Sache. „Der Römerschatz, den Sie gefunden haben, ist zum nationalen Denkmal erklärt worden", erklärte er. „Sie haben deshalb keine freie Verfügung mehr darüber."
„Hab' ich es dir nicht gesagt?" rief Herr Müller und ballte seine Fäuste. „Der Staat ist der größte Räuber!"
Aber der Herr aus München hob beschwichtigend die Hand. „Nur nicht gleich aufregen!" sagte er. „Das bedeutet nur, daß Sie den Schatz nicht ins Ausland verkaufen dürfen und daß Sie ihn einer Gruppe von Wissenschaftlern zur Auswertung überlassen müssen."
„Auswertung nennt man das jetzt", brummte Herr Müller. „‚Ausbeutung' hätte man früher gesagt!"
„Aber, aber, lieber Herr Müller. Sie als Beamter müßten doch wissen, daß der Staat so etwas nicht tut. Nein, nein, niemand bezweifelt, daß der Schatz Ihr Eigentum ist. Aber jetzt lassen sie mich erstmal erzählen, was sie da eigentlich gefunden haben: Es ist der größte Fund dieser Art, der jemals in Bayern gemacht worden ist. Er enthält elf silberne Votivgaben, auf denen römische Gottheiten dargestellt sind, 16 Götterstatuen aus Bronze mit Silber- und Goldschmuck, eine Vielzahl von Gerätschaften aus Bronze und Eisen, Masken, Helme und Gefäße. Viele der Stücke sind in miserablem Zustand; der Zahn der Zeit und auch" – der Spezialist aus München warf einen tadelnden Blick auf Herrn Müller – „der Spaten eines zornigen Garagenbauers haben große Schäden angerichtet. Etwa zwei Jahre wird es dauern, bis der ganze Schatz restauriert ist, und ein paar hunderttausend Mark wird es wohl kosten."
„Wie kommt der Schatz denn nun ausgerechnet in unseren Garten?" fragte Frau Müller.
„Nun, gnädige Frau, die Römer wußten natürlich noch nicht, daß es sich um Ihren Garten handelt", erwiderte der Herr höflich. „Aber wie Ihnen vielleicht bekannt ist, war hier, in Ihrer Nachbarschaft, ein großes Römerlager, ein Kastell, zu dem auch das Bad neben Ihrem Haus gehörte. Denn hier, zwischen Donau und Rhein, verlief der Limes, der Grenzwall, bis zu dem die Herrschaft der Römer reichte. Vor etwa 1750 Jahren fielen die Alemannen, ein germanischer Stamm, über die römischen Lager her. Sie waren nicht gerade zimperlich in ihren Methoden, und sie raubten, was sie kriegen konnten. Deshalb brachten viele Lagerbewohner, wenn die feindlichen Truppen kamen, alles Wertvolle, vor allem Tempelschätze, in Sicherheit. Sie warfen die Kostbarkeiten in hastig ausgehobene Löcher und bedeckten sie mit Erde. Dort überdauerten sie die Jahrhunderte."
Der Mann aus München machte eine bedeutungsvolle Pause und fuhr dann feierlich fort. „Wir haben Ihren Fund von Gutachtern schätzen

lassen. Nach dem Gesetz gehört er zu 50 % dem Finder und zu 50 % dem Grundstückseigentümer."

Frau Müller konnte sich ein Grinsen nicht verkneifen, denn das Grundstück war auf ihren Namen eingetragen.

„Der Freistaat Bayern legt Wert darauf, daß der Römerschatz in seinen Besitz übergeht. Er bietet Ihnen deshalb für Ihren Fund zwei Millionen Mark."

Als Herr Müller wieder klar denken konnte, war der Herr bereits gegangen.

„Wie komme ich denn dazu, mich abzuschinden und meine Garage selber zu bauen?" rief er. „Ich lasse bauen!"

Frau Müller nickte verständnisvoll.

„Was soll so ein kleines, altes Auto in einer neuen Garage?" rief Herr Müller. „Ein neues, großes Auto muß her!"

Frau Müller nickte verständnisvoll.

„Außerdem will ich endlich nach Paris", rief Herr Müller, „den Eiffelturm anschauen!"

Aber damit war Frau Müller überhaupt nicht einverstanden.

„Kommt nicht in Frage", sagte sie. „Zuerst fahren wir nach Rom."

Recht hatte sie! Das waren sie den alten Römern wirklich schuldig!

Votivgaben: Opfer- und Dankgeschenke an eine Gottheit.

---

4. Unter der Linde**

Denkmäler können eine ganze Menge über die Vergangenheit erzählen. Aber wie der Name eben sagt: Ein bißchen denken muß man schon ...
Vorlesezeit: 13 Minuten

Ei, Mama, so guck doch mal!" Der Herr im kurzen blauen Mantel, mit vor der Brust baumelnder Kamera und Tiroler Hütchen auf dem Kopf, winkte seiner Frau.

„Was ist denn, Karl? Wir wollten doch jetzt in die Weinstube gehn! Ich kann kaum noch die Füße heben vor lauter Besichtigen."

„Nur mal gucken!" Der Herr hob die Kamera vors Gesicht. Klick, klick, klick! „So, das hätten wir im Kasten."

Inzwischen hatte sich seine Frau zu ihm gesellt.

„Was gibt's denn da noch zu sehen?" fragte sie. „Also Karl, dies Kopf-
steinpflaster überall, weißt du, man kann's ja mit der guten alten Zeit
auch übertreib... ach, wie süß! Ein Gärtchen!"

Sie spähte durch das Gitter des eisernen Tores, an dem ihr Mann stand.

„Ob man da rein darf?"

„Warum nicht? Ich seh' kein Verbotsschild. Und schau, das Tor ist nur
angelehnt."

„Also komm! Vielleicht kann man sich da irgendwo hinsetzen und die
Füße ausruhen." Sie faßte ihren Karl am Ärmel und zog ihn mit sich.

Es war ein strahlender Apriltag, mild und von wunderbarer Klarheit. Der
Garten, den die beiden Touristen betraten, war klein und an zwei Seiten
von hohen Mauern begrenzt. Über der einen wölbte sich die Kuppel des
Neumünsters, über der anderen ragten die Türme des Doms in den
blauen Himmel.

Ganz still war es in dem Gärtchen, die Sonne schien durch das zarte Grün
einer Linde, malte schimmernde Flecken auf die rissigen Steinplatten, die
den Boden bedeckten, und ließ die Köpfe der feuerroten Tulpen leuch-
ten, die hier und dort büschelweise emporwuchsen.

Die Reste eines alten Kreuzgangs aus rotem und weißem Sandstein
ragten in das Gärtchen, umpflanzt von Büschen und Bäumchen, und
unter der Linde stand ein mächtiger steinerner Quader.

„Gell, Mama, hier ist es schön", sagte der Herr. „Hier, wenn wir sitzen
könnten und die Ruhe genießen ..."

„Ja, schön ist es schon", sagte seine Frau. „Aber Ruhe? Also Karl, ich weiß
nicht. Am Sonntag, die ganze Zeit das Gebimmel, mal von rechts, mal
von links", sie deutete auf die Türme. „Das wär' ja nicht zum Aushalten!"

„Ich meine ja nur", sagte Karl. „Schau mal, da haben sie ein Stück von
einem alten Kloster hingestellt. Oder stand das schon immer hier? Das
nimmt ganz schön Platz weg in dem kleinen Garten. Was ist denn das für
ein Stein, an dem du da lehnst, Mama?"

„Ich weiß nicht ..." Mama trat zurück und betrachtete den Quader
prüfend. „Vielleicht ein großer Grabstein? Warte mal, da steht was dran."
Sie holte eine Brille aus dem Handtäschchen, setzte sie auf die Nase und
entzifferte mühsam und stockend: „‚Her Walther von der Vogelweide.
Swer des vergaeze, der taete mir leide'. Das ist ja alles ziemlich falsch
geschrieben – oder, Karl, vielleicht ist das ganz altes Deutsch!"

„Wer ist denn der – wie heißt er noch?"

„Walther von der Vogelweide. Seltsamer Name ist das, gell? Also, ganz
genau weiß ich das auch nicht, aber ich glaube, so ein Ritter, der auch

gesungen hat und auf der Harfe gespielt, für die ganz hohen Herrschaften, wenn sie beim Essen waren."

„Was du alles weißt!" staunte ihr Mann. „Ich hab' von diesem Herrn Vogelweide noch nie was gehört."

„Ei, Karl, das mußt du auch nicht. Das ist ja schon so lange her ... Ich hab' mal in irgendeiner Zeitschrift was von ihm gelesen. Aber das meiste hab' ich schon wieder vergessen ... Herrgott, ich komm' einfach nicht mehr drauf ..."

Die Dämmerung war schon hereingebrochen, und es war bitterkalt. Der Mann, der durch die fast menschenleeren Gassen der Stadt schlenderte, zog fröstelnd den Pelzmantel enger um die Schultern. Als er das weiche Fell fühlte, mußte er lächeln, denn sein erster warmer Pelz kam ihm in den Sinn. Fünfundzwanzig, nein, sechsundzwanzig Jahre mußte es her sein, da hatte ihm der Bischof von Passau fünf Goldstücke für einen Mantel geschenkt. In Wien war das gewesen, am Babenberger Hof. Wie der Herzog selbst war er sich vorgekommen in dem neuen Prunkstück. Lange Zeit war dann niemand mehr so großzügig zu ihm gewesen, und als der Mantel ausgedient hatte, hatte er oft erbärmlich gefroren ...

Der Mann schüttelte den Kopf. Schon wieder Erinnerungen!

Je älter man wurde, um so häufiger drängten sich einem die Erinnerungen in den Sinn, und wenn man dem Tod so nah war, wie er es zu sein glaubte, lebte man fast nur noch in der Vergangenheit.

Auch jetzt, während er durch die verlassenen Gassen der Stadt ging, waren sie wieder gegenwärtig, die Jahre, die schon so lange zurücklagen. Mit ihnen kam der Ärger über eigene Fehler, die Erbitterung über Ungerechtigkeiten, die Verzweiflung über Armut und Mißachtung, aber auch Freude über Tage des Triumphs und Stunden der Liebe. Wie sein Leben wohl verlaufen wäre, wenn er am Hof in Wien geblieben wäre? Den begeisterten Beifall der Hofgesellschaft, wenn angekündigt worden war: „Ein Lied von Herrn Walther von der Vogelweide" – er hatte ihn noch im Ohr.

Eins, das hatten sie immer wieder hören wollen, obwohl sie es alle schon auswendig kannten:

Unter der Linde, auf der Heide,

wo wir uns liebten,

seht ihr noch die Spuren

unserer Körper: gebrochene Blumen.

Am Waldrand war es, in einem Tal,

wo die Nachtigall so lieblich sang.

Wie hatten sie gerätselt, wer die Geliebte wohl war, die er auf so neue und unerhört direkte Weise besungen hatte – aber er hatte es verschwiegen, bis heute kannte niemand ihren Namen.

Wegen solcher frivolen Lieder war es zum Krach mit seinem Lehrer gekommen, mit Reinmar, dem alten Starrkopf, der nicht einsehen wollte, daß Minnelieder mehr sein mußten als langweilige Kompositionen immer derselben Bilder nach immer denselben Regeln.

Er hatte Wien verlassen müssen, das hatte Reinmar, der einflußreiche Hofdichter, erzwungen.

Mit nichts als einem alten Gaul, einem bestickten Gewand, das er hütete wie seinen Augapfel, ein paar Silbergroschen in der Tasche und dem Pelzmantel des Passauer Bischofs war er durch das Reich gezogen, von Hof zu Hof, von Kloster zu Kloster, von Königspfalz zu Königspfalz.

Herr Walther blieb stehen und sah versonnen in die Wolken, die sich grau und schwarz am Himmel türmten, vom Wind zerrissen und wieder zusammengeballt.

Es war eine schlimme Zeit gewesen, voller Haß, Gewalt und Verrat, in der es keinen Herrscher gegeben hatte, kein Gesetz, das zu achten, und keinen Frieden, dem zu trauen war.

Damals hatte er Abschied genommen vom Minnesang, von der unbeschwerten Liebesdichtung. Wer soviel Tod und Leid gesehen hatte, der mochte nicht mehr von rosenfarbenen Lippen und lilienweißen Armen singen.

Bitterböse Lieder hatte er damals geschrieben, zornig die angeklagt, die für Elend und Unrecht verantwortlich waren. Nur mit demjenigen unter den Mächtigen, der ihm gerade ein Dach über dem Kopf und Essen und Trinken gewährte, war er etwas sanfter umgesprungen, meistens jedenfalls, sonst wäre er verhungert oder erfroren.

Noch immer stand Herr Walther regungslos da und starrte in die düsteren Wolkenmassen. Sie mochten weder Aufrichtigkeit noch gar Kritik, die Herren von Stand, und sie ließen einen nur zu gerne spüren, daß ein Künstler ein Nichts war, kaum soviel wert wie ein Pferdeknecht, es sei denn, er war durch Geburt in die Reihen der Bevorzugten gestellt.

Was hatte er für Erniedrigungen ertragen müssen – bei den selbstgefälligen Tegernseer Mönchen, die ihn mit dem Gesinde hatten abfüttern wollen, auf der Wartburg, wo der versoffene Ritter ihn ungestraft hatte demütigen dürfen, an den Höfen, wo er vergebens um ein kleines Lehen gebettelt hatte, das ihm sorgenfreies Arbeiten ermöglicht hätte.

Herr Walther spürte, wie ihm die Kälte von den Füßen in den Leib stieg, und nahm seine Wanderung wieder auf.

Seit neun Jahren hatte er nun sein Lehen, der junge König Friedrich hatte es ihm verschafft, und er hatte es ihm mit den schönsten Liedern gedankt, die er je geschrieben hatte.

Der einsame Spaziergänger hatte die kleine Pforte erreicht, die in den Kreuzgang des Münsterstifts führte, zu dem er jederzeit Zutritt hatte. Er schritt über den steinernen Boden und ging dann hinaus in den Grashof. Hier, an dieser Stelle, wollte er begraben werden, wenn seine Zeit abgelaufen war – bald, wie er glaubte.

Er sah dem letzten trüben Schimmer des Tages nach und lauschte dem zornigen Brausen des Windes, der durch die Äste der Bäume fuhr und keine Blätter mehr fand, die er herunterzerren konnte.

„Wohin sind meine Jahre verschwunden?" dachte er. „War mein Leben ein Traum, oder war es Wirklichkeit? Alles, was ich sehe, kommt mir fremd vor – ich bin wohl ein Fremder geblieben auf der Welt.

Ob etwas von mir bleibt, wenn ich sie verlassen habe? Ob sich jemand meiner Lieder erinnert?"

Es war dunkel geworden.

„Ei, Mama, was guckst du denn so trübsinnig? Du denkst doch wohl nicht mehr an diesen dichtenden Ritter – wie hieß er schon wieder?"

„Ach nein, Karl, es ist nur, weil mir die Füße so weh tun!"

„Na, bis ins Wirtshaus wirst du's schon noch schaffen, und so ein Schoppen, der wirkt wahre Wunder!"

Arm in Arm verließ das Ehepaar den kleinen Garten.

Die Sonne war ein wenig tiefer gesunken. Ein blitzender Strahl fiel durch die Blätter des Lindenbaums auf den steinernen Quader, so daß er weiß leuchtete und die Worte, die in ihn gemeißelt waren, wie schwarze Schatten hervortraten:

„Her Walther von der Vogelweide, swer des vergaeze, der taete mir leide."

Götter und Menschen in frühen Hochkulturen

5. Eine rätselhafte Mumie*

Mit großem Aufwand bestatteten die Ägypter ihre Toten – je bedeutender deren Stellung in der Gesellschaft gewesen war, desto aufwendiger. Erfahrene Balsamierer bereiteten die Leichname für die Bestattung vor. Wenn ein Lehrling ihnen dabei half, dann konnte schon mal ein kleines Mißgeschick passieren …
Vorlesezeit: 10 Minuten

Der Balsamierer schob vorsichtig einen bronzenen Haken in das rechte Nasenloch des toten Pharao.
„Das Wichtigste ist", erklärte er seinem jungen Gehilfen, „daß man das Gehirn sorgfältig entfernt. Denn sonst fault der Leib, und die Lebenskraft des Verstorbenen, sein Ka, muß für alle Zeit ruhelos umherirren."
Behutsam drehte er den Haken hin und her und zog das Gehirn heraus. Dann hob er den Kopf des Leichnams ein wenig an und goß durch ein hölzernes Röhrchen eine scharf riechende Flüssigkeit in die Nase.
„Diese Tinktur löst alle Reste auf, die sich noch im Kopf befinden", sagte er und verschloß die Nasenlöcher mit Wachsstopfen.
Als er neben sich ein schmatzendes Geräusch hörte, unterbrach er seine Arbeit. „Ist das die Möglichkeit?" rief er tadelnd. „Kannst du nicht wenigstens, wenn ich dir etwas beizubringen versuche, mit dem Essen aufhören? Ich habe noch nie jemanden gesehen, der solche unglaublichen Mengen von Datteln verschlingen kann wie du!"
Der Junge blickte grinsend auf das henkellose Körbchen mit getrockneten Früchten, das er in der Hand hielt, und schob sich rasch eine weitere Dattel in den Mund, ehe er kauend erwiderte: „Vergiß nicht, Ameni, meine Vorfahren waren Bauern. Gerstenbrot, Bier und Zwiebeln, das kriegten sie zu essen, und auch davon meistens nicht genug. Fleisch gab es nur an den Festtagen, und für einen Korb voll süßer Datteln, so wie den da, hätten sie sich zwei Monate extra zum Pyramidenbau verpflichtet. Mein Vater und mein Großvater waren zwar schon ebenso Balsamierer, wie ich einer werde, aber der Hunger nach Datteln und Feigen, der ist uns geblieben."

Wieder griff seine Hand in das Körbchen, und zwei der süßen Früchte wanderten in seinen Mund. „Aber mach ruhig weiter, Ameni", fügte er hinzu, „laß dich nicht stören. Ich passe genau auf."

„Das mußt du auch." Ameni seufzte. „Die Augenkrankheit, mit der die Götter unser Volk gestraft haben, hat auch mich befallen, und ich fürchte, du wirst meine Arbeit bald ganz übernehmen müssen. Also gib acht!"

Mit einem scharfen Messer machte Ameni einen langen Schnitt durch die Bauchdecke. „Hol die Tonkrüge!" befahl er.

Gehorsam stellte Ramose, der Lehrling, das Dattelkörbchen beiseite und schleppte vier tönerne Krüge herbei.

„In ihnen werden die Eingeweide des Toten bestattet", sagte Ameni. „Nur das Herz, das mußt du unbedingt im Körper lassen. Denn dort wird einst die Lebenskraft des Toten, das Ka, wieder ihren Platz haben."

Gemeinsam wuschen Ameni und Ramose den Bauchraum des Verstorbenen dann mit duftenden Tinkturen und starkem Palmwein aus.

„Zieh jetzt die Wachstropfen aus der Nase und leg den Toten vorsichtig auf die Seite, damit die Flüssigkeit aus dem Kopf herauslaufen kann!"

Ameni nickte zufrieden. „So, für heute gibt es nur noch eines zu tun; du bist jünger und stärker: Faß du den Leib unter den Schultern an, ich nehme die Fußgelenke."

Mit Schwung hoben sie den Leichnam in eine tiefe Wanne.

„Das Salz!" befahl Ameni knapp und sah zu, wie Ramose den leeren Bauchraum mit Salz füllte und dann den Toten ganz und gar damit bedeckte.

„Warum ist das nötig?" fragte er, um seinen Schüler zu prüfen.

Ramose wußte Bescheid. „Ein Körper kann nur dann erhalten bleiben, wenn er trocken ist", sagte er. „Alles, was feucht ist, fault. Das Salz nimmt die ganze Feuchtigkeit aus dem Körper fort."

„Es ist kaum zu glauben", lächelte Ameni, „aber du paßt tatsächlich auf beim Dattelkauen. Es ist gut so, siebzig Tage lang muß der Leib jetzt in seinem Salzbett ruhen. Du kannst dich jetzt also mit gutem Gewissen deinen Früchten widmen."

Als sie den Arbeitsraum verlassen hatten, meinte Ramose nachdenklich: „Weißt du, Ameni, was mir oft durch den Kopf geht?"

Ameni sah ihn wohlwollend an. „Na, was denn? Sag es mir!"

„Das, was für den Gottkönig gilt, gilt doch für uns alle: Keine Familie darf zulassen, daß das Ka ihrer Toten ruhelos umherschweift."

Ameni schüttelte energisch den Kopf. „Selbstverständlich nicht."

„Aber das, was wir mit dem Leib des Gottkönigs gemacht haben und noch machen werden, das ... das ist doch sehr aufwendig. Denk an all das Bier, Brot, Fleisch, an die Datteln, Feigen und Fische, die wir bekommen haben, und was man uns sonst noch alles gegeben hat! Sandalen und einen leinenen Umhang, dann das Werkzeug, die Krüge, die Tinkturen und Essenzen ..."

„Worauf willst du eigentlich hinaus?" fragte Ameni.

„Naja, ganz einfach: Nur der Gottkönig und die Reichsten der Reichen können sich das alles leisten. Wenn wir einst sterben – wir werden nicht so kunstvoll einbalsamiert. Besteht da nicht die Gefahr, daß unser Ka heimatlos bleiben muß?"

Ameni mußte lachen. „Es ist wirklich erstaunlich, daß zwischen all den Datteln in deinem Leib noch Platz für solche Gedanken ist! Aber deine Sorgen sind ganz unbegründet. Natürlich ist unsere Fürsorge für den Körper des Gottkönigs besonders wichtig. Aber auch für alle anderen Toten wird gesorgt. Freilich, je reicher einer ist, desto aufwendiger läßt er sich einbalsamieren. Als dein Vater starb – du warst zu klein, um dich heute noch daran zu erinnern –, haben wir auch seinen Leib mit Salz behandelt und ihn dann in einen steinernen Sarg gelegt. Und selbst die ärmsten Bauern, die lediglich in der Wüste vergraben werden, müssen nicht befürchten, daß ihr Leib zerstört wird. Denn der trockene Sand und das Salz, das in ihm enthalten ist, entziehen ihm alle Feuchtigkeit. Du kannst also ganz beruhigt sein."

Nach siebzig Tagen trafen sich Ramose und Ameni wieder in der Balsamierwerkstatt, in der der tote Pharao in seinem Bett aus Salz lag. Sie hoben ihn vorsichtig heraus; alles Wasser war dem Körper genommen; hart und wachsgelb spannte sich die Haut über den Knochen.

„Nun kommt das Schwerste", sagte Ameni. „Wir müssen den harten Körper wieder beweglich machen."

Er nahm zwei Baumwolltücher, tränkte sie mit Öl und drückte Ramose eines davon in die Hand.

„Iß noch ein paar Datteln", lächelte er. „Du wirst deine Kräfte brauchen!"

Ramose ließ sich das nicht zweimal sagen, und dann massierten sie den steifen Leichnam stundenlang mit dem Öl, bis er wieder geschmeidig war.

Endlich ließ Ameni den Lappen sinken und wischte sich den Schweiß von der Stirn.

„Als nächstes müssen wir dem Körper seine ursprüngliche Form wiedergeben", erklärte er. „Hier sind Stoff, Harz und duftende Kräuter. Damit stopfst du den Bauchraum aus und nähst anschließend die Öffnung zu. Ich werde inzwischen das Gesicht schminken und die Wangen mit Wachs polstern."

Eine Zeitlang arbeiteten sie schweigend. Erst griff Ramose noch ab und zu nach einer Dattel, aber dann stellte er das Körbchen ab und konzentrierte sich ganz auf seine Arbeit.

Das Werk gelang ihnen so gut, daß sie schließlich meinten, der lebendige Gottkönig läge vor ihnen auf dem Tisch.

Ameni holte dann eine große Menge aufgerollter Binden aus feinstem Leinen und begann den Körper einzuwickeln.

Als Ramose ihm helfen wollte, winkte er ab.

„Nein, schau nur zu. Das ist noch zu schwierig für dich."

Mit größter Sorgfalt setzte er dann sein Werk fort. Immer wenn er eine Binde abgewickelt hatte, bestrich er die ganze Fläche mit Harz.

Als Ameni fertig war, strich er eine letzte Schicht Harz über die Binden, wickelte noch einige starke Leinenschnüre um den Körper und hob ihn dann gemeinsam mit Ramose in den Sarg, in den er genau hineinpaßte, legte den Deckel auf und versiegelte die zwei Teile.

„Nun kann er in die Kammer der großen Pyramide getragen werden, wo niemand ihn stört oder verletzt", sagte Ameni. „Speisen und Getränke, Möbel, Kleider und Schmuck werden ihm den Aufenthalt behaglich machen, Bilder an den Wänden werden seine Wohnung schmücken. Sein Ka wird durch eine geheime Tür Zutritt zu ihm haben, die kein Mensch jemals öffnen k... Ramose, was ist, suchst du was?"

„Hast du mein Dattelkörbchen gesehen? Ich finde es nicht mehr!"

Ameni lachte. „Du wirst es ausnahmsweise nicht mitgenommen haben."

„Merkwürdig. Ich hätte schwören können, daß ich vorhin noch eine Dattel verspeist habe ..."

Ungefähr viereinhalb Jahrtausende später stand ein Lehrer vor seiner Klasse und erzählte den Schülerinnen und Schülern von den alten Ägyptern. „Eigentlich wissen wir ganz gut Bescheid über ihre Geschichte. Aber trotzdem ist uns vieles auch rätselhaft geblieben. Um euch nur ein Beispiel zu nennen: Vor einiger Zeit hat man die Mumie eines Pharao gefunden, in deren Bauchraum sich ein Körbchen mit getrockneten Datteln befand. Seither rätseln die Wissenschaftler, welche geheimnisvolle Bedeutung dieses Körbchen hat, aber keiner weiß eine Antwort ..."

Ramose hätte ihnen die Antwort leicht geben können. Aber er ist selbst schon seit Jahrtausenden eine Mumie, irgendwo in der Wüste, in der Nähe des Nils.

6. Eine Waffe gegen die Philister *

Lange war das Volk Israel den Übergriffen der Philister hilflos ausgesetzt. Ein
König als oberster Heerführer sollte Abhilfe schaffen. Aber damit allein war es
nicht getan, ein Vorbild mußte her ...
Vorlesezeit: 11 Minuten

Wir brauchen einen König", sagte Gideon, „jemanden, der für ein
einheitliches Vorgehen gegen die Philister sorgt, sonst sind wir
ihnen nicht gewachsen."
Wenn er erwartet hatte, daß die anderen ihm begeistert zustimmen
würden, so hatte er sich getäuscht. Unwilliges Brummen war alles, was
sie von sich gaben.
„Ich sage euch, wir brauchen einen König!" wiederholte Gideon deshalb.
„Könnt ihr das nicht begreifen? Da kommt ein fremdes Volk, größer und
kräftiger als wir – wenn auch beileibe nicht klüger –, mit Waffen, die die
unseren übertreffen, und wir, wir streiten uns darüber, welcher Stamm
die Vorherrschaft haben soll!
Die in den Bergen fühlen sich erhaben über alle, die in der Ebene
wohnen, der Stamm Juda glaubt etwas Besseres zu sein als der Stamm
Simeon und so weiter und so weiter.
Bei allen möglichen kleinen Problemen will jeder Stammesrichter seinen
Kopf durchsetzen und merkt am Ende gar nicht, daß er ihn schon
verloren hat – durch das Schwert eines Philisters nämlich!"
„Du übertreibst – wie üblich!" unterbrach ihn Jonathan vom Stamm
Juda. „Im übrigen – wenn sie uns wirklich körperlich so überlegen sind,
wie du behauptest, was sollen uns dann der König und die Einheit
nützen?"
„O Gott!" schimpfte Gideon und duckte sich unwillkürlich, denn den
Namen Gottes durfte man nicht mißbräuchlich nennen. Manchen schon
hatte die Strafe dafür ziemlich plötzlich ereilt. Aber in diesem Fall geschah
nichts, und Gideon sah das als Bestätigung dafür an, daß er fortfahren
durfte.
„Wie kann man nur so unverständig sein! Ich will euch ja gar nicht mehr
mit der alten Geschichte von dem Reisigbügel langweilen, ihr wißt
schon, ein Zweiglein kann man mit zwei Fingern knacken, das ganze
Bündel kriegt der stärkste Mann nicht kaputt; denn dann behauptet ihr
bloß wieder, ich rede in Gleichnissen und bleibe die Beweise schuldig.
Aber es muß doch auch dem Arglosesten unter euch einleuchten, daß

wir unter einer einheitlichen Führung unsere Kräfte sehr viel wirkungs-
voller einsetzen könnten! Unser König könnte eine besonders schlagkräftige Truppe ausbilden und unsere Verteidigung dann weitaus besser
organisieren!"
Gideon war ein guter Redner, und so gab es allmählich Stimmen, die
ihm beipflichteten.
„Das klingt doch ganz gut!"
„Ich finde, das hört sich recht vernünftig an!"
Ermutigt faßte Gideon zusammen: „Kurz und gut, für einen erfolgrei-
chen Kampf gegen die Philister brauchen wir einen König!"
In genau diesem Moment krachte vom fernen Gebirge, über dem sich
schwarze Wolkenmassen zusammenballten, ein heftiger Donnerschlag
herüber. Damit hatte Gideon gewonnen, denn ein Donnergrollen zur
rechten Zeit überzeugte auch die hartnäckigsten Zweifler.
„Selbstverständlich, wir brauchen einen König!"
„Ich war schon immer deiner Meinung!"
„Hab' ich es euch nicht schon bei der letzten Versammlung gesagt?"
Damit war die Sache abgemacht, und es ging nur noch darum, das
Wahlverfahren festzulegen.
„Samuel soll jemand aussuchen!"
Irgend jemand hatte das Stichwort und den Namen dazu geliefert, und
alle riefen im Chor: „Samuel! Samuel! Such uns einen König!"
„Du hörst es", sagte Gideon zu Samuel, „wir sind alle der Meinung, du
bist der beste Mann für diese Aufgabe!"
Samuel kratzte sich hinter den Ohren. „Ihr wollt aber nicht zufällig bloß
wieder einen neuen Götzen zum Anbeten haben? Wie immer, wenn es
euch schlecht geht?" fragte er. „Eigentlich ist Gott der Herr euer König,
und er duldet es nicht, wenn ihr euch eure eigenen Nebengötter schafft!"
„Aber davon kann doch gar keine Rede sein!"
„Unterstell uns doch nicht immer gleich das Schlechteste!"
„Wir wollen doch nur eine gemeinsame Strategie gegen die Philister!"
„Also gut, wenn ihr meint", meinte Samuel skeptisch, „aber über eins
solltet ihr euch im klaren sein: Das Leben unter einem König ist kein
Honiglecken! Denn so ist das nun mal bei einem Alleinherrscher. Er sorgt
zwar für straffe Führung und einheitliches Handeln, doch dafür stellt er
auch eine ganze Menge Forderungen!
Er und sein Hofstaat wollen leben, und was sie verbrauchen, das müßt
ihr anderen herbeischaffen. Das wird euch den Zehnten von euren
Erträgen kosten, und das, nachdem euch vorher schon der König die
besten Stücke eures Besitzes abgenommen hat.

Eure Söhne müssen Kriegs- und Hofdienst leisten, eure Töchter für den Hofstaat kochen und backen.

Also, macht euch nichts vor, einen guten Teil eurer Arbeitskraft und eures Wohlstands wird künftig der König für sich beanspruchen.

Vor allem aber: Euren Kopf durchsetzen, so wie ihr das bisher gewohnt wart, das könnt ihr dann natürlich nicht mehr. Denn ein König ist ein König und nicht ein nachgiebiger Richter wie ich, der jedem zuhört und es allen recht machen will. Was der König sagt, das wird gemacht, ob es euch dann paßt oder nicht."

Nachdenklich strich sich Samuel den Bart.

„Doch wie ich euch kenne", fuhr er fort, „werden euch meine Warnungen nicht sonderlich beeindrucken. Schließlich habt ihr euch gerade erst von Gideon beschwatzen lassen und müßtet deshalb zugeben, unbedacht gehandelt zu haben. Und das", Samuel kniff verständnisvoll ein Auge zu, „gibt keiner gern zu, und ihr schon gar nicht, stimmt's?"

Samuel erwartete nicht ernsthaft eine Antwort, und es kam auch keine.

„In Ordnung", schloß er deshalb, „ihr wollt also, daß ich euch einen geeigneten König suche?"

„Natürlich!"

„Das haben wir dir doch schon gesagt!"

„Glaubst du, wir ändern alle Augenblicke unsere Meinung?"

Samuel hob beschwichtigend die Hände. „Regt euch nicht auf, ich tu es ja. Ich werde schon den richtigen Mann finden!"

Und tatsächlich, Samuel fand einen. Er suchte ihn nicht unter den mächtigsten Stämmen und den einflußreichsten Familien. Denn, so dachte er, nur wer aus einfachen Verhältnissen kommt, kümmert sich um das Wohl aller. Er muß nicht die Interessen irgendeiner Sippe vertreten, die ihn ordentlich unter Druck setzt.

Er wählte einen jungen Mann aus dem Stamm Benjamin aus, Saul, den Sohn des Kis. Saul sah ausgemacht gut aus und war fast so groß wie ein Philister. Außerdem verfügte er über ein beträchtliches Selbstbewußtsein und machte jede Menge Versprechungen. Er hatte also wirklich das Zeug zum König, und alle waren begeistert von ihm. Nur Samuel war irgendwie nicht recht zufrieden, obwohl er ihn selbst ausgesucht hatte.

Und als ob er es geahnt hätte: Leider ging es mit der Abwehr der Philister trotz König überhaupt nicht voran, und die Stämme Israels verloren eine Schlacht nach der anderen.

Bis eines Tages das große Wunder geschah.

„Hast du schon gehört?" Gideon kam aufgeregt in Samuels Hütte. „Hast du schon gehört?"

„Was ist denn los? Du bist ja ganz aufgeregt. Trink erst mal einen Schluck, und dann erzähl in aller Ruhe!"

Gideon nahm dankbar einen Becher Wein entgegen und berichtete:

„Du weißt doch, daß Saul eine richtige Truppe aus lauter jungen Kriegern aufgebaut hat. Ganz so, wie ich es ihm übrigens damals geraten habe." Gideon sagte das nicht ohne Stolz. „Aber trotzdem", fuhr er fort, „haben wir gegen die Philister immer bloß den kürzeren gezogen. Bis gestern."

Er machte eine bedeutungsvolle Pause.

„Gestern nämlich hat einer von Sauls Offizieren, ein ganz junger Bursche namens David, den stärksten Philister, einen gewaltigen Kerl, sage ich dir, mindestens vier Spannen größer als David, mit einem Stein aus seiner Schleuder erschlagen, zack! Einfach so, als ob das nichts wäre! Und plötzlich war der Bann gebrochen, die Philister sind davongelaufen wie die Hasen!"

Gideon leerte seinen Becher und machte dann, daß er weiterkam, die gute Nachricht überall zu verbreiten.

Auch der alte Samuel war jetzt zufrieden.

„Es hat ihnen weniger ein König gefehlt als ein Held", dachte er und stellte sich schmunzelnd vor, wie der besiegte Philister bei jedem, dem Gideon die gute Nachricht brächte, ein Stückchen wachsen würde.

„Irgendwann ist er ein Riese, sechs Ellen hoch, mit einem eisernen Panzer, der allein soviel wiegt wie ein ausgewachsener Mann!"

Genauso geschah es: Der erschlagene Krieger wurde Stück für Stück zum Riesen Goliath; und je mehr er wuchs, um so leichter wurden die Siege über die Philister.

7. Nach dem Gesetz des Hammurabi*

Gesetze, die für alle Bewohner eines Staates gelten sollen, müssen auch jedem bekannt und für alle überprüfbar sein. Der Priesterkönig Hammurabi aus Babylon ließ deshalb einen großen Stein aufstellen, in den die Rechtsvorschriften eingemeißelt waren. Viele Gesetze waren grausam, aber wenigstens mit der Willkür war es vorbei.
Vorlesezeit: 7 Minuten

Dem Mann, der vorsichtig über den Rand der dicken Mauer spähte, hinter der er sich verbarg, fiel ein Stein vom Herzen. Sie würden ihn nicht mehr suchen, er hatte es geschafft!
Seine Verfolger standen auf der Straße und berieten sich. Wenn sie wüßten, wie nah er ihnen war!
„Der Räuber ist uns entkommen, es hat keinen Sinn, völlig ziellos hinter ihm herzujagen", hatte der Gemeindevorsteher dem Kläger gerade verkündet. „Du hast vor Schamasch geschworen, daß dir zwei Silberbarren geraubt worden sind. Die Gemeinde wird dir das gestohlene Gut erstatten, so bestimmt es Hammurabis Gesetz."
Der Mann hinter der Mauer wischte sich den Schweiß vom Gesicht. Noch immer ging sein Atem stoßweise, und es machte ihm Mühe, das Geräusch zu dämpfen. Aber er triumphierte. Die zwei Barren waren sein, und er hatte nichts mehr zu befürchten. Als sie ihm auf den Fersen gewesen, als die Steine geflogen waren, da hatte er entsetzliche Angst gehabt. Mit letzter Kraft hatte er seinen Verfolgern einen Vorsprung abgewonnen und dann einen großen Kreis geschlagen, bis er hier erste Zuflucht gefunden hatte, hier in der Höhle des Löwen. Hier würden sie ihn wohl am wenigsten suchen. Er war immer noch völlig erschöpft, aber das rasende Pochen seines Herzens hatte schon nachgelassen, und das Stechen in seinen Lungen hörte allmählich auf.
Er war nicht mehr so schnell wie früher, und auch sonst war das Risiko viel größer geworden.
Seitdem Hammurabi den gewaltigen schwarzen Stein vor dem Enlil-Tempel hatte aufstellen lassen, den Stein, in den die geltenden Gesetze eingehauen waren, wurden alle Vergehen unnachsichtig verfolgt und mit größter Härte bestraft.
Auch vorher schon galt der Raub als schweres Verbrechen; doch jeder bekümmerte sich nur um das, was ihn selbst anging, niemand erhob öffentlich Anklage, da war es viel leichter, zu entwischen.

Das hatte sich mit dem neuen Gesetz geändert. Die Gemeinde kam nun für den Schaden auf, der durch einen Raub entstand, wenn der Räuber nicht gefangen wurde. Jeder mußte also zahlen, und deshalb war auch jeder darauf erpicht, den Übeltäter zu fassen, ihm das Diebesgut abzujagen und ihn dann vor Gericht zu bringen.

Doch jetzt hatte der Mann hinter der Mauer mit eigenen Ohren gehört, was der Gemeindevorsteher entschieden hatte: keine Gefahr mehr!

Warum verschwanden sie nicht endlich, seine Jäger? Was wollten sie noch auf der Straße? Wann konnte er endlich hervorkommen und sich davonschleichen? Er wollte hier nicht bis zum Einbruch der Dunkelheit hocken!

Der Tag war heiß, die schwüle, feuchte Hitze hatte sich wie ein Alp über ihn gelegt und trieb ihm das Wasser aus allen Poren, und das war nicht einmal das Schlimmste. Der Schweiß juckte und brannte auf der Haut, aber das konnte er aushalten, und ab und zu verschaffte er sich Linderung, indem er sich mit der flachen Hand übers Gesicht fuhr.

Aber die Moskitos, die verdammten Moskitos!

Direkt hinter ihm lag ein kleiner Seitenarm des Euphrat, in dem das Wasser fast stand, und dort schien eine Brutstätte seiner Peiniger zu sein, die in ganzen Schwaden über ihn herfielen.

„Haut ab, geht heim, es hat keinen Zweck mehr, ihr erwischt den Räuber nicht mehr, euer Vorsteher hat es euch gesagt, geht endlich!" flehte der Mann im stillen.

„Geht, oder ich werde von diesen Blutsaugern bei lebendigem Leib gefressen!"

Er lauschte mit angehaltenem Atem. Die Stimmen waren verstummt. Aber er hörte nicht das Geräusch sich entfernender Schritte. Waren sie noch da? Er wagte nicht mehr, den Kopf über die Mauerkrone zu heben. Wenn sie nicht mehr miteinander sprachen, war die Gefahr zu groß, daß jemand in seine Richtung schaute.

Die Moskitos – lang konnte er die Qualen nicht mehr ertragen.

Angeekelt sah er, wie sich ein ganzer Schwarm auf seinem nackten Schenkel niederließ, wie fünf, sechs der verfluchten Biester ihren Rüssel hoben, um ihn gleich darauf in seine schutzlose Haut zu bohren.

Klatsch! Ohne nachzudenken, hatte er die Hand gehoben und kräftig auf den Schenkel geschlagen. Ein tödlicher Schreck durchfuhr ihn, er zuckte zusammen, so daß er nur mühsam das Gleichgewicht bewahrte. Unter seinen Füßen prasselte Geröll, und ein Stein polterte die Böschung hinunter, bis er im aufspritzenden Wasser liegenblieb.

„Was war das? Habt ihr das gehört? Dort, hinter der Mauer!"

Stimmen und Schritte kamen näher, von hier gab es kein Entkommen, oder doch, vielleicht über den Fluß, aber die Angst lähmte ihn, und schon hielten ihn ein Dutzend Hände eisern fest.

„Ist das der Räuber?"

„Das ist er, ich erkenne ihn, seht zum Beweis die blutige Schramme auf seinem Rücken, dort, wo ihn mein Stein getroffen hat!"

Wutschnaubend trat einer auf den Mann zu und hob den schweren Stock, den er in Händen hielt.

„Das ist der Verfluchte, der mich bestohlen hat. Ich zerschlage ihm die Knochen!"

Aber der Vorsteher trat dazwischen. „Das wirst du nicht tun! Es gibt ein Gesetz, das die Rache des einzelnen verbietet. Nur der Richter hat das Recht zu strafen!"

Der Mann starrte blicklos vor sich hin. Seine Flucht war gescheitert. Er fürchtete die Strafe nicht weniger als die Rache. Denn auf Raub stand nach Hammurabis Gesetz der Tod.

Schamasch: babylonischer Sonnengott. *Enlil-Tempel:* Tempel des obersten Gottes.

Zwischen Olymp und Agora:
Das Leben im antiken Griechenland

8. Götter unter sich*

Die griechischen Götter waren nichts anderes als unsterbliche Menschen mit einigen höchst ungewöhnlichen Fähigkeiten. Das machte sie einerseits sehr sympathisch, aber andererseits eben auch – ziemlich menschlich.
Vorlesezeit: 9 Minuten

Die Göttermutter war wieder einmal bei ihrem Lieblingsthema angelangt. „Niemals werde ich dir das verzeihen", sagte sie weinerlich, „niemals!"

„Aber es ist doch schon so lange her", begütigte Zeus. „Ich habe meinen Fehltritt mit Alkmene doch wahrhaftig aufrichtig bereut ..."

„Ja, indem du mir die nächsten zehn Fehltritte einfach nicht mehr gebeichtet hast!" entgegnete Hera hitzig.

„Du übertreibst wie immer, meine Liebe." Auch jetzt war die Stimme des Göttervaters noch sanft, aber ganz hinten, hinter den freundlichen Tönen, war fernes Donnergrollen zu ahnen. „Und was kann der arme Herakles dafür? Was hat er denn nur getan, daß du ihn mit deinem Haß verfolgst?"

„Du kannst wirklich nicht erwarten, daß ich das Ergebnis deines Ehebruchs auch noch liebe!" stieß Hera hervor. „Und wenn ich dir schon nichts anhaben kann, dann soll er wenigstens leiden!"

„Das ist ja sehr anständig von dir! Eine Göttin mit echtem Gerechtigkeitssinn!" Zeus' Stimme war ein wenig lauter, das Donnergrollen schon vernehmlicher geworden.

„Als ob du gerechter wärst!" höhnte Hera. „Denk nur an den armen Prometheus, den du für Jahrtausende an den Felsen hast schmieden lassen, bloß weil er ein bißchen schlauer als du gewesen ist! Oder an Amphitrion, den du so hundsgemein hereingelegt hast, um ihm Alkmene auszuspannen."

Heras Stimme wurde wieder weinerlich. „Niemals werde ich dir das verzeihen!"

Aber jetzt reichte es dem Göttervater.

„Zum Donnerwetter!" rief er und stieß mit dem Fuß wütend auf den Wolkenboden des Göttersaals, worauf ein heftiges Gewitter über Griechenland niederging.

„Ich will nichts mehr hören von diesen alten Geschichten, verstanden?"

„Schrei doch nicht so!" zischte Hera. „Müssen denn die anderen unbedingt alles mithören?"

Tatsächlich schauten die Götter bereits neugierig zu ihnen herüber, besonders Hermes schien kein Wort versäumen zu wollen und hatte sich so weit vorgebeugt, daß er seinen Becher mit Nektar umgeworfen hatte. Glücklicherweise gab es eine Ablenkung: Hephaistos hinkte in den Saal, rußverschmiert wie üblich, und fragte: „Hat jemand zufällig Aphrodite gesehen?"

Die ganze Göttergesellschaft brach in lautes Gelächter aus. Der arme Kerl! Ständig lief er seiner schönen Frau hinterher; so geschickt er beim Schmieden edler Waffen und Gerätschaften war, so unbeholfen war er als Ehemann, und Aphrodite nutzte jede Gelegenheit, ihm Hörner aufzusetzen. Aber wer den Schaden hat, braucht für den Spott nicht zu sorgen.

Als nämlich Apollon sagte: „Nein, Aphrodite habe ich nicht gesehen" und scheinheilig hinzufügte: „Aber seltsam, Ares ist auch nicht hier", da wurde das Gelächter noch lauter. Der elegante Kriegsgott war nämlich Aphrodites bevorzugter Liebhaber. Dem wütenden Gesichtsausdruck Hephaistos' war zu entnehmen, daß er die Anspielung wohl verstanden hatte. Grußlos schlurfte er aus dem Saal, entschlossen, nicht zu ruhen, bis er seine lebenslustige Gattin wiedergefunden hatte.

Athene, der es immer peinlich war, wenn über so heikle Themen wie eheliche Treue – oder Untreue – geredet wurde, fragte in die allgemeine Heiterkeit hinein: „Sagt mal, bei welcher von den Arbeiten, die er für Eurystheus erledigen muß, ist eigentlich Herakles gerade?"

Sofort wandten sich ihr alle Götter zu – außer Hera natürlich. Herakles – das war immer ein guter Gesprächsstoff. Denn was er so fertigbrachte, das erstaunte und beschäftigte selbst die Unsterblichen.

„Aber Schwesterchen", rief Apollon spöttisch, „daß gerade du nach ihm fragst? Hast du dich etwa in den jungen Mann verliebt?"

Athene wurde feuerrot. Unverschämter Kerl! Als ob die Göttin der Weisheit an so niedrige Dinge auch nur denken würde! Sie warf ihrem Bruder einen wütenden Blick zu und steckte der Eule, die wie gewöhnlich auf ihrer Schulter hockte, ein Stückchen Ambrosia in den Schnabel.

„Durchaus nicht, Apollon. Deine schlüpfrigen Anspielungen kannst du dir schenken. Ich bin eine Bewunderin seines Mutes, und sein Schicksal liegt mir am Herzen."

„Mir auch!" stieß Hera leise zwischen den Zähnen hervor; niemand hörte es.

„Also, welche Arbeit erledigt er gerade?" wiederholte Athene.

„Eine wenig angenehme", lachte Hermes, der natürlich wie immer Bescheid wußte, „Eurystheus hat ihm aufgetragen, den Stall des Augias auszumisten. Dreitausend Rinder stehen darin, und seit vielen Jahren hat niemand mehr den Dreck beseitigt."

„Pfui", sagte Asklepios, der Gott der Heilkunst, der sehr auf Sauberkeit achtete und nichts so haßte wie Schmutz und Unreinlichkeit, „pfui! Die Vorstellung, daß ein solcher Mistschaufler uns dereinst im Olymp zur Seite sitzen soll, erfüllt mich mit Abscheu!"

Zeus nickte sorgenvoll. „Das ist eine besonders perfide Idee von diesem Eurystheus", meinte er. „Den Gehorsam darf ihm Herakles nicht verweigern, das habe ich ihm selbst untersagt, aber als Halbgott, dem Unsterblichkeit vorherbestimmt ist, darf er solche unwürdigen Tätigkeiten nicht verrichten. Eine schwierige Situation ..."

„Dann werde ich schleunigst dafür sorgen, daß sie noch ein bißchen schwieriger wird", rief Hera. Das erste Mal lächelte sie, und ehe sie jemand aufhalten konnte, war ihr Sitz schon leer.

Weit unten auf der Erde, im Stall des Augias, aber stand plötzlich eine Kuh mehr, die einen ausgesprochen bösartigen Ausdruck in ihren großen Augen hatte. Oben, im großen Göttersaal des Olymps, runzelte Zeus die Brauen. „Wenn sie ihm die Lösung seiner Aufgabe unmöglich macht, werde ich sie zur Rechenschaft ziehen", grollte er.

„Ich werde ihm vorsichtshalber ein wenig helfen", erklärte Hermes, und sogleich war auch sein Sitz leer. In der Nähe des Stalles erschien auf einmal ein alter Hirte, der, auf einen Stab gestützt, sinnend die Mistberge betrachtete, die durch das geöffnete Tor sichtbar waren.

Einige Zeit verging; den sterblichen Menschen wäre sie wie ein ganzer Tag erschienen, den unsterblichen Göttern aber dauerte sie nicht länger, als ein Lächeln braucht, um vom Herzen auf die Lippen zu gelangen. Dann saß Hermes wieder auf seinem Stuhl. Neben ihm stand ein großes Kalb und muhte erschrocken; Hermes hatte vergessen, das Seil loszulassen, an dem er es hielt, als er sich in den Olymp zurückbefohlen hatte.

„O Verzeihung", murmelte er und schickte das Tier schleunigst zurück in den Stall, aber dann fuhr er triumphierend fort:

„Er hat die Aufgabe glänzend gelöst. Weder konnte ihm Hera etwas anhaben, noch brauchte er meine Hilfe. Nicht ein einziges Mal hat er in den Mist gelangt, kein Fleckchen verunziert seinen Löwenfellmantel. Er hat einfach zwei Flüssen ein neues Bett gegraben, sie umgeleitet und mit ihnen den Mist aus dem Stall geschwemmt. In kurzer Zeit war alles sauber, und das einzige, was den Rindviechern geschehen ist, ist, daß sie ein wenig naß geworden sind."

Kaum hatte Hermes seinen Bericht beendet, als plötzlich auch Hera wieder auf ihrem Sessel neben dem Göttervater saß.

Ihr Haar war triefend naß, und ein Duft ging von ihr aus, daß sich Äskulap entsetzt die Nase zuhielt.

Zeus achtete nicht auf sie. „Nicht nur gewaltige Kräfte hat er", dachte er, „sondern auch einen überragenden Verstand. Natürlich, er ist ja mein Sohn."

Zufrieden lächelte er vor sich hin. Den Blick, den Hera ihm zuwarf, als sie seinen Stolz bemerkte, sah er nicht. Und das war gut so, denn wenn er ihn gesehen hätte, dann wäre wohl selbst der Göttervater bleich geworden.

9. *Wer bietet mehr?**

Die Olympischen Spiele machen heute oft traurige Schlagzeilen: Doping, Schiebung, Bestechung. Aber war es damals, in der Antike, wirklich besser? Vorlesezeit: 9 Minuten.

Demetrios und Lysandros verließen den Innenhof und schritten durch den Säulengang, in dem die Ringer ihre Chitones abgelegt hatten. Es stank durchdringend nach Schweiß. „Puh, an diese Düfte werde ich mich nie gewöhnen", stöhnte Lysandros und wedelte sich mit der Hand Luft in die Nase.

„Ich rieche das schon gar nicht mehr." Demetrios lauschte auf das dumpfe Klatschen, das man hörte, wenn ein schwerer Körper wuchtig auf dem Boden aufschlägt. „Zack! Jetzt hat er den Dicken wieder geschmissen! Beim Zeus, er ist gut. Er ist sogar sehr gut. Ich glaube, er schafft es."

Sie hatten das Gebäude verlassen und gingen langsam auf das Gästehaus zu.

„Ich glaube es nicht nur, ich bin sicher", sagte Lysander. „Pythodoros ist unschlagbar. Er ist wie ein Hai, kolossal stark und dabei behende und schlüpfrig. Nein, der ist uns sicher."

„Gut." Demetrios zählte an den Fingern einer Hand ab.

„Damit hätten wir Pythodoros, den Ringer. Im Fünfkampf kann sich niemand mit Kinesias messen ... Macht zwei Ölzweige für Athen. Wenn ich das recht sehe, hat aber Ephesus auch bereits zwei so gut wie sicher: für den Faustkampf und das Wagenrennen ... ob man da vielleicht ..." „Du bist wahnsinnig!" unterbrach Lysander. „Du kannst doch keinen Wagenlenker bestechen! Da steckt soviel Prominenz dahinter, da geht es um soviel Geld, das gäbe einen Skandal, der ganz Hellas erschüttert! Außerdem beziehen die Wagenlenker derart hohe Gehälter, daß du sie ohnehin nicht auf deine Seite ziehen kannst. Nein, nein, bei den Waffenläufern, da ist etwas zu machen, scheint mir. Parmenion und Titormos sind nach meiner Einschätzung etwa gleich gut. Wenn man Parmenion, na, sagen wir, 1000 Drachmen anböte, für eine kleine Knöchelverstauchung im rechten Augenblick, so müßte das reichen für einen dritten Ölzweig zum Ruhm unserer Vaterstadt."
Demetrios nickte. „Einverstanden. Wann?"
„Die Läufer sind jetzt im Stadion. Am besten, wir fangen ihn ab, wenn er vom Training ins Gästehaus zurückkommt. Das ist am unauffälligsten."

Schwitzend und mit roten, erhitzten Gesichtern schlenderten die Läufer über den gepflasterten Weg, der durch den heiligen Bezirk führte. Die Helme hatten sie abgenommen, die riesigen bemalten Schilde über den Arm gehängt.
Am Gästehaus angekommen, trennten sie sich. „Bis morgen, ihr Schnekken", sagte einer und grinste, „beim Zeus, ihr werdet immer langsamer!"
„Gib nicht so an, Parmenion! Dich schlage ich noch mit einem Bein!"
„Im Sprüchemachen waren die Athener schon immer die größten!" rief ein dritter.
„Die Stimmung scheint ja bestens zu sein", meinte Demetrios, der mit seinem Begleiter in einem Säulengang stand und die Sportler beobachtete.
„Ja, jetzt noch. Das ist vorbei, wenn die Wettkämpfe beginnen. Dann belauert jeder jeden. Da vorne ist Parmenion. Komm jetzt, die Gelegenheit ist günstig, die Hellanodiken sind im Zeustempel."
„He, Parmenion, auf ein Wort."
Der Läufer blieb stehen und stützte sich auf den Schild. Immer noch lief ihm der Schweiß in Strömen über den nackten Körper.
„Was gibt's?" fragte er mürrisch. „Ich will mich waschen und dann ein bißchen hinlegen. Ich bin müde."
„Wir hätten gern mit dir geredet", sagte Lysandros und setzte sein freundlichstes Lächeln auf.

„Hat das nicht Zeit?"

Lysandros wiegte den Kopf. „Es handelt sich um eine wichtige Sache. Wichtig vor allem für dich."

Parmenion wurde neugierig.

„Also gut. Laßt mir Zeit, meinen Chiton anzuziehen. Ich bin gleich zurück."

Kurze Zeit später gingen die drei Männer langsam den Berg hinter dem heiligen Hain hinauf.

„Also, was wollt ihr von mir?" erkundigte sich Parmenion.

„Was sind das für Zeiten", seufzte Demetrios, ohne auf Parmenions Frage einzugehen. „Wer fragt noch nach dem eigentlichen Zweck der Spiele?"

„Genau so ist es", fügte Lysandros hinzu und seufzte ebenfalls, „kein Mensch denkt mehr daran, daß die Wettkämpfe einst einzig und allein zu Ehren des Zeus abgehalten wurden."

Demetrios nickte traurig. „Jeder denkt nur noch an den eigenen Ruhm."

„Und an den politischen Vorteil seiner Stadt", ergänzte Lysandros. „Aber was soll man machen?" Er hob die Schultern und schloß: „Man muß sich anpassen."

Parmenion verlor die Geduld. „Was soll das Geschwätz? Kommt endlich zur Sache!"

„Bei den Ephesern geht es ziemlich knauserig zu", behauptete Demetrios.

„Nicht nur mit Ehrungen, auch mit Geschenken sind sie bedauerlicherweise äußerst zurückhaltend", stimmte Lysandros zu.

„Wenigstens was die Geschenke betrifft, könnte man die Ungerechtigkeit ein wenig ausgleichen", meinte Demetrios.

Parmenion starrte die Männer zunächst verständnislos an. „Häh? Was faselt ihr da?"

Dann grinste er breit. „Ich hätte es an eurem attischen Griechisch merken müssen. Ihr seid Athener, sozusagen in inoffizieller Mission unterwegs. Also gut: Wieviel?"

„Wie kann man nur so direkt sein", tadelte Lysandros. „Fünfhundert Drachmen, bar auf die Hand."

Parmenion brach in schallendes Gelächter aus.

„Fünfhundert Drachmen? Ihr glaubt im Ernst, daß ich mir für fünfhundert Drachmen den Ölzweig entgehen lasse?"

„Bedenke, daß du ihn noch nicht hast", meinte Demetrios kühl. „Titormos ist schließlich mindestens genauso gut wie du."

„Offenbar seid ihr euch seiner aber nicht so ganz sicher", widersprach Parmenion. „Also, fünfzehnhundert müßtet ihr mindestens ausspucken.

Schließlich habe ich einen Eid geleistet!"

Sie einigten sich schließlich auf tausend Drachmen, die Hälfte zahlbar am selben Tag nach Einbruch der Dunkelheit, den Rest nach überzeugend demonstrierter Verstauchung. Höchst zufrieden gingen Demetrios und Lysandros, nachdem sie ihre Abmachung mit Parmenion per Handschlag bekräftigt hatten – wie unter Ehrenmännern üblich –, zum Gästehaus zurück.

„Hat doch prima geklappt", meinte Demetrios.

„Die Götter sind auf unserer Seite – du wirst sehen, Athen wird Gesamtsieger der Spiele."

Als sie am Gästehaus vorbeischritten, begegneten ihnen zwei Männer, die höflich grüßten. Sie schienen in ein vertrauliches Gespräch vertieft.

„Wer war denn das?" fragte Lysandros. „Kanntest du die?"

Demetrios zögerte. „Ich bin mir nicht sicher", antwortete er dann. „Ich glaube, das waren die Betreuer der Sportler aus Ephesos. Aber ich bin nicht sicher."

„Ach so", sagte Lysandros. „Ist ja auch nicht so wichtig."

Dann gingen sie einen Becher Wein trinken.

Zwei Wochen später, am fünften und letzten Tag der Olympischen Spiele, fanden die Laufwettbewerbe statt. Den Waffenlauf gewann der Spartaner Leonidas. Denn die beiden haushohen Favoriten, Parmenion aus Ephesos und Titormos aus Athen, stürzten so unglücklich, daß sie sich schmerzhafte Verstauchungen zuzogen und aufgeben mußten. So ein Pech!

Chiton (Plural Chitones): ärmelloses, gegürtetes Hemd. *Ölzweig:* Olympiasieger erhielten einen Kranz vom heiligen Ölbaum beim Zeustempel. *Drachme:* „Internationale" Währung der Antike, galt in der ganzen antiken Welt. *Hellanodiken:* Kontrolleure, die darauf achteten, daß die olympischen Regeln eingehalten wurden.

---

10. Ein Kunstbanause**

Am Fest des Dionysos traten die Dichter zum Wettstreit an. Reiche Bürger finanzierten die Aufführungen der Tragödien und Komödien. Von Kunst verstanden sie freilich oft so gut wie nichts.

Vorlesezeit: 9 Minuten

Die Ränge für das einfache Volk waren bis auf den letzten Platz gefüllt, als die Archonten, die Ausrichter der Spiele und andere besonders angesehene Bürger sich auf den marmornen Ehrensitzen am Rand des Chors niederließen. Den besten Platz hatte diesmal Aristeus. Kriton, der älteste Archont, geleitete ihn persönlich zu seiner Bank, auf die ein weiches Polster aufgelegt war.

„Du hast dich höchst verdient gemacht um den Staat, mein Lieber", sagte Kriton und wartete höflich, bis sich Aristeus niedergelassen hatte, bevor er sich an seine Seite setzte.

„Ja", nickte Aristeus und strich sich selbstzufrieden seinen Bart, „zwei ganze Tage im Theater zu finanzieren, das ist selbst für mich keine Kleinigkeit. Aber ich habe ja schon immer für meine Vaterstadt getan, was ich konnte – in selbstloser Weise, wie ich hinzufügen möchte."

Der Archont warf seinem Nachbarn einen verstohlenen Blick zu, in dem mehr Skepsis als Bewunderung lag. Es war etwas anderes, sich loben zu lassen als sich selbst zu loben, und Aristeus liebte es gar zu sehr, sich ins rechte Licht zu setzen. Kriton zweifelte eine wenig an seiner Selbstlosigkeit, denn was war schöner für einen eitlen Menschen, als in der Öffentlichkeit geehrt zu werden. Aber ihm sollte es recht sein. Solange Aristeus bereitwillig zahlte, waren ihm seine Motive egal.

So nickte der alte Archont freundlich, sagte: „Ja, ja, das weiß ich doch, mein lieber Aristeus" und wechselte das Thema. „Die diesjährigen Dionysien versprechen ein voller Erfolg zu werden", meinte er. „Das Wetter ist prächtig, die Ränge sind voll, und die Stimmung könnte nicht besser sein. Zahlreiche Tragödiendichter haben Stücke eingereicht, unter ihnen auch der greise Sophokles, und für den Tag der Komödien hat der neue Stern am Himmel der Komödiendichter, Aristophanes, seine Mitwirkung zugesagt. Wir haben also allerhand zu erwarten, meinst du nicht?"

„Ach, ich weiß nicht recht", erwiderte Aristeus grämlich. Er hätte gern noch ein wenig über sich selbst gesprochen, die Leistungen der Dichter beurteilte er eher kritisch.

„Ich will ja wahrhaftig nicht verlangen, daß die Dichter ihre Stücke
denen vorlegen, die die Aufführungen finanzieren ..."
„Das wäre auch noch schöner", dachte Kriton.
„... aber manches scheint mir doch allzusehr gegen das zu verstoßen, was
eigentlich einmal guter Brauch war. Betrachte nur einmal die Tragö-
dienstoffe. Bei dem großen Aischylos, da waren es politische und historische Ereignisse, die auf die Bühne gebracht wurden, für den Staat
bedeutsam und lehrreich für jedermann. Heute sind es vor allem Einzel-
schicksale, mit denen sich die Dichter beschäftigen. Was aber zählt der
einzelne mit seinen Nöten und Eitelkeiten gegenüber den Belangen des
Staates? Nein, Kriton, ich sage dir, hier wird nur der Ichbezogenheit der
Jugend Vorschub geleistet."
„O du alter Heuchler", dachte Kriton.
„Oder nimm diesen jungen Aristophanes", fuhr Aristeus fort. „Wie kann
jemand ein gutes Beispiel geben, der alles kritisiert oder ins Lächerliche
zieht? Dem nichts heilig ist? Der selbst mit den Göttern seine Scherze
treibt? Ich sage dir – und ich sage dir das, obwohl ich die Dionysien
selbstverständlich auch künftig selbstlos unterstützen werde – mit den
Aufführungen ist es wie mit unserer öffentlichen Moral, mit unserem
ganzen Staatswesen. Der Niedergang ist nicht mehr aufzuhalten."
Aristeus faltete die Hände vor dem runden Bauch und sah Kriton
zustimmungsheischend an. Aber dem blieb eine Antwort erspart, denn
soeben wurde das Zeichen gegeben, die erste Aufführung begann.
Gespielt wurde die Tragödie eines Dichters aus Eleusis, und sie war,
gelinde gesagt, eine Zumutung. Die Verse waren holprig, der Stil war
monoton, der Inhalt so fad wie eine unreife Feige. Die drei Schauspieler
quälten sich durch die Texte, fast schien es, als ob sogar die Masken einen
Ausdruck von Langeweile bekämen, und der Chor geriet ständig durcheinander, weil die Verse nicht stimmten.
Kriton unterdrückte ein Gähnen. Wenn man zu den Schiedsrichtern
gehörte, die den Preis für die beste Tragödie vergaben, konnte man nicht
einmal schlafen.
Es sei denn, man hieß ... Aristeus! Der Gute hatte sich zurückgelehnt,
ließ sich die warme Februarsonne auf den Pelz scheinen und machte ein
Nickerchen.
Kriton ließ ihn schlafen, ertrug auch noch den Rest der Tragödie und
hoffte, daß danach etwas Besseres käme. Am Ende des Stücks, als die
Buhrufe und Pfiffe immer lauter wurden, erwachte Aristeus.
„Aha", sagte er, noch ein wenig schlaftrunken, „recht ordentlich, scheint
mir. Miltiades von Eleusis, nicht wahr? Ein begabter junger Dichter,

keiner, der immer nur alles in Frage stellt. Ich könnte mir vorstellen, daß ich für ihn stimme."

„Dionysos", bat Kriton bei sich, „vergib ihm! Denke daran, daß er sechs Tragödien und zwei Satyrspiele finanziert, und halt ihm zugute, daß der Staat auch solche Leute wie ihn braucht!"

Nach einer kurzen Pause, in der fliegende Händler allerlei Früchte, Süßigkeiten und frisches Wasser anboten, wurde das Zeichen für die zweite Aufführung gegeben.

Kaum hatten zwei Schauspieler begonnen, den Prolog zu sprechen, da war Kriton bereits völlig gefesselt. Was für eine Sprache! Mit welcher Spannung wurde da erzählt, von Jasons Kampf um das Goldene Vlies und wie er es mit der Hilfe Medeas, der zauberkundigen Priesterin, tatsächlich für sich gewann; von der Liebe Medeas und Jasons erzählten die beiden, wie Jason schließlich die Geliebte verstieß und sie vor Leid und Verzweiflung in Wahnsinn verfiel. Dann begann die eigentliche Tragödie: Die verlassene Medea kennt nur noch ein Ziel, fürchterliche Rache zu üben und Jason zu vernichten. Schließlich tötet sie ihre gemeinsamen Kinder. War es möglich, daß die Leidenschaften so sehr die Vernunft des Menschen beherrschten?

Bei den Göttern, das war eine Tragödie! Jeder Bericht, jedes Gespräch, jeder Monolog war atemberaubend!

Kriton vergaß die Welt um sich herum, er lebte nur noch mit dem, was auf der Bühne geschah.

So merkte er auch nicht, daß sein Nachbar, inzwischen offenbar ausgeschlafen, unruhig wurde und auf seinem Polster hin- und herwetzte.

Erst als die atemlose Stille und dann der jubelnde Beifall vorüber waren, nahm er ihn wieder wahr.

„Natürlich, typisch! Ein solches Machwerk kann nur von Euripides sein!" sagte Aristeus.

„Bei Dionysos, was hast du gegen diese großartige Tragödie einzuwenden?" fragte Kriton erstaunt.

„Großartig? Daß ich nicht lache! Du bist, vergib mir, wenn ich dir das sage, trotz deines ehrfurchtgebietenden Alters bereits angesteckt von verderblichen Neuerungen wie dieser Euripides. Was geht mich die Leidenschaft an? Was interessieren mich die Empfindungen eines einzelnen? Wo sind die Götter, das Schicksal und der Staat, wo die wahren Stoffe der Tragödie?"

Aristeus holte tief Luft. „Und weißt du, was das Schlimmste ist? Daß man eine Frau zur Hauptfigur macht. Nächstens läßt man Frauenrollen womöglich gar von Frauen spielen! Ich sage dir, der Niedergang ist kaum mehr aufzuhalten! Den Göttern sei Dank gibt es noch Lichtblicke wie den begabten jungen Miltiades aus Eleusis. Hab' ich nicht recht?" Erwartungsvoll sah er den Archonten an.

Aber Kriton hatte genug, und deshalb machte er von einem Vorrecht seines ehrfurchtgebietenden Alters Gebrauch, er stellte sich schwerhörig. Denn auch für sechs Tragödien und zwei Satyrspiele muß man nicht alles ertragen.

Archonten: nach der athenischen Verfassung des Solon die neun höchsten Beamten. *Satyrspiel:* im griechischen Theater ausgelassenes Spiel nach den Tragödien. *Goldenes Vlies:* nach dem griechischen Mythos das Fell des goldenen Widders, das Jason mit Medeas Hilfe erbeutete.

---

11. Eurymachos blamiert sich**

Der Philosoph Sokrates (470–399 v. Chr.) bemühte sich, die Bürger Athens von ihren Vorurteilen zu befreien und zu vernünftigem Denken und richtigem Handeln zu bewegen. Dabei trat er in so manches Fettnäpfchen …
Vorlesezeit: 9 Minuten

D as Entscheidende für einen Mann ist, daß er seine Ehre bewahrt", erklärte Eurymachos.

Hippias hüpfte fröhlich an der Seite seines strengen Lehrers die breite Straße entlang, die über den großen Marktplatz, die Agora, führte.

„Hüpf nicht!" befahl Eurymachos.

Hippias zwang seine Beine sofort in einen ruhigen, ordentlichen Schritt. Aber sein Kopf, der drehte sich nach rechts und links, und seine Augen lugten neugierig in alle Ecken des großen Platzes, ob es nicht etwas Interessantes zu sehen gäbe.

„Schau nicht so disziplinlos in der Gegend umher!" befahl Eurymachos. Gehorsam hielt Hippias den Kopf ruhig und richtete den Blick nach unten. Mmmh, seine eigenen Füße waren ja nicht gerade sauber, aber Eurymachos mußte sich dringend mal wieder die Nägel schneiden!

„Wir reden über die wichtigsten Dinge im Leben eines Mannes, und du hüpfst wie eine junge Ziege und glotzt wie ein neugieriges altes Weib." Der Lehrer schüttelte entrüstet den Kopf. Als er noch ein Junge war, da hätte es so was nicht gegeben. Er wollte gerade in seinem Vortrag fortfahren, als er sah, wie ein stämmiger kleiner Mann gestikulierend auf sie zueilte.

„Bei den Göttern!" murmelte Eurymachos. „Das hat mir gerade noch gefehlt! Der alte Schwätzer hat es natürlich auf mich abgesehen!"

Und laut sagte er höflich: „Sei mir gegrüßt, o Sokrates!"

Hippias musterte den Mann neugierig. Das war also Sokrates. Rundes Gesicht mit fröhlichem, nicht sehr intelligentem Ausdruck, Stupsnase, lockiger Bart, Glatze.

Es gab keinen Athener, der nicht schon von ihm gehört hätte. Der Sohn eines Bildhauers sollte er sein, aber das Handwerk des Vaters, das auch er erlernt hatte, interessierte ihn angeblich nicht besonders. Auf mehreren Kriegszügen sollte er geradezu beispiellos tapfer gewesen sein, aber nie hatte er sich zur Wahl der Feldherrn gestellt.

Statt dessen streifte er über die Agora, spazierte in den Säulenhallen umher, besuchte Gymnasien und Tempel und redete mit allen möglichen Leuten. Ob sie wollten oder nicht. Von seiner Weisheit und seinem scharfen Verstand erzählte man sich Wunderdinge. Hippias betrachtete noch einmal sein Gesicht und mochte es nicht glauben.

Inzwischen war Sokrates herangekommen.

„Grüß dich auch, Eurymachos!" sagte er atemlos. „Also, ich bin ja noch ganz außer mir! Jetzt habe ich geschlagene zwei Stunden mit diesem Klugschwätzer Lysippos zugebracht, aber immer, wenn ich ernsthaft mit ihm reden wollte, hat er versucht, mich mit seinen rhetorischen Taschenspielereien zu übertölpern.

Das größte Gut und die größte Kunst sei es, sagte er, durch Worte überreden zu können. Als ob es Sinn hätte, zu überreden, wenn man nicht überzeugt. Als ob es richtig wäre, aus Schwarz Weiß zu machen. Unwahrheit bleibt doch Unwahrheit, und Wahrheit bleibt doch Wahrheit!

Ach wie wohl tut es, wieder mit einem vernünftigen Menschen zu sprechen!"

Unvermittelt unterbrach Sokrates seinen Redeschwall.

„Oder gar mit zwei vernünftigen Menschen?" fragte er und musterte Hippias prüfend.

„Das ist gewiß einer deiner Schüler?"

Eurymachos nickte.

„Und, bei den Preisen, die du forderst, der Sohn eines wohlhabenden Bürgers?"

Wieder nickte Eurymachos.

„Worüber habt ihr denn gerade gesprochen?"

„Ach, über nichts Wesent…"

„Über die Ehre", unterbrach Hippias vorlaut und spürte gleich darauf schmerzlich, wie sich der Absatz einer Sandale auf seiner großen Zehe niederließ. Aber was gesagt war, war gesagt.

„Ach, über die Ehre", wiederholte Sokrates. „Das ist ein ganz wichtiges Thema! Auf welches von den Dingen bezieht sich denn die Ehre, o Eurymachos? Bezieht sie sich auf etwas so wie die Weisheit auf den klaren Verstand, so wie die Treue auf den lauteren Charakter?"

„Genauso", erwiderte Eurymachos, und sein Unbehagen über den Verlauf des Gesprächs war ihm deutlich anzumerken.

„Also worauf dann?" bohrte Sokrates weiter.

„Auf den freien Stand!"

„Demnach kann ein Sklave keine Ehre haben?"

„So ist es!"

„Aber daß Ehre besitzen ehrenhaftes Handeln voraussetzt, das gestehst du mir wohl zu?"

„Warum fragst du? Das ist doch klar!"

Eurymachos' Ton wurde unfreundlicher, aber Sokrates ließ sich davon nicht beeindrucken.

Überhaupt, fand Hippias, war der geschwätzige Alte von eben plötzlich nicht wiederzuerkennen. Er fragte knapp, ohne ein überflüssiges Wort, seine Augen funkelten, und seine Haltung war eher die eines Advokaten vor Gericht als die eines alten Tagediebs, der schon zuviel Zeit hatte und sie auch den anderen noch stahl.

„Höre, Eurymachos", fuhr er jetzt fort, „wenn jemand sein Leben opferte, um einen anderen vor Unglück oder Tod zu bewahren, hätte der wohl ehrenhaft gehandelt?"

„Du fragst nach Selbstverständlichkeiten!"

„Nun gut. Vor einiger Zeit, so hörte ich, fiel ein Bürger dieser Stadt von Bord eines Schiffes ins Meer, an einer Stelle, wo es von Haien wimmelte. Ein Sklave sprang ihm hinterher, rettete ihm das Leben und verlor dabei das seine.

Du gibst zu, daß eine solche Handlung ehrenhaft ist. Du gibst außerdem zu, daß Ehre haben ehrenhaftes Handeln voraussetzt. Darfst du also behaupten, daß ein Sklave keine Ehre besitzen kann?"

Eurymachos schwieg beschämt.

„O Eurymachos, bei den Göttern! Wie willst du vernünftig und gut handeln, wenn dein Wissen nur auf vorgefaßten Meinungen beruht?"

Sokrates schüttelte den Kopf. „Wie willst du diesen Jungen in den wesentlichen Dingen des Lebens unterrichten, wenn du sie selbst nicht durchdacht hast?"

Jetzt schlug Eurymachos' Verlegenheit in offenen Ärger um.

„Du fühlst dich wohl kolossal überlegen, was?" schimpfte er. „Du glaubst wohl, alles zu wissen!"

„Du beurteilst mich falsch, Eurymachos", entgegnete Sokrates ruhig.

„Überlegen bin ich dir wirklich, wie übrigens allen Athenern, die ich kenne, aber eben weil ich nicht glaube, alles zu wissen. Vielmehr weiß ich genau, daß ich eigentlich nichts weiß. Du hingegen weißt nichts, noch nicht einmal, daß du nichts weißt. Siehst du, deswegen bin ich dir überlegen: Ich bin mir meiner Unzulänglichkeit bewußt, und das ist der erste Schritt zum richtigen Handeln.

Leb wohl, Eurymachos!"

Der Alte klopfte Hippias auf die Schulter, winkte noch einmal und war gleich darauf in einer Säulenhalle verschwunden.

Eurymachos stand da wie ein begossener Pudel und rührte sich nicht vom Fleck.

Als jedoch Hippias grinsend sagte: „Mir scheint, ich habe den falschen Lehrer", da löste sich seine Erstarrung, und er verpaßte dem Jungen eine kräftige Maulschelle.

Denn bestimmte Dinge durfte ein Schüler in Athen zwar denken, aber niemals sagen.

12. Ein schwerer Fall **

Hippokrates von Kos (460–375 v. Chr.) war der berühmteste Arzt der Antike. Er versuchte Krankheiten zu heilen, indem er sich um den ganzen Patienten, seinen Körper und seine Seele, kümmerte. Mit seinen Methoden hatte er großen Erfolg. Vorlesezeit: 13 Minuten

Der junge Mann stöhnte laut, während ihm der Masseur kräftig den Rücken knetete.

„Bei Asklepios! Ich will dem Gott und dir ja wirklich dankbar sein, wenn ihr mich wieder gesund macht, Hippokrates. Aber sag mir dafür jemanden, den ich verfluchen kann, weil er mich krank gemacht hat!"

Der Mann, der am Fußende der schmalen Liege stand, lächelte. Er war untersetzt und glatzköpfig, und das Auffälligste an seinem runden Gesicht war die dicke, fleischige Nase, deren Flügel unablässig bebten wie bei einem schnuppernden Hund.

Wer ihn so sah, der hätte ihn sicher eher für einen Hufschmied oder
Schuhmacher gehalten als für einen Arzt, dessen Kunst in ganz Griechen-
land gerühmt wurde und von dem man sich wahre Wunderdinge erzählte.
Er tippte seinem Gehilfen auf die Schulter.
„Es ist genug, Anaxagoras", befahl er. „Reib den Rücken jetzt mit einem
feuchten Tuch ab und trag dann ein bißchen Arnika-Öl auf!"
Schweigend sah der Arzt zu, wie seine Anweisung ausgeführt wurde. Erst
dann wandte er sich seinem Patienten zu.
„Ich kann dir schon sagen, wem du die Schuld an deiner Krankheit geben
mußt: allein dir selbst!"
„Das meinst du nicht im Ernst!" Der junge Mann setzte sich auf und
starrte den Arzt erbost an. „Seit kaum einer Stunde bin ich erst bei dir,
keine drei Sätze haben wir miteinander geredet, und schon willst du mich
so genau kennen, daß du mir selbst die Schuld an meiner Krankheit gibst?
Wie soll das gehen?"
Hippokrates drückte seinen Patienten sanft zurück auf die Liege.
„Schon deine heftige Reaktion zeigt, daß ich recht habe, denn sie gehört
zu den Dingen, die dir höchst schädlich sind. Aber ich will dir erklären,
wie ich zu meiner Ansicht komme.
Dafür mußt du zunächst etwas über die Ursachen der Krankheiten
wissen. Alles, was es auf dieser Welt gibt, ob lebendig oder nicht, besteht
aus den vier Urstoffen Luft, Wasser, Feuer und Erde. Wenn du nun deine
Nahrung, die auch aus diesen Stoffen besteht, zu dir nimmst, verwandelt
die weise Natur sie in deinem Körper in vier Säfte, in Blut, Schleim, gelbe
und schwarze Galle. Und aus ihnen wiederum wird jeder Teil deines
Körpers gebildet und ernährt. Dies geschieht durch Mischen, Verdicken,
Verdünnen, Erhitzen, Abkühlen oder Vergären. Kannst du mir soweit
folgen, o Phidias?"
„Schon, schon", brummte der junge Mann mißmutig. „Da ich aber
Baumeister bin und nicht Arzt, kann ich dir auch nicht gut widerspre-
chen."
„Gut, so glaube mir einfach, so wie ich dir glaube, wenn du mir die
Statik einer Säulenhalle erläuterst." Wieder lächelte der Arzt.
„Alle Krankheit entsteht, wenn das Mischungsverhältnis der vier Säfte,
das die Natur für deinen Körper bestimmt hat, durcheinandergerät.
Du mußt dich einfach fragen, woher denn das gestörte Mischungsver-
hältnis kommt, das deine Gesundheit so angegriffen hat. Nun, ich sage
dir, ein solches kommt zwar bisweilen von einer besonderen Stellung der
Gestirne oder ungünstigem Klima, fast immer aber von falscher Ernährung und falscher Lebensweise.

Ich wäre nicht Arzt geworden, wüßte ich meine Sinne nicht zu gebrauchen. Du kommst zu mir, hast rote, entzündete Augen, unter denen tiefe Schatten liegen, du bist fahrig, als ob ein Schwarm Mücken dich umschwirrte. Also leidest du wohl an Schlaflosigkeit.
Sodann bist du recht mager, deine Wangen wirken etwas eingefallen. Dein verkniffenes Gesicht und der unerquickliche Geruch, der deinem Mund entströmt, sagen mir, daß du heute offenbar noch nichts zu dir genommen hast und heftige Magenschmerzen dich peinigen."
„Ja, ja", jammerte der junge Mann. „Allein deine Worte reichen schon aus, daß mein Innerstes zu toben beginnt. So gib mir schon endlich einen Trank, der mir die Schmerzen nimmt, und dann laß mich in Ruhe!"
Wieder drückte ihn der Arzt zurück auf die Liege.
„Phidias, bleib du bei deinen Steinen und Säulen, und laß mir meine Medizin!" sagte er mit freundlicher Strenge. „Immer hat eine körperliche Krankheit auch eine seelische Ursache, und stets ist der ganze Körper betroffen, nicht nur der Teil, in dem man die Schmerzen verspürt.
Vorhin, als die junge Frau den falschen Eingang wählte und glaubte, im Ruheraum der Frauen zu sein, so daß wir ihren schönen Körper fast unverhüllt haben sehen können, da hast du dich mit einer Gleichgültigkeit abgewendet, die ich alter Mann nicht aufzubringen vermochte. Als ich dich aber fragte, ob du eine Frau habest, da bist du rot geworden und hast kein Wort herausgebracht.
Ich will dir sagen, was die Ursachen deiner Störungen sind: Du bist unglücklich verliebt, Phidias! Wie heißt sie denn, die Schöne, die dich das Essen vergessen läßt und dir den Schlaf raubt, die dich zappelig macht wie einen Fisch auf dem Trockenen und deinen Magen zum Mittelpunkt aller Qualen?"
„Aspasia!" stöhnte Phidias und bedeckte das Gesicht mit den Händen.
„Und je mehr du sie umworben und umschmeichelt hast, desto kälter hat sie sich gezeigt und um so ärger wurden deine Beschwerden?"
„Ja, genauso war es!" stöhnte Phidias.
„So hat dich Eros zu einem ewigen Kreislauf verurteilt", erklärte der Arzt. „Je öfter sie dich abwies, desto jämmerlicher hast du dich aufgeführt und desto mehr hat sie dich verachtet und so weiter. Es ist gut, daß du nun gekommen bist, denn auch die Liebe kann deine Gesundheit ruinieren!"
„Was aber rätst du mir zu tun, o Hippokrates?" fragte Phidias.
„Du wirst einige Wochen hierbleiben, dich für diese Zeit völlig aus deinem gewohnten Lebenskreis lösen und das Asklepieion nicht verlassen.

Deine Mahlzeiten werde ich dir nach einer speziellen Diät bereiten lassen, du wirst Trinkkuren machen und zwischen Heilschlaf und maßvoller Bewegung abwechseln. Zur Zerstreuung deines Geistes wirst du ins Theater gehen und dich zur Läuterung deiner Seele an den Gebeten beteiligen, die wir im Tempel an Asklepios richten.

So wirst du, glaube ich sicher, ganz gesund werden. Was aber Aspasia betrifft, so tritt ihr dann als ein beherrschter, ausgeglichener und sich seines Werts bewußter Bewerber entgegen – bei allen Göttern, ich schwöre, sie wird dich erhören!"

Phidias fügte sich seufzend in das Unvermeidliche, befolgte gewissenhaft die Anordnungen seines Arztes und wurde wirklich nach einigen Wochen geheilt und gestärkt an Körper, Geist und Seele aus dem Sanatorium entlassen.

Nicht allzu lange danach kam er, um Hippokrates zu besuchen. Ein Blick in das strahlende Gesicht des jungen Mannes genügte dem Arzt.

„Aspasia hat dich also erhört", stellte er zufrieden fest.

Phidias nickte. „Ich möchte mich bei dir, vor allem aber bei dem Gott der Heilkunst bedanken", sagte er und überreichte dem Arzt ein Herz aus reinem, leuchtendem Silber.

Hippokrates mußte lachen.

„Ein Herz hast du Asklepios zugedacht, obwohl es doch der Magen war, der dich geschmerzt hat? Du hast viel gelernt, o Phidias: Nicht nur der erkrankte Teil, der ganze Körper bedarf der Heilung. Und wenn ich dich so ansehe, so scheint mir dein Körper ein einziges großes Herz zu sein! Der Gott wird deine Gabe gnädig entgegennehmen!" Dann ging er in den Tempel und legte das Herz zu den vielen anderen Gaben, die die Menschen schon gebracht hatten, um Asklepios für ihre Genesung zu danken, ihm, dem Gott der Heilkunst, und Hippokrates, seinem berühmtesten Diener.

Arnika-Öl: pflanzliche Medizin zum Einreiben der Haut, fördert die Durchblutung.
Asklepieion: Heiligtum, das dem Gott der Heilkunde, Asklepios, gewidmet ist.

---

13. Auf dem Weg in ein neues Leben**

Vom 8. Jahrhundert v. Chr. an wurde es eng in Griechenland – die Bevölkerungs-
zahl hatte sehr zugenommen. Viele Griechen verließen deshalb ihre Städte und
gründeten in Italien und Kleinasien Kolonien. Später gab es auch noch andere
Gründe, sich eine neue Heimat zu suchen, zum Beispiel die Ungerechtigkeit eines
Tyrannen ...
Vorlesezeit: 9 Minuten

„Willst du wirklich nicht mit uns kommen?" fragte Archytas. Pythagoras schüttelte den Kopf. „Nein, wirklich nicht. Schau her!" Er
hielt seinem neuen Bekannten die Hände unter die Nase. Es waren kleine,
weiche, sehr gepflegte Hände.
„Kannst du dir vorstellen, daß diese Fingerchen Häuser bauen, Kanäle
graben oder Wälder roden? Beim ersten Baum, den ich zu fällen versuchte, würde ich mir ein Bein abhauen, mit dem ersten Stein, den ich
schleppte, mir die Zehen zerquetschen. Der einzige Körperteil, mit dem
ich gefahrlos arbeiten kann, ist das Gehirn."
„Wir brauchen auch solche Leute. Denk an das Staatswesen, das wir
aufbauen wollen! Dabei könntest du uns sicherlich helfen."
Pythagoras hob bedauernd die Schultern. „Es tut mir leid, mein Entschluß ist gefaßt. Mein Ziel ist und bleibt Kroton. Vergiß bitte auch nicht,
daß das Orakel meine Wahl ausdrücklich gutgeheißen hat."

Die beiden Männer, der wohlhabende, weitgereiste Philosoph und der
biedere Handwerker, hatten sich in einem Schatzhaus im Heiligtum von
Delphi kennengelernt, wo sie ihre Weihegeschenke für Apoll niedergelegt hatten. Trotz aller Unterschiede war ihnen einiges gemeinsam: Sie
stammten aus Samos, wollten der drückenden Tyrannenherrschaft in ihrer
Heimat entfliehen und hatten die weite Reise zum delphischen Orakel
angetreten, um die Erfolgsaussichten für ihre Pläne zu erkunden.
Diese Pläne freilich sahen ganz unterschiedlich aus.
Pythagoras hatte vor, sich in einer reichen Kolonie niederzulassen und
dort eine Schule zu gründen, Archytas wollte mit mehreren hundert
Gleichgesinnten eine neue Stadt aufbauen, in der Gerechtigkeit und
innerer Frieden herrschen sollten.
Nachdem sie beide ein günstiges Orakel erhalten hatten, waren sie
gemeinsam in die alte Heimat zurückgereist – zum letzten Mal. Von der
nächsten Reise würden sie nicht zurückkehren.

„Also, ich hoffe, du bist mir nicht gram, daß ich mich euch nicht anschließe", sagte Pythagoras zum Abschied.

„Ach, woher denn", erwiderte Archytas, „jeder muß seinen Weg gehen, und deiner weicht eben von dem unseren ab. Aber es bleibt dabei: Du und die Deinen, ihr habt Platz auf unserem Schiff, und wir setzen euch ab, wo ihr es wünscht."

Ein paar Monate später waren die Vorbereitungen für die große Fahrt abgeschlossen; im Hafen an der Westküste von Samos lag das Schiff, das die Auswanderer nach Süditalien bringen sollte.

An Bord ging es zu wie auf einem Wochenmarkt: Schweine grunzten, Hühner gackerten, Kühe muhten, Ziegen meckerten, überall stapelten sich Säcke mit Getreide, standen Tonschalen mit Olivenbaumtrieben, lagen Waffen und Werkzeuge.

Vorn im Bug befand sich ein Korb mit heimischer Erde, und daneben, sorgsam geschützt vor Wasser und Wind, flackerte das heimische Feuer. Archytas und seine Gefährten, fast 100 Samier, hatten schon ihre Plätze eingenommen, 40 von ihnen saßen an den langen Riemen, mit denen das Schiff aus der Bucht hinaus aufs offene Meer gerudert werden sollte. Frauen und Kinder hatten sie zurückgelassen; wenn die gröbste Arbeit getan war, wollten sie sie nachkommen lassen.

Die ganze Mannschaft wartete nur noch auf Pythagoras.

„Ich glaube, dort kommt er", rief schließlich einer. Tatsächlich näherte sich eine gewaltige Staubwolke, in der schließlich ein Gefährt sichtbar wurde, das von einem Maultier gezogen wurde.

Auf dem Bock hockte der Fuhrmann, und hinten im Wagen saß der Philosoph, neben sich zwei Frauen, eine ältere und eine jüngere, einen Mann, der ein Diener zu sein schien, und dahinter einen wahren Berg von Schnappsäcken, Kisten, Krügen und Bündeln.

„Bei allen Göttern, du hättest dir besser ein eigenes Schiff gemietet", lachte Archytas. Pythagoras warf einen vielsagenden Blick auf die Frauen und seufzte: „Meine Frau und meine Mutter. Du weißt ja sicher, wie das ist, Archytas. Was die eine für entbehrlich hielt, wollte die andere unbedingt dabei haben, und umgekehrt."

„Mein Sohn, wenn deine Lehrsätze so wenig der Wahrheit entsprechen wie das, was du gerade behauptet hast, dann können mich deine Schüler dauern!" sagte da die ältere Frau streng, und die jüngere fügte hinzu: „Was ist mit deinen ganzen Badetinkturen? Mit dem Wein? Mit dem Olivenöl, das angeblich das beste auf der Welt ist?"

„Ist ja schon gut", brummte Pythagoras verlegen. „Laßt uns jetzt lieber einladen, wir sind ohnehin die letzten."

Alle packten mit an, wie durch ein Wunder fanden die vier Neuankömmlinge mitsamt ihrem Gepäck einen Platz. Der Schiffsführer kommandierte: „Riemen an!" Und langsam glitt das Schiff auf die offene See zu.

„Hoffentlich wird euch die lange Fahrt nicht zu eintönig", bemerkte Archytas höflich.

„Oh, die Damen werden sich sicher gut unterhalten", gab Pythagoras zurück, „sie haben noch nie eine Reise gemacht. Und was mich betrifft, wie könnte ich mich in der Gegenwart so vieler hervorragender Männer langweilen?"

Plötzlich mußte er lachen. Er deutete auf ein dickes Schwein und einen mageren Ziegenbock, die sich mißtrauisch beschnupperten und einander, das eine mit dem Rüssel, der andere mit den Hörnern, knufften und pufften, ohne sich allerdings weh zu tun.

„Falls mich wirklich einmal die Langeweile packen sollte", sagte Pythagoras immer noch schmunzelnd und zeigte auf das ungleiche Paar, „habe ich zwei Kollegen an Bord, mit denen ich mich unterhalten kann. Zwei typische Philosophen, immer zum Streiten aufgelegt."

Für eine Weile sah er den beiden Tieren zu, dann fragte er den Schiffsführer: „Welchen Kurs wirst du einschlagen?"

„Wir werden zunächst die Ägäis überqueren, von Insel zu Insel, so daß wir jeden Abend an Land gehen können. Denn es empfiehlt sich nicht, die Nacht auf See zuzubringen. Weiter geht es dann um den Peloponnes herum nach Norden bis Korkyra …"

„Aha, und von dort über das Ionische Meer nach dem Festland hinüber!"

„Du kennst dich gut aus", staunte der Schiffer.

„Im eigenen Land hört man selten auf den Philosophen", lächelte Pythagoras, „also muß er auf Reisen gehn."

Unterdessen hatten sie die Bucht hinter sich gelassen, das große Vierecksegel war gesetzt worden, und unter einer kräftigen Brise machte das Schiff ordentliche Fahrt.

Archytas blickte zurück. „Leb wohl, Samos", sagte er leise, „möge deine Zukunft besser sein als deine Gegenwart."

„Unsere Vorfahren", sagte Pythagoras wie zu sich selbst, „fuhren über das Meer, weil sie Platz brauchten, um leben zu können. Wir fahren über das Meer, weil wir Freiheit brauchen, um leben zu können. Zwei gute Gründe, um über das Meer zu fahren."

Er schaute nicht mehr zurück, sondern nahm die Hand seiner Frau und sah auf den Horizont, wo Himmel und Wasser verschmolzen und wo hinter dem bläulichen Dunst die Hoffnung auf so viele Dinge lag.

14. Wer ist der Feind?**

Von 500 bis 478 v. Chr. mußten sich die griechischen Städte gegen die Perser zur
Wehr setzen, die ganz Griechenland erobern wollten. Schließlich gelang es, die
Feinde zurückzudrängen, aber viele Menschen fielen den Kriegen zum Opfer.
Vorlesezeit: 7 Minuten

Die Griechen warteten. Während die Sonne höher und höher stieg
und die Ebene von Marathon in flimmerndes Licht tauchte, lagerten
die Kämpfer aus Athen und Plataä auf einem Hügel im Westen. Die
meisten von ihnen waren schwerbewaffnete Hopliten, die Schild, Schwert
und Speer griffbereit neben sich gelegt hatten.
Der kommandierende Stratege hatte den Kriegern ausdrücklich untersagt, ihre schweren metallverstärkten Lederpanzer oder die Schienen, die
Arme und Beine bedeckten, abzulegen.
Nur die Helme hatten sie vom Kopf nehmen dürfen, und so saßen sie
da, der sengenden Glut ausgesetzt, starrten nach Osten und warteten.
Von Osten, vom Meer, so hatten die Kundschafter berichtet, würden die
Perser anrücken, mit einem riesigen Heer.
In der Bucht von Marathon waren sie mit zahllosen Schiffen gelandet,
um die dreisten Athener zu bestrafen, die es gewagt hatten, einer aufsäs-
sigen Stadt Hilfe zu schicken.
„Was meinst du, wie lange es noch dauern wird?" fragte Kotys den
weißbärtigen Alten, der sich neben ihm niedergelassen hatte.
„Ich weiß es genausowenig wie du", brummte der Alte. „Warum fragst
du? Hast du es eilig, zu töten oder zu sterben?"
„Nein, gewiß nicht", sagte Kotys, und der Alte sah, daß ein dünner
Schweißfilm seine Stirn bedeckte. „Es ist nur … das Warten … die
Ungewißheit …" Plötzlich verzerrte sich das Gesicht des jungen Kriegers, und er stieß hervor: „Das Warten macht mich krank!"
Der Alte nickte verständnisvoll.
„Ich erinnere mich", sagte er versonnen. „Als ich so jung war wie du, ging
es mir genauso. Erst wenn man alt ist, lernt man es, ganz im Augenblick
zu leben. Wer kann wissen, was die Zukunft bringt? Vielleicht liege ich
in einer Stunde im Staub, einen persischen Speer im Leib, vielleicht
schlage ich einem der Feinde eine tödliche Wunde, ich weiß es nicht, den
Göttern sei Dank. Hier sitze ich, niemand trachtet mir im Moment nach
dem Leben, die Sonne scheint mir auf den Kopf, und das einzige, was
mich stört, sind die Mücken. Warum sollte ich ungeduldig sein?"

„Aber die Angst", flüsterte Kotys, „wie wirst du mit der Angst fertig?"
Mitleidig sah ihn der Alte an. „Ich habe es dir schon gesagt. Für mich
zählt nur der Augenblick. Siehst du etwas, das mir jetzt gerade Furcht
einflößen könnte? Außerdem bin ich sechzig Jahre alt; täglich kann die
Spanne, die mir das Schicksal zugemessen hat, zu Ende gehen. Allmählich
verliert das Sterben seinen Schrecken."
Der Alte holte aus und schlug sich mit der flachen Hand kräftig an die
Stirn. „Du stichst niemand mehr", murmelte er zufrieden und wischte
die Hand im trockenen Gras ab. „Wie alt bist du?" fragte er dann.
„Achtzehn", erwiderte Kotys und rutschte unruhig auf dem ausgedörr-
ten Boden hin und her.
„Bei den Göttern, achtzehn! Da nutzt es dir wenig, was ein Greis über
den Tod erzählt. Aber hilft es dir nicht, daß du heute für die Freiheit der
Hellenen kämpfst? Gegen die persischen Eroberer, die alle griechischen
Städte unterjochen wollen?"
Kotys war froh über die Ablenkung. „Was weiß ich schon über die
Perser", meinte er. „Ich habe noch nie einen Perser gesehen, und heute
soll ich möglichst viele von ihnen töten. Erzähle mir von ihnen!"
Der Alte überlegte einen Augenblick und begann dann: „Die Perser
haben ein unermeßlich großes Reich, das sie durch Eroberungen weiter
zu vergrößern trachten. Sie haben die Meder und die Lyder bezwungen
und auch die griechischen Städte an der Küste Kleinasiens tributpflichtig
gemacht. Vor Jahren hat sich die Stadt Milet gegen sie erhoben, aber nur
Athen und Eretria haben ihr Hilfe geschickt. Mit großer Grausamkeit
haben die Perser den Aufstand niedergeschlagen. Und jetzt wollen sie
Attika und dann ganz Griechenland in ihren Besitz bringen; die Hilfe
Athens für Milet hat ihnen den willkommenen Anlaß geliefert."
„So sind sie blut- und beutegierige Eroberer, die Perser, Barbaren ohne
Achtung vor anderen Menschen?" fragte Kotys.
Der Alte zuckte die Achseln. „Wie kann man das über ein ganzes Volk
sagen, das so viele Köpfe zählt? Sind nicht alle Menschen verschieden?
Außerdem glaube ich nicht, daß das persische Volk überhaupt nach
seinem Willen gefragt wird. Man sagt, der Großkönig entscheide allein,
wann Krieg und wann Frieden sei. In seinem Reich gibt es keine freien
Männer, sondern nur Untertanen, die ihm unbedingten Gehorsam lei-
sten müssen. In allen Teilen des Landes hat er Statthalter eingesetzt, die
seine Befehle vollstrecken und Tribute und Steuern einziehen. Geheime
Späher kontrollieren das Verhalten der Untertanen und melden dem
König, wo Unzufriedenheit herrscht und wo mit Aufruhr zu rechnen ist."
Kotys blickte den alten Mann zweifelnd an.

„Nur der König entscheidet also über Krieg und Frieden? Dann töte ich vielleicht jemanden, der gezwungen wurde zu kämpfen, der vielleicht wie ich noch nicht einmal weiß, gegen wen er kämpft? Dann spaltet mir vielleicht ein Perser den Kopf mit seinem Schwert, der mich gar nicht töten, sondern lieber daheim seinen Acker bestellen will?"

„So kann es wohl sein", erwiderte der Alte bedächtig. „Und doch mußt du kämpfen, mit aller Kraft und aller List, sonst ist dir der Tod gewiß. Aber wenn du nicht ein hirnloser Narr bist oder ein Schlächter, wirst du den Krieg immer so erleben, wie du es jetzt tust: voller Zweifel."

Unter den lagernden Griechen entstand Unruhe.

„Sie kommen", rief eine hallende Stimme, und ein Signal ertönte.

Kotys griff nach der Hand des alten Mannes und preßte sie. „Ich habe Angst", flüsterte er, „ich habe solche Angst."

„Ich weiß. Auch ich habe Angst", sagte der Alte freundlich. „Aber nur wer Angst hat, kann auch wahren Mut haben. Sich selbst seinen Mut beweisen und seiner Stadt die Freiheit erhalten, vielleicht ist das etwas, wofür es sich zu töten und zu sterben lohnt. Vielleicht. Aber jetzt komm!"

Die beiden reihten sich in die Phalanx ein, in die Masse der Helme und Schilder, hinter denen Gesichter und Körper verschwanden, und marschierten den Hügel hinab, dem Heer der Feinde entgegen.

Hopliten: schwerbewaffnete Fußkämpfer, die in geschlossener Schlachtreihe (Phalanx) in den Krieg zogen. *Stratege:* militärischer Führer, der jeweils für ein Jahr gewählt wurde.

---

15. Ein schwerer Schlag für Trasymachos**

Wenn eine Frau in Athen nicht bereit war, nur für den Mann, die Kleinkinder und den Haushalt dazusein, sondern eine eigene Meinung zu haben und sie auch noch zu äußern, dann war das vielen Athenern gar nicht recht …
Vorlesezeit: 11 Minuten

Schon als sein Vater den Hof betrat, merkte Menippos, der sich auf der Schaukel vergnügte, daß ein Unwetter in der Luft lag.

Ohne Gruß, ohne Blick rannte Trasymachos in die Halle, löste die Schulterfibel des Himations und ließ den schweren Mantel einfach auf den Boden fallen.

„Phryne, Phryne!" brüllte er dann, daß man es noch zehn Häuser weiter hören konnte. Menippos nickte mit dem Kopf, während er die Schaukel langsam ausschwingen ließ. Ja, es war wieder mal so weit, gleich würde es einen Riesenkrach zwischen seinen Eltern geben. Menippos kannte das, solange er zurückdenken konnte. Trasymachos und Phryne waren gewöhnlich wie zwei Turteltäubchen, aber ein paarmal im Jahr führte sich sein Vater auf wie Zeus im Zorn. Und zwar immer dann, wenn sich Phryne wieder etwas geleistet hatte, was sich seiner Ansicht nach absolut nicht gehörte.

Menippos mußte grinsen. Man hatte es natürlich auch nicht gerade leicht mit einer Frau, die so unglaublich gescheit war wie seine Mutter. Phryne war die Tochter eines berühmten Sophisten, der vor dem Volksgericht schon die aussichtslosesten Prozesse für seine Klienten entschieden hatte. Er war der Meinung gewesen, daß seine Tochter sich noch anderes Wissen erwerben sollte als bloß, wie man Wolle mit Seide spinnt und daraus Tücher für den Chiton webt, wie man kocht, Vorräte anlegt oder Hausklaven beaufsichtigt. So hatte er sie das Lesen und Schreiben, das Flöten- und Harfenspiel lernen lassen und sie selbst in der Redekunst unterrichtet.

Menippos' Grinsen vertiefte sich. Deshalb hatte Phryne nie Lust gehabt, nur eine brave Hausfrau und Mutter zu sein und sich aufs Spinnen, Weben und Haushüten zu beschränken.

Sie wußte bestens über alles Bescheid, was in der Volksversammlung beschlossen worden war, und kommentierte es mit sicherem Urteil. Sie kannte die Schwächen und Stärken der führenden Männer Athens, und niemand ahnte so treffsicher voraus, wen der Ostrakismos als nächsten treffen würde.

Seitdem er sie als fünfzehnjähriges Mädchen zur Frau genommen hatte, hatte Trasymachos lernen müssen, sich mit ihren Fähigkeiten und Interessen abzufinden. Meistens gelang ihm das auch; ja, er fragte sie sogar um Rat, wenn eine wichtige Abstimmung bevorstand, denn er kannte sich mit Handel, Zollbestimmungen und Bilanzen weit besser aus als mit Politik. Aber fuchsteufelswild wurde er, wenn Phryne ungefragt bei einem seiner Gastmähler ihre Meinung äußerte oder sich gar in unziemlicher Weise in der Öffentlichkeit sehen ließ.

Ja, und jetzt war es mal wieder soweit. Irgendwas hatte sich Phryne wieder erlaubt. Menippos beschloß, sich aus der unmittelbaren Gefahrenzone zu entfernen. Er sprang von der Schaukel, schlich sich in den Symposienraum und machte es sich auf einer der gepolsterten Bänke bequem. Da – jetzt ging es los!

„Phryne!!! Ja hörst du denn nicht?"

„Warum schreist du denn so, Trasymachos? Ich bin doch schon da!"

„Warum ich so schreie, fragt sie! Ich habe auch eine Frage! Warum, bei allen Göttern, habe von 30 000 Athener Bürgern ausgerechnet ich so eine Frau?"

„Weil du vom Schicksal begünstigt bist, Trasymachos!"

„Ich bin nicht begünstigt, sondern ich bin von den Erinnyen verfolgt!"

„Ach, du Armer! Erzähle mir deinen Kummer!"

Was Trasymachos immer noch mehr in Harnisch brachte, war, daß Phryne so ruhig und gelassen blieb. Da er aber nicht mehr lauter schreien konnte, als er es schon getan hatte, und da Holz und Fachwerk der Hauswände nicht gerade verhinderten, daß die Nachbarn alles mitbekamen, dämpfte er seine Stimme.

„Man hat dich gesehen!" sagte er vorwurfsvoll. Menippos spitzte die Ohren. Nichts.

„Man hat dich gesehen", wiederholte Trasymachos eine Spur lauter. Wieder nichts.

„Hörst du nicht, man hat dich gesehen!" Jetzt war Trasymachos wieder für alle Nachbarn zu vernehmen.

Aber Phryne blieb ruhig. Nur eine winzige Spur Ungeduld lag in ihrer Stimme, als sie antwortete: „Natürlich, man hat mich gesehen. Ich habe mich gesehen, du hast mich gesehen, Menippos hat mich gesehen. Alle sehen mich, denn ich bin sichtbar. Wäre ich eine Göttin, könnte ich mich unsichtbar machen."

„Sei nicht so albern. Du bist gesehen worden, wie du in Begleitung eines Sklaven über die Agora geschlendert bist."

„Ja, und? Wir haben Feigen, Oliven, Schafskäse und Fisch für das Nachtessen eingekauft. Es war ein wirklich angenehmer Nachmittag. Ich wollte, Menippos wäre auch dabeigewesen."

„Wie oft muß ich dir noch sagen, was die Sitten dieser Stadt verlangen?" schimpfte Trasymachos. „Eine Frau hat den Bereich des Hauses außer zu den Götterfesten nicht zu verlassen! Für das, was es zu besorgen gibt, sind Sklaven da!"

Trasymachos hob zürnend den Zeigefinger.

„Wenn sie aber schon meint, es sei unbedingt nötig, sich in die Öffentlichkeit zu begeben, so hat der Sklave, der sie begleitet, vor ihr zu gehen, wie Ehre und Anstand es gebieten, nicht aber neben ihr, als ob er ihr vertrauter Freund oder gar ihr Liebhaber wäre."

„Ja, natürlich", seufzte Phryne, „das macht dir immer am meisten zu schaffen. Daß jemand meinen könnte, du seist nicht Manns genug, deine

Frau zu bändigen, und womöglich gar nicht der Herr im eigenen Haus!"
Auf seinem Polster im Symposienraum lachte sich Menippos ins Fäust-
chen. Sie war wirklich klug! Wie gut sie ihn kannte!
„Aber schau, der erste Bürger dieser Stadt, Perikles, gewährt seiner Frau
Freiheiten, von denen ich nur träumen kann. Bei jedem Gastmahl ist sie
dabei, sie berät ihren Mann in allen Angelegenheiten, ja, sie kritisiert
öffentlich sogar politische Entscheidungen, die sie für falsch hält ..."
„... und erregt damit Abscheu bei allen Männern mit Anstand und
Würde", unterbrach Trasymachos. „Willst du dich im übrigen mit einer
ehemaligen Hetäre vergleichen?"
Jetzt begann auch Phryne ärgerlich zu werden.
„Über Hetären sollte höchstens jemand abschätzig urteilen, der noch nie
die Dienste einer in Anspruch genommen hat", rief sie, und Menippos
stellte sich vor, wie sein Vater jetzt rot würde.
„Wenn Hetäre sein bedeutet", fuhr Phryne fort, „daß man nicht nur
weben und spinnen darf und kleine Kinder behüten und kochen, sondern
sich Bildung erwerben und gute Gespräche führen, dann will ich mich
gern mit einer Hetäre vergleichen."
„Bildung erwerben! Gespräche führen!" höhnte Trasymachos. „Vielleicht
möchtest du auch Kriegsdienst verrichten? Oder, noch besser, da du
dreißig Jahre bereits vollendet hast, willst du dich nicht gar um ein
öffentliches Amt bewerben?"
Phryne tat, als ob sie den Hohn in seiner Stimme überhaupt nicht
bemerkt hätte.
„Kriegsdienst möchte ich nicht leisten. Das Blutvergießen im Dienst des
Vaterlandes ist, glaub' ich, wirklich Männersache. Aber ein öffentliches
Amt – warum nicht? Nichts ist wichtiger für ein Amt als Weisheit. Denk
nach, mein lieber Trasymachos, wer ist der Inbegriff der göttlichen
Weisheit? Athene. Und Athene ist eine Frau."
Da platzte Trasymachos der Kragen.
„Und wenn du noch so spitzfindige Argumente findest", brüllte er, „es
gehört sich nicht, daß eine Frau das Haus verläßt und sich aufführt, als
hätte sie die Rechte eines Mannes. Ich verbiete es, hörst du, ich verbiete
es!"
Jetzt, fand Menippos, war es Zeit, sich einzumischen, denn sonst würde
er noch stundenlang auf sein Nachtessen warten müssen.
„Sei gegrüßt, Vater", rief er laut und stolzierte in die Halle, "weißt du,
was mir Paches, der Angeber, heute in der Gymnastikstunde erzählt hat?
,Mein Vater Etymokles', hat er gesagt, ,hat für den Bau der Flotte doppelt
soviel gespendet wie deiner!' Sag, Vater, stimmt das etwa?"

Da hatte Trasymachos den Zorn auf seine Frau erst mal vergessen, denn Etymokles, diesen großspurigen Hohlkopf, den liebte er wirklich und wahrhaftig wie einen Becher voll Gift. Das Doppelte! Lächerlich! Jetzt stand einem guten Abendessen nichts mehr im Weg.

Schulterfibel: Spange, mit der die Kleidung an der Schulter zusammengehalten wurde. *Himation:* wollener Mantel, der über dem Chiton getragen wurde. *Chiton:* ärmelloses, gegürtetes Hemd. *Ostrakismos:* „Scherbengericht", Verfahren, bei dem das Volk die Verbannung einzelner Bürger aussprechen konnte. *Symposienraum:* Raum für gesellige Anlässe. *Erinnyen:* griechische Rachegöttinnen. *Hetäre:* käufliche Geliebte, die neben körperlicher Liebe auch geistvolle Unterhaltung bot.

---

16. Mann ist Mann, und Frau ist Frau!**

Sappho war eine große Dichterin und eine erfolgreiche Lehrerin – erfolgreicher als mancher ihrer männlichen Kollegen. Ob sie wohl deshalb bei manchen einen so schlechten Ruf hatte?
Vorlesezeit: 8 Minuten

Alkestis tanzte mit vollendeter Anmut.
Ihre Bewegungen waren zierlich und schwerelos und wirkten doch kraftvoll und bestimmt. Kein Finger machte eine Regung, die sich nicht in die Harmonie der Bewegung des ganzen Körpers eingefügt hätte. Als sie ihren Tanz beendet hatte, griff sie zur Lyra und sang. Ihre Stimme klang so rein, und die Verse waren so schön, daß niemand durch ein Räuspern oder gar eine geflüsterte Unterhaltung den Vortrag zu stören wagte; sogar Kreophylos, der Spötter, der fast nie seinen Mund halten und sich eine abfällige Bemerkung verkneifen konnte, schwieg und lauschte und starrte die Sängerin mit offenem Mund an.
Drei Lieder sang Alkestis, dann legte sie die Lyra beiseite, verneigte sich knapp und zog sich bescheiden zurück.
„Bei den Göttern!" rief der alte Proxenos bewundernd. „Niemals ist Aphrodite würdiger geehrt worden! Wahrhaftig, während Alkestis tanzte und sang, habe ich vergessen, daß ich ein sterblicher Mensch bin. Als ich sie sah und hörte, habe ich mich jung, schön und strahlend wie ein Gott gefühlt. Weißt du", wandte er sich an Kreophylos, „wo und bei wem sie zu solcher Meisterschaft gelangt ist?"

„Wie meinst du?" Kreophylos war sichtlich abwesend. „Was möchtest du?" Proxenos wiederholte geduldig seine Frage.

„Natürlich weiß ich das", erwiderte Kreophylos, „und auch du hättest es leicht erraten können. Nur *eine* Frau bringt ihre Schülerinnen zu solcher Vollkommenheit: Sappho."

„Ja, das hätte man sich allerdings denken können", mischte sich da jemand mit schnippischer Stimme ein.

„Natürlich, Tyrtaia!" brummte Kreophylos in einem Ton, der jeden anderen abgeschreckt hätte.

Nicht so Tyrtaia. „Ganz recht", gab sie zurück, „und du solltest ruhig zuhören, was ich zu sagen habe. Vielleicht stünde etwas weniger Vollkommenheit und dafür etwas mehr Ehrbarkeit der Sappho und ihren Schülerinnen besser an! Ich für meinen Teil würde mich hüten, bei dieser Dame um Aufnahme zu bitten."

„Oh, du hättest es ohne Sorgen tun können", spottete Kreophylos, „sie nimmt nur die, die intelligent und künstlerisch begabt sind."

Da wurde selbst Tyrtaia rot und funkelte den Frechling wütend an.

„Ich danke dir für das Kompliment", sagte da eine klare und freundliche Stimme, „aber du solltest deine Komplimente besser so machen, daß sie nicht für andere eine Kränkung bedeuten."

Alkestis war unbemerkt zu ihnen getreten und hatte ihre Unterhaltung mit angehört. Proxenos und Kreophylos verneigten sich, nicht nur, um höflich zu sein, sondern auch, um ihre Bewunderung zu zeigen. Tyrtaia begnügte sich mit einem kurzen, frostigen Nicken.

Alkestis schien ihr das aber nicht übelzunehmen, denn sie fragte liebenswürdig: „Es betrübt mich, zu hören, daß du Ursache zu haben glaubst, mich zu tadeln. Was soll daran nicht ehrbar sein, tanzen, singen und rezitieren zu lernen, das Spielen der Flöte und der Lyra zu üben, die Schönheit der Sprache zu studieren und sich auch mit Fragen nach dem Wesen der Dinge zu beschäftigen?"

„Das will ich dir sagen", eiferte sich Tyrtaia. „Es gehört sich nicht, daß Frauen sich so in der Öffentlichkeit aufführen, als ob sie Schauspieler im Theater wären. Daß sie Beschäftigungen nachgehen, die allein Sache der Männer sind. Sie haben das Haus zu hüten und im stillen zu wirken …"

„So wie du, nehme ich an", warf Kreophylos boshaft ein, aber ein tadelnder Blick aus Alkestis' Augen ließ ihn schleunigst verstummen.

„Ich verstehe dich nicht", sagte Alkestis zu Tyrtaia. „Haben Frauen nicht auch eine Stimme, einen Körper und einen Verstand? Wäre es nicht töricht, sich ihrer nicht zu bedienen und solche Gaben brachliegen zu lassen? Haben nicht Hera und Aphrodite Anspruch darauf, daß auch

Frauen sie in angemessener Form verehren? Sind nicht die neun Musen, sind nicht Euphrosyne, Aglaia und Thalia Frauen, die die gleichen Künste ausüben, wie Sappho sie uns lehrt?"

Streitlustig hob Tyrtaia den Kopf. „Das mag ja alles sein", antwortete sie, „und vielleicht könnte man das noch hinnehmen, aber ihr sollt euch sogar der körperlichen Liebe hingeben! Frauen mit Frauen!"

Wenn sie geglaubt hatte, Alkestis damit in peinliche Verlegenheit gebracht zu haben, dann hatte sie sich getäuscht.

„Ja, das stimmt", gab diese nämlich unumwunden zu, „aber auch dabei solltest du gerecht urteilen. Zur Harmonie zwischen Lehrer und Schüler gehört selbstverständlich auch die körperliche Liebe, und jedermann würde verwundert den Kopf schütteln, wenn einer käme und das anzweifelte. Warum soll für Lehrerin und Schülerin anderes gelten?"

„Mann ist Mann, und Frau ist Frau!" rief Tyrtaia trotzig.

„Welch tiefschürfende Erkenntnis!" höhnte Kreophylos.

Da traf ihn wieder ein tadelnder Blick aus Alkestis' Augen, aber er ruhte diesmal länger auf ihm, so daß sein Herz heftig zu pochen begann. Bei den Göttern, wie wunderbar mußte erst ein zärtlicher Blick aus diesen Augen sein!

„Du hast abermals recht", meinte Alkestis, wieder zu Tyrtaia gewandt. „Es gibt Unterschiede zwischen Männern und Frauen – deshalb sind auch die Oden, die Sappho schreibt, ganz anders als die des Alkaios oder eines anderen Dichters, der eben ein Mann ist. Sappho lehrt uns auch andere Dinge, als die Männer ihre Schüler lehren, zum Beispiel nicht, wie man mit dem Speer oder dem Schwert einen Feind tötet, sondern wie man mit Liebenswürdigkeit und Anmut einen Freund gewinnt. Sollte das etwas Schlechtes sein?

Aber jetzt entschuldigt mich bitte, es wird Zeit für mich, zu gehen."

Sie grüßte freundlich und schwebte davon.

Die beiden Männer starrten ihr hinterher. Aber während Proxenos das mit der abgeklärten Verehrung des Alters für die Jugend tat, spiegelte sich in Kreophylos' Gesicht unübersehbar wider, daß seine Gefühle ganz anderer Art waren: Ganz ohne Zweifel, er hatte sich verliebt.

Tyrtaia vermerkte es mit Bitterkeit.

„Aber deshalb gehe ich noch lange nicht zu Sappho in die Lehre", murmelte sie und verließ grollend den Tempel.

Sappho: (gesprochen Sapfo) griechische Dichterin, die sich dem Dienst Aphrodites und der neun Musen widmete und zahlreiche Schülerinnen um sich scharte.

17. „Wir alle gehören dem Vaterland!"*

Die Erziehung der Jungen in Sparta übernahm der Staat, um aus ihnen richtige spartanische Soldaten zu machen. Ein Zuckerlecken war das nicht gerade …
Vorlesezeit: 9 Minuten

„Psst, willst du wohl aufpassen!" flüsterte Tyrtaios aufgeregt. Glaukos, dieser ungeschickte Trottel, war auf einen dürren Olivenzweig getreten. Das Knacken, so glaubte Tyrtaios, müsse sogar das Gemurmel in der Gerusia übertönen. Aber nichts geschah, niemand schien etwas bemerkt zu haben.

Also schlichen die beiden Jungen näher heran.

Ein geglückter Diebstahl war immer eine feine Sache. Erstens konnte man dann endlich mal wieder seinen Heißhunger stillen, und zweitens wurde man hinterher vom Anführer seiner Horde belobigt. Freilich, wenn es schief ging, gab es Prügel, und zwar nicht zu knapp. Nicht wegen des Diebstahls, sondern weil man so dumm war, sich ertappen und festhalten zu lassen. Aber das Risiko war es wert!

Inzwischen waren Tyrtaios und Glaukos ganz nah an die Säulenhalle gelangt, in der die 28 Alten tagten. Da – da stand der große Kessel mit der schwarzen Suppe, daneben ein Korb mit Brot, zwei Krüge Wein und eine Schüssel mit gebratenen Hühnern.

Den Jungen klopfte das Herz, halb vor Angst, erwischt zu werden, halb vor Sehnsucht nach den erspähten Köstlichkeiten.

„Wir nehmen alles mit", raunte Tyrtaios und hielt Glaukos rasch den Mund zu, als er protestieren wollte.

„Wenn Leonidas seine Sache gut macht, müßte es klappen! Alle Hühner werfen wir in die Suppe, jeder faßt den Kessel bei einem Henkel. Den Brotkorb nehme ich auf meinen Kopf, und du schnappst dir mit der freien Hand einen Krug Wein. Verstanden?"

Glaukos nickte.

Sie hockten sich in den Schatten einer Zypresse und warteten. Gleich mußte es losgehen.

„Achtung, Feinde! Feinde! Ein großer Zug Schwerbewaffneter nähert sich!"

Von gewaltiger Kraft war die Stimme, die da schrie.

Die Jungen grinsten sich an, als sie sich Leonidas vorstellten, wie er einen bauchigen Krug ohne Boden an die Lippen hielt, bevor er dann losbrüllte.

Der Erfolg war durchschlagend. Kein Mitglied der Gerusia dachte daran, daß ein so plötzlicher Alarm beim spartanischen Postensystem gar nicht möglich war, ja, daß es zur Zeit gar keine gefährlichen Feinde gab; alle sprangen auf, griffen sich ihre Waffen und rannten, ohne auf ihre alten Knochen zu achten, zum Sammelplatz.

Ohne sich zu eilen, luden sich die Jungen die Lebensmittel auf und liefen mit ihrer Last davon, zum Lager, wo Leonidas schon hoffnungsvoll auf sie wartete.

Das war ein Fest für alle, so satt hatte sich seit Wochen niemand gegessen, aber Demetrios, der junge Spartiate, der ihre Horde befehligte, wollte ihnen kein besonderes Lob spenden.

„Ich gebe zu, ihr wart sehr listig", meinte er, nachdem er sich den Hergang hatte erzählen lassen. „Aber Ruhm habt ihr euch keinen erworben. Denn wie kann man sich Ruhm erwerben, wenn man zu dritt eine Tat begeht, die man auch allein begehen könnte?"

„Ja, aber ...", wollte Tyrtaios aufbegehren, doch Demetrios winkte ab. „Sage nicht, du hättest nicht alles allein tragen können", erklärte er streng, „du hättest eben zweimal laufen müssen. Merke dir, die vornehmste Tugend eines Spartiaten ist die Kühnheit!"

Da schwieg Tyrtaios verlegen.

Nachts lag er noch lange wach. Er fror, denn die Nacht war klar und kalt, und die Decke, unter der die jungen Spartiaten nackt schlafen mußten, war dünn.

Er fand nicht, daß Demetrios recht hatte. Listenreiche Klugheit war doch viel besser als Kühnheit. Wenn man einem übermächtigen Feind kühn entgegentrat, dann endete man mit gespaltenem Schädel – ein sinnloser Tod, denn man erreichte gar nichts.

Wenn es einem aber gelang, den Feind mit List in eine Falle zu locken oder, besser noch: wenn man durch Klugheit erreichte, daß erst gar kein Krieg ausbrach, dann war das doch viel besser als umsonst zu sterben und dann von den anderen als Held gefeiert zu werden.

Aber solche Ansichten durfte man als zukünftiger Spartiat auf keinen Fall äußern. Manchmal glaubte Tyrtaios ohnehin, er sei gar kein richtiger Spartiat, sondern so was wie ein Kuckucksei im Spatzennest. Denn er fand ziemlich alles widerwärtig, was sein tägliches Leben ausmachte.

Das Aufstehen, bevor noch der Tag graute. Die Peitsche, die man schmeckte, wenn man dem Führer der Horde nicht aufs Wort gehorchte. Die harte Pritsche, auf der man schlafen mußte. Der ewig knurrende Magen, der bewirkte, daß man den ganzen Tag gereizt herumlief, wie ein ausgehungerter Wolf, der keine Beute findet.

Er haßte es, wenn er beim Kampf mit scharfen Waffen, wie er tagtäglich geübt wurde, seinem Freund Glaukos, der doch soviel langsamer war als er, eine blutende Wunde zufügen mußte.

Es ärgerte ihn, daß er gerade nur das Nötigste hatte lesen und schreiben lernen dürfen; wie gern hätte er oft aufgeschrieben, was ihn bewegte.

An bestimmten Tagen aber haßte er Sparta und alle Spartiaten: Wenn es auf Menschenjagd ging. „Heute könnt ihr euren Mut beweisen", hieß es dann. „Tötet die stärksten Heloten, die ihr finden könnt." Sie mußten losziehen und unbewaffnete Heloten abschlachten, die Bauern, die für die Spartiaten das Land bebauten.

Das war zweifellos eine Mutprobe, denn mancher Helot wehrte sich ganz ordentlich in seiner Todesangst, und mancher Spartiate kam mit dröhnendem Schädel, ausgerenkten Gliedern oder gebrochenen Rippen von der Jagd zurück. Dennoch – Tyrtaios fand es ekelhaft. Manchmal war er sehr unglücklich darüber, daß er nicht so empfinden konnte wie die anderen. Die hatten keine Zweifel daran, daß alles einen Sinn hatte, was man ihnen befahl.

Als er einmal gegenüber Leonidas, der ein ziemlich kluger Bursche war, vorsichtig Kritik an der Menschenjagd geäußert hatte, hatte der ihn ganz erschrocken angestarrt: „Ja, aber Tyrtaios", rief er dann, „du denkst nicht nach! Wir sind von Heloten umgeben, deren Menge zehnfach so groß ist wie die unsere und die uns feindlich gesonnen sind, weil wir sie unterworfen haben. Auch sonst sind uns viele Menschen feind, weil sie unsere Stärke fürchten. Vor ihnen allen können wir uns nur durch Gehorsam, Disziplin und Enthaltsamkeit schützen. Niemand gehört sich selbst, wir alle gehören dem Vaterland! Wie kann man denn daran nur zweifeln?"

Oh, wenn die anderen wüßten, wie sehr er zweifelte, hätten sie ihn längst getötet! Aber waren denn seine Gedanken so abwegig? War es so falsch, wenn er dachte: „Hättet ihr die heutigen Heloten nicht einst unterworfen, müßtet ihr euch heute nicht vor ihnen schützen" oder: „Würdet ihr nicht pausenlos mit euren Schwertern klirren, würden euch andere nicht so fürchten"?

Sehnsüchtig dachte Tyrtaios, während er sich auf seiner Pritsche hin und her wälzte, an die Delegationen anderer griechischer Städte, die – selten, sehr selten, denn meistens ließ man sie nicht herein – nach Sparta kamen. Wie gern wäre er mit ihnen gezogen und hätte etwas mehr von der Welt gesehen als nackte Spartiaten, unterwürfige Heloten und schwarze Suppe. Aber es half ja nichts. Er war nun einmal Spartaner und hatte seine Pflicht zu tun.

Also sprach sich Tyrtaios ergeben immer wieder den Satz vor, den ihm Leonidas gesagt hatte: „Niemand gehört sich selbst, wir alle gehören dem Vaterland", so lange, bis er einschlief.
Aber in seinen Träumen, da war für solche Sätze kein Platz.

Gerusia: Rat der Ältesten. *Schwarze Suppe:* mit Tierblut angedickte Brühe, ein Hauptnahrungsmittel der Spartiaten.

---

18. *Nur ein alter Narr*[**]

Angestachelt durch den Ehrgeiz und die Machtgier von Politikern, führten Sparta und Athen 27 Jahre lang (von 431 bis 404 v. Chr.) einen erbitterten Krieg um die Vormachtstellung in Griechenland, in dem es letzten Endes keinen Sieger, sondern nur Verlierer gab.
Vorlesezeit: 9 Minuten

Ein wolkenloser, stahlblauer Himmel spannte sich über dem mächtigen Halbrund des Dionysos-Theaters. Ein leiser Wind wehte durch die Kronen der Pinien und erfüllte die Luft mit ihrem warmen, harzigsüßen Geruch.
Der Mann, der auf einer der steinernen Stufen hoch über dem Chor saß, war alt, uralt. Ein weißer Bart umrahmte Wangen und Kinn, schütteres weißes Haar bedeckte kurzgelockt den Kopf.
Die Augen des Mannes waren von milchigem, trübem Grau und starrten seltsam ins Leere: Der Alte war blind.
Er lehnte sich zurück, gestützt auf seine mageren Arme, und hob das Gesicht der Sonne entgegen.
„Die Sonne hat ihre Kraft noch nicht verloren, und der Duft der Pinien ist der gleiche wie vor fünfzig Jahren", murmelte er. „Aber sonst ...?"
Dann hob er lauschend den Kopf. Außer dem Zirpen der Grillen und dem Summen der Bienen und Käfer hörte er noch etwas ... oder täuschte er sich? Ein Knistern, so als ob jemand langsam über vertrocknetes Gras lief.
„Wer ist da?" fragte der Alte laut und wandte die blinden Augen in die Richtung, in der er den Ankömmling vermutete.
Die Schritte kamen näher, und dann sagte eine Stimme, die einem Mann in mittleren Jahren zu gehören schien: „Sei gegrüßt, und laß dich nicht

stören in deiner Ruhe. Wer ich bin? Einer, der an schweren Entscheidungen beteiligt ist, von denen die Zukunft Athens, ja ganz Griechenlands abhängen kann, und der deshalb eine Stunde Entspannung sucht."
Der Alte machte eine einladende Handbewegung.
„So setz dich zu mir."
Als er hörte, daß sich der andere in einiger Entfernung von ihm niedergelassen hatte, meinte er: „So bist du ein Prytane oder gar ein Stratege?" Ohne die Antwort abzuwarten, fuhr er fort: „Wenn deine Stimme Gewicht hat in der Volksversammlung und im Rat der 500, dann erhebe sie für den Frieden, den diese Stadt so dringend braucht!"
„Für den Frieden? Sollen wir uns womöglich von den barbarischen Spartanern Bedingungen diktieren lassen? Alter, du bist närrisch!"
„Vielleicht bin ich wirklich ein Narr", erwiderte der alte Mann, „aber vergiß nicht, daß Narren oft die Wahrheit reden. Und nenn die Spartaner nicht barbarisch! Sie bezeichnen uns als verweichlicht und verdorben, und in solchen Urteilen liegt schon eine Wurzel allen Übels. Es ist doch gar nicht so lang her, da haben die Bürger beider Städte die Freiheit Griechenlands verteidigt, gegen die persische Übermacht. Die Athener haben unter großen Opfern die feindliche Flotte vertrieben, die Spartaner haben, auch sie mit großen Verlusten, das persische Heer besiegt. Schrecklich genug war es, daß so viele Männer sterben mußten, aber es geschah wenigstens, um einen fremden Eroberer in die Schranken zu weisen. Aber jetzt herrschen seit 24 Jahren Tod und Haß zwischen zwei Städten, die wie Schwestern in friedlichem Miteinander leben könnten!"
„Ja, aber die Spartaner …", warf der andere ein, doch der Alte unterbrach ihn unwillig.
„Ach was, die Spartaner", rief er und deutete mit der knochigen Hand anklagend dorthin, wo jenseits der Akropolis die Stadt lag.
„Die Athener waren es, die diesen Krieg vom Zaun gebrochen haben! Getrieben von Neid, Raffgier und dem Ehrgeiz gewissenloser Männer, haben die Athener Korinth und seine Kolonien bedrängt und brüskiert und den freien Handel in der Ägäis behindert. Mußte das Sparta nicht zur Kriegserklärung veranlassen, wenn es doch mit Korinth eng verbündet war? Gibst du das nicht zu?"
Der andere brummte etwas, das man für eine Zustimmung halten mochte.
„Und jetzt sag mir, wieviel fruchtbare Äcker vernichtet wurden in den ersten Jahren des Krieges, in Attika und an den Küsten des Peloponnes, wieviel Ölbäume zerhackt, wieviel Häuser verbrannt? Wieviel Menschen sterben mußten?

Kannst du dich noch an die Zeit erinnern, als das Fleckfieber unter den Massen ausbrach, die innerhalb der langen Mauern Schutz gesucht hatten? Wie Tausende Männer, Frauen und Kinder unter Qualen gestorben sind? Nur wegen dieses Krieges! Und dennoch hat Athen ein spartanisches Friedensangebot ausgeschlagen, wider alle Vernunft! Von Kleon, diesem eifernden Kriegshetzer, der die Ängste der Massen schürte, ihre Gier nach Beute und ihren Drang zur Gewalt für seine Ziele nutzte, haben sie sich übertölpeln lassen.

Wieder kam der Tod tausendfach über uns und unsere Gegner, bis Kleon selbst in der Schlacht fiel und endlich, endlich Frieden geschlossen wurde."

„Ein schöner Friede!" höhnte der andere. „Alter, merkst du nicht, wie töricht deine Rede ist? Der Friedensvertrag bestimmte ja, daß alles wieder wie vor dem Krieg sein sollte. Damit wären doch alle Opfer umsonst gewesen!"

Der Zorn in der Stimme des alten Mannes war erloschen. Ruhig entgegnete er: „Wessen Rede ist wohl töricht? Wenn dir ein wütender Hund die eine Hand zerfleischt, bekämpfst du ihn dann mit der zweiten, damit die Opferung der ersten nicht umsonst war? Sage lieber, daß der Krieg von Anfang an eine Torheit gewesen ist!

Ich habe mitgekämpft in diesem Bruderzwist. Meine beiden Söhne sind gefallen, meine Frau ist am Fieber gestorben. Verstehst du nicht, daß es mich erbittert zu sehen, wie sich meine Stadt dem Egoismus einzelner schlechter Männer ausliefert und auf diese Weise ganz Hellas ins Unglück stürzt?

Was einst Kleon angerichtet hat, das wiederholt nun der Verräter Alkibiades. Oh, ich weiß, seine Rede ist wie der Gesang der Sirenen, sein Verstand ist scharf, und wie es scheint, versteht er sogar, ein Heer zu führen. Aber wie kann man jemand folgen, dessen ganzes Leben aus Verrat und Niedertracht besteht? Der die Parteien, den Glauben und die Gesinnung wechselt, wie es ihm gerade nützlich ist? Der die Spartaner gegen uns und uns gegen die Spartaner aufgehetzt hat?

Und ausgerechnet diesen Lumpen machen die Athener zu einem ihrer Strategen. Wieviel Blut hat die Kriegsfahrt nach Sizilien gekostet, zu der er uns überredet hat? Ist es nicht sein Werk, daß wir ein erneutes Friedensangebot der Spartaner abgelehnt haben?"

Noch einmal erhob der Alte seine Stimme.

„So ist das Unfaßbare geschehen: Sparta hat sich mit den Persern gegen Athen verbündet. Heißt nicht diesen Krieg führen die Toten von Salamis und von Plataä verhöhnen?

Wenn er nicht bald endet, wenn er noch lange blutige Opfer fordert, dann wird der Sieger nicht Athen und nicht Sparta heißen, sondern Persien.
Darum beschwöre ich dich: Erhebe deine Stimme für den Frie...“
Der Alte hielt inne und lauschte. „Bist du noch da?“
Aber da war niemand mehr. Nur noch das Zirpen der Grillen, das Summen der Bienen und Käfer und der Wind, der durch die Pinien fuhr und die Luft mit ihrem harzigsüßen Duft erfüllte.

Prytane: höchster Beamter, in Athen auch Mitglied des geschäftsführenden Ausschusses des Rats der 500. *Stratege:* militärischer Führer. *Lange Mauern:* Verlängerung der Stadtmauer Athens bis zum Hafen Piräus. Hier fand die Landbevölkerung in Kriegszeiten Zuflucht. *Gesang der Sirenen:* Nach dem griechischen Mythos lockten göttliche Wesen, die Sirenen, vorbeifahrende Seeleute mit ihrem betörenden Gesang an und töteten sie. *Die Toten von Salamis und Platäa:* Opfer der Schlachten von Salamis und Platäa. Nach diesen Schlachten war der Versuch der Perser, die Griechen zu unterwerfen, gescheitert.

---

19. Mit dem Geist eines Kindes ...**

Alexander von Makedonien wurde schon in der Antike „der Große“ genannt und wie ein göttlicher Held verehrt. Auch heute noch werden seine Taten grenzenlos bewundert. Was die Krieger, die mit ihm zogen, erdulden mußten, daran denkt kaum jemand mehr.
Vorlesezeit: 9 Minuten

Die drei Männer standen abseits von den anderen.
„Was er wohl jetzt schon wieder im Schild führt?“ brummte Eurystheus.
„Ich sage euch, er wird nie erwachsen!“ murmelte Koinos.
„Ich will endlich wieder heim!“ schimpfte Memnon.
„Glaubt mir, er wird niemals richtig erwachsen.“ Koinos war von seinem Lieblingsthema nicht so schnell abzubringen. „Schaut euch nur sein Gesicht an – unfertig! Wie bei einem Marmorkopf, bei dem der Bildhauer mitten in der Arbeit keine Lust mehr zum Weitermachen hatte. Die Lippen – viel zu dick. Die Backenknochen – viel zu kantig. Die Nase – von der Stirn bis zur Spitze eine einzige gerade Linie – überhaupt keine

Feinarbeit. Unfertig eben. Und genauso ist auch sein Charakter. Unfertig."

„Wie klug du bist!" höhnte Eurystheus.

„Leider nicht von Anfang an", spottete Memnon, „nach dem Kampf um Theben bist du ihm bereitwillig gefolgt wie ein Schoßhündchen seinem Herrn."

„Ach, und ihr etwa nicht?" gab Koinos wütend zurück. „Ihr konntet es gar nicht erwarten, euch seinem Feldzug anzuschließen, von Sieg zu Sieg zu stürmen, um dann mit Ruhm und Reichtümern beladen nach Haus zurückzukehren."

„Nun ja, von Sieg zu Sieg sind wir ja wirklich gezogen", sagte Eurystheus, „und ich gebe zu, daß ich lange Zeit wirklich begeistert war, von seinem Temperament, von seinem Mut und seiner unerschöpflichen Energie. Aber jetzt geht er mir bloß noch auf die Nerven mit seinen ewigen Durchhalteparolen und seinem Geschwätz von der makedonisch-griechischen Weltherrschaft. Daß wir ihm am Ufer des Indus nicht weiter folgen wollten, ich glaube, das betrachtet er bloß als lästigen Aufschub, nicht als Alarmzeichen."

„Was den Ruhm betrifft", meinte Memnon bitter, „hat er sein Versprechen gehalten; wir haben mehr als genug davon geerntet. Wenn wir das Glück hatten, nicht am Fieber zu sterben oder in der Wüste zu verdursten, heißt es. Doch die Reichtümer, die uns in die Hände fielen, konnten wir nie genießen, weil wir rastlos und unter schrecklichen Entbehrungen weiterziehen mußten. Und vom Nach-Hause-Zurückkehren ist nie mehr die Rede gewesen. Aber ich will endlich heim! Ich habe es satt, ihm hinterherzumaschieren! Nächstens wird er uns befehlen, den Mond zu erobern, damit er dort das fünfzigste Alexandria gründen kann."

„Das kann passieren", grinste Koinos, „denn auf die Gefahr hin, mich zu wiederholen, er ist launisch, unberechenbar und schwärmerisch wie ein Jüngling. Seht euch nur sein unfertiges Gesicht ... Aber da kommt er. Seid jetzt lieber still und reizt ihn nicht – ihr kennt seinen Jähzorn!"

Die drei Offiziere traten zu ihren Kameraden und blickten Alexander skeptisch entgegen, der mit festem Schritt auf sie zukam.

Er war nicht sehr groß und eher schmächtig gebaut, und Koinos hatte recht: Sein Gesicht wirkte unfertig, wie das eines vorzeitig alt gewordenen Kindes, dessen Züge noch nicht ausgereift und doch schon seltsam gealtert waren.

Er bestieg das Podest, das man ihm errichtet hatte, und begann zu sprechen:

„Freunde! Kampfgefährten! Meine treuen Makedonen und Griechen!"

„Ach, er probiert es mal wieder mit der gefühlvollen Masche", flüsterte Eurystheus.

„Das zieht bei mir schon längst nicht mehr."

„Sei endlich ruhig!" Koinos trat dem Freund kräftig auf die Zehen. „Er hat doch überall seine Spitzel; dein Leben ist keinen Pfifferling wert, wenn er dich verdächtigt, ein Aufrührer zu sein."

Unterdessen war Alexander zum eigentlichen Thema seiner Ansprache gelangt.

„... weiß ich mich einig mit euch, meine lieben und treuen Gefährten, wenn ich euch sage: Den Heldenmut und die Lebensart der Griechen, wie sie der große Homer besungen hat, muß sich die ganze Welt zu eigen machen. Die ganze Welt muß hellenisch werden!"

Da war sie wieder, die fanatische Begeisterung, die aus seinen Augen glühte und aus seinen lebhaften Gebärden sprach. Die Begeisterung, die seine Gefolgsleute mitgerissen hatte, so daß sie ihm gefolgt waren, trotz Hunger und Kälte, trotz Fieber und Erschöpfung, wohin immer er es verlangte.

Aber schon längst war die Stimmung umgeschlagen. Auch wenn jetzt pflichtgemäßer Jubel laut wurde, Begeisterung klang nicht mehr darin mit. Vielleicht dachten viele daran, wie derselbe Mann, der so gern die Worte ‚treu' und ‚lieb' gebrauchte, sie durch die grauenhafte, fast wasserlose Wüste von Gedrosien geführt hatte, nur um seinen Ehrgeiz zu befriedigen. An die vierzigtausend Mann waren dabei verreckt.

„Mir, dem Sohn des Zeus, ist es mit eurer Hilfe gelungen, Taten zu vollbringen, die selbst die des Achill und des Herakles in den Schatten stellen. Nun bleibt mir nur noch eins zu tun: Das, was ich geschaffen habe, beständig zu machen, bevor ich zu weiteren Eroberungen mit euch aufbreche."

Ein leises Stöhnen ging durch die Reihen der Offiziere, aber Alexander gab, ohne es zu beachten, ein Zeichen.

Daraufhin näherten sich ihm zwei Männer, von denen der eine einen kostbaren Mantel, der andere eine glitzernde Krone in den Händen trug.

„Die persische Tiara!" flüsterte Memnon. „Was er wohl damit will?"

„Wart es ab!" gab Eurystheus zurück.

Alexander legte sich den Mantel um die Schulter und setzte sich die Krone auf den Kopf, direkt über das Diadem, das er als Zeichen seiner makedonischen Königs- und Feldherrnwürde trug.

„Mantel und Krone des Dareios", sagte er feierlich, „sind die Zeichen dafür, wie weit die Macht des göttlichen Alexander reicht. Perser und Griechen sollen zu einem Volk verschmelzen."

Er machte eine bedeutungsvolle Pause, bevor er weitersprach.

„Von euch muß ich deshalb, als Zeichen eures guten Willens gegenüber den Persern, künftig erwarten, daß ihr euch mir, wie auch sie es tun, nur noch nach der Proskynesis nähert …"

Nicht einmal die Angst vor Alexanders Zorn hinderte die Männer da, in lautes Murren auszubrechen. Wütende Zwischenrufe unterbrachen ihn: „*Proskynesis*! Sind wir deine Sklaven? Sind wir persische Speichellecker?" Aber der König ließ sich nicht beirren. „Um weiterhin die Beziehungen zwischen Griechen und Persern, zu festigen", fuhr er fort, „ordne ich folgendes an: Zehntausend meiner Offiziere und Soldaten werden eine Perserin zur Frau nehmen. Ich werde der erste sein, und eine Tochter des Dareios heiraten. Wer mir freiwillig folgt, den werde ich belohnen, daß er bis an das Ende seiner Tage ausgesorgt hat."

Nun konnte sich selbst die Stimme des göttlichen Alexander nicht mehr durchsetzen, so laut wurde der Tumult. Koinos winkte seinen Freunden, und die drei zogen sich zurück.

„Ein unfertiges Gesicht, ein unfertiger Charakter, ein unfertiger Mensch!" sagte Koinos. „Wollt ihr das jetzt endlich einsehen? So einfach geht das: Eine persische Krone auf einen griechischen Kopf, einen griechischen Mann in die Arme einer persischen Frau, eine persische Verbeugung, unter der sich ein griechischer Buckel krümmt, und schon sind Persien und Griechenland zum Großreich des göttlichen Alexander verschmolzen. Nur der Geist eines Kindes kann so denken!"

„Eher der Geist eines Mannes, der vergißt, daß er es mit Menschen zu tun hat", entgegnete Eurystheus.

„Was immer", meinte Memnon, „ich glaube, er wird sogar Erfolg haben. Leute wie er sind es, die die Geschichte der Welt bestimmen. Leider. Und deshalb sage ich euch bloß eins: Ich will nach Hause!"

„Das wollen wir alle!" seufzte Koinos. „Aber ich befürchte, es wird noch lange dauern."

Und so war es.

Proskynesis: ursprünglich Verehrung einer Gottheit, dann auch eines Monarchen durch Kuß und Berührung des Bodens mit der Stirn.

20. Wonach strebt der Mensch?***

Einer der größten Philosophen der Antike war der Thraker Aristoteles (384−322 v. Chr.). Seine Schüler (Schülerinnen gab es nicht) verehrten ihn nicht nur als bedeutenden Denker, sondern auch als Menschen, der mitten im Leben stand und die Freuden des Daseins wohl zu schätzen wußte.
Vorlesezeit: 10 Minuten

Sie hockten alle auf weichen Polstern im Symposienraum des Aristoteles und waren bester Stimmung.
„Ich weiß nicht, was größer ist, Aristoteles, deine Weisheit oder deine Gastfreundschaft!" meinte Theophrastos zufrieden und wischte sich den Mund mit einem blütenweißen Leinentüchlein.
„Größer als das eine wie auch das andere", erwiderte Aristoteles und stieß dabei wie immer ein wenig mit der Zunge an, „ist mein Wille, aus dir und euch allen denkende Menschen zu machen. Aber, und das ist gleich meine erste Lehre für euch, wer sich in die Philosophie vertiefen und zur Erkenntnis gelangen will, muß satt und zufrieden sein. Was wäre also eine bessere Grundlage für ein nützliches Gespräch als ein gutes Essen in angenehmer Atmosphäre? Ich halte gar nichts von der Bedürfnislosigkeit, wie sie Diogenes predigt. Doch auf das Vergnügen muß die Arbeit folgen. Deshalb treffen wir uns in, sagen wir, zwei Stunden in der euch schon bekannten Stoa, um unsere Studien zu beginnen."
Theophrastos lächelte verstohlen. Inzwischen kannte er schon die meisten Eigenheiten seines neuen Lehrers. Zum Beispiel die, beim Dozieren und beim Gespräch mit seinen Schülern unentwegt mit ihnen hin und her zu laufen.
Ganz Athen grinste schon darüber und hatte Aristoteles und seine Anhänger mit dem Spitznamen „die Peripatetiker" belegt. Grund zu heimlichem Spott gab auch die Eitelkeit des Meisters, der stets elegant gekleidet und modisch frisiert war und an dessen Fingern etliche teure Ringe funkelten. Allzuviel bewirkte die Eleganz freilich nicht, denn Aristoteles war schmächtig und krummbeinig, sein Gesicht war wenig einnehmend, und dazu kam auch noch sein Lispeln.
Aber die Kraft seines Geistes und die ungeheure Breite seines Wissens waren unerreicht; es gab keinen Athener, der das nicht neidlos anerkannte.
Theophrastos war außerordentlich stolz, jetzt zu den Schülern dieses bedeutenden Mannes zu gehören, und nahm seine kleinen Absonderlichkeiten in Kauf.

Ebenso wie die anderen war er deshalb auch pünktlich in der Stoa, und schon wanderten alle, in ein eifriges Gespräch vertieft, in der gewohnten Weise hin und her.

Aristoteles war heute besonders aufgeräumt, was niemanden verwunderte, denn das Mittagessen war wirklich hervorragend gewesen.

„Wißt ihr eigentlich", begann er, „daß ich die Athener beinahe besser kenne als mich selbst, obwohl ich bloß ein thrakischer Provinzler bin? Daß ich als siebzehnjähriger Junge hierherkam und zwei Jahrzehnte blieb?"

„Was hat dich hergetrieben", fragte Anaxagoras, ein besonders beflissener junger Athener, „wo es doch noch keinen Aristoteles gab, der einen Grund dafür geliefert hätte?"

„O Anaxagoras, deine Komplimente sind zu plump", tadelte Aristoteles, aber man merkte ihm an, daß er sich trotzdem geschmeichelt fühlte.

„Der Grund war, daß in Athen der größte aller damals" – Aristoteles betonte kaum merkbar das „damals" – „lebenden Philosophen lehrte, nämlich Plato. Bei ihm habe ich die ganze Zeit studiert, und ich darf mich wohl rühmen, schon bald sein Meisterschüler geworden zu sein."

„Warum aber hast du Athen wieder verlassen?" wollte Anaxagoras dann wissen.

„Nun", erklärte Aristoteles, „nach Platons Tod haben sie nicht etwa mich, sondern irgendeinen geistvergessenen Schwachkopf zum Leiter der platonischen Akademie ernannt. Da hatte ich erst mal die Nase voll von Athen und den Athenern."

„Und wohin bist du dann gegangen?" Theophrastos war es, der jetzt weiterfragte.

„Zuerst war ich als Berater am Hof eines Fürsten in Kleinasien, dann trat ich in die Dienste des makedonischen Königs. Ich wurde Erzieher des heutigen Herrschers Alexander."

Die Schüler schwiegen beeindruckt. Alexander! Der Name war jedem Griechen ein Begriff. Die jüngsten Siege seiner Soldaten über die Perser waren noch in aller Munde. Ein guter Athener hatte natürlich auch nicht vergessen, daß Alexanders Vater Philipp, der makedonische Barbar, einst die griechischen Stadtstaaten unterworfen und Alexander selbst Theben zerstört hatte. Aber darüber sprach man nicht, wenn Aristoteles dabei war; er hatte schließlich das Pech, zu diesem Volk zu gehören. Alle warteten also höflich, bis Aristoteles fortfuhr:

„Aber nun haben wir genug von mir geplaudert, ich bin wieder hier, und damit wollen wir es bewenden lassen. Kommen wir zu wesentlicheren Dingen."

Er bückte sich und pflückte eine kleine gelbe Blume, die sich aus dem Riß im Fuß einer Säule den Weg ins Freie gebahnt hatte. Nachdenklich drehte er sie zwischen seinen Fingern.

„Was mag wohl diese winzige Pflanze veranlaßt haben, mühsam aus der Ritze ans Licht zu streben, anstatt einfach als Samenkorn in ihrem steinernen Bett liegenzubleiben und zu verrotten?"

„Sie will werden, wozu sie bestimmt ist, nämlich eine Blume", antwortete Theophrastos nach einigem Nachdenken.

„Sehr gut!" lobte Aristoteles. „Nur dürfen wir bei ihr natürlich keinen Willen wie beim Menschen annehmen. Aber sonst war deine Antwort ganz richtig. Diese Pflanze trägt den Zweck in sich, eine Blüte zu entwickeln, also tut sie es. Das gilt für die ganze Natur: Alles strebt danach, den Zustand der ihm gemäßen Vollkommenheit zu erreichen.

Was ist das Stadium der vollkommenen Entfaltung des armseligen Samenkorns hier in dieser Säule? Die kleine Blume, die ich in der Hand halte, bzw. die Frucht, die aus ihr wird. Also ist die ganze Kraft des Samens darauf konzentriert, eben dieses Stadium zu erreichen.

Was für die ganze Natur gilt, das gilt natürlich auch für …"

„… den Menschen", unterbrach Anaxagoras, der auch einmal etwas Gescheites sagen wollte.

„Ich verneige mich vor deinem Scharfsinn", sagte Aristoteles spöttisch und überreichte ihm feierlich die kleine Blüte. Anaxagoras aber war noch weit eitler als der Meister und merkte den Spott nicht.

„Wie alle anderen Dinge und Lebewesen strebt auch der Mensch nach dem vollkommenen Zustand seiner selbst. Was ist dieser Zustand? Wann ist der Mensch wirklich Mensch?

Nun, ganz einfach. Den Menschen unterscheidet von allen anderen Wesen, daß er Vernunft besitzt. Die Natur tut nichts Sinnloses. Da sie dem Menschen als einzigem Wesen Vernunft verliehen hat, kann sein Lebenszweck nur der sein, die Vernunft in sich auszubilden. Der Mensch ist wirklich Mensch, wenn er wahrhaft vernünftig ist. Vernunft aber ist nichts anderes als die Fähigkeit, die Welt und alles, was in ihr ist, zu erkennen. Ihr seht also", Aristoteles lächelte seinen Schülern zu, „warum wir miteinander debattieren, unsere Vernunft ausbilden und unseren Geist schärfen: um unserem eigentlichen Daseinszweck, ganz Mensch zu sein, näherzukommen."

Der Meister machte eine kleine Pause.

„Nun bestimmt den Menschen aber noch ein weiterer Zweck außer dem, vernünftig zu sein, nämlich der, gut zu sein. Wer kann diese beiden Dinge in einen Zusammenhang bringen?"

Die Schüler grübelten, aber keiner traute sich so recht, etwas zu sagen.
Endlich rief Theophrastos: „Ich versuche es. Der Mensch ist gut, wenn
er vernünftig handelt, also sich von seiner Erkenntnis leiten läßt!"
„Bravo, bravo, Theophrastos", sagte Aristoteles, und diesmal war soviel
ehrliche Anerkennung in seiner Stimme, daß Theophrastos ganz rot vor
Stolz wurde und sich ordentlich reckte.
Dabei mußte er wohl eine falsche Bewegung gemacht haben, denn ein
höchst peinliches Geräusch entfuhr ihm, und zwar so laut, daß es alle
hörten. Jetzt wurde Theophrastos erst recht rot. Die anderen sahen ihn
tadelnd an, und Anaxagoras konnte sich nicht verkneifen zu sagen: „Der
Meister redet über den Zweck des Menschen, und du furzt!"
Aber Aristoteles kniff ein Auge zu und meinte tröstend: „Mach dir nichts
draus. Wie ich immer sage: Bei allem Streben nach Vollkommenheit
dürfen die Bedürfnisse des Leibes nicht zu kurz kommen. Was zuviel ist,
muß heraus, wo etwas fehlt, muß etwas hinein. Auch das hat mit
Vollkommenheit zu tun. Im übrigen merke ich, daß ich Hunger habe.
Kommt, laßt uns zum Essen gehen!"
Und das taten sie dann auch.

Symposienraum: Raum für gesellige Anlässe. *Stoa:* Wandelhalle. *Peripatetiker:* von
peripatein = wandeln.

---

21. Zwischenfall im Museion**

In Alexandria am Nildelta entstand im 3. Jahrhundert v. Chr. ein einzigartiges
Zentrum der Wissenschaften, eine Art Universität, den *neun Musen* geweiht. Darin
befand sich die größte Bibliothek der ganzen antiken Welt. Kaum ein Werk gab
es, das nicht in ihr zu finden war, sei es auch noch so abseitig …
Vorlesezeit: 12 Minuten

Das Handelsschiff passierte die Insel Pharos; kaum einer der Männer,
die an Deck standen, warf einen Blick auf den gewaltigen Leucht-
turm, der an Steuerbord aufragte und dessen gläserne Kuppel, in der eine
Flamme loderte, die Wolken zu berühren schien.
Sie hatten ihn schon hundertmal gesehen, und die Mädchen, die ihnen
am Kai Früchte und Wein bringen und vielversprechende Blicke zuwer-
fen würden, waren viel interessanter. Deshalb starrten sie auf die weiß-

schimmernde Silhouette der Stadt, die jenseits der Insel zu ihnen her-
überleuchtete.

Zwei Stunden später lag das Schiff im „Hafen der glücklichen Heimkehr" vertäut. Die Männer arbeiteten wie die Wilden, um die kostbare
Ladung, Elfenbein und Ebenholz, zu löschen. Bis sie neue Fracht an Bord
nehmen würden, hatten sie zwei wunderbare Tage frei, an denen sie die
Köstlichkeiten Alexandrias nach Herzenslust genießen konnten, jedenfalls solange ihre Heuer reichte.

Keiner von ihnen achtete auf die beiden Passagiere, die gleich nach dem
Anlegen das Schiff verließen und im bunten Gewimmel untertauchten,
das am Hafen herrschte. Auch sonst schenkte ihnen niemand seine
Aufmerksamkeit. In dieser Stadt, in der Nubier, Griechen, Römer, Juden
und Ägypter lebten, wo Togen, Wickelgewänder, Leopardenfellmäntel
und Umhänge aus bunten Vogelfedern getragen wurden, wo Hunderte
von Priestern der absonderlichsten Gottheiten in den absonderlichsten
Aufmachungen herumliefen, kümmerte sich kein Mensch um zwei
Männer in unscheinbaren Chitones, die sich gelassen und zielstrebig
ihren Weg durch die Menge suchten.

Hätte jemand durch den Stoff ihrer Gewänder sehen können, hätte er
sich vielleicht gewundert, warum jemand in dieser Stadt, in der es meist
so friedlich zuging, Caestus und Sica mit sich führte, aber niemand
konnte das.

Bald bogen die beiden Männer in eine breite gepflasterte Straße ein, die
von weißen Gebäuden gesäumt wurde, Tempeln, öffentlichen Gebäuden
und Villen angesehener Bürger.

Die Fremden warfen ebensowenig einen Blick darauf wie auf die prächtige Sänfte, von deren trabenden Trägern sie überholt wurden und auf
der eine herausgeputzte Dame mitsamt ihren Leibsklavinnen und einem
dressierten Äffchen thronte. Sie sahen, wie marschierende Soldaten, stur
geradeaus und wechselten kein Wort miteinander, bis der eine sagte: „Da
vorne, auf der linken Seite, das ist es."

Er sagte es auf Lateinisch, aber das war nichts Ungewöhnliches, denn
Römer gab es in Alexandria haufenweise.

„Also bedenke", fügte er hinzu, „du bist im Museion von Alexandria und
nicht in einer römischen Taverne, also sei verbindlich, lächle höflich, und
halt dich nur ja zurück, bis ich dir das Zeichen gebe. Das Reden überlaß
mir."

Der andere nickte schweigend und versuchte, seine grimmige Miene zu
einem freundlichen Grinsen zu verziehen, was ihm freilich nur andeutungsweise gelang.

Die Männer schritten die breiten Treppen hinauf, die zum Gebäudekomplex des Museions führten, und traten durch einen säulengefaßten Torbogen in einen Hof. Dort wandten sie sich an einen Mann, der selbstvergessen vor sich hin stolzierte.

„Sei mir gegrüßt!" begann der, der das Reden übernommen hatte. „Und verzeih, daß wir es wagen, dich zu stören und in das Meer deiner Gedanken einzutauchen. Sag uns nur: Wo finden wir den Bibliothekar?"

„Lysandros? Ich sah ihn vorhin dort drüben im Speisesaal. Er war mit irgend etwas beschäftigt, mir ist entfallen, was es war", lautete die zerstreute Antwort.

„Hat er vielleicht gegessen?" fragte der Fremde.

„Genau das war es!" Der Philosoph strahlte. „Schön, daß ich euch helfen konnte."

Dann schlenderte er weiter und vergaß alles um sich her.

„O selig, o selig, ein Denker zu sein", murmelte der Fremde und stieß seinen Begleiter an. „Komm!"

In dem bezeichneten Gebäude bedurfte es noch einer kurzen Nachfrage, dann fanden sie Lysandros von Kyrene, den Leiter der Bibliothek von Alexandria, der größten der Welt.

Er war ein älterer Herr mit einem rauchweißen Haarkranz, der an einem Tischchen für sich saß und mißmutig in seinen Zähnen stocherte. Er sah die beiden Männer zunächst nicht sehr wohlwollend an, als sie zu ihm traten und sich mit lautem Räuspern bemerkbar machten.

Aber als der eine von ihnen sagte: „Wir sind rückhaltlose Bewunderer deines Schatzes, o Lysandros, der erhabensten Ansammlung menschlichen Geistes", da erhellte sich seine Miene schlagartig.

„Soll ich euch ein wenig herumführen?" fragte er eifrig.

„Das wäre eine Ehre und eine Gefälligkeit, die wir erhofften, aber nicht selbst zu erbitten wagten."

„Sie sei euch gewährt, sie sei euch gewährt", rief Lysandros vergnügt und hüpfte geradezu von seinem Hocker. „Wenn ihr mir bitte folgen wollt!" Er eilte ihnen voran bis in die Mitte des Hofes.

„Von hier aus habt ihr einen Überblick über die gesamte Anlage", erklärte er. „Dort ist der Tempel der neun Musen, dahinter befinden sich Säle, in denen Vorlesungen abgehalten werden, Wandelhallen, ein Observatorium und Wohnungen. Ihr müßt nämlich wissen, daß hier jeder Gelehrte auf Staatskosten lehren und studieren darf."

Während sie auf die Bibliothek zugingen, berichtete er: „Wie euch vielleicht bekannt, ist das Museion – und mit ihm die Bibliothek – bald nach dem Tod des großen Alexander vom ersten Ptolemäer gegründet

worden. Seitdem hat sich eine ungeheure Büchermenge angesammelt.
Die Mutterbibliothek und ihre Zweigstelle besitzen", seine magere Brust
blähte sich auf, „über 600 000 Bücherrollen, die meisten davon aus
Papyrus, aber auch schon welche aus Tierhäuten, dem neuen Beschreib-
stoff aus Pergamon."

„Das ist ja unglaublich!" staunte der Fremde bewundernd.

„Und du hast den Überblick über diesen gewaltigen Bestand? Du findest
wirklich alles? Nichts gibt es, was du vergeblich suchen würdest?"

„Bilde dir selbst ein Urteil", sagte der Bibliothekar mit stolzer Bescheidenheit, „nenne, was du sehen willst, und ich werde es dir bringen."

Sie betraten das Gebäude; den vielsagenden Blick, den der Fremde
seinem Begleiter zuwarf, bemerkte Lysandros nicht.

Der Saal, der den größten Teil der Bibliothek ausmachte, war riesig. Im
hellen Sonnenlicht, das durch die zahlreichen Oberlichter fiel, tanzten
Myriaden von Staubkörnchen.

Die Wände waren ein einziges Gitterwerk von hölzernen Fächern, von
denen jedes mit Schriftrollen vollgestopft war.

„Also, was möchtet ihr sehen?" fragte der Bibliothekar.

Der Fremde sah sich um. Es war Mittagszeit; nur wenige Gelehrte waren
deshalb im Raum, alle in ihre Lektüre vertieft.

„Nun", begann der Fremde, „uns würde etwas Kurioses interessieren,
etwas Außergewöhnliches … etwas, das mit Magie zu tun hat."

Zielstrebig schritt Lysandros auf eine Wand zu, winkte den Männern, ihm
zu folgen, und blieb dann an einer bestimmten Stelle stehen.

„Bitte sehr, Magie … welche Herkunft?"

„Oh, ich denke, Korinth könnte interessant sein."

„Korinth. Ist gut. Welches Thema stellst du dir vor?"

„Mmmh", lautete die zögernde Antwort, „was könnte ich da auswäh-
len …, vielleicht etwas über Aufruhr und Krieg?"

„Kein Problem!" rief Lysandros. „Apollonius von Korinth!"

Damit griff er in eins der Fächer und zog eine Rolle hervor.

Er sah nicht den raschen Blick, den knappen Wink, die schnelle Hand-
bewegung, er spürte nur plötzlich, wie ein heftiger Schmerz durch seinen
Kopf schoß, vor seinen Augen blitzten Sterne, und dann versank sein
Bewußtsein in Schwärze und Nacht.

Als er wieder zu sich kam, lag sein Kopf im Schoß eines freundlichen
Mathematikers aus Sizilien, der ihm besorgt die Schläfen massierte.

„Geht es wieder?"

Lysandros nickte mühsam.

„Ich habe nicht gesehen, was geschehen ist", berichtete der Mathematiker, „ich las gerade eine hochinteressante Abhandlung über das Gesetz der Schwerkraft. Plötzlich hörte ich laute Schritte und bemerkte zwei Männer, die eilig davonrannten. Dann sah ich dich am Boden liegen."

„Diese beiden schmutzigen Halunken waren garantiert Römer", stöhnte Lysandros, „denn einen solchen Schlag kann man nur mit einem römischen Caestus austeilen."

„Ja, aber was wollten sie? Warum haben sie dir das angetan?"

Lysandros erhob sich ächzend.

„Das werden wir gleich wissen."

Er durchstöberte etliche Fächer, wühlte hier und wühlte dort, holte zahlreiche Schriftrollen hervor und schob sie wieder zurück. Schließlich sagte er: „Soweit ich das feststellen kann, haben sie eine einzige Schriftrolle gestohlen."

„Und was?" fragte der Mathematiker neugierig.

Lysandros mußte trotz seiner Kopfschmerzen lachen.

„Etwas absolut Schwachsinniges. Etwas so Albernes, daß wir nicht einmal eine Kopie davon besitzen, denn es ist schade um den Papyrus. Das Gefasel eines Spinners aus Korinth namens Apollonius. Es heißt ,Buch über die Herbeiführung von Aufruhr und Krieg mit Hilfe magischer Formeln'."

Der Mathematiker brach in Gelächter aus. „Mit Hilfe magischer Formeln? So was zu stehlen, so dumm können doch nur Römer sein! Lysandros, kühle deinen Kopf, trink einen Becher Wein und sei froh über den Platz, den du gewonnen hast. Magie! Vergiß die Römer und ihre Beute, es lohnt nicht, darüber nachzudenken!"

Die beiden Männer blieben verschwunden, und niemand gab sich sonderlich Mühe, sie zu finden.

Auch die Schriftrolle tauchte nie wieder in Alexandria auf.

Daß es wenig später einen blutigen Aufruhr der italischen Städte gegen die römische Herrschaft gab, das war sicher nur ein ganz dummer Zufall.

Chiton (Plural: Chitones): ärmelloses, gegürtetes Hemd. *Caestus:* Boxhandschuh aus Leder mit eingenähten Bleistücken. *Sica:* Dolch. *Museion:* wissenschaftliches Zentrum in Alexandria. *Erster Ptolemäer:* Ptolemaios I., Diadochenkönig, der das Museion gegründet hatte. Seine Nachfolger nannten sich Ptolemäer.

Vom Bauerndorf zum Caput mundi: Das antike Rom und seine Menschen

22. Jetzt oder nie!**

Die Vetternwirtschaft, Überheblichkeit und Willkür der etruskischen Könige in Rom schürten den Haß der latinischen Bevölkerung gegen die fremden Herren. Ein Funke genügte, um den Aufstand zu entfachen …
Vorlesezeit: 9 Minuten

Iunius Brutus wußte nicht, was größer war, sein Schmerz über das Geschehene oder seine Wut auf den, der die Schuld daran trug.
Lucretia war tot.
Sie hatte von ihrem Recht Gebrauch gemacht, „nein" zu sagen, als der selbstgefällige und herrschsüchtige Sohn des Königs sie umworben hatte. Für jeden Ehrenmann hätte das genügt. Aber in der Sippe des Königs gab es keine Ehrenmänner. Für sie galten die Regeln nicht, die alle anderen beachteten. „Superbus" nannten die Römer deshalb den König, denn er setzte sich hochmütig über alle Gesetze hinweg. Und sein Sohn war genauso, hochmütig und bis zur Lächerlichkeit von sich eingenommen. Nein, das war doch absolut ausgeschlossen, daß eine Frau ihn verschmähen konnte, ihn, den Sohn des Königs, den König aller Liebhaber, den hervorragendsten aller Männer!
Als Lucretia bei ihrer Weigerung geblieben war, hatte er sich mit Gewalt genommen, was ihm freiwillig nicht gegeben wurde. Ja, natürlich, ein Tarquinier bekam immer, was er wollte.
Lucretia hatte sich das Leben genommen, und der, der dafür verantwortlich war, hatte nicht einmal öffentlich sein Bedauern erklärt.
Jetzt war das Maß voll.

„Sei gegrüßt, Marcus Fabius! Ich danke dir, daß du mir die Ehre erweist. Komm herein, und setz dich zu den andern!"
Iunius Brutus schritt seinem Gast voran. „Du bist der letzte."
Alles, was Rang und Namen hatte unter den latinischen Adelsfamilien, hatte sich an diesem Abend bei Iunius Brutus versammelt. Niemand wußte genau, worum es ging bei der geheimnisvollen Einladung, über

die man mit niemandem reden sollte. Dementsprechend groß war die Spannung.

Iunius wartete, bis Marcus einen Platz gefunden hatte. Aufmerksam ließ er seinen Blick über die Besucher wandern. Sie waren alle gekommen.

Appius Claudius, Cincinnatus Iulius, Camillus Valerius, alle.

Zum hundertsten Mal überlegte er, ob er sich auf jeden von ihnen verlassen konnte. Er rechnete damit, zumindest solange der Zorn über das, was die königliche Sippe Lucretia angetan hatte, noch frisch war. Deshalb hatte er so rasch gehandelt. Wenn er sich irrte, dann blieb ihm nur die Flucht oder Selbstmord.

Iunius riß sich aus seinen Gedanken, als er bemerkte, daß ihn alle erwartungsvoll anstarrten.

„Ich muß mich bei Euch entschuldigen, Freunde, daß ich Euch eingeladen habe ohne die Absicht, Euch zu bewirten."

Er bemerkte, daß etliche seiner Besucher die Stirn runzelten, weil er die Unhöflichkeit, die er zu begehen im Begriff war, auch noch offen zugab. Aber er kümmerte sich nicht darum, sondern fuhr unbeirrt fort: „Anlaß war nicht der Wunsch nach fröhlicher Geselligkeit, Anlaß war vielmehr Lucretias Tod."

Wieder musterte er schnell alle, die vor ihm saßen.

Er hatte sich nicht getäuscht – es gab kein Gesicht, das nicht Unmut, Zorn oder sogar Haß widerspiegelte.

Er würde es schaffen, er würde sie überzeugen!

„Die Tat, Römer, die Lucretia in den Tod trieb", rief er, „ist doch nur eine von vielen, die uns seit Jahren demütigen und erniedrigen und uns den Glauben an unsere eigene Stärke nehmen!

Wer herrscht in dieser Stadt, die doch die unsere ist? Ein etruskischer König, dessen Volk Rom einst überfallen und besetzt hat!

Wer geht, von seinen Liktoren beschützt, durch die Straßen und lacht über unsere Ohnmacht? Der etruskische König!

Wer macht die Gesetze, nach denen römische Familien sich widerspruchslos zu richten haben? Der König und seine Günstlinge!

Wer zwingt uns eine Sprache auf, die nicht die unsere ist? Die etruskischen Eindringlinge!

In wessen Hand liegt der Dienst an unseren Göttern? Wer verpraßt, was wir erarbeiten? Wer bedrängt unsere Frauen? Wer verhindert, daß wir, die Besten in dieser Stadt, endlich unsere Geschicke selbst in die Hand nehmen? Immer wieder die Etrusker und ihr König, dem das Volk den Namen Superbus gegeben hat, weil er die Römer nicht achtet und sich um ihre Belange nicht kümmert.

Es wird Zeit, daß wir uns wehren, Freunde! Es wird Zeit, daß wir den anmaßenden König und seine Sippschaft hinauswerfen aus unserer Stadt!"

Iunius Brutus stand vor den römischen Männern und strahlte soviel Kraft und Zuversicht aus, daß die meisten seiner Zuhörer in begeisterte Beifallsrufe ausbrachen. Aber als sich der Sturm gelegt hatte und wieder Ruhe eingekehrt war, erhob sich der alte Lucius Caecilius und rief streng, indem er einen anklagenden Zeigefinger auf Iunius richtete: „Du führst gefährliche Reden, Iunius Brutus, und weil du sie vor uns führst, gefährdest du uns alle!"

Eben setzte Iunius zu einer Verteidigungsrede an, da ergriff Marcus Fabius das Wort: „Wer immer nur schweigt, der wird auch immer Angst haben, und genau das ist es, was König Tarquinius Superbus an der Macht hält! Willst du, daß auch in Zukunft römische Frauen von diesen Eindringlingen mißbraucht werden? Denn Eindringlinge sind sie geblieben, bis heute, weil sie nicht Teil von uns geworden sind, sondern uns lediglich beherrschen wollen! Du hast gut gesprochen, Iunius, und ich werde dir folgen, was du auch immer planst."

Wieder jubelten die Männer. Aber Lucius gab sich noch nicht geschlagen. „Warum verteufelt ihr ein Volk", sagte er mit großem Nachdruck, „nur weil es auch schlechte Männer hervorgebracht hat wie den König und seinen Sohn? Ist die Verbindung von Latinern und Etruskern nicht auch vorteilhaft für uns gewesen?"

„Gewesen!" entgegnete Iunius. „Du sagst es ganz richtig: ‚gewesen'! Die Römer können nicht von der Vergangenheit allein leben! Die Gegenwart empfinden sie jedenfalls wie der Ochse das Joch!"

„Nur daß ein Römer nicht die Geduld eines Ochsen hat, ihr wißt schon, warum nicht!" rief Marcus.

Die Männer brachen in Gelächter aus. Doch mit derben Späßen allein war Lucius nicht zu überzeugen, dazu war er zu alt.

„Nur ein Narr handelt", sagte er gelassen, „ohne sich zu überlegen, was nach seiner Tat geschieht. Wie also soll es weitergehen mit Rom, Iunius Brutus, wenn die Etrusker vertrieben sind?"

Iunius atmete tief. Auf diese Frage war er vorbereitet. Denn er war durchaus keiner, der bloß dreinschlagen konnte, das Denken aber anderen überließ.

„Es ist gut und richtig, daß du danach fragst, Lucius", antwortete er und nickte dem Alten zu. „Meiner Ansicht nach gibt es nur eine Antwort auf deine Frage. Die Herrschaft des Königs muß abgelöst werden durch die Aristokratie. Aus den Familien der hier versammelten Römer müssen die

Führer des Staates hervorgehen, und zwar müssen es mehrere sein, und sie sollen für eine befristete Zeit von uns gewählt werden. Der Staat muß unser aller Sache sein! Nur so können wir verhindern, daß Neid und Zwist zwischen uns entstehen oder daß wieder ein Superbus seine Willkürherrschaft über uns ausübt. Und nie wieder soll *ein* Mann an der Spitze des Staates Herrscher sein und den Titel ‚rex‘ führen dürfen, denn …"

Seine restlichen Worte gingen in der lautstarken Begeisterung der anderen unter. Iunius sah zu Lucius hinüber. Ja, auch ihn hatte er für sich gewonnen. Noch einmal ergriff er das Wort und erläuterte seinen Plan; niemand erhob einen Einwand.

Am nächsten Tag brach der Aufstand gegen den König los.

Liktoren: Amtsdiener und Begleiter etruskischer Könige, die ihnen in der Öffentlichkeit den Weg bahnten; später schritten sie auch höheren römischen Beamten voran.

---

23. Wer nichts zu verlieren hat …**

Alle freien Römer waren zum Kriegsdienst verpflichtet, aber Entschädigung dafür gab es keine, und viele Familien gerieten in Not. So wurden die Reichen immer reicher und die Armen immer ärmer, bis die Plebejer schließlich zum Gegenschlag ausholten …

Vorlesezeit: 8 Minuten

Drei Tage nachdem Minellus Ruber vom siegreichen Feldzug nach Rom zurückgekehrt war, hatte er kein Zuhause mehr.

Sechs Monate lang hatte er gekämpft, Angst gehabt, gefroren und gehungert für Rom.

Sechs Monate lang hatte er seine Frau und seine kleinen Kinder alleinlassen müssen, hatte er seine Felder nicht bestellen können.

Und jetzt war ihm alles genommen worden, was er besaß. Minellus hockte in der engen Zelle, in die sie ihn mit anderen seiner Leidensgefährten geworfen hatten, und brütete vor sich hin. Es würde nicht mehr lange dauern, bis sie ihn wieder freiließen, denn die Haft dauerte nur so lange, bis sein Besitz unter seinen Gläubigern aufgeteilt war. Aber er fürchtete sich grenzenlos vor dem, was dann kam.

Er fühlte sich wie jemand, der durch eine finstere Schlucht wandert und irgendwann feststellt, daß er immer im Kreis gelaufen ist, daß kein Weg hinausführt aus dem bedrückenden Felslabyrinth in die offene Ebene, in der es Licht und Sonne gibt.

Wie oft hatte er sich während der vergangenen Tage das Gehirn zermartert, was er tun sollte, was er hätte tun können – es war ihm nichts eingefallen. Was ihm – und vielen anderen – widerfahren war, das war unabwendbar gewesen, unabwendbar jedenfalls in dieser Stadt, in der es keine Gerechtigkeit gab.

Die Ernte des letzten Jahres war mager gewesen, er hatte Saatgut erwerben und dafür einen Teil der neuen Ernte im voraus verpfänden müssen. Dann war die Einberufung gekommen, Rom hatte alle waffenfähigen Männer gebraucht. Die Kosten für Waffen und Ausrüstung hatten seine Schulden weiter in die Höhe getrieben. Ein großer Teil der Feldfrüchte hatte da, weit vor der Ernte, schon nicht mehr ihm gehört. Der Feldzug, bei dem jeder auf ein schnelles Ende gehofft hatte, hatte sich über ein halbes Jahr hingezogen. Nach seiner Heimkehr stellte Minellus fest, daß ein großer Teil der Ernte auf den Feldern verfault war; seine Frau, die vier Kinder am Leben erhalten mußte, hatte die Arbeit nicht annähernd schaffen können.

Ja, wenn er ein Patrizier gewesen wäre, ein Großgrundbesitzer mit Bergen von Vorräten, mit Sklaven, die das Land bestellten, dann hätte er sich jetzt feiern lassen können als Kämpfer für den Ruhm des Vaterlandes. Weil er aber ein Plebejer war, hatte man ihm sein Haus und sein Stückchen Land weggenommen, und morgen würde er selbst nichts anderes als ein Sklave, seine Frau würde die Frau eines Sklaven, und seine Kinder würden die Kinder eines Sklaven sein. Minellus vergrub das Gesicht in den Händen.

„Laß den Kopf nicht hängen", flüsterte da jemand neben ihm.

Minellus blickte auf. Im Dämmerlicht sah er neben sich einen Mann stehen, grauhaarig und graubärtig und ansonsten zerlumpt wie er selbst, die Tunika schmutzig und voller Löcher, nicht mal mehr Sandalen an den Füßen.

„Auch so ein römischer Sieger, he?" sagte Minellus bitter.

„Laß den Kopf nicht hängen", wiederholte der andere und hockte sich neben ihn. „Weißt du, was das Komischste ist", murmelte er und lachte leise. Wahrhaftig, er lachte!

„Man hat mir befohlen, für Roms Ehre zu kämpfen. Waffen und Rüstung aber, die ich dafür brauchte, konnte ich nicht bezahlen. Also mußte ich mich um der Ehre Roms willen verschulden. Jetzt haben sie mir, weil

ich meine Schulden nicht begleichen kann, ausgerechnet Waffen und
Rüstung gepfändet, für deren Erwerb ich doch erst Schulden machen
mußte. Die Ehre Roms ist also die Ursache meines Elends. Findest du
das nicht komisch?"
Wieder lachte er leise, doch diesmal schien es Minellus, als ob sich hinter
dem Lachen Trauer und Zorn verbargen.
„Was ist daran komisch?" fragte er. „Es ist, als ob du jemanden aus dem
Sumpf ziehst, und zum Dank wirft er hinterher dich hinein, weil du ohne
Erlaubnis seinen Grund und Boden betreten hast."
„Ja, deshalb ist es doch komisch!" sagte der Graubärtige. „Zum einen,
weil man soviel Aberwitz einfach nicht für möglich hält, zum anderen,
weil du niemals mehr jemandem heraushilfst, wenn es dir gelingen sollte,
dem Sumpf zu entkommen."
„Das findest du zum Lachen?" Minellus schüttelte den Kopf. „Daß Rom
in zwei Parteien zerfällt? In Arme und Reiche? In solche, die immer nur
ernten, ob es um Getreide, Macht oder Ruhm geht, und in solche, die
nur noch die Sklaven der anderen sind? Daß niemand mehr daran denkt,
jemandem die helfende Hand hinzustrecken? Und im übrigen sage ich
dir: Es gibt kein Entkommen aus dem Sumpf, in dem wir stecken."
Eine Zeitlang herrschte Schweigen. Dann war die leise Stimme wieder
zu hören. „Doch, es gibt einen Ausweg. Wer den Bogen überspannt, dem
bricht er entzwei, und er kann seinen Pfeil nicht mehr abschießen. Sie
haben uns alles genommen, nun haben wir nichts mehr zu verlieren.
Darin liegt unsere Hoffnung. Deshalb, ich sage es dir noch einmal, laß
den Kopf nicht hängen!"
Minellus verstand nicht. „Wie kann einer, der am Boden liegt, noch
Hoffnung haben?"
Geduldig erwiderte der Graubart: „Ich werde es dir erklären. Wie viele,
meinst du, werden es sein, die das gleiche Los getroffen hat wie dich und
mich?"
„Viele! Vielleicht die Hälfte der Plebejer, die auf dem Feldzug dabei waren.
Einigen wenigen hat ihr Patron geholfen, den anderen geht es wie uns!"
„Das ist es, was ich meine", sagte der andere. „Der Senat läßt uns im Stich,
denn er vertritt die Rechte der Patrizier. Die Patrone wollen uns nicht
helfen, denn ein Schuldknecht ist allemal billiger als ein bedürftiger
Klient. Ein Einspruchsrecht haben wir nicht. Was können wir also tun?
Nichts, nichts, nichts! Du irrst dich nicht, wir sind tatsächlich am Boden.
Aber aus der Verzweiflung wächst der Mut zum Handeln."
„Du hast doch gerade gesagt, wir können nichts tun", entgegnete
Minellus.

„Wir können nichts tun im Rahmen der Gesetze der Stadt. Aber wenn du bedenkst, wie viele unser Schicksal erlitten haben, wie viele befürchten, es künftig zu erleiden, dann weißt du, worin unsere Waffe besteht: Wir sind zu viele, die recht- und besitzlos sind. Wir werden die Patrizier im Sumpf stecken lassen, indem wir uns daraus befreien. Wir werden Rom verlassen und eine eigene Stadt gründen."

Minellus war wie vom Donner gerührt. Rom verlassen! Fast kam ihm der Plan wie eine Lästerung der Götter vor. Aber dann dachte er daran, wie er gelitten und gekämpft hatte für Rom und wie Rom ihm dafür gedankt hatte und daß seine Frau und seine Kinder ebenso wie er als Sklaven ihr Leben fristen mußten.

„Es wird ein langer Weg werden", sagte er leise, „aber ich werde ihn mit dir gehen, und die anderen auch."

Der Mann mit dem grauen Bart legte ihm die Hand auf die Schulter. „Die Plebejer verlassen die Stadt. Ist das nicht komisch?"

Doch er lachte nicht dabei.

24. Was tut man nicht alles für seinen Patron!**

Jeder Patron war verpflichtet, seine Klienten nach Kräften zu schützen und zu fördern. Aber umgekehrt konnten auch die Klienten für ihren Patron eine ganze Menge tun, sogar in Sachen Liebe.
Vorlesezeit: 12 Minuten

Julia war eine wirkliche Schönheit; ihr Witz und ihre Gewandtheit waren geradezu legendär, und ihr Lächeln, ihr Lächeln war einfach atemberaubend. Lucius Metellus Ruber betete sie an. Aber damit befand er sich in Gesellschaft von ein paar Dutzend anderen jungen Männern aus besten Familien, und da er über wenig Selbstbewußtsein verfügte, hielt er seine Aussichten für äußerst gering.

Wer war er denn schon? Er stammte zwar aus einer alten patrizischen Familie, war aber so jung und unbedeutend, daß ihn sein wichtigster Onkel, der Konsul, schon mehrmals auf der Straße nicht gegrüßt hatte. Das Quaestorenamt, ja gut, das hatte er inzwischen hinter sich gebracht, aber noch immer hatten ihn die Zensoren nicht zum Senator ernannt, obwohl einer von ihnen sein Patron war – und außerdem Julias Vater.

Ein junger Mann mit roten Haaren, Sommersprossen und einer ganz und gar unrömischen Himmelfahrtsnase aber, der noch nicht einmal die Tunika mit dem Purpurstreifen tragen durfte, der konnte bei Julia höchstens Türsteher werden, soviel war sicher.

Lucius hatte also entsetzlichen Liebeskummer, und je länger dieser Zustand andauerte, desto schlimmer wurde er.

Eines Morgens, kurz vor Beginn der Saturnalien, saß Lucius im Atrium seines Hauses und kaute lustlos auf einem Stück Fladenbrot herum, als einer seiner Sklaven ihm seine Klienten meldete.

Lucius nickte nur gleichgültig: „Ja, ja, laß sie nur hereinkommen!“

Seine Klientel, das war auch so eine Sache. Während sein Patron, der Censor Marcus Julius, Hunderte von Klienten hatte, darunter Ritter, die schon selbst über Macht und Einfluß verfügten und beträchtliche Reichtümer angesammelt hatten, und dazu Tausende in den Provinzen, besaß er selbst noch nicht einmal ein Dutzend.

Ein Freigelassener war nicht darunter – von seinen drei Sklaven konnte er wirklich keinen entbehren –, nur ein paar ehemalige Soldaten, die in Spanien unter ihm gedient hatten; die restlichen waren Lucius' Familie schon lange verbunden und hatten sich ihm mehr aus Zuneigung angeschlossen, als daß sie sich davon einen Vorteil versprochen hätten.

Als der Majordomus die kleine Schar ins Atrium führte, blickte Lucius kaum auf. Das war sehr unhöflich, denn was die Klienten ihrem Patron an Ehrerbietung schuldeten, das schuldete er ihnen an Aufmerksamkeit und Zuwendung: Ein Klient hatte mehr davon zu beanspruchen als der eigene Sohn.

Also hätte Lucius' Gefolgschaft mit gutem Grund beleidigt sein können, aber jeder wußte, was mit ihm los war, und so nahm ihm keiner etwas übel.

„Du solltest heute morgen Marcus Julius deine Aufwartung machen“, begann Sextus, ein alter Haudegen, der gewöhnlich der Wortführer der Gruppe war. „Wir sind gekommen, um dich zu begleiten.“

Aber Lucius winkte nur ab. „Entschuldigt mich für heute“, sagte er, „ich habe gestern abend etwas Schlechtes gegessen und fühle mich gar nicht wohl.“

Er ließ allen vom Majordomus ein paar Sesterzen in die Hand drücken, befahl, daß man ihnen zu essen und zu trinken bringen solle, und verschwand mit freundlichem, aber abwesendem Nicken im Haus.

„So geht es nicht weiter mit ihm“, rief Sextus, als Lucius verschwunden war. „Er stirbt uns noch vor Liebeskummer! Wir müssen etwas unternehmen!“

„Unternehmen?" knurrte sein Freund Caecilius. „Was sollen wir denn unternehmen, wenn sie nichts von ihm wissen will?"

„Aber das ist doch überhaupt nicht gesagt!" Sextus regte sich richtig auf. „Sie hatte doch noch gar keine Gelegenheit, ihn überhaupt zur Kenntnis zu nehmen! Wenn er ihr auch nur auf einer Abendgesellschaft in einem Peristylium begegnet, wird er rot wie ein Purpursaum und möchte sich am liebsten die Toga über den Kopf ziehen, um ihr bloß ja nicht aufzufallen. Wie soll sie da rausfinden, was er in Wahrheit für ein Kerl ist?"

„Es ist wirklich ein Jammer", mischte sich Aulus ein, wie Sextus ein bärbeißiger alter Soldat, „wißt ihr noch, wie er kämpfen kann? Wieviel Mut und wieviel Verstand er hat, wenn ihm tausend Feinde gegenüberstehen? Und bei den Weibern hat er überhaupt kein Selbstvertrauen. Von ihnen läßt er sich so erschrecken, daß er sich schon fast in die Hosen macht, bevor es überhaupt ernst wird. Dabei lieben die Frauen nichts so sehr wie Helden! Wißt ihr noch, als Pompeius vom Senat seinen Triumphzug bekam? Daß sie ihn nicht vor Begeisterung in Stücke gerissen haben, lag nur daran, daß sie nicht nahe genug an ihn herangekommen sind."

„Ich weiß nicht, ob du dieselben Vorstellungen von Liebe hast wie Lucius", sagte Caecilius und rümpfte die Nase. „In Stücke reißen wird er sich nicht lassen wollen …"

„Ich mein' ja bloß", erwiderte Aulus, „also, wie sehr die Frauen auf Helden aus sind."

„Augenblick mal." Sextus legte die Stirn in nachdenkliche Falten. „Helden, sagst du? Gar nicht so dumm … Ich glaube, ich habe eine Idee!" Und dann erklärte er, was er für eine Idee hatte. Als er fertig war, herrschte Schweigen.

Schließlich sagte Aulus: „Du bist verrückt!"

Titus Afranius Piger, ein kleiner dicker Glatzkopf, der sonst wenig sagte, ereiferte sich: „Allein der Vorschlag ist schon eine Zumutung! Ich bin zwar sein Klient, aber das heißt noch lange nicht, daß ich Kopf und Kragen für ihn riskieren muß!"

„Hat Lucius nicht seine Pflichten als Patron immer sehr ernst genommen?" fragte Sextus. „War er nicht stets hilfsbereit, großzügig und mutig, wenn es um unsere Interessen ging? Was haben wir ihm umgekehrt nützen können, ein armseliges Häuflein ohne Geld und Beziehungen? Jetzt ist er in Schwierigkeiten, und jetzt können wir handeln!"

Sextus holte tief Luft und sah die anderen erwartungsvoll an. Alle nickten zustimmend, sogar Titus.

„Obwohl ich dir völlig recht gebe", sagte schließlich Caecilius, „habe ich ein paar Einwände, über die wir reden sollten. Denn ein Plan ist nur dann gut, wenn er auch funktioniert."

„Dann bring sie schon vor", forderte Sextus ungnädig.

„Wenn, erstens, Lucius Julias Herz gewinnt, so nützt das gar nichts. Weder Söhne noch Töchter haben nach den Gesetzen dieser Stadt über ihre Zukunft selbst zu befinden. Das ist allein Sache des Familienoberhauptes. Was also, wenn ihr Vater, der Censor, nichts von ihm wissen will?"

„Ach was", erwiderte Sextus, „Lucius' Familie gehört ebenso wie Julias zum patrizischen Adel, sein Onkel ist Konsul. Ihre Väter sind beide überzeugte Republikaner und verabscheuen Pompeius von Herzen. Das verbindet. Und was wünscht sich ein Vater für seine Tochter mehr als einen Helden aus bester Familie? Ein Held wird Lucius sein, wenn alles klappt."

„Gut." Caecilius schien befriedigt. „Hast du aber, zweitens, auch bedacht, daß ein unverheiratetes Mädchen nicht so ohne weiteres ausgehen darf, schon gar nicht ohne Anstandsdame?"

„Hab' ich", sagte Sextus und grinste selbstzufrieden. „Sie hat eine Tante, die Vestalin ist. Die kann sie jederzeit besuchen. Und gegen Begleitung habe ich auch gar nichts einzuwenden. Das sind zusätzliche Zeugen. Nur – kräftige Sklaven sollten möglichst nicht darunter sein."

„Ich habe auch noch einen Einwand", meldete sich Aulus. „Ihr wißt, was Lucius für ein Kämpfer ist. Wenn dann noch die Liebe dazukommt … Ich habe keine Lust, einen Caestus auf die Nase oder eine Pugio zwischen die Rippen zu bekommen …"

„Mmh …", Sextus kratzte sich nachdenklich am Kopf, „eigentlich dürften innerhalb der Mauern ja überhaupt keine Waffen getragen werden …"

„Jetzt redest du aber Schwachsinn", unterbrach Caecilius. „Du selbst redest doch immer von den verdorbenen Sitten. Wer traut sich denn heute noch ohne Waffen in der Tunika auf die Straße? Lucius hat immer alles Nötige bei sich!"

Sextus überlegte.

„Ach was", sagte er schließlich, „dann müssen wir eben einen Sklaven bestechen, damit der ihm die Waffen höflich hinterherträgt oder sich sonst was einfallen läßt. Hat noch jemand einen Einwand? Nein? Gut. Dann ist die Sache abgemacht. Wir nehmen den Tag nach den Saturnalien. Da schläft das meiste Gesindel, das sich sonst auf den Straßen rumtreibt, noch seinen Rausch aus, und wir haben keine unliebsamen Einmischungen zu befürchten."

Acht Tage später, kurz vor Einbruch der Dämmerung, machte sich Julia, von einer Sklavin begleitet, auf den Weg zum Atrium der Vestalinnen, das direkt neben dem Tempel lag. Gegen Mittag war ein Bote erschienen und hatte ihr mitgeteilt, ihre Tante wünsche sie dringend zu sprechen. Julia hatte sich elegant zurechtgemacht. Auf eine seidene Tunika, die mehr zeigte als verhüllte, hatte sie wohlweislich verzichtet; sie trug eine aus feinster zartblauer Wolle und darüber eine Palla von leuchtendem Dunkelblau. Ihre schwarzen Haare waren in der Mitte gescheitelt, in Wellen gelegt und im Nacken zu einem Knoten zusammengebunden; um den Hals trug sie eine schwere Kette aus Gold und Elfenbein. So fühlte sie sich bereit, ihrer Tante, der Vesta-Priesterin, gegenüberzutreten.

Was sie wohl wollte? So etwas Belangloses wie der Wunsch nach einem vertrauten Gespräch konnte es kaum sein, denn sie war eine strenge, unnahbare Frau. Na ja, sie würde es gleich erfahren. Mit raschen Schritten, die Sklavin hinter sich, schlug sie den Weg zum Forum ein.

Lucius befand sich in seiner üblichen Stimmung zwischen Sehnsucht und Verzweiflung, als ihn die Botschaft erreichte, der Tribun Marcus Tiberius erwarte ihn beim Tempel der Vesta, und es handle sich um eine Angelegenheit von höchster Dringlichkeit. Er wollte zuerst nicht hingehen; wahrscheinlich ging es um irgendeine politische Schacherei, und danach stand ihm überhaupt nicht der Sinn. Aber der Bote ließ nicht locker, und so gab Lucius schließlich nach. Er ließ sich von einem Sklaven in seine Toga helfen, brummte sein Einverständnis, als der ihm vorschlug, Caestus und Pugio für ihn zu tragen, und marschierte los. Er erreichte das Forum, schritt am Tempel der Concordia vorbei und ging die Via sacra an der Basilica Aemilia entlang.

Es herrschte wenig Betrieb, denn es war empfindlich kalt.

Als er sich dem Palast der Vestalinnen näherte, sah er eine Frau, die, gefolgt von einer Sklavin, vor ihm herging. Bei allen Göttern, war das die Möglichkeit? Diese schlanke Silhouette erkannte er trotz des Dämmerlichts. Julia! Was tat sie hier? Das konnte doch nur ein Wink des Schicksals sein! Er wollte zu ihr hinlaufen und ihr endlich, endlich seine Liebe gestehen. Aber dann fielen ihm seine Sommersprossen ein, sein roter Haarschopf und seine Bedeutungslosigkeit; er verlangsamte sein Tempo und beschränkte sich darauf, Julias Gestalt von hinten mit Blicken zu verzehren.

Aber plötzlich stockte ihm der Atem. Hinter der Basilica Aemilia trat eine Gruppe verhüllter Gestalten hervor, rannte direkt auf Julia zu und umzingelte sie!

Lucius zögerte keinen Augenblick. Er vergaß ganz, daß er keine Waffen bei sich hatte, ließ die Toga von den Schultern gleiten und stürmte auf die Bande zu.

„Abschaum! Dreckiges Gesindel!" schrie er und hieb und trat und schlug ein, auf was immer er traf. So furchterregend mußten sein Angriff und sein Gebrüll, so wirkungsvoll seine Schläge sein, daß der Spuk nach wenigen Augenblicken vorbei war. Stöhnend und humpelnd machten sich die Halunken davon.

„Verfolge sie!" rief Lucius seinem Sklaven zu, denn er, er mußte sich um Julia kümmern.

„Ist dir etwas geschehen?" fragte er atemlos. Julia, die fürchterlich erschrocken war, als die dunklen Gestalten sie umringt hatten, stutzte, als sie ihn erkannte.

„Nein, mir geht es gut", erwiderte sie und musterte ihn aufmerksam. „Du mußt ebenso stark wie mutig sein, wenn es dir gelingt, ein Dutzend Männer so schnell in die Flucht zu schlagen", fügte sie hinzu.

Lucius wurde rot. „Ich versteh' es selbst nicht", meinte er, „es müssen ein paar besonders feige Ratten gewesen sein."

Julia sah in sein ehrliches Gesicht – und dann lächelte sie ihr atemberaubendes Lächeln. „Lucius Metellus", sagte sie, „bitte bring mich nach Hause."

Ein paar Wochen danach wurde Sextus zum Haus des Censors, Julias Vater, zitiert. Er wurde mit großer Aufmerksamkeit empfangen, der Majordomus selbst versorgte ihn mit Wein und Knabbereien.

Kurz darauf erschien Julia. „Sei mir gegrüßt, Sextus!" sagte sie freundlich. „Daß Lucius Metellus Ruber, dein Patron, inzwischen vom Censor zum Senator ernannt worden ist, wirst du schon wissen. Was du vielleicht noch nicht weißt, ist, daß wir demnächst nach dem Willen unserer Väter heiraten werden. Du hast ein Recht darauf, als einer der ersten davon zu erfahren."

„Wieso, ich verstehe nicht …", stotterte Sextus, aber Julia ging darauf nicht ein.

„Man hat mir erzählt", fuhr sie fort, „du seiest vor einiger Zeit in eine Schlägerei verwickelt gewesen und lange mit einem blauen Auge und geschwollener Nase herumgelaufen. Sei in Zukunft vorsichtiger!"

Sie ließ sich von einer Sklavin einen prallen Lederbeutel reichen.

„Hier ist ein kleines Schmerzensgeld für dich und deine Freunde", sagte sie. „Mögen alle Klienten ihre Pflichten gegenüber dem Patron so ernst nehmen wir ihr." Sie zwinkerte ihm zu und reichte ihm den Beutel.

Sextus war immer noch nicht Herr seiner Sprache.

„A... aber He... Herrin, wie... wieso weißt du Be... Bescheid?" fragte er.

Da lächelte Julia. „Ihr mögt ja alle große Kämpfer sein", sagte sie, „und ein gutes Herz habt ihr auch, aber was den Verstand betrifft, da wiegt eine Römerin immer noch zehn Römer auf. Zumal, wenn sie eine Julierin ist."

Sextus wollte widersprechen, aber die Denare im Beutel klingelten so verheißungsvoll, daß er sich schleunigst verabschiedete. Denn bei Sonnenuntergang schlossen die Tabernen, und vorher gab es noch einiges zu begießen!

Saturnalien: Bei diesem Fest zu Ehren des Gottes Saturnus waren alle Standesunterschiede aufgehoben; die Sklaven wurden von den Herren bedient. *Majordomus:* Hausmeister. *Peristylium:* im antiken Haus der von Säulen umgebene Innenhof. *Vestalinnen:* Priesterinnen der Vesta, der Göttin des Herdfeuers. Sie hüteten das heilige Herdfeuer, das den Bestand des Staates symbolisierte. *Caestus:* Boxhandschuh aus Leder mit eingenähten Bleistücken. *Pugio:* Dolch. *Palla:* Mantel der Römerinnen.

---

25. Im übrigen meine ich, daß Karthago zerstört werden muß!*

Die Römer konnten es nie verwinden, daß der Karthager Hannibal (247/6–183 v. Chr.) mit seinen Söldnern um ein Haar ihre Vorherrschaft im Mittelmeerraum gebrochen hätte. Deshalb scheuten sie vor keiner Gewalttat zurück, bis Karthago vernichtet war.

Vorlesezeit: 7 Minuten

Was wollen sie noch, was wollen sie noch!" Hasdrubal schluchzte mehr, als er schrie. Mit der Kraft und dem ohnmächtigen Zorn der Verzweiflung hob er einen der schweren Wasserverdunster, die, um die Tageshitze zu lindern, im Raum standen, empor und schmetterte ihn auf den Marmorboden.

Tonscherben sprangen und Wasser spritzte, und wie ein Wahnsinniger trampelte er auf den Trümmern herum.

„Was wollen sie noch, was wollen sie noch!"

Bomilkar tat nichts, um ihn zu beruhigen. Was hätte er auch tun sollen. Er hätte ihm seine verzweifelte Frage beantworten können: Was sie wollen? Die Römer wollen uns vernichten, unsere Stadt dem Erdboden gleichmachen, unseren Namen für alle Zeit aus der Erinnerung der Völker tilgen.

Aber Hasdrubal wußte die Antwort selbst. Seine hilflose Wut war nur ein Zeichen dafür, daß er keinen Ausweg mehr sah; das letzte Aufbegehren eines Mannes, bevor er seine Waffe gegen sich selbst richtete, um nicht noch mehr ertragen zu müssen.

„Sie haben viele Jahre lang Masinissa zu ihrem Werkzeug gemacht, um uns zu terrorisieren."

Hasdrubal stand auf einmal still inmitten der Scherben, seine Stimme war leise geworden und rauh.

„Sie haben uns gedemütigt, indem sie jeden Überfall, jede Bluttat, jeden gemeinen Raub des Numiders als gerechtfertigt bezeichnet haben. Wir haben ihre Urteile hingenommen, als ob sie auf unserer Entscheidung beruhten. Wir haben nicht aufgemuckt, wir haben Masinissa noch den Hintern hingehalten, damit er uns hineintreten konnte. Ein einziges Mal haben wir uns jetzt gewehrt – und dabei fast unsere ganze kümmerliche Armee eingebüßt."

„Und genau damit haben wir den Römern den Vorwand geliefert, den sie gesucht haben!" warf Bomilkar ein. „Wir hatten also nur zu wählen, ob wir uns von den Numidern nach und nach zugrunde richten lassen oder von den Römern in einem einzigen Feldzug."

Doch Hasdrubal schien ihn gar nicht zu hören.

„Nur wegen unserer jämmerlichen Gegenwehr sind sie mit einem schwerbewaffneten Heer gekommen, das mehr als halb soviel Köpfe zählt, wie diese ganze Stadt Einwohner hat", sagte er, und in seiner Stimme schwang Verwunderung mit, als ob er nicht glauben könne, was er da sagte.

„Wir haben ihnen unsere restlichen Waffen ausgeliefert, wir haben unsere vollständige Unterwerfung angeboten, wir haben unsere besten Männer als Geiseln gestellt, und sie sind immer noch nicht zufrieden. Bei Baal, wie müssen sie uns hassen!"

„O nein, sie hassen uns nicht", widersprach Bomilkar.

Müde sah Hasdrubal auf.

„Und was ist mit dem fanatischen alten Eiferer, den sie uns immer als Gesandten schicken, um uns neue Schikanen aufzuerlegen, den Alten, der angeblich jede Rede mit der Forderung schließt, daß Karthago zerstört werden müsse?"

Bomilkar schüttelte den Kopf.

„Du meinst Cato? Auch er haßt uns nicht. Nicht wirklich. Was die Römer selbst vielleicht sogar Haß nennen, das ist nur etwas, mit dem sie ihr Gewissen beruhigen: Wir sind anders, barbarisch, kriegslüstern, gewalttätig, eben hassenswert. So können sie vor sich selbst und der Welt verbergen, warum sie uns wirklich vernichten wollen: aus Geldgier, aus Machthunger, aus Intoleranz und aus Angst. Denn die Wahrheit ist: Wir leben in größerem Wohlstand, wir sind erfolgreichere Kaufleute, wir bewohnen fruchtbareres Land. Zu Zeiten Hannibals haben unsere Heere ganz Rom in Schrecken versetzt. Deshalb, verstehst du, werden sie nicht ruhen, bis wir aufgehört haben zu existieren. Das ist es, was sie wollen."

Hasdrubal legte dem Freund die Hände auf die Schultern und starrte ihm in die Augen.

„Und wir, was sollen wir tun?" fragte er verzweifelt.

Bevor Bomilkar antworten konnte, stürzte ein junger Offizier herein, der Hasdrubal als Adjutant diente.

„Die Römer haben ihre Forderungen für einen Truppenabzug gestellt!" rief er atemlos. „Alle Karthager müssen die Stadt verlassen, und danach soll sie bis auf die Grundmauern geschleift werden."

Hasdrubal nahm die Hände von Bomilkars Schultern.

„Nun, jetzt wissen wir, was sie wollen", sagte er ruhig. Trauer, Zorn und Niedergeschlagenheit schienen von ihm abzufallen.

„Die Entscheidung, was zu tun ist, haben sie für uns getroffen."

Mit harter Stimme befahl er: „Ruf den Rat zusammen, Hanno! Wir werden uns verteidigen!"

„Ja", wiederholte er, zu Bomilkar gewandt, „wir werden uns verteidigen. Sie haben den Bogen überspannt, er ist gebrochen."

Die Scherben knirschten unter seinen Füßen, als er den Raum verließ.

Und sie verteidigten sich. Männer, Frauen, Greise und Kinder, schlecht bewaffnet, bald vom Hunger gequält und von unzureichenden Befestigungen nur mangelhaft geschützt, hielten die Stadt über zwei Jahre lang gegen das riesige Heer.

Erst dann konnten die Römer ihr Vernichtungswerk vollenden: Ein paar versklavte Überlebende, ungezählte Tote und rauchende Trümmer waren alles, was von Karthago blieb.

26. Die Zeiten ändern sich ...**

Nachdem die Römer fast die ganze Mittelmeerwelt erobert hatten, änderten sich die Lebensgewohnheiten der Oberschicht gewaltig. Die Zeiten der Genügsamkeit und des einfachen Lebens waren vorbei.
Vorlesezeit: 9 Minuten

Claudia blickte ihren Mann voller Zuneigung an. Sie liebte es, daß er sich mit fast sechzig Jahren noch so aufregen konnte wie ein junger Heißsporn, der gegen die Feinde Roms wetterte.

„Stell dir vor", schnaubte Publius Annius Milo, der gerade von einer Geschäftsreise nach Delos zurückgekehrt war, „was dieser alte Trottel mir gesagt hat: ‚Die Römer sollten sich auf die Zeiten besinnen, als noch die bäuerlichen Tugenden galten: Härte, Genügsamkeit, Ehrlichkeit und Einfachheit.' Dabei verspeist er natürlich eine doppelte Portion vom feinsten geräucherten Fischrogen, von etrurischem Geschirr, versteht sich, und trinkt dazu einen Krug Importwein, der soviel kostet wie ein gutes Pferd. Wie kann man nur so verbohrt sein!"

„Aber hat er denn nicht recht?" warf Claudia ein. „Die alten Tugenden müssen doch in der neuen Zeit ihren Wert nicht verloren haben!"

„Ach, papperlapapp, meine Liebe! Es geht ihm und seinen Gesinnungsgenossen doch gar nicht um irgendwelche Tugenden. Sie begreifen bloß nicht mehr, wie die Dinge jetzt laufen, und deshalb schreien sie nach der guten alten Zeit. Aber wehe, sie käme zurück, und der Herr Senator müßte wieder am Pflug hinter seinem Ochsen herlaufen. Da würde er vielleicht Augen machen!"

Publius nahm einen Schluck Wein. „Schau", erklärte er, „früher gab eine Handvoll Familien in dieser Stadt den Ton an, und eben diese Familien haben Rom von einem Kriegszug zum anderen gedrängt. Immer mehr Macht und Einfluß wollten sie haben. Den Göttern sei Dank, wir haben die meisten dieser Kriegszüge gewonnen. Aber dadurch sind die Verhältnisse natürlich auch viel komplizierter geworden."

„Wieso eigentlich?" fragte Claudia. „Wenn einer alle seine Feinde besiegt hat, dann müßte doch alles furchtbar einfach sein."

„Eben nicht!" sagte Publius. „In der Vergangenheit haben die Römer nur untereinander oder bestenfalls innerhalb Italiens Handel getrieben. Da konntest du, wenn nötig, eine Kuh gegen Getreide tauschen oder ein paar Sandalen gegen ein wenig Öl. Bestenfalls gab es ein bißchen Kupfergeld, das den Gegenwert eines ganzen, eines halben oder eines

Viertel Rindviehs hatte. Alle Römer waren ja Bauern, hochgeborene Bauern so wie die Herren Senatoren oder ganz ordinäre Bauern so wie unsere Familien. Jeder produzierte das meiste von dem, was er brauchte, selbst. Aber jetzt, nach all den gewonnenen Kriegen, haben wir Zugang zu anderen Ländern, wissen, wie gut indische Delikatessen und griechische Weine schmecken, wollen feinste Purpurstoffe aus Syrien tragen und möchten natürlich auch unseren Reichtum mehren. Das heißt, wir brauchten zunächst einmal Geld, das überall akzeptiert wird und mit dem man vernünftig einkaufen kann. Deshalb wurde, wie du weißt, der Silberdinar eingeführt, der genausoviel wert ist wie eine griechische Drachme. Zweitens brauchte man Männer, verstehst du, Männer wie mich, die den ganzen Handel in Schwung bringen. Die in der Lage sind, einen großen Betrieb zu führen, wie die Keramikbetriebe in Arretium, die gut funktionierende Handelsgesellschaften auf die Beine stellen können und so weiter.

Früher waren das die Angehörigen der berittenen Truppen, die hatten genug Mumm in den Knochen und genug Kriegsbeute, um ein anständiges Geschäft aufzuziehen. Heute ist man ein Ritter, wenn man seine ersten 100 000 Dinare verdient hat."

„Deswegen bist du auch ein Ritter, stimmt's?" unterbrach ihn Claudia lächelnd. „Obwohl du so gar nicht kriegerisch bist."

„Warum sollte ich auch?" entgegnete Publius. „Heute zählen, wie gesagt, andere Tugenden: Energie, schnelles Denken und die Fähigkeit zu entscheiden und zu handeln."

„Jetzt weiß ich aber immer noch nicht, warum du dich über den Senator so aufgeregt hast", sagte Claudia.

„Ich wollte gerade dazu kommen", antwortete ihr Mann. „Die größten Gewinner der römischen Kriegszüge und des neuen römischen Welthandels sind nämlich die Adelsfamilien, zu denen auch dieser verknöcherte Bursche gehört. Sie haben den größten Beuteanteil eingesackt, sie haben das meiste brachliegende Land der Gefallenen aufgekauft, und mit ihren politischen Beziehungen holen sie sich überall die Rosinen aus dem Kuchen. Sie lassen ihre Sklaven für sich arbeiten und verdienen Geld im Schlaf. Also, wie du weißt, war ich aus zwei Gründen auf Delos: Zum einen wollte ich unsere Niederlassung dort beträchtlich vergrößern und ein entsprechendes Grundstück erwerben, zum anderen wollte ich eine größere Menge bestes Olivenöl kaufen, für das ich einen Abnehmer in Rom habe. Das Grundstück, das ich will, gehört zur delischen Latifundie des Herrn Senators. Das beste Öl, wo wird es angebaut? Ebenda. Wie der Zufall so spielt, weilt der Herr Senator gerade auf seinem Besitz. Natürlich will er nicht etwa arbeiten und selbst Geschäfte machen, nein, er sitzt nur in seinem Solarium und läßt sich die Sonne auf seinen altadeligen Wanst scheinen. Nein, wegen des Grundstücks und des Öls muß ich mit seinem Verwalter verhandeln. Der ist, zum Nutzen seines Herrn, ein so gerissener Hund, daß er mir erst für das Grundstück, das ich doch unbedingt brauche, einen unverschämten Preis abverlangt. Und als ich gezwungenermaßen akzeptiere, ihm aber bedeute, daß er dafür sein Öl meinetwegen in die Latrine gießen könne, ich würde es woanders kaufen, da entgegnet doch dieser Schuft: ‚Wer die Immobilie kaufen will, der muß auch das Öl nehmen!‘

Was bleibt mir übrig, ich sage ‚ja‘, zahle wieder einen unglaublichen Preis und verhelfe dem Herrn Senator zum zehnfachen Profit. Der Höhepunkt aber ist, daß sich dieser Nichtstuer auf meinem Frachter einquartiert hat (wofür er einen gesalzenen Fahrpreis gezahlt hat, darauf kannst du Gift nehmen!) und mir etwas von den alten römischen Tugenden vorfaselt und von der Bescheidenheit in der guten alten Zeit, obwohl er doch selbst der größte Nutznießer der neuen Verhältnisse ist!"

Publius schlug mit der Faust auf den Tisch, daß Krug und Becher bebten. Aber Claudia lachte nur. „Du nimmst ihm ja weniger übel, daß er die alten Tugenden zurückwünscht. Du nimmst ihm übel, daß er in diesem Fall ein besserer Geschäftsmann war als du!"

Auch Publius mußte lächeln, denn er war nicht ohne Selbstkritik. „Du hast recht, aber nur zum Teil. Natürlich war ich in meiner Eitelkeit gekränkt. Aber darüber hinaus ärgert mich, daß er verdient und verdient, ohne dafür arbeiten zu müssen. Und es fuchst mich, daß einer nur zu gern die Vorteile einer neuen Epoche genießt, aber trotzdem immer den alten Zeiten nachjammert."

Publius schwang die Klingel, die neben ihm stand, und schwieg, bis ein Sklave das Zimmer betrat.

„Ich muß diesem Halunken beziehungsweise seinem römischen Bevollmächtigten einen Scheck ausstellen, sonst wird das Geschäft nicht wirksam", erklärte er seiner Frau und befahl dem Sklaven: „Bring mir das kleine Täschchen, das im Inneren meiner Lacerna steckt!"

Der Mann verschwand und kam nach ein paar Minuten sichtlich nervös zurück: „Verzeih, Herr, aber … da steckt nichts in deiner Lacerna!"

Publius sprang auf und lief aus dem Raum. Als er zurückkehrte, waren die Adern an seinen Schläfen schon wieder angeschwollen, und sein Gesicht hatte die Farbe syrischen Purpurs. „Geklaut ist es!" schimpfte er. „Das kann nur einer von diesen verdammten Hundesöhnen in Ostia gewesen sein! Früher hätte es das nicht gegeben!"

Claudia nickte freundlich.

„Ja, ja", meinte sie, „ich weiß schon. Die alten römischen Tugenden ... Sie sind nicht mehr ...!"

Lacerna: Obergewand, Überwurf.

---

27. Ein unangenehmer Gast ***

Die vielen erfolgreichen Kriegszüge Roms führten dazu, daß die Reichen immer reicher und die Armen immer ärmer wurden; die kleinen Bauern verloren ihre Existenzgrundlage, die alten Adelsfamilien konnten riesige Ländereien in ihren Besitz bringen.

Vorlesezeit: 8 Minuten

Martius Decius Cantor war wie immer der unbestrittene Mittelpunkt der Gesellschaft. Allein schon wie er die schöne Hausfrau im Atrium begrüßte, erregte das Entzücken aller:

„Wenn, o Lydia, Jupiter den Männern Roms erlaubte, sich in das zu verwandeln, was sie am sehnlichsten zu sein wünschten, so würden sich wohl alle erbitten, dein Strophium zu werden, um nur deinem entzückenden Busen nahe zu sein. Alle bis auf mich, meine Lydia. Ich möchte lieber dein Spiegel sein. So käme ich in den Genuß, den ganzen Tag in deine strahlenden Augen blicken zu können."

Das war ein bißchen gewagt, aber nicht so, daß es dem Gatten Lydias, dem schwerreichen Senator Lucius Aemilius Rana, hätte peinlich sein müssen. Das war charmant, aber nicht so, daß man es als gar zu dick aufgetragen empfunden hätte. Das war ein bißchen spöttisch (denn tatsächlich verbrachte Lydia einen großen Teil des Tages vor dem Spiegel), aber doch nicht so, daß es eine Kränkung bedeutet hätte. Genauso liebten es die feinen Römer, und Martius entsprach vollkommen ihren Erwartungen.

Seine Imitation der regierenden Konsuln und des Prokonsuls der Provinz Asia wurden mit begeisterter Heiterkeit aufgenommen. Seine Spottverse über die Bestechlichkeit mancher Beamter ernteten schallendes Gelächter, und seine geschliffen formulierten Sentenzen wurden mit reichem Beifall belohnt.

Während Martius für feinsinnige Unterhaltung sorgte, bot Lucius für das leibliche Wohl seiner Gäste auf, was nur denkbar war: Eier mit Honig, knusprig gebratene Pfauen in der ganzen Pracht ihres sorgsam präparierten Federschmucks, persische Austern, Datteln aus Afrika, Feigen aus Griechenland, Fisch und Fleisch in den raffiniertesten Zubereitungen, Quittenkompott mit sündhaft teuren indischen Gewürzen, kurz, es war alles da, was auch der verwöhnteste Gaumen sich nur wünschen konnte. So hätte es ein wirklich gelungener Abend werden können ...

Gegen Ende des Mahles, als die Gäste eifrig von den süßen syrischen und persischen Leckereien naschten, die überall auf kleinen Tischchen bereitstanden, meinte Lucius zufrieden: „Bei allen Göttern, es ist doch schön, daß sich die Härten und Entbehrungen der letzten Jahrzehnte endlich gelohnt haben!"

Daß er sich dabei auch noch über den ansehnlichen Wanst strich, war zuviel, als daß Martius seine spitze Zunge im Zaum halten konnte.

„Wahrhaftig, Lucius", spottete er, „du mußt viel gelitten haben, bis Karthago endlich gefallen ist! Dein gepeinigter Leib ist ganz aufgetrieben von all den Entbehrungen! Mein Vater erzählte mir – du weißt, mein Vater, der vor Korinth sein Leben gelassen hat –, er habe dich einmal beim heldenhaften Einsatz für Rom gesehen. Das war, als er Heimaturlaub hatte. Da habest du ganz allein gegen einen riesigen Schweineschinken gekämpft – und ihn restlos besiegt! Ich neige mich vor deiner Tapferkeit, o Lucius!"

Die Gäste sahen sich peinlich berührt an. Das ging wirklich zu weit!

Aus Lucius' rundem Gesicht war das zufriedene Lächeln wie weggewischt. Wütend sah er den jungen Mann an und vergaß jede Höflichkeit.

„Du scheinst auch eher mit deinem frechen Maul zu kämpfen als mit dem Gladius", blaffte er. „Anscheinend weißt du nicht, daß es auch und gerade, wenn Krieg herrscht, Männer geben muß, die die Geschicke in der Heimat lenken und den Staat zum Besten aller verwalten."

„Oh, verzeih mir, Lucius, das habe ich wirklich vergessen. Das kann man nicht leugnen, du hast dich tatsächlich des Staates angenommen. Jenes beträchtlichen Teils jedenfalls, der davon inzwischen dir gehört. Man spricht von viertausend Hektar, die du zum Wohl aller jetzt dein eigen nennst. Ist das richtig? Dein Verdienst kann gar nicht hoch genug eingeschätzt werden. Hast du doch etliches von dem Land der kleinen Bauern aufgekauft, die nachlässigerweise für Rom in den Krieg gezogen sind, ohne sich um dessen Bewirtschaftung zu kümmern. Du hast sie wenigstens von der drückenden Last befreit, nach ihrer Heimkehr wieder schwer arbeiten zu müssen. Die Witwen und Waisen der Gefallenen werden dir ewig Dank wissen, daß du ihnen ihren Besitz genommen hast, der sie doch nur an ihre Toten erinnert hätte. Jetzt wohnen sie im sechsten Stock einer Insula oder genießen gar das Leben unter freiem Himmel. Ja, wirklich, Lucius, man kann gar nicht genug rühmen, was du für Rom getan und wie du zum Segen aller gewirkt hast!"

Die meisten Gäste hätten sich am liebsten unter ihren Sofas verkrochen. Wahrhaftig, bei Vesta, man hätte besser zu Hause gespeist!

Lucius platzte schier vor Zorn. Diesen aufgeblasenen Frechling würde er eigenhändig aus seinem Haus werfen, und wenn er zehnmal der Sohn eines Kriegshelden war. „Übersiehst du nicht bei deinem neiderfüllten Gefasel", schrie er und schnappte aufgeregt nach Luft, „wie vielen Menschen ich Arbeit, Brot und ein Dach über dem Kopf gebe?"

Martius lächelte. „Du beschämst mich, Lucius. Wieder habe ich eine deiner großen Leistungen unerwähnt gelassen. Recht hast du, der Neid macht mich vergeßlich. Freilich, bestimmt sind es tausend Sklaven, denen du Arbeit gibst, sogar viel, sehr viel Arbeit, wenn ich mich nicht täusche. Darüber hinaus hast du in deiner grenzenlosen Güte auch noch ein paar Sklavenhändler aus Delos reich gemacht. Und was du erst für die armen römischen Bürger tust! Indem du die feine Wolle, das edle Öl und die herrlichen Weine, die auf deinen Gütern erzeugt werden, exportierst, bewahrst du die Römer davor, einem unziemlichen Luxus zu verfallen. Daß du auf das Getreide, das du in Afrika erwirbst, nur das Dreifache aufschlägst, bevor du es an die kleinen Leute verkaufst, ist ein weiteres Zeichen deiner Großmut. Bei den Göttern, Lucius, ich schwöre dir: Niemand hätte mehr einen Triumph verdient als du!"

Einen Moment lang herrschte völlige Stille. Dann preßte Lucius unter Aufbietung aller Selbstbeherrschung zwischen seinen Lippen hervor: „Verlaß mein Haus!" Martius erhob sich, verneigte sich ehrerbietig vor der schönen Hausfrau, deren Gesicht unter der Schminke bleich geworden war und deren Busen über dem Strophium leise bebte, winkte der erstarrt sitzenden Gesellschaft leutselig zu und ging.

Er hörte noch, wie empörtes Tuscheln einsetzte, als er den Raum verließ. Dann trat er aus dem Haus in die kühle Nacht. Endlich hatte er einmal ausgesprochen, was ihm schon so lang in der Seele brannte! Aber obwohl sein Kopf schwer vom Wein war, war da doch neben dem Gefühl der Befriedigung ein Gedanke, der sich nicht vertreiben ließ: „Du bist ein Narr, wenn du glaubst, daß du durch solche Reden etwas ändern kannst!"

Strophium: Busenbinde, Mieder. *Gladius:* Schwert. *Insula:* Mietshaus, Häuserblock.

28. Ein Reinfall an der Donau*

Die Kelten, die ab etwa 500 v. Chr. überall in Europa Siedlungsgebiete suchten, lebten im letzten Jahrhundert v. Chr. in großen befestigten Städten und trieben mit den Römern regen Handel.
Vorlesezeit: 10 Minuten

Titus Minellus Ruber grinste breit und nahm einen großen Schluck aus dem Becher mit gewürztem, verdünntem Wein, der vor ihm auf dem Tisch stand.

„Ich sage dir, mein lieber Quintus, mit diesen Kelten läßt sich wirklich wunderbar handeln."

Sein Freund Quintus Antonius Falco beeilte sich, ihm nachzuschenken.

„Du mußt mir alles erzählen", bat er.

Als erfolgreiche Kaufleute waren sie beide schon weit herumgekommen, aber noch nie war einer von ihnen so weit nach Norden gelangt wie jetzt Titus.

Grund genug für Quintus, alles Wissenswerte aus ihm herauszuholen. Denn wenn sich die Sache lohnte, dann würde er, Quintus, sich durch nichts davon abhalten lassen, Geschäftsbeziehungen zu diesem seltsamen Barbarenvolk zu knüpfen.

„Wo warst du eigentlich genau?" fragte er.

„In einem ziemlich großen Oppidum, das an einem kleinen Flüßchen nicht weit von dessen Einmündung in die Donau liegt. Ich schätze, daß da so an die zehntausend Menschen leben. Die ganze Siedlung haben sie mit einer gewaltigen Mauer aus Steinen, Erde und schweren hölzernen Balken umgeben. Überhaupt, für Zäune und Mauern haben sie was übrig. Der Ort ist in lauter Parzellen geteilt. In einigen leben nur Händler und Handwerker, in anderen nur Bauern, in anderen stehen Tempel und Lagerhallen. Immer ist eine Anzahl gleicher Häuser von einem Zaun eingefaßt."

„Und die Häuser? Wie schauen die aus?" erkundigte sich Quintus neugierig.

Titus machte eine abschätzige Handbewegung. „Nicht besonders eindrucksvoll", meinte er. „Egal, wer darin wohnt, alle Hütten sind gleich. Zwar nicht gerade klein, aber immer bloß zwei Zimmer. Die Wände sind aus Balken, die Zwischenräume mit Reisig und Lehm gefüllt und dann weiß gestrichen, die Dächer sind strohgedeckt. In der ganzen Stadt findest du nicht einen vernünftigen Stuhl, keinen bequemen Sessel, keine

Liege, auf der du dich behaglich ausstrecken kannst. Alles hockt auf Fellen, direkt auf dem Boden."

„Bei den Göttern, wie primitiv!" entfuhr es Quintus. „Was sind das für Menschen, die den ganzen Tag auf der Erde sitzen? Haben sie einen krummen Rücken? Oder einen plattgedrückten Steiß?"

„Ach, weißt du, sie schauen eigentlich ganz ansehnlich aus", erwiderte Titus. „Sie sind groß und kräftig, haben weiße Haut und blondes Haar. Aber schon darin, wie sie sich herrichten, zeigt sich, daß sie kolossale Barbaren sind. Sie tränken ihr Haar mit Kalkwasser, bis es dick und steif wird wie die Mähne eines Pferdes. Die Frauen flechten sich Zöpfe hinein, die weit auf den Rücken herabhängen. Ihre Kleidung ist geradezu lächerlich bunt, wie die Pfauen laufen sie herum, die Männer in Gewändern, die in engen Röhren um jedes Bein enden, die Frauen in weiten Röcken. Alle tragen grellfarbige Mäntel, die von silbernen oder bronzenen Fibeln zusammengehalten werden. Und stell dir vor, wie entsetzlich ungebildet sie sind! Keiner von ihnen kann lesen, sie haben nicht mal eine eigene Schrift! Nur die Druiden beherrschen wenigstens das Griechische. Die Druiden sind ihre Priester und genießen hohes Ansehen. Sie müssen keine Steuern bezahlen und keinen Kriegsdienst leisten. Sie sind die einzigen Lehrer der Kelten, sie fällen die wichtigen Urteile, sie deuten die Sterne, und, du wirst es nicht glauben, man erzählt sich sogar, daß sie bisweilen Menschen niederstechen und aus den Zuckungen der tödlich Getroffenen die Zukunft herauslesen."

„Abscheulich!" Quintus Antonius schüttelte sich. „Zu welchen Göttern beten sie denn?"

Titus Minellus hob die Schultern. „Ehrlich gesagt, das hab ich nicht ganz durchschaut. Man hat das Gefühl, sie wollen einen nicht allzuviel über ihre Religion wissen lassen. Einer ihrer Götter soll wie ein Pferd ausschauen, Epona nennen sie ihn, ein anderer, Cernunnus, gleicht einem Hirsch. Na ja, Barbarengötter halt."

Der Händler nahm einen tiefen Zug aus dem Becher.

„Hast du mich jetzt genug ausgefragt, damit ich endlich zur Hauptsache kommen kann?"

Aber Quintus war noch nicht zufrieden.

„Je mehr ich weiß, um so leichter habe ich es, wenn ich mit diesen Leuten ins Geschäft kommen will", erklärte er. „Haben sie so was wie einen Senat oder einen Magistrat?"

Titus grunzte verächtlich. „Was erwartest du! Nach den Druiden kommen die Kriegsleute; die wählen einen Häuptling, und der bestimmt, was gemacht wird, solange er stark und mächtig ist. Dann gibt es die Masse der Handwerker und Händler, die das ganze Geld heranschaffen, aber wenig zu sagen haben."

„Na, dann haben die Kelten ja doch was mit den Römern gemeinsam", lächelte Quintus. „Jetzt sag mir noch: Verstehen sie wenigstens gut zu essen und zu trinken?"

Titus rümpft die Nase. „Mein Geschmack ist es nicht. Wenig Brot, dafür Hirsebrei, Linsen, Erbsen und dicke Bohnen, und Unmengen von Fleisch, das sie meistens kochen oder am Spieß braten, weil sie kein Öl mögen, und mit Salz, Essig und Kümmel würzen. Rind, Schwein, Ziege, Schaf, Pferd, Hund – sie verschmähen nichts. Die Ärmeren unter ihnen trinken Weizenbier mit Honig, die Wohlhabenden Wein – am liebsten italischen, unverdünnt, und in solchen Mengen, daß man schon vom Zusehen Kopfschmerzen kriegt. Und damit bin ich endlich beim Thema."

„Also, dann erzähle!" forderte ihn sein Freund auf.

„Du mußt wissen", erklärte Titus, „sie lieben unser Bronzegeschirr, feine Gewürze und edle Stoffe, auch lassen sie sich gern in Gold oder Silber bezahlen. Vor allem aber sind sie scharf auf unseren Wein."

„Und was bieten sie dafür?" fragte Quintus dazwischen.

„Gerade wollte ich es dir sagen. Sie haben Salz, erstklassiges Eisen, Felle, Bernstein, Tongeschirr und Glaswaren von erlesener Qualität."

Titus führte eine Hand an den Mund und schnalzte entzückt mit der Zunge. „Glasarmringe, sage ich dir, von solcher Schönheit, in leuchtenden Farben und ohne jede Naht, unübertroffen. Wenn du dagegen die Dinger anschaust, die hier in Rom gemacht werden – lachhaft! Klar, daß die keltischen Armreifen hier Höchstpreise erzielen."

Titus grinste wieder und kniff vielsagend ein Auge zu. „Verstehst du, ich komme also in die Keltenstadt, finde einen Dolmetscher, der wenigstens weiß, was Geld, was Wein und was Glas auf lateinisch heißt, und trete in die Hütte eines Glasbläsers. Im Arm trage ich schon mal vorsichtshalber einen großen Krug mit Wein. Unverdünnt natürlich. Der Dolmetscher sagt, was ich will, ich gieße ein, der Kelte trinkt, ich trinke auch, dann gieße ich nach und fülle ihm den Becher, immer und immer wieder, bis der Glasbläser ganz glasige Augen kriegt. Dann fange ich an zu handeln. Und gieße immer wieder nach, versteht sich. Schließlich bekomme ich, und jetzt halte dich fest, für lächerliche drei Krüge von dem italischen Wein, den ich mitgebracht habe, einen großen Korb voll der herrlichsten Glasarmringe, für die ich hier ein Vermögen erhandeln werde."

Selbstzufrieden strich sich Titus über den Bauch. „Ich sage dir, mit diesen Kelten läßt sich wunderbar handeln."

Er stand ächzend auf, ging in eine Ecke des Raums und schleppte einen großen Korb herbei, der mit Holzspänen gefüllt war. Er griff hinein und zog einen Armreif hervor. Quintus staunte. Ein wirklich wunderbares Stück! Makellos schimmernd in leuchtendem Blau und völlig ohne Naht!
„Hast du auch noch andere Farben?" erkundigte er sich.
„Ja, sicher, weiß und grün. Warte einen Moment!"
Vorsichtig zog Titus ein paar weitere blaue Ringe aus dem Korb und legte sie auf den Tisch. Dann hob er eine Schicht Holzspäne ab – schaute in den Korb und blickte auf, fassungsloses Entsetzen im Gesicht.
„Schau dir das an!" flüsterte er und zeigte, was auf seiner offenen Hand lag. Quintus mußte nicht lange hinschauen. Das war ein Armreif von der billigsten Sorte, wie er von den Straßenhändlern Roms für ein Kupferstück verkauft wurde. Häßlich, krumm und mit doppelter Naht.
Einen Ring nach dem anderen riß Titus aus dem Korb und warf ihn zu Boden, daß er zerschellte.
„Dieser Lump, dieser Betrüger, dieser Hurensohn!" schimpfte er.
Aber Quintus lachte. „Um römischen Ramsch zu kaufen, hättest du nicht deinen guten Wein zu den Kelten tragen müssen. Aber tröste dich, mit den kostbaren blauen Ringen ist der Wein doch mehr als bezahlt."
Er klopfte dem Freund auf die Schulter und fügte schmunzelnd hinzu: „Die Kelten haben offenbar nicht nur eine Schwäche für den Wein, sie vertragen auch eine Menge davon. Dein junger Glasbläser sitzt jetzt bestimmt behaglich vor seinem Krug und denkt sich: ‚Mit diesen Römern läßt sich wirklich wunderbar handeln!'"

29. Eine gutbezahlte Arbeit**

Sullas „Säuberungen" machten den römischen Alltag zum Alptraum aus Angst, Denunziation und Gewalt. Niemand war seines Lebens sicher, und wer gestern noch Täter war, der konnte heute schon Opfer sein.
Vorlesezeit: 7 Minuten

Rufus streckte sich behaglich auf seinem Bett aus und gähnte. Er war zufrieden.
Am Vormittag war ein Bote gekommen und hatte die neueste Liste gebracht, die Liste mit den Namen derer, die Sulla zu Feinden des Staates erklärt hatte.

Rufus hatte seine Wahl getroffen, in der Nacht würde er seine Arbeit erledigen und anschließend sein Geld kassieren.

Ja, er lebte gut, seitdem so viele starben.

Sulla hatte sich vorgenommen, die Popularen auszurotten, einschließlich ihrer Sympathisanten (je wohlhabender einer war, desto eher war er offenbar Sympathisant), und daher floß das Blut reichlich in Rom.

Wer auf die Liste kam, war so gut wie tot.

Rufus lächelte vor sich hin.

Jedenfalls, wenn er die Sache übernahm.

Etliche Senatoren und ein paar Dutzend Ritter hatte er schon erledigt; sein Vermögen war inzwischen recht stattlich, und es würde nicht mehr lange dauern, dann konnte er sich in irgendein römisches Landstädtchen zurückziehen und ein komfortables Leben führen.

Nicht schlecht für einen Mann, der vor einigen Monaten noch ein Gladiatorensklave gewesen war und sich für zwei Mahlzeiten am Tag hatte schinden müssen.

O ja, Rufus war wirklich zufrieden.

Er gähnte noch einmal ausgiebig und erhob sich dann. Bedächtig aß er ein großes Stück Schinken und eine Handvoll Feigen und trank zwei Becher verdünnten Wein. Danach schlüpfte er in eine Tunika aus leichtem, dunklem Stoff. Gesicht und Hände schwärzte er mit einer Salbe aus Holzasche und Olivenöl, um den Leib knüpfte er sich ein Seil, an dessen einem Ende ein eiserner Widerhaken hing. Schließlich steckte er seine Sica zu sich, den langen Dolch, den er wie kein anderer zu gebrauchen wußte. Mehr brauchte er heute nicht. Heute nacht war die Arbeit ausgesprochen leicht.

Er verließ seine Wohnung in der Suburia und machte sich auf den Weg in Richtung Innenstadt. Es war inzwischen dunkel geworden.

Bald hatte er sein erstes Ziel erreicht. Obwohl er bereits mittags alles Wesentliche ausgekundschaftet hatte, ging er wie immer auf Nummer Sicher. Er bezog Posten, wartete und beobachtete stundenlang, bis er überzeugt war, daß keine Leibwächter um das Haus patrouillierten.

Der alte Ritter, der hier wohnte und der mit seinen Handelsschiffen steinreich geworden war, war ein so erklärter Anhänger der Popularen, daß er schon längst hätte tot sein müssen. Daß er es noch nicht war, hatte ihn anscheinend sorglos gemacht. Vielleicht war er aber auch schon so alt, daß er den Tod nicht mehr fürchtete.

Rufus schlich an das Haus heran und warf das Seil geschickt um einen hölzernen Dachbalken. Nur ein leises „Klack" war zu hören, als sich der Widerhaken im Holz verfing.

Rufus kletterte auf das Dach des einstöckigen Hauses und stieg durch ein Oberlicht in das Innere. Er hatte keine Schwierigkeiten, sich zurechtzufinden, denn es gab keine Türen; die Fensterläden standen offen, und die Nacht war hell. Geräuschlos schlich er durch die Räume, bis er in die Schlafkammer des Hausherrn gelangte.

Ein Streifen Mondlicht fiel durch das Fenster auf die Gesichter des Schlafenden und seiner Frau, die neben ihm lag.

Rufus zog die Sica, die Klinge glänzte, ein rascher Schnitt – der Alte war nicht einmal aufgewacht, bevor er gestorben war.

Rufus beobachtete die Frau, zögerte und wischte dann achselzuckend die Klinge am Bettuch ab.

Die Frau stand nicht auf der Liste, sie war wohl nicht wichtig genug. Sulla wollte seine Gegner beseitigen und ihre Vermögen einziehen, nicht mehr und nicht weniger. Und Rufus tat genau die Arbeit, für die er bezahlt wurde.

Auf demselben Weg, auf dem er in das Haus gelangt war, verließ er es wieder. Niemand bemerkte ihn.

Die prächtige Villa des Senators, bei dem er Vollzug zu melden hatte und der ihm sein Kopfgeld auszahlte, war nicht weit entfernt. Hier gab es Wachen, schwerbewaffnete Sklaven, die Haus und Garten nach allen Seiten sicherten.

Doch ihn kannten sie natürlich und ließen ihn ungehindert eintreten.

Der Senator erwartete ihn schon. Er winkte den Sklaven hinaus, der Rufus hergeleitet hatte, und erkundigte sich: „Ist alles nach Plan gelaufen?"

„Wie immer", antwortete Rufus kurz.

„Ja, ja, ich weiß schon", der Senator lachte, aber es klang etwas gezwungen. „Dir mißlingt nie etwas."

„Nie", bestätigte Rufus.

„Hier ist dein Geld", sagte der Senator und hielt ihm einen Beutel hin, den Rufus wortlos einsteckte. „Viel wirst du nicht mehr zu tun bekommen. Bald wird der letzte Anhänger Marius' beseitigt und die Herrschaft des Senats wiederhergestellt sein, den Göttern und Sulla sei Dank."

Rufus schwieg.

„Du sagst nichts? Du hast keine Meinung dazu?"

„Ich kümmere mich nicht um Politik."

Der Senator machte ein verächtliches Gesicht. „Dich interessiert nur das Geld, nicht wahr? Auch wenn du nur ein kleiner Fisch gegen ihn bist: Darin gleichst du Crassus, für den Sullas Kampf gegen die Popularen nur ein Mittel ist, um sich schamlos zu bereichern."

„Man hat mir schon gesagt, daß du gegen Crassus bist", erwiderte Rufus gleichmütig.

„Ach, übrigens …", drei Schritte, plötzlich stand er ganz dicht vor dem Senator, wieder blitzte die Sica auf, und Rufus stieß zu, einmal, zweimal, lautlos und schnell, „… du stehst auch auf der Liste", flüsterte er, aber der andere hörte es schon nicht mehr.

Rufus fing die Leiche auf, bevor sie zu Boden stürzen konnte, und ließ sie auf eine Liege gleiten.

„Ich wünsche dir eine gute Nacht, Senator", rief er, „bis zum nächsten Mal!"

Dann verließ er unbehelligt das Haus.

Für heute nacht war seine Arbeit getan.

Popularen: Politiker, die die Anliegen des Volks unterstützten und Stellung gegen den Senat bezogen. *Suburia:* römischer Stadtteil, in dem vor allem einfache Leute lebten.

---

30. Auf die Verpackung kommt es an***

Octavianus Augustus war einer der raffiniertesten Politiker der Geschichte. Denn wem gelang es schon, alle seine Herrschaftspläne zu verwirklichen und den anderen dabei noch weiszumachen, sie hätten das gewollt.
Vorlesezeit: 11 Minuten

Caesar, meine Liebe", sagte der Erste Bürger und steckte den letzten Bissen des delikaten gedämpften Porcellus in den Mund, „Caesar war, bei aller Verehrung, die ich für ihn empfinde, in mancher Beziehung ein ausgemachter Narr …"

„Was man von dir nicht behaupten kann", ergänzte Livia lächelnd. „Schließlich hast du eine kluge Frau, die dich vor Narrheiten bewahrt."

„Ganz richtig, meine Liebe." Caesar Octavianus nickte zustimmend. „Aber von dir einmal abgesehen – ich behaupte in aller Bescheidenheit, daß ich dem vergöttlichten Caesar eine wichtige Erkenntnis voraushabe."

„Und die wäre?" erkundigte sich Livia.

„Ganz einfach. Für meinen Erfolg ist wichtig, *was* ich tue. Für die Zufriedenheit der anderen aber ist wichtig, *wie* ich es tue. Das hat Caesar überhaupt nicht beachtet, und deshalb war er ein Narr."

„Ich glaube, ich weiß, was du meinst", sagte Livia. „Niemand hat einen so miserablen Koch wie dein Freund Agrippa. Wenn du also Agrippa besuchst und ein besonders scheußliches Gericht vorgesetzt bekommst, ist für dich wichtig, daß du so wenig wie möglich davon essen mußt. Du könntest Agrippa die Schüssel ins Gesicht werfen und rufen: ‚Verzehr deinen Hundefraß gefälligst selber!' Nun willst du aber, daß Agrippa zufrieden und dein Freund bleibt, und dennoch nur wenig von der widerlichen Speise zu dir nehmen. Du sagst deshalb: ‚Es ist wieder so köstlich bei dir, Agrippa, mein Freund, mehr zu essen wäre Völlerei!' oder: ‚Leider, o Agrippa, mein Arzt hat mir ausgerechnet den Genuß von gekochtem Hirn strengstens untersagt!' oder etwas Ähnliches. Du hast Erfolg, und Agrippa ist zufrieden. Richtig?"

„Richtig. Niemand versteht Octavianus so gut wie Livia!"

Der Erste Bürger sah seine Frau liebevoll an. Er genoß diese Abende zu zweit. Keine Gäste, keine aufdringlichen Klienten, keine speichelleckenden Senatshinterbänkler. Über alles konnte er mit ihr reden, und manche blendende Idee war schon aus Gesprächen mit ihr geboren worden.

Er nahm einen Schluck Mulsum und fuhr dann fort: „Caesar wollte die Macht, und er hat sie erkämpft mit Schlauheit, Mut, Entschlußkraft und Rücksichtslosigkeit. Aber nie hat er es fertiggebracht, seine Stellung so zu verbrämen, daß sie für die anderen erträglich blieb. Wie absolut undiplomatisch hat er sich zum Alleinherrscher gemacht. Unmöglich! Diktator auf Lebenszeit, Toga picta als Dauerkleidung, Lorbeerkranz, als ob er Juppiter selbst wäre! Was fehlte da noch, außer daß er sich als Rex, als König, bezeichnete? Da mußte er sich den Haß der Republikaner zuziehen – und war von da ab in Lebensgefahr. Er war wirklich ein Narr!"

Livia schien nicht recht überzeugt.

„Aber ist das nicht eine Folge der Macht?" fragte sie. „Wenn einer ganz oben ist, was will er da noch verpacken und verbrämen?"

„Man kann alles verbrämen. Erinnere dich; als ich Caesars Erbe antreten sollte, war das Wichtigste für mich, die Republikaner auszuradieren. Denn wie hätte ich sonst meine Herrschaft aufbauen können? Aber ich habe nicht etwa geschrien: ‚Tod den Republikanern!' Sonst hätte auch mich jeder für einen Feind der Republik gehalten. Statt dessen lautete mein Ruf: ‚Rache für Caesar!' – Und jeder hat das freudig begrüßt: Jawohl, Rache für den feigen Mord an diesem verdienstvollen Mann!"

Livia sah ihren Mann immer noch zweifelnd an. „Das alles war außerordentlich geschickt, und es gibt keine Frau in Rom, die auf ihren Mann stolzer wäre als ich. Aber jetzt bist du auf dem Gipfel der Macht, bist

Imperator auf Lebenszeit, Konsul, hast mißliebige Leute aus dem Senat entfernt – praktisch bist du Alleinherrscher, nicht anders als Caesar. Wie willst du das noch verhüllen?"

Octavianus nickte. „Du schätzt die Lage genauso ein wie ich", sagte er mit gespieltem Ernst. „Und ich sage dir voraus, was geschehen wird. Alles ist befriedet, der Wohlstand steigt, den Bürgern geht es gut – und natürlich wird jemand kommen und schreien: ‚Octavianus ist ein Diktator, er vergeht sich gegen heilige römische Traditionen!' Immer mehr werden in sein Geschrei einstimmen, und irgendwann werden sie auch mir ein Dutzend Messer in den Leib rennen, meine treuesten Freunde werden unter den Verschwörern sein, und wie Caesar werde ich mit ersterbender Stimme sagen: ‚Auch du, mein Sohn Brutus …'"

„Hör auf, hör auf!" Livia war entsetzt. „Bei Juppiter, siehst du so dein Ende? Du machst mir Angst!"

Octavianus Miene verzog sich zu einem breiten Lächeln. „Nein, meine sonst so kluge Frau. Ich bin nicht Caesar. Ich werde ein solches Ende zu verhindern wissen. Hör zu …"

Vierzehn Tage später, am Vormittag eines kalten Januartages, versammelten sich die Senatoren in der Curia Julia auf dem Comitium.

Noch hatte kaum jemand seinen Platz eingenommen; in der Zeit bevor die Debatten begannen, wurde die eigentliche Politik gemacht. Man besprach, wen man in welcher Angelegenheit unterstützen, gegen wen man stimmen wollte, man erfuhr den neuesten Klatsch und gab ihn weiter, machte Angebote und erhielt welche. „Die Konsuln!" schallte da eine laute Stimme durch den Saal, die Senatoren nahmen eilig ihre Plätze ein, und es wurde ruhig.

Als erster schritt Marcus Vipsanius Agrippa, Octavians bester Freund und Mitkonsul, hinter der langen Reihe seiner zwölf Liktoren auf seinen Platz zu. Er hatte für diesen Monat die Amtsgewalt inne, und Octavian legte großen Wert darauf, daß solche alten republikanischen Traditionen beachtet wurden.

Erst als sich Agrippa auf seiner Sella curulis niedergelassen hatte, folgte ihm auch der Imperator. Er setzte sich gar nicht erst, sondern hob gleich die Hand, zum Zeichen, daß er sprechen wolle.

„Senat und Volk von Rom!"

Leise Unruhe entstand unter den Männern, denn der getragene und feierliche Ton in seiner Stimme machte allen klar, daß es nicht nur um die Eröffnung der Sitzung ging. Was mochte Octavian Wichtiges zu sagen haben?

„Senat und Volk von Rom!" wiederholte der Imperator. „Die Zeit, da blutiger Bürgerkrieg in unserem geliebten Vaterland herrschte, ist vorbei. Die feigen Mörder des göttlichen Caesar sind gerichtet, der Verräter Antonius und seine Geliebte, die treulose Kleopatra, sind besiegt, ebenso Pompeius, der es gewagt hat, die verbrecherische Hand gegen seine Vaterstadt zu erheben. Niemand wagt mehr die Macht Roms anzuzweifeln, und unserer Stärke und Entschlossenheit nach außen entspricht unsere edle Gesinnung und unsere Eintracht im Inneren. Rom ist gesäubert von denen, die mit Raub, Korruption und Mord Politik machten. Eurem Vertrauen ist es zu danken, daß ich das Werkzeug sein durfte, mit dessen Hilfe Rom wieder das wurde, was es einmal war. Ja, mehr noch, daß es heute in noch größerem Glanz erstrahlt!"

Octavians Stimme war lauter und lauter geworden, den letzten Satz schrie er in die Weite des Saales, hochaufgerichtet und die Arme ausgebreitet, wie ein siegreicher Feldherr auf dem Triumphzug.

Die Senatoren klatschten begeistert Beifall, aber Octavian bat mit einer Geste um Schweigen und fuhr ruhiger, fast sachlich und kühl fort: „Senat und Volk von Rom! Unsere kühnen Vorfahren haben einst die Könige verjagt, damit Rom für alle Zeit eine Republik sei. In einer Republik aber darf es niemanden geben, der lebenslang Macht über die anderen hat."

Allmählich sprach Octavian wieder lauter.

„Ich gebe euch also alle Vollmachten zurück, die ihr mir verliehen habt, damit ich für euch kämpfen konnte. Ich will nicht mehr Imperator sein, nicht mehr Herr über die wichtigsten Provinzen, keine besonderen Einkünfte und Befugnisse haben. Ich will nur eins sein …"

Octavian machte eine Pause, hob die Arme und steigerte seine Stimme zur größten Lautstärke, deren er fähig war: „Ich will nur eins sein, Senat und Volk von Rom: römischer Bürger, denn das ist das Großartigste, was man auf der Welt überhaupt sein kann!"

Einen Augenblick schienen die Senatoren wie erstarrt, dann brach ein unbeschreiblicher Jubel los. Die Männer schrien, klatschten, trampelten auf den Boden, gebärdeten sich wie wahnsinnig vor Begeisterung über diesen Mann, der soviel für Rom getan hatte und doch so bescheiden war.

Nachdem sich der erste Tumult gelegt hatte, gab es plötzlich Zwischenrufe, zunächst nur einzelne, dann immer mehr:

„Wir brauchen dich, Octavian!"

„Du mußt deine Vollmachten behalten!"

„Deine Stärke ist Roms Stärke!"

Und dann riefen immer mehr Senatoren seinen Namen, bis es wie ein
Chor von vielen hundert Stimmen durch die Curia Julia schallte – aber
nicht nur seinen Namen, sie fügten etwas hinzu: Octavianus Augustus!
Octavian, der Erhabene!
Octavian saß in seinem Sessel, mit ernstem Gesicht. In Wahrheit aber war
er äußerst vergnügt.
„Siehst du, Livia", dachte er, „Caesar war doch wirklich ein Narr! Auf
die Verpackung kommt es nämlich an!"

Porcellus: Ferkel. *Mulsum:* Aperitif aus Wein und Honig. *Toga picta:* das purpurfar-
bene Obergewand, das der siegreiche Feldherr beim Triumphzug trägt. *Curia Julia:*
Senatsgebäude. *Comitium:* öffentlicher Platz, auf dem sich die Curia Julia befand.
Liktoren: Amtsdiener und Begleiter hoher römischer Beamter. *Sella curulis:* Sessel
für hochgestellte Beamte.

---

31. Die Welt ist da, um Rom zu dienen**

Die reichen Römer hatten einen enormen Bedarf an Arbeitskräften. Das führte
nicht etwa dazu, daß die Plebejer Beschäftigung und Auskommen fanden. Denn
trotz hoher Kaufpreise war es weitaus billiger, sich Sklaven zu halten.
Vorlesezeit: 11 Minuten

E ines Tages bring ich ihn um, den verfluchten Hundesohn!" Attalos
spuckte in die Hände, griff nach seiner Schaufel und stieß sie mit aller
Kraft in den Boden.
„Wenn das doch sein Hals wäre!" knurrte er, als die metallene Kante das
Erdreich durchdrang.
Sein Freund Eumenes streckte mühsam den gebeugten Rücken. Sein
faltiges Gesicht verzog sich zu einem Lächeln. „Ist es nicht seltsam?" sagte
er mit leisem Spott. „Eine Bande von Seeräubern hat dein Dorf überfallen, deine alten Eltern getötet und dich, deine Frau und deine Kinder
verschleppt. Ein Sklavenhändler auf Delos hat dich wie ein Stück Vieh
zur Schau gestellt und verkauft; ein römischer Konsul läßt dich bis zum
Umfallen schuften, damit du zur höheren Ehre seines Namens der
römischen Republik eine Straße baust. Und du? Du wünschst nun
ausgerechnet diesem Paulus den Tod, der genauso ein armes Schwein ist
wie du!"

„Ein armes Schwein, das sich, wann immer er es will, freikaufen kann mit all den Bestechungsgeldern, die er den Lieferanten abgeknöpft hat, und der als Freigelassener wahrscheinlich selbst bald ein ganzes Heer von Sklaven besitzen wird. Nein, Eumenes, ein armes Schwein ist er nicht, nur ein Schwein!"

Attalos ballte die Fäuste in sinnlosem Zorn, aber Eumenes trat die Schaufel in den Boden und raunte warnend: „Grab weiter, sonst läßt er dich wieder die Peitsche schmecken!"

Mit grimmig verzerrtem Gesicht, aber wortlos gehorchte Attalos.

Eumenes schüttelte den Kopf, während er weitergrub. Man hatte es immer besonders schwer, wenn man ein so ungezügeltes Temperament besaß wie Attalos.

Bei den Göttern, was hatte es ihm schon Prügel eingebracht! Der Oberaufseher der Sklaven, die im Straßenbau eingesetzt waren, hatte es auf ihn abgesehen. Eigentlich war es kein Wunder, bei all den Sticheleien und Beschimpfungen, die Attalos losließ, sobald der Aufseher in der Nähe war. Das ertrug eine solche Kreatur nicht, daß man sie verspottete, anstatt sich vor ihr zu ducken!

Verbissen wühlte sich Eumenes weiter in die Erde. O ja, auch er haßte diesen Sklaven, der selbst der schlimmste Sklaventreiber war. Sergius Paulus nannte er sich, nach seinem Herrn Paulus; schon sein Vater und sein Großvater hatten zur Familie des Paulus Aemilius gehört. Er genoß das volle Vertrauen seines Herrn – und nutzte es weidlich aus. Wohin der Bautrupp auch kam, jeder Händler, der etwas verkaufen wollte, Lebensmittel, Werkzeug, Baumaterial, mußte Sergius Paulus gehörig schmieren. Das Peculium, das er für seine Freilassung als Sklave benötigte, hatte er gewiß schon längst zusammen, doch er machte noch keinen Gebrauch davon. Er wollte reich werden – auf Kosten seines Besitzers, der die überhöhten Rechnungen bezahlen mußte. Aber das machte Sergius Paulus vermutlich genausowenig Kopfzerbrechen wie die blutigen Striemen, die er den Straßenarbeitern auf den Rücken schlug, wenn sie nicht parierten oder gar aufbegehrten wie der arme Attalos.

War er noch in der Nähe, der Menschenschinder? Ja, da hockte er noch auf seinem Gaul und schaute mißtrauisch zu ihnen herüber. Also graben, weitergraben!

Und Eumenes grub, daß Erde und Steine flogen, und stapfte durch den Dreck, daß seine Fußketten klirrten. Sein Rücken war nicht mehr stark genug für die schwere Arbeit, aber er konnte gar nicht so sehr schmerzen wie seine Seele, wenn sie die Demütigung der Peitschenhiebe hinnehmen mußte.

O ja, auch Eumenes haßte den Sergius Paulus, aber nur so, wie man das
Ungeziefer verabscheut, das einem die Schlafkammer verunreinigt. Sein
wirklicher Haß galt dem römischen Staat und jener aufgeblasenen
Oberschicht, die meinte, die ganze Welt sei nur dazu da, ihr zu dienen.
Er war nicht wie Attalos von Seeräubern gefangen und auf dem Sklaven-
markt verkauft worden. Er hatte auch nicht zu den Gefangenen eines
offiziellen Kriegszugs gehört. Er war ein Opfer des unersättlichen Bedarfs
der Römer an Menschen, die ihnen die Arbeit abnahmen. Wenn nämlich
weder Kriegszüge noch Sklavenmärkte ausreichten, die riesige Nachfrage
zu decken, dann begaben sich die führenden Männer des Staates höchstpersönlich auf die Menschenjagd. Mit einem Heer war einer der beiden
Konsuln vor jetzt fast zehn Jahren in die Provinz Makedonien eingefallen,
Eumenes' Heimat, obwohl sie schon befriedet war. Ohne Rücksicht und
ohne Erbarmen hatten sie Familien auseinandergerissen, Kindern ihre
Eltern und Eltern ihre Kinder genommen.
Wer sich allzu heftig widersetzt hatte, war niedergemacht worden.
Mit vielen tausend Leidensgenossen war Eumenes nach Italien gebracht
und dort verkauft worden. Wegen seiner Gelehrsamkeit und seiner
Redegewandtheit hatte er es anfangs nicht schlecht getroffen: Nicht die
Silberbergwerke, die Latifundien oder gar die Gladiatorenschule waren
sein Los gewesen, in einer der reichsten Familien war er Hauslehrer
geworden. Aber bald schon hatte er es mit seinem neuen Herrn verdorben. Seine scharfe Zunge, seine Herablassung, sein kaum verhohlener
Haß auf alles Römische – das hatte sich der Patrizier von seinem Sklaven
nicht bieten lassen.
Und deshalb war Eumenes jetzt Mitglied des Bautrupps, mit dem sich
sein Herr an der Errichtung einer Straße beteiligte. Sein Haß auf die, die
sein Leben zerstört hatten, war größer denn je. Aber je länger er grub,
mauerte, aufschüttete oder verlegte, je deutlicher er merkte, wie die
schwere Arbeit in der Gluthitze des italischen Sommers an seinen Kräften
zehrte, desto mehr wurde er sich seiner Machtlosigkeit bewußt. Man
konnte nur eines tun: die Härten ertragen und die Seele abschirmen,
sonst wurde man verrückt. Das mußte auch Attalos einsehen.
Eumenes sah zu seinem Freund hinüber und nickte ihm beruhigend zu.
Dann gruben sie weiter, bis wieder ein langer Arbeitstag vorüber war.

Wochen und Monate vergingen, und allmählich wurde der Bauabschnitt
der Via, an dem Attalos und Eumenes mitarbeiteten, fertig. Die ausgeho-
benen Gräben waren mit vermauerten Steinplatten ausgelegt worden;
darüber hatten die Sklaven erst groben, dann feinen Schotter aufgeschüt-

tet und mit Sand und Erde festgewalzt. Schließlich hatten sie die Straßendecke verlegt: flache Steinplatten, in einer Breite, daß zwei Fuhrwerke bequem nebeneinander Platz fanden. Jetzt mußten nur noch die Wassergräben gezogen und die Straßenränder mit Kantsteinen begrenzt werden.

„Überall in Italien werden jetzt solche Straßen gebaut, heißt es." Ächzend ließ sich Attalos auf einem schweren Feldstein nieder, nachdem er sich vergewissert hatte, daß Sergius Paulus nicht in der Nähe war.

„Ja." Eumenes nickte. „Und in den Provinzen auch. Den reichen römischen Nichtstuern ermöglichen sie komfortables Reisen, den Kaufleuten schnellen Warentransport ..." Er lächelte müde. „Noch nie hat man einen Zug Sklaven so schnell an den Bestimmungsort verfrachten können ... Und wenn jemand aufbegehrt gegen die römische Herrschaft, was meinst du, wie schnell eine Legion über eine solche Straße zu ihm gelangt und ihm die Flausen austreibt!"

Attalos wollte etwas entgegnen, aber seine Aufmerksamkeit wurde von einem Trupp Reiter abgelenkt, der sich im Galopp näherte.

„Was die wohl wollen?" fragte er. Eumenes wußte keine Antwort. Aber bald schon verbreitete sich die Nachricht wie ein Lauffeuer durch die Reihen der arbeitenden Sklaven: Sergius Paulus war abgesetzt worden. Wegen Betrugs und Bestechlichkeit, hieß es. In Rom sollte er streng bestraft werden. Aber bis zum Ende der Bauarbeiten war noch anderes über ihn bestimmt worden ...

Am nächsten Morgen stand Sergius Paulus mit versteinerter Miene bei den übrigen Sklaven, die Füße aneinandergekettet.

„Willkommen daheim, mein Liebling", höhnte Attalos, aber Eumenes bat ihn zu schweigen. „Er ist jetzt schwächer als du", sagte er. „Er muß Tag und Nacht die Rache derer fürchten, die er so lange gepeinigt hat. Also laß ihn, jetzt ist er wirklich ein armes Schwein."

Noch lange ging Eumenes das Schicksal des Aufsehers nicht aus dem Kopf. Es war unwahrscheinlich, daß er Rom jemals wiedersah. Eines Morgens würde man ihn mit eingeschlagenem Schädel finden. Wer immer den Einfall gehabt hatte, ihn zu den anderen Sklaven zu stecken, hatte das genau gewußt.

Eumenes beschattete die Augen mit der Hand und blickte die breite neue Straße entlang, bis sie in einer Senke verschwand. Manchmal träumte er, er müsse sie nur entlanglaufen, um in seine Heimat zu gelangen. Aber wie alle Straßen endete auch sie in Rom.

32. Aus Barbaren Griechen machen**

Wer etwas auf sich hielt in Rom, der schickte seine Söhne in eine teure
Privatschule. Die begehrtesten Schulmeister waren selbstverständlich Griechen.
Denn die waren so ungeheuer gebildet ...
Vorlesezeit: 10 Minuten

S ein Vater hatte es befohlen, und der Wille des Vaters war Gesetz: Marcus
Aemilius Paulus, jüngstes Mitglied einer der vornehmsten Familien
Roms, mußte in die Schule des Griechen Polybios.
Er hatte überhaupt keine Lust dazu. Viel lieber hätte er sich wie bisher
mit seinen Freunden, ganz normalen Plebejerkindern, den größten Teil
des Tages in der Stadt herumgetrieben. Die hatten Glück: Wenn überhaupt, dann lernten sie ein bißchen lesen, schreiben und rechnen. Das
genügte völlig, fand Marcus. Und wenn man so stark war wie Antonius,
der Sohn eines invaliden Soldaten, berüchtigt für seine Rauflust, dann
brauchte man nicht mal das, dann kam man auch so durchs Leben.
Aber sein Vater war anderer Meinung, und gegen die Meinung des Vaters
gab es keinen Widerspruch. So war es immer.
Marcus verabscheute die Schule schon, bevor er das erste Mal dort
gewesen war. Ihm hatte es gereicht, wie in den letzten Jahren von seinem
Vater unterrichtet zu werden; der war nämlich kurilischer Ädil und dann
Prätor und deshalb viel zu beschäftigt gewesen, als daß er allzuoft Zeit
für die Bildung seines Sohnes aufwenden konnte. Und diese idyllischen
Zustände sollten jetzt vorüber sein!
Marcus hatte protestiert. „Ich will nicht, ich gehe nicht hin, ich will
nicht!"
Sein Vater hatte einen vielsagenden Blick auf den Schrank geworfen, in
dem die Peitsche verwahrt wurde, die zur nachdrücklichen Ermahnung
von Sklaven und Kindern diente. Dann hatte er ihn am Kragen gepackt,
geschüttelt wie eine verstaubte Lacerna und vor die Wachsbüsten der
Vorfahren geschleppt, die auf Podesten im Atrium standen, und das
übliche, immer wieder scheußliche Verfahren eingeleitet.
„Wonach richtet sich die Erziehung des Römers?"
Heftiges Schütteln.
„Nach alter Sitte!"
„Wer allein wacht über deren Einhaltung?"
Schütteln.
„Du, Vater."

„Was berechtigt mich dazu?"

Besonders heftiges Schütteln.

„Die väterliche Gewalt und deine Autorität."

„Gegen welche römischen Tugenden hast du also verstoßen mit deiner Auflehnung und deinem unwürdigen Auftritt?"

Viermaliges starkes Schütteln.

„Gegen Pflichtgefühl, Unterordnung, Gehorsam, Ehre."

O ja, er hatte seine Lektion gelernt!

„Was wirst du also tun?"

Noch ein letztes Schütteln.

„Ich werde in die Schule gehen, Vater."

Und da war er nun.

Die Schule des Polybios lag im Bezirk vor der Porta Capena, nicht weit von der Stelle, wo die Via Latina in die Via Appia mündet. Die Söhne der reichen Römer, die alle in der Nähe wohnten, konnten sie bequem erreichen; für die anderen war das Schulgeld unerschwinglich. Polybios wußte, daß zu seinem guten Ruf nicht nur seine Gelehrsamkeit, sondern auch der unverschämt hohe Preis beitrug, den er verlangte. Er war ein Freigelassener und hatte es in wenigen Jahren dahin gebracht, daß seine Schule die gefragteste in ganz Rom war.

Jetzt stand er vor seinen neuen Schülern, musterte sie mißmutig und schwieg. Er kraulte sich den Bart und schwieg immer noch. Er strich sich über den kahlen Kopf, legte die Stirn in kummervolle Falten und sagte endlich: „Ihr seid Römer. Das ist schlimm für euch."

Die Jungen begannen aufgeregt zu tuscheln. Da hob er die Hand: „Wenn Polybios spricht, haben alle anderen zu schweigen! Ich wiederhole, ihr seid Römer, und das ist schlimm für euch, denn ihr seid Barbaren. Doch ihr habt Glück, weil vor euch ein Lehrer steht, der Grieche ist."

Einige Jungen prusteten los, aber Polybios fuhr ruhig fort: „Die Peitsche verschmähe ich, denn, wie gesagt, ich bin Grieche und kein Barbar. Aber wer meine Auctoritas nicht achtet, der wird die seines Vaters spüren, denn ich werfe ihn ohne Gnade aus der Schule hinaus."

Das wirkte; seine Schüler waren schlagartig still, denn die römischen Väter waren tatsächlich samt und sonders so barbarisch, die Peitsche nicht zu verschmähen.

Kopfschüttelnd setzte Polybios seine Ansprache fort: „Ihr seid wirklich ein merkwürdiges Volk. Einerseits erfreut ihr euch an Grausamkeiten, seht mit Behagen zu, wie sich Menschen in der Arena gegenseitig zerfleischen, andererseits seid ihr verweichlicht und wetteifert mit den Frauen in der Verzärtelung eures Körpers. Einesteils seid ihr die Eroberer der Welt und die Schöpfer technischer und politischer Ideen, andererseits ist euer Geist erstarrt, und ihr liebt nichts mehr als den Müßiggang und die Völlerei. Auf jeden Fall", schloß Polybios und seufzte, „auf jeden Fall seid ihr Barbaren. Und diesen Zustand wollen wir nach Kräften mildern." Er setzte sich auf einen erhöhten Platz und hob den Zeigefinger.

„Ihr sollt einst, wie es eure Familien von euch erwarten, bedeutende Pflichten im Dienst des Staates übernehmen. Dafür ist es nötig, daß ich eure Fertigkeiten im Lesen, Schreiben und Rechnen vervollständige. Dafür werdet ihr ab morgen tabula cerata und stilus mitbringen. Für das, was ihr schwarz auf weiß behalten sollt, werde ich euch Papyrus, Rohrfeder und Tinte bereithalten. Habt ihr mich soweit verstanden?"

„Wir haben verstanden, Magister", tönte es im Chor.

Aber Polybios war nicht zufrieden. „Redet in der Sprache der Gebildeten", meinte er, „redet griechisch, wenigstens, wenn ihr mich ansprecht. Nicht ‚Magister', ‚Didaskalos' heißt es!"

„O du aufgeblasener Frosch", dachte Marcus, „Didaskalos heißt es! Vor ein paar Jahren noch bist du ein Sklave gewesen!"

„Was ihr weiterhin zu lernen habt", erklärte Polybios, „sind alle Fragen und Probleme, die mit der Religion eures Staatswesens zu tun haben. Merkt euch gut: Wer es in dieser Stadt zu etwas bringen will, der tut gut daran, religiöse Vorschriften zu beachten."

„Besonders bei den Saturnalien!" rief einer dazwischen.

Wieder lächelte Polybios mit leisem Spott. „Natürlich! Das Fest, bei dem am meisten gegessen und getrunken wird, das ist dir am wichtigsten. Typisch Römer!"

Marcus war kurz davor zu platzen. Aber noch beherrschte er sich.

„Doch genug von den Göttern! Das Edelste, was ich euch beibringen kann, ist die griechische Sprache, die der lateinischen selbstverständlich an Wohlklang und Ausdrucksstärke weit überlegen ist."

Selbstverständlich! Marcus' Finger begannen Trommelwirbel auf seinen Schenkel zu schlagen.

„Was für eure Zukunft als hervorragende Bürger dieser Stadt am wichtigsten ist, darin werdet ihr von mir besonders geschult werden, nämlich in der Kunst der Rede, der Rhetorik. Nur wer sie beherrscht, der kann in der Öffentlichkeit auftreten und im politischen Leben Roms eine Rolle spielen, merkt euch das gut.

Die hohe Kunst der Rhetorik ist natürlich in Griechenland entwickelt worden, davon habt ihr Römer nun den Vort..."

Jetzt reichte es Marcus. Er sprang auf und rief: „Magister!" Dabei betonte er jede Silbe des Wortes.

„Ich habe eine Frage! Du warst, verzeih, wenn ich dich daran erinnere, der Sklave einer römischen Patrizierfamilie. Die meisten Griechen, die nach Rom gekommen sind, sind als Sklaven gekommen. Und zwar deshalb, weil wir, die Römer, ganz Griechenland erobert haben. Verstehst du, Magister, wir haben euch besiegt! Wie kannst du dann dauernd sagen, daß die Römer den Griechen unterlegen sind?"

So, das war heraus! Würde er jetzt einen Wutanfall kriegen, der edle Grieche? Aber Polybios setzte wieder nur sein spöttisches Lächeln auf. „Das stimmt", sagte er freundlich, „ihr habt uns besiegt. Eure Schwerter waren schärfer, eure Arme stärker, eure Angst geringer, euer Blutdurst größer. Aber was ist nun? Eure Krankheiten heilen griechische Ärzte, griechische Lehrer wie ich unterrichten euch, die gebildeten Römer sprechen griechisch, lesen unsere Philosophen und lernen die Gedichte unserer Dichter auswendig. Unsere Götter habt ihr übernommen, unserer Staatsform nachgeeifert, ja sogar unsere Fehler macht ihr nach. Also laß mich dir mit einer Gegenfrage antworten: Wer ist denn der wahre Sieger – die Römer, die mit brutaler Gewalt ganz Griechenland unterworfen haben, oder die Griechen, die es schon fast geschafft haben, aus euch Römern halbwegs anständige Griechen zu machen?"

Darauf wußte Marcus keine Antwort. Aber eines wußte er: Mochte Polybios auch ein aufgeblasener Frosch sein – man konnte eine Menge von ihm lernen!

---

kurilischer Ädil: römischer Beamter, der für die öffentliche Ordnung zuständig war. *Lacerna:* Obergewand, Überwurf. *tabula cerata:* Wachstafel. *stilus:* Griffel.

---

33. Beim Leibarzt des Kaisers**

Für viele Jahrhunderte beeinflußte der große römische Arzt Galen (129–199 n. Chr.) die arabische, christliche und jüdische Medizin. Er faßte das gesamte medizinische Wissen der Antike zusammen und ergänzte es durch eigene Erkenntnisse.
Vorlesezeit: 11 Minuten

Was, zu diesem aufgeblasenen Quacksalber willst du gehn, zu diesem geldgierigen Griechen, der jeden Furz als Medizin verkauft und jedes Stirnrunzeln als gründliche Untersuchung? Ich versteh' dich nicht!"

Gaius Flavius Vitalis schwieg erbost.

Sein Gegenüber rang die Hände.

„Aber was soll ich denn sonst tun?" jammerte er. „Sie haben mir Salben und Schwitzbäder verschrieben. Sie haben mir Bettruhe verordnet und mich zur Kur nach Pithecusa geschickt – es hat alles nichts genützt. Ich fühle mich schlechter als je zuvor."

Gaius Flavius sah seinen Freund mit einer Mischung aus Mitgefühl und Belustigung an. Decimus Glaucus Adeps war unglaublich dick. Seine Toga hatte die Ausmaße einer Zeltbahn und konnte trotzdem seine Fülle kaum bedecken. Der Umfang seiner Arme hätte den Oberschenkeln eines Gladiators Ehre gemacht, und sein Gesicht war rosa und prall wie ein frischer Saftschinken.

„Ich bin zwar kein Arzt", meinte Gaius Flavius, „aber ich wüßte schon eine Therapie für dich!"

„Ach, du immer mit deiner einzigen medizinischen Weisheit!" Glaucus fuhr sich mit einer feisten Hand über das Gesicht. „Die Hälfte essen! Wie unlogisch! Wenn ich jetzt schon verstopft bin, wo ich genug esse, dann werde ich doch erst recht verstopft sein, wenn ich zu wenig esse! Außerdem verlangt die Würde meines Amtes eine stattliche Erscheinung."

„Mmmh, stattlich …" Gaius musterte den Kugelbauch seines Freundes. „Niemand erwartet, daß ein stattlicher Quaestor von 25 Jahren soviel wiegen muß wie eine ganze römische Familie! Aber wenn du schon auf meinen Rat nicht hören willst, mußt du noch lang nicht zu diesem Modedoktor Galenus gehen!"

„Ich weiß gar nicht, was du hast!" verteidigte sich Glaucus. „Seine Patienten stammen alle aus den besten Kreisen. Er hat seine Kunst in dem berühmten Asklepios-Heiligtum in Pergamon gelernt, jahrelang ist er zu Studienzwecken in Europa herumgereist, er hat eine Unmenge medizinischer Schriften verfaßt, er war Gladiatorenarzt, und jetzt ist er gar Leibarzt des Kaisers!"

„Eben!" höhnte Gaius. „Deshalb kann er machen, was er will, die Leute aus den besten Kreisen rennen trotzdem zu ihm. Aber geh nur, du wirst schon sehen!"

Es dauerte einige Zeit, bis Glaucus einen Termin bei Galenus bekam.

Der berühmte Arzt wohnte in einem ruhigen, wohlhabenden Viertel, nicht weit vom Forum entfernt.

Ein Sklave führte Glaucus in das Arbeits- und Untersuchungszimmer, das mit Regalen voller Papyrusrollen, Flaschen, Dosen und Tongefäßen, mit einer flachen Liege, einem niedrigen Tisch und zwei Stühlen möbliert war.

Am Tisch saß ein hagerer bartloser Mann mit lockigem grauen Haarkranz. Seine Toga war verblichen und geflickt, nur an der Schulterspange
sah man, daß Galenus ein wohlhabender Mann sein mußte. Glaucus sah
sie bewundernd an: feinste gallische Goldschmiedearbeit.

Der Arzt diktierte gerade einem Schreiber, der vor ihm stand und emsig
mit dem Griffel in eine Wachstafel kritzelte.

„… Deshalb ist klar, daß man eine Entzündung, die durch trockene Hitze
gekennzeichnet ist, mit einer feuchtkühlen Arznei behandeln muß.
Besonders geeignet ist ein Absud von Kamille.
So, Aristides, das war's. Und sag diesem Trottel Marcellus, wenn er mir
noch mal so minderwertige Kräuter liefert, dann sorge ich dafür, daß ihn
die Prätorianergarde einlocht. Sag ihm, ich brauche erstklassige Minze
und erstklassigen Kümmel, um die Blähungen des Imperators behandeln
zu können. Er soll bedenken: Wenn der Imperator Blähungen hat, dann
bricht vielleicht das römische Weltreich zusammen. Und jetzt geh!"

Galenus hob den Kopf und betrachtete forschend seinen Patienten, der
an der Schwelle stehengeblieben war.

„Sei mir gegrüßt, Decimus Glaucus Adeps! Tritt näher! Was plagen dich
für Beschwerden?"

„Wie soll ich es dir erklären, Galenus, schon nach einem ganz leichten
Essen, so von höchstens acht, neun Gängen, habe ich entsetzliches
Magendrücken …"

Der Arzt unterbrach ihn. „Du leidest unter Verstopfung. Herzbeklem-
mung und Kurzatmigkeit machen dir zu schaffen. Bei der kleinsten
Anstrengung schwitzt du wie ein zuschanden gerittener Gaul. Deine
Glieder sind schwer, du fühlst dich kraftlos, und mittags oder abends,
wenn deine Frau dich umarmen will, dann schläfst du meist ein."

Glaucus' Gesicht trug den Ausdruck ungläubigen Erstaunens. „Ga–Galenus", stammelte er, „bi-bist du ein Seher?"

„Nein", lautete die einfache Antwort. „Ich bin Arzt. Und zwar der beste,
den es in dieser Barbarenstadt gibt."

Kopfschüttelnd und stirnrunzelnd fuhr Galenus fort: „Du hast ein sehr
gefährliches Leiden. Dein gesamtes Verdauungssystem ist durcheinander-
geraten, und wenn du nicht aufpaßt, kann es dich leicht das Leben kosten.
Paß auf, ich will es dir erklären."

Er entrollte vor dem bleich gewordenen Glaucus einen Papyros, auf dem
ein Mensch mit seinen inneren Organen zu sehen war.

„Schau her, Glaucus Adeps, hier, im Magen und im Darm, wird aus der
Nahrung, die du zu dir nimmst, der Chylos, ein dickflüssiger Saft. Alles
Überflüssige und Schädliche wandert durch den Darmausgang nach

draußen. Aber nicht bei dir, o Glaucus. Bei dir sind Magen und Darm durch ein Übermaß an Nahrung so geschwächt, daß sie das Schlechte nicht mehr vom Guten trennen können. Du kannst dich nicht erleichtern, und der Chylos, der jetzt in die Leber fließt, ist verunreinigt. In der Leber wird der Nahrungsbrei in die vier Säfte des Lebens aufgespalten und zur Blutflüssigkeit vermengt. Was jetzt noch schädlich ist, wird als Harn ausgeschieden. Deine arme Leber jedoch kann mit dem ganzen Gift nicht fertig werden, so daß verdorbenes Blut durch die Gefäße in die rechte Herzhälfte fließt. Dort soll es nochmals gereinigt und gefiltert werden. Aber mit deinem Herzen ist es wie mit einem Sieb: Zuviel Dreck läßt es verstopfen. Die verbleibenden Poren müssen zehnfache Arbeit leisten, und dein Herz schuftet wie ein Sklave in den Silberminen. Wundert es dich da, wenn es schmerzhaft pocht und sticht? Wenn die linke Herzhälfte kaum noch die Kraft hat, dem Blut das lebenswichtige Pneuma, den Lebenshauch aus der Lunge, zuzuführen? Siehst du, deshalb bist du kurzatmig. Was dann aber durch die große Körperschlagader zu den Geweben und Organen fließt, um sie zu ernähren, das ist so minderwertig, daß du durch die Haut jede Menge Abfall von dir gibst, nämlich Schweiß. Deine Muskeln erhalten zu wenig Lebenshauch und zuviel Gift – sie ermüden ständig, und du schläfst in den Armen deiner Frau ein. O Glaucus, bei den Göttern, es ist ein Wunder, daß du noch nicht tot umgefallen bist!"

Das Entsetzen im Gesicht des dicken Quaestors war entschlossenem Ernst gewichen.

„Ich habe verstanden, Galenus", sagte er, und zwei Tränen rollten ihm über die rosigen Backen, „ich danke dir für deine Aufrichtigkeit. Mögen die Götter mir eine Frist gewähren, damit ich mein Haus bestellen kann."

Er wandte sich zum Gehen.

„Halt, halt, Glaucus! So schlimm muß es nicht kommen!" rief der Arzt.

Glaucus drehte sich um, neue Hoffnung im Herzen.

„So kannst du mir helfen?"

Der Arzt lächelte. „Vor allem kannst du dir selbst helfen! Nimm nicht mehr als drei Mahlzeiten am Tag zu dir, bei zweien davon genieße nichts als rohes Obst. Ersetze den Wein durch Wasser. Geh zu Fuß, und verzichte auf die Sänfte. Zweimal in der Woche besuch ein Bad, und mach hinterher einen langen Spaziergang. Nimm regelmäßig von dieser Tinktur aus Löwenzahn und Stiefmütterchen, das wird dich zusätzlich reinigen."

Glaucus' Miene war lang und länger geworden. „Ja, aber ..."

„Nichts aber. Folge meinen Weisungen, oder in ein paar Jahren bist du ein toter Mann. Lebe wohl, Decimus Glaucus Adeps!"

Gaius Flavius änderte seine Meinung über Galenus schlagartig, als er erfuhr, wie der Besuch seines Freundes verlaufen war.

„Ein sehr tüchtiger Mann", gab er zu. „Und recht hat er! Tu, was er sagt!"

„Mach' ich ja schon", seufzte Glaucus, „heute hab' ich nichts als ein paar Feigen und Oliven zu mir genommen. Ganz schwach fühle ich mich. Und zu allem Überfluß brachte ein Bote noch das hier. Galenus' Rechnung."

Er reichte Gaius ein Wachstäfelchen.

Der warf einen Blick darauf und fing schallend an zu lachen.

„Das ist allerdings gewaltig", kicherte er. „Aber mach dir nichts draus. So hast du einen doppelten Grund zu hungern!"

34. In angenehmer Gesellschaft**

Schon bevor Trier kaiserliche Residenz wurde, war es eine römische Provinzhauptstadt, in der es sehr lebhaft zuging. Natürlich gab es auch ein elegantes öffentliches Bad, in dem man seine Freunde traf – oder auch Leute, denen man lieber nicht begegnete …

Vorlesezeit: 9 Minuten

Der parfümierte Dampf stieg mit leisem Zischen aus den Rohren und erfüllte den Raum mit duftenden Schwaden. Decimus Sempronius Crispus räkelte sich mit wohligem Stöhnen auf einer der gefliesten Bänke. Aah, das tat gut – vor allem nach einem mittäglichen Schäferstündchen mit der schönsten Frau von Trier, das mit einem delikaten Imbiß und etlichen Gläsern Wein geendet hatte.

Sempronius strich sich das schwarze Kraushaar aus der Stirn, schloß die Augen und gab sich ganz dem Genuß der Erinnerung hin.

Bei Juno und Minerva, zwischen Rhein und Tiber gab es keine, die es mit ihr aufnehmen konnte!

Die großen Augen, die so boshaft funkeln und so zärtlich strahlen konnten, das feine, elegante Näschen, das sie so entzückend unrömisch aussehen ließ, die feingeschwungenen Lippen, die immer ein ganz klein wenig verächtlich geschürzt waren …

Sempronius seufzte zufrieden und pries sich wieder einmal glücklich, daß die Dinge so waren, wie sie waren: Er war jung, gesund, gut gebaut und hatte eine anständige Bildung genossen, er war reich und hatte einen

Verwalter, der so tüchtig war, daß er ihm die Aufsicht über seinen beträchtlichen Grundbesitz und dessen Einkünfte getrost überlassen konnte. Sie, die Herrlichste von allen, war jung, gesund, vollkommen gebaut und hatte eine anständige Bildung genossen. Sie war reich und hatte einen Ehemann, der so tüchtig war, daß er den ganzen Tag in seiner Keramikfabrik verbrachte und sie in Ruhe ließ.

Aaah, das Leben war wunderbar!

Sempronius setzte sich auf und atmete tief die duftenden Dämpfe ein.

Pitsch, patsch, pitsch – schade, das bedeutete eine Störung seines Wohlbefindens, das war unzweifelhaft ein erholungsbedürftiger Herr der gehobenen Gewichtsklasse, der sich da auf nackten Füßen näherte, jedenfalls keiner von Sempronius' sportlichen Freunden.

Sempronius spähte durch den Nebel, und seine bisher so zufriedene Miene verzerrte sich zu einer Grimasse äußersten Mißfallens. Na, der hatte ihm gerade noch gefehlt, der da durch Dampf und Hitze zielsicher auf ihn zusteuerte.

„Grüß dich, Arminius Mas", knurrte er, aber sein Tonfall schreckte den Neuankömmling durchaus nicht ab.

„Sei mir gegrüßt, Sempronius Crispus", erwiderte er liebenswürdig und ließ seinen umfangreichen Leib vorsichtig auf die Bank neben Sempronius gleiten. „Bei Lenus Mars, ist hier eine Hitze!"

„Du hast recht!" meinte Sempronius eifrig. „Wirklich sehr heiß ist es. Du solltest dir nicht zuviel zumuten, geh lieber ins Warmbad!"

„Ach nein, ich halt' es schon aus!" schnaufte Arminius. „Ich habe ja in meinem Palast ein eigenes Bad, aber von der Fabrik bis hierher ist es doch erheblich näher, man verliert nicht soviel Zeit, wenn man hinterher noch arbeiten muß, und außerdem besteht immer die Hoffnung auf ein anregendes Gespräch."

„Typisch Gallier", dachte Sempronius, der selbstverständlich in seinem Palast auch ein Bad besaß, das er als vornehmer Römer aber nicht für erwähnenswert hielt.

„Ja, ja, ein anregendes Gespräch", sagte er und schwieg.

Der Dampf hatte seine wohltuende Wirkung eingebüßt und begann ihm lästig zu werden. Kurzentschlossen erhob er sich.

„Verzeih, Arminius", bat er heuchlerisch, „wenn ich dich jetzt allein lasse, aber ich habe mich dem Dampf schon allzulang ausgesetzt. Meine Konstitution ist nicht die beste, weißt du … die viele Arbeit …"

Er trippelte in die Halle mit dem großen Warmwasserbecken und sprang hinein. Ah, endlich allein. Platsch! machte es da, Kaskaden von Wasser schossen in die Höhe – und Arminius stand neben ihm.

„Wo du gerade von Arbeit gesprochen hast …", begann er, und Sempronius verdrehte die Augen.

An sich war es hier wirklich schön, die Fliesen aus rosafarbenem Marmor, die hellen Wände, die über und über mit zarten Blütenranken bemalt waren – wenn er, wie er es gehofft hatte, hier ein paar Freunde getroffen hätte (oder wenigstens allein geblieben wäre!), hätte es noch ein netter Nachmittag werden können. Wenn der Mensch bloß nicht pausenlos reden wollte!

Sempronius hörte nur mit halbem Ohr hin.

„… kaum noch Zeit, mal ins Amphitheater oder auf die Rennbahn zu gehen … seit Ewigkeiten kein Schwätzchen mehr auf dem Forum … neue Mosaiken im Prunkraum machen lassen, für einen sündhaft teuren Preis … und noch nicht mal richtig anschauen können vor lauter Hektik … Konkurrenz immer größer … unverständigen Trierer wollen lieber Mittelmeerware kaufen …"

Aber plötzlich war seine Aufmerksamkeit geweckt. Denn da hatte er einen Nebensatz aufgeschnappt, der eine spannende Geschichte versprach – möglicherweise.

„… daß meine Frau einen Liebhaber hat."

„Nein, wirklich!" rief Sempronius mitfühlend. „Hat man da noch Worte! Da arbeitest du soviel, und dann auch noch das! Wie bist du übrigens darauf gekommen?"

„Nun, zuerst hat sie sich der Trierer Christensekte angeschlossen …"

„Ah, bah!" unterbrach Sempronius geringschätzig. „Bei der geht es um Nächstenliebe. Die Liebe, die du meinst, mußt du bei den Christen nicht fürchten."

Arminius machte ein zweifelndes Gesicht. „Weiß man's? Jedenfalls ist sie seitdem pausenlos außer Haus. Gottesdienste müsse sie feiern, sagt sie. Aber das stimmt nicht, ich weiß es! Sie hat einen Liebhaber!"

„Weißt du, wer es ist?" fragte Sempronius neugierig.

Arminius zuckte die Achseln. „Vielleicht einer dieser Tagediebe, die an der Hochschule herumlaufen und sich so gut auf imposantes Geschwätz und aufs Süßholzraspeln verstehen, oder ein Nichtsnutz von einem reichen Römer – oh, Ent-Entschuldigung", er geriet ins Stammeln, „ich habe das …"

„Macht doch nichts", besänftigte ihn Sempronius, „es ist ja leider nur allzu wahr, daß es viele meiner Landsleute mit der Moral nicht gerade sehr genau nehmen. Aber wahrscheinlich täuschst du dich doch; deine Frau ist höchst ehrbar und besucht wirklich nur eifrig ihre Gottesdienste."

Arminius senkte seine Stimme zu einem vertraulichen Flüstern: „Ich habe einen Beweis!"

„Tatsächlich? Einen Beweis?" Sempronius war höchst interessiert. „Was denn für einen?"

„Einen Knopf, der ihr neulich aus ihrer Stola gefallen ist, ohne daß sie es gemerkt hat", murmelte Arminius, „einen goldenen Zierknopf mit einem ziselierten Löwenkopf – was hast du, Sempronius?"

„Ach mich schmerzt es, daß du vielleicht eine treue und liebende Gattin zu Unrecht verdächtigst. Was besagt schon so ein Knopf?"

Eilig stieg er aus dem Becken.

„Jetzt muß ich dich aber wirklich allein lassen, mein Lieber – ich habe noch einen dringenden Termin. Sei gegrüßt, Arminius Mas! Und was deine Frau betrifft: Selbst wenn an dem Verdacht etwas dran ist – zu einem Mann wie dir kehrt auch die lebenslustigste Frau wieder zurück!"

Bevor Arminius etwas entgegnen konnte, war Sempronius verschwunden.

Ein paar Minuten später stand er auf der Straße und genoß die frische, kühle Luft. In der hohlen Hand hielt er zwei kleine goldene Knöpfe mit ziseliertem Löwenkopf, die er sorgsam von seiner Toga abgedreht hatte.

„Die kann ich wohl nicht mehr tragen", dachte er bedauernd, und dann schenkte er sie einem darüber hocherfreuten Bettler am Straßenrand.

Einem vornehmen Römer ist eben nichts so fern wie Kleinlichkeit.

Europa im Umbruch:
Das Ende der Antike

35. Habt ihr allein den rechten Glauben?**

Bis das Christentum Staatsreligion in Rom wurde, hatten die Christen allerhand zu erdulden: Verfolgung, Marter und Tod. Darüber wurden sie oft selbst intolerant, und ihr missionarischer Glaubenseifer verschreckte so manche Römerin und manchen Römer ...
Vorlesezeit: 8 Minuten

Sanft, aber nachdrücklich löste sich Antonia aus Minucius' Umarmung. „Ich verstehe nicht, warum du mich so bedrängst", sagte sie. „Dauernd versicherst du mir, wie sehr du mich liebst, aber gleichzeitig willst du mir deinen Glauben aufzwingen. Das ist ein schöner Beweis von Liebe!"
„Aber Antonia", rief Minucius und faßte nach den Händen des Mädchens, „das ist wirklich ein Beweis, der größte Beweis meiner Liebe zu dir. Ich will, daß du meine Frau wirst, und ich will, daß du wie ich an den einzigen Gott glaubst und endlich deinen römischen Allerweltsgottheiten abschwörst. Denn sie sind nur Hirngespinste, die es in Wirklichkeit nicht geben kann!"
„Weißt du, was mich an euch Christen so erschreckt?" Antonia sah ihrem Freund ernst in die Augen. „Der fanatische Eifer, die Unduldsamkeit, mit der ihr für euren Glauben eintretet. Warum laßt ihr den anderen nicht ihre Götter? Warum wollt ihr sie immer wieder davon überzeugen, daß nur euer Gott der einzige und der allmächtige Gott ist?"
„Aber Antonia, wie oft muß ich es dir noch sagen! Weil deine Götter nichts sind als dienstbare Geister für den Alltag, die ihr euch ganz nach Bedarf erschaffen habt. Ihr bezahlt sie wie einen Händler auf dem Markt, nur nicht mit Sesterzen und Denaren, sondern mit Opfern; damit sie auch gute Arbeit leisten, erklärt ihr sie für unsterblich und gebt ihnen ihren Lohn im voraus."
Antonia schüttelte heftig den Kopf. „Du bist ungerecht. Unsere Götter haben eine ehrwürdige Tradition. Juppiter hat diese Stadt schon beschützt, die Priesterinnen haben das heilige Feuer der Vesta schon bewacht, als von deinem Christengott noch lange nicht die Rede war!"

„Und was ist mit all den anderen Göttern und Götterchen?"
Minucius war einen Schritt zurückgetreten und stach mit einem Zeigefinger nachdrücklich in die Luft, während er weitersprach: „Da gibt es
einen Gott, der für die Wegkreuzungen zuständig ist. Man opfert ihm,
damit man sich nicht verläuft. Da gibt es einen für den Krieg. Man opfert
ihm, damit man gewinnt, das heißt, beide Seiten opfern ihm. Wie soll
sich der Ärmste da entscheiden? Da gibt es Göttinnen für die Ehe und
für die Ernte, für die Quelle und für die Geburt, Götter für die Gerechtigkeit und sogar für die Politik. Es fehlt nur noch, daß es auch einen
Gott des Rausches gibt, dem man opfert, wenn man sich betrinkt, damit
man anderntags keine Kopfschmerzen bekommt."
„Aber ist das denn nicht verständlich", sagte Antonia leise, „daß die
Menschen nach Schutz und Hilfe suchen? Was ist schließlich wichtiger
für den Kaufmann als sein Handel, um dessen Gelingen er Mercurius
bittet? Was liegt dem Kranken mehr am Herzen als seine Gesundheit?
Darf er Aesculapius nicht um Linderung seiner Beschwerden bitten? Was
erhofft sich ein Verliebter dringender als die Erhörung seiner Liebe?"
Antonia lächelte Minucius an. „Ist es da verwerflich, Venus und Amor ein
Opfer zu bringen?"
Minucius erwiderte Antonias Lächeln nicht.
„Du willst mich nicht verstehen, Antonia!" rief er. „Natürlich brauchen
die Menschen Schutz und Hilfe. Aber die finden sie doch nicht, indem
sie sich für jedes Problemchen einen eigenen Götzen schaffen! Hilfe gibt
es nur bei dem einen Gott, der seinen Sohn als Menschen auf die Welt
geschickt hat, um uns zu erlösen! Was glaubst du wohl, was dir deine
Göttinnen und Götter, die in ihrer Bosheit und Unzulänglichkeit so sehr
den sterblichen Menschen gleichen, antworten können auf die wirklich
wichtigen Fragen, die du hast? Weißt du, ob deine Güte belohnt und
deine Sünde bestraft wird? Wer steht dir bei, wenn du Angst hast vor
Einsamkeit und Tod? Vielleicht Mercurius, der Gott der Kaufleute?
Welche Lästerung allein, das Göttliche in einem Atemzug mit Kauf und
Handel zu nennen! Wo willst du Worte des Trostes hören oder lesen, wenn
dich Zweifel quälen, wenn du Trost und Erbauung suchst? Vielleicht in
den marmornen Augen der Statuen, die überall herumstehen? Eine
Schrift, die euch leiten kann auf eurem Weg, die habt ihr jedenfalls nicht!
O nein, Antonia, es gibt keinen Weg zum Heil außer dem, sich zu dem
wahren Gott zu bekennen, dem Christengott!"
Hoch aufgerichtet stand Minucius vor Antonia, er schien sie gar nicht
mehr zu sehen, es war, als ob er seine Blicke auf eine große Menschen-
menge richtete und ihr predigte.

Die junge Frau musterte ihn traurig.

„Du zerstörst alles", sagte sie, „alles, was mir wichtig ist, du nimmst meinem Leben die Freude und mir selbst den Stolz auf meine Vorfahren, auf meine Stadt und ihre Geschichte. Ihr Christen laß nichts gelten neben euch, und ihr schafft es, daß schon die einfachste und unschuldigste Freude einem verderblich und widerwärtig vorkommt, wenn man euch nur lange genug zuhört.

Ihr habt bis zu diesem Jahr willig Folter, Kreuz und Feuertod erduldet, ihr verzichtet auf alle Genüsse, seien es Spiele, Feste, Theateraufführungen oder öffentliche Speisungen – ich frage dich, was ist das für ein Gott, der das von seinen Anhängern verlangt? Ihr laßt keine Gelegenheit aus, die anderen mit allen Mitteln der Redekunst zu eurer Religion zu bekehren, und droht ihnen die fürchterlichsten Strafen an, wenn sie euch nicht folgen wollen – ich frage dich, was ist das für eine Religion, die zu so wenig Nachsicht und Toleranz fähig ist?"

„Du gebrauchst Ausflüchte, Antonia!" sagte Minucius heftig. „Du redest wie die, die uns so lange verfolgt haben!"

„So? Tue ich das?" fragte Antonia. „Vielleicht rede ich nur wie jemand, der ein wenig Zeit braucht, Verständnis und Liebe."

„Dann komm zu uns!" flehte Minucius. „Nur bei uns findest du, was du suchst, nicht bei deinen verfluchten Götzen!"

„Als was sprichst du jetzt?" fragte die junge Frau, und ihre Stimme klang hart. „Als Mann, der behauptet, mich zu lieben, oder als Missionar deines Glaubens? Nein, ich werde nicht zu euch kommen und auch nicht zu dir, Minucius. Ich bin sicher, deine Religion wird siegen, denn wer so fanatisch kämpft, der muß am Ende gewinnen. Aber ich bete zu den Göttern, zu meinen, verstehst du, daß dann die, die gegen euch aufbegehren, nicht grausamere Verfolgung leiden müssen, als sie euch bisher widerfahren ist."

Minucius streckte versöhnlich die Arme nach ihr aus und wollte sie an sich ziehen, aber sie wandte sich ab und ging.

36. Aurelius Augustinus ändert sein Leben**

Augustinus (354–430) war der bedeutendste Kirchenlehrer und Philosoph des frühen abendländischen Christentums. Aber in seiner Jugend führte er ein ziemlich lockeres Leben ...
Vorlesezeit: 5 Minuten

Die junge Frau saß in ihrer Kammer und weinte. Warum wollte er sich von ihr trennen? War er ihrer schon überdrüssig? Wo sie ihn doch so sehr liebte?

Ja, er hatte ein flottes Leben geführt, das wußte sie. Sie wußte, daß er schon während seines Studiums eine Menge Liebschaften gehabt, daß er später jahrelang mit einer Konkubine zusammengelebt und von ihr einen Sohn hatte.

Dann war es ihm in den Sinn gekommen, ehrbar zu werden; er hatte seine Freundin vor die Tür gesetzt und sich mit einem Mädchen aus vornehmen Haus verlobt. Das wußte sie auch, denn er hatte es ihr selbst gesagt.

„Aber sie bedeutet mir gar nichts", hatte er geschworen, „sie ist ja so langweilig, ich habe mich nur meiner Mutter zuliebe verlobt. Ich liebe nur dich, dich ganz allein."

Dann hatte er sie in die Arme genommen, sie mit seinen ernsten dunklen Augen angesehen, und da hätte sie ihm alles geglaubt, selbst wenn er behauptet hätte, er könne die Sterne vom Himmel pflücken.

Und jetzt? Von einem Tag auf den anderen hatte er erklärt: „Wir können uns nicht mehr sehen. Mein Leben hat sich verändert. Für keine Frau ist mehr Platz darin, auch nicht für dich."

Dazu hatte er noch eine Menge schöner Worte gemacht, die sie wohl trösten sollten, aber sie hatte kaum etwas davon mitbekommen, nur das eine: Er wollte sie nicht mehr, nie mehr würde er sie umarmen. Und sie liebte ihn doch so!

Augustinus lehnte den Wein ab, den ihm Monnica, seine Mutter, anbot. „Ich danke dir, aber ich möchte nicht, daß der Wein mir die Worte leichter macht, oder gar, daß er die Klarheit meiner Gedanken trübt."

„Es ist dir also ernst?" fragte Monnica.

„Ja", antwortete Augustinus einfach.

Sie schwiegen eine Weile und hingen ihren Gedanken nach. Mitten in die Stille hinein sagte Augustinus: „Mein Leben war bisher eine einzige

Sünde. Ich war faul, begehrlich und genußsüchtig. Jetzt habe ich in mich geschaut, und was ich gesehen habe, hat mich entsetzt. Ich habe die sündige Verkehrung gesehen, in der ich mich befinde, die Verwirrung, in die ich meiner Sünden wegen geraten bin, und die übergroße Sehnsucht in meinem Herzen."

„Die Sehnsucht nach Gott?"

„Ja, die Sehnsucht nach Gott. Unruhe hat mich ergriffen, die erst enden wird, wenn ich Gott gefunden habe. Ich weiß noch nicht, welcher Weg zu ihm führt, denn durch die Erbsünde ist der Mensch wie ein Blinder, der sich mühsam an Gott herantasten muß, in der Hoffnung, daß die göttliche Gnade ihn wieder sehend macht. Ich weiß nur, daß Gott das höchste Ziel allen Strebens, die Stillung der höchsten Sehnsucht ist: Denn Gott ist die Wahrheit. In Einsamkeit und Stille will ich über Gott nachdenken. Ich will mein sündiges Leben offen bekennen, indem ich es in allen Einzelheiten zu Papier bringe, als Beichte vor Gott und den Menschen zur Mahnung."

„Ich werde mich deiner Berufung bestimmt nicht widersetzen", sagte Monnica, „auch wenn ich es bedaure, daß du dir die Heirat versagen willst. Aber sage mir, wie es weitergehen soll!"

„Ich werde meine Stellung hier aufgeben, mein ganzes bisheriges Leben hinter mir lassen und nach Afrika zurückkehren. Dort werde ich mich mit gleichgesinnten Brüdern in die Abgeschiedenheit zurückziehen und versuchen, das Wesen Gottes zu ergründen. Sobald es möglich ist, verlasse ich Mailand."

„Ich werde dich begleiten."

Die junge Frau aber saß in ihrer Kammer und weinte und konnte gar nicht mehr aufhören.

37. Es gibt keinen Gott außer Gott**

Der Araber Mohammed (570–632) war der Begründer der islamischen Religion und des islamischen Staates. Im Gegensatz zu Jesus sah er sich ausschließlich als Mensch, der nur den Auftrag hatte, Gottes Wort zu verkünden.
Vorlesezeit: 10 Minuten

Keiner hatte ihn ernst genommen! Omar stampfte wütend mit dem Fuß auf und betrachtete den kümmerlichen Haufen Bewaffneter, der sich vor ihm versammelt hatte.

Keiner hatte ihn ernst genommen, diesen Mann mit seinem Gerede von dem einen Gott, dem sie alle gehorchen müßten.

Auch er, Omar, hatte bloß gelacht und gemeint: „Er bringt ja noch nicht mal was Neues, der Verrückte! Warum schließt er sich nicht den Juden an? Die glauben doch auch bloß an einen!"

Und jetzt stand der Verrückte mit einem großen Heer vor den Toren Mekkas und forderte die Übergabe der Stadt; wenn sie Pech hatten, würde er ihnen jetzt nicht seinen Gott bringen, sondern Reichtum und Leben nehmen.

Oh, warum hatten sie ihn nur nicht ernst genommen, damals, als er von den göttlichen Offenbarungen predigte ...

Vor einigen Jahren war es gewesen, als er in Mekka erstmals auftrat. Er war höchstens mittelgroß und ziemlich schmächtig, eine höchst unauffällige Gestalt eigentlich. Aber wer ihm in das Gesicht sah, das von schwarzen Locken und einem dichten schwarzen Bart umrahmt wurde, in diese seltsam leuchtenden Augen, der vergaß den Mann so schnell nicht mehr.

„Verflucht seien die Götzen, die ihr anbetet", rief er mit kräftiger, volltönender Stimme. „Wie könnt ihr zu den Naturgeistern beten, wo doch die ganze Natur die Schöpfung des einzigen und gütigen Gottes ist? Wie könnt ihr den Götzen Hubal verehren, dessen Macht nicht weiterreicht, als ein Kamel in einem Tag reiten kann?

Ich sage euch, Gott hat sich mir offenbart als der alleinige Schöpfer der Welt, der gütig und allmächtig ist. Er hat mir befohlen, die Kaaba, die ihr durch euren abscheulichen Götzendienst verunreinigt habt, wieder zu seinem Heiligtum zu machen, wie sie es zur Zeit Abrahams war. Er hat mir befohlen, euch alle zum Islam zu bekehren, zur demütigen Ergebung in den Willen des einen Gottes Allah, auf daß ihr wahre Muslime seid!"

Der Mann hatte die Arme ausgebreitet. Die leuchtenden Augen starrten in die Weite, als ob da keine Häuser wären, die ihnen die Sicht versperrten. Sein Gesicht trug den Ausdruck von Freude und gespannter Aufmerksamkeit, so als ob der Gott, zu dem er die Menschen bekehren wollte, gerade jetzt zu ihm spräche.

„Wer ist der Kerl?" fragte Omar neugierig. Er war gerade von einer Handelsreise zurückgekehrt und am Tor von seinem Freund Malik empfangen worden. Sie waren durch die Gassen geschlendert und zu dem kleinen Platz gelangt, auf dem der Mann von seinem Gott sprach. Malik, der die Stadt kannte wie kein anderer und alles wußte, was in ihr vorging, gab bereitwillig Auskunft.

„Er nennt sich Mohammed", sagte er. „Er ist der Sohn eines armen Kaufmanns, aber schon als kleines Kind war er Vollwaise. Sein Onkel, Abu Tahib, du kennst ihn vielleicht, ein genauso armer Schlucker wie Mohammeds Vater, hat ihn damals aufgenommen. Später hat er sich als Kameltreiber und dann als Ladendiener durchgeschlagen. Er ist in die Dienst Chadidschas getreten …"

„Ach so, der!" unterbrach ihn Omar und lachte. „Ich habe von ihm gehört! Er ist der, der sich in das Herz Chadidschas geschlichen hat, in das Herz einer Witwe, die zwanzig Jahre älter ist als er. So hat er sich ihr wohlsortiertes Warenlager und ihren vollen Goldkasten gesichert. Ach so, dann weiß ich, was los ist! Er ist noch jung, seine Frau ist alt, Nebenfrauen will sie ihm nicht erlauben, und da sucht er Trost bei seinem Gott!"

Aber Malik schüttelte den Kopf. „Nein, so ist es wohl nicht", entgegnete er. „Nach allem, was man hört, lieben sich die beiden von Herzen, und Mohammed hat freiwillig auf weitere Frauen verzichtet! Chadidschah soll die erste gewesen sein, die den Glauben an seinen Gott Allah angenommen hat."

„Nun, das wäre nichts Neues, daß die Weiber die Dummheiten ihrer Männer nachahmen", brummte Omar. „Aber sonst halten sich seine Bekehrungserfolge ja wohl in Grenzen, wenn ich nur die wenigen Menschen hier ansehe. Was verlangt er eigentlich von seinen ‚Gläubigen'?"

„Mmh, wenn ich es mir recht überlege, nicht viel", meinte Malik. „Jeder muß bereitwillig und oft das Bekenntnis aussprechen: ‚Es gibt keinen Gott außer Gott'. Jeder ist verpflichtet, Almosen zu geben nach seinem Vermögen und einen Monat lang strenge Fastengebote zu befolgen, nämlich von Morgengrauen bis Sonnenuntergang weder zu essen noch zu trinken. Fünfmal am Tag muß ein Gläubiger sein Gebet zu Allah verrichten, und mindestens einmal im Leben hat er die Hadsch nach

Mekka zu machen und in der Kaaba Allah seine Ehrfurcht zu erweisen."
„Na ja, wenigstens das würde uns hier ja nicht besonders schwerfallen",
bemerkte Omar spöttisch.

In der nächsten Zeit hörte man noch öfter von Mohammed, dem
Propheten Allahs. Unermüdlich predigte er auf den Plätzen Mekkas und
warb für seinen Gott.
Eines Tages aber schien ihm die Ablehnung der meisten Mekkaner so zu
schaffen zu machen, daß er mit seinen Freunden die Stadt verließ und
nach Medina zog.
Dort hatte er weit mehr Erfolg, wie Omar von seinen Handelspartnern
erfuhr. Die Menschen strömten ihm in Scharen zu; bald war Medina das
erste islamische Gemeinwesen, und Mohammed war sein Oberhaupt.
Doch in Mekka kümmerte das niemanden. Mochten die in Medina
beten, zu wem sie wollten.

Aber jetzt, jetzt drohte derselbe Mohammed, die Stadt Mekka dem
Erdboden gleichzumachen, wenn man seine Bedingungen nicht erfüllte.
Omar war außer sich vor Zorn. Ihm den Kopf abschlagen, genau das
hätte man tun sollen. Doch dafür war es jetzt zu spät.
Die Mekkaner waren von dem Angriff völlig überrascht worden und für
die Verteidigung überhaupt nicht gerüstet.
So war Omar, den sie zu ihrem Anführer bestimmt hatten, nichts
übriggeblieben, als seinen Freund Malik als Unterhändler zu schicken,
um die Bedingungen zu erfahren.
Zähneknirschend wartete er inzwischen, auf sein Schwert gestützt, das
ihm angesichts der Übermacht nicht nützte, und fügte sich in das
Unvermeidliche.
„Malik kommt zurück", tönte es endlich.
Wirklich, da ritt er auf seinem Grauschimmel heran; gerade niederge-
schmettert sah er nicht aus. Vielleicht ... Omar schöpfte neue Hoffnung.
Als der Freund herbeigesprengt war und aus dem Sattel sprang, rief er
ungeduldig: „Nun, was will er?"
„Das ist schnell gesagt", erwiderte Malik und lächelte. „Aller Götzen-
dienst ist ab sofort verboten. Juden und Christen, die eine aus göttlicher
Offenbarung entstandene Schrift besitzen, dürfen, bei Zahlung einer
Sondersteuer, ihre Religion behalten. Doch muß klar sein, daß es die
Ungläubigen sind, die die Offenbarung verfälscht haben. So kann es
niemals einen dreieinigen Gott geben wie bei den Christen. Es gibt
keinen Gott außer Gott, und Mohammed ist der Prophet Gottes.

Die Botschaften Allahs hat Mohammed im Koran niedergeschrieben. Was in ihm steht, ist künftig verbindlich für alle, die nicht Juden und Christen sind. Nur so können sie wahre Rechtgläubige sein. Alle weiteren Vorschriften, die Mohammed, der Prophet Allahs, den Gläubigen auferlegt, werden nach und nach bekanntgegeben werden."

Omars Erleichterung schwand. „Aha, ich wußte ja, daß das Schlimmste noch kommt", rief er. „Was werden das für Vorschriften sein?"

Wieder lächelte Malik. „Mach dir keine Sorgen", sagte er. „Sie besagen zum Beispiel, daß du kein Schweinefleisch essen und keinen Wein trinken darfst. Sie erklären, daß du dich beim Beten zu Allah immer in die Richtung der Kaaba wenden mußt, und so weiter."

„Das werden wir ertragen können", murmelte Omar.

„Aber du, du sprichst schon wie ein ‚Rechtgläubiger'! Hast du dich abgefunden mit dem neuen Gott?"

„Aber natürlich", erwiderte Malik. „Ich behalte mein Leben und mein Vermögen, ich darf weiter Handel treiben, meine Sklaven bleiben mein Eigentum, und von meinen sieben Frauen muß ich auch keine hergeben. Was will ich mehr? Also, Omar, nimmt Mekka die Bedingungen Mohammeds an?"

„Wir nehmen selbstverständlich an", sagte Omar und zwinkerte dem Freund zu. „Die Götter kommen und gehen – und Propheten erst recht." Die beiden ahnten nicht, daß wenige Jahre später die halbe Menschheit der neuen Religion folgen und fünfmal am Tag beten würde: „Es gibt keinen Gott außer Gott, und Mohammed ist der Prophet Gottes."

38. Eine Zumutung, diese Goten!**

Die Ostgoten unter ihrem König Theoderich eroberten mit grausamen Methoden Italien. Danach benahmen sie sich recht manierlich, nach der Devise „Leben und leben lassen". Den Römern aber blieben sie ein Dorn im Auge.
Vorlesezeit: 12 Minuten

Die Taverne war fast leer. An seinem Platz hinter dem Schanktisch, zwischen Fässern und Krügen, hockte der Wirt, ein riesiger Kerl mit einem Gesichtsausdruck, so freundlich wie der eines gereizten Bären, und kaute an einem Stück Schinken.

In einer Ecke saß, ganz für sich allein, ein Mann und sah ausdruckslos
vor sich hin. Er hatte mittelblondes, langes Haar, das von einem Stirnband
zusammengehalten wurde, und nippte ab und zu an einem Becher Wein.
Vorn neben dem Eingang aber saß Sergius mit seinem Freund Verenus
und redete ununterbrochen und so laut, als ob er gegen ein Wagenrennen
im vollbesetzten Circus Maximus anschreien müßte.

„Ogottogottogottogott!" stöhnte er gerade. „Ich frage dich: Was ist aus
dieser Stadt geworden? Ich sage dir: Verfall! Der völlige Verfall, sage ich
dir! Du schaust dir eine Mauer an – da fehlen die eisernen Klammern,
die die Quader zusammenhalten. Einfach geklaut! Du siehst eine Statue
und weißt noch nicht einmal, ob du dich ehrerbietig vor ihr verneigen
oder empört von ihr abwenden sollst, weil ihr nämlich der Kopf fehlt!
Du gehst in die Thermen – und das Wasser ist nicht ordentlich heiß! Kopf
der Welt hat sich diese Stadt einmal genannt, aber jetzt ist sie wie der
Kopf einer dieser Statuen – ein paar Steinbrocken und Schutt und Staub!
Wirt, bring uns noch einen Krug von der Essigsäure, die du als Wein
verkaufst!
Der schwärzeste Tag für Rom, sage ich dir, war der Tag, an dem Gott die
Völker auf Wanderschaft schickte – und, wie mir scheint, fast alle nach
Italien. Die Römer waren immer hervorragend begabt, andere Völker zu
erobern, aber doch nicht, welche aufzunehmen!
Und was sind das für Barbaren, die da gekommen sind!"
Sergius holte Luft für eine Pause, denn der Wirt kam heran und machte
ein Gesicht, daß sogar Sergius einen Moment schwieg. Er trug einen
großen Krug in der Hand und donnerte ihn auf den Tisch, so daß der
grünlich-gelbe Inhalt überschwappte.
„Wenn er so scheußlich ist, warum säufst du ihn dann?" knurrte er und
stapfte, ohne eine Antwort abzuwarten, wieder an seinen Schanktisch.
„Da, bitte, da hörst du es. Das ist der Geist der Goten", rief Sergius und
war so empört, daß er schon wieder Luft holen mußte.
Verenus nutzte die Gelegenheit. „Das war die Rotzigkeit eines römischen
Plebejers", sagte er. „Die ist, glaube ich, seit Jahrhunderten gleich. Was
hat das mit den Goten zu tun? Überhaupt versteh' ich dein ganzes
Gejammer nicht. Kannst du dich noch an das Chaos vor zehn, fünfzehn
Jahren erinnern? Steuerlasten, daß man schier zusammengebrochen ist,
keine funktionierende Obrigkeit mehr in den Städten, und in Rom –
Verhältnisse wie weiland im Gladiatorenhaus. Und jetzt? Seitdem Theoderich römischer Statthalter ist, läuft doch alles ganz gut. Der Verfall der
öffentlichen Bauten ist gestoppt, die Wirtschaft funktioniert wieder, und
du, du könntest mit deinen Moneten die Via Appia pflastern."

Sergius lief leicht rot an.

„Schäm dich! Wie kann ein Römer so daherreden!" schimpfte er. „Nächstens ziehst du deine Tunika aus und statt dessen Hosen an …", er unterbrach sich und kicherte. „Übrigens, ihre Hosen. Hast du dir mal überlegt, welche Umstände sie sich beim Pinkeln machen müssen?" Aber sein Anflug von guter Laune war sofort wieder vorüber.

„Ein Drittel Boden von allen Landgütern haben sie sich unter den Nagel gerissen, die Schufte", rief er. „Hast du das vergessen?"

Verenus lächelte. „Das hat mich weniger als dich betroffen", meinte er, „da ich kein Landgut besitze. Aber sie haben dir doch auch bei der Erschließung neuen Bodens geholfen, oder?"

„Ach, papperlapapp! Wenn mir jemand drei Weinberge in bester Lage abnimmt, kann er mich nicht entschädigen, indem er mir eine sumpfige Wiese trockenlegt. Und wegen ihrer verdammten Preiskontrollen verdiene ich bloß die Hälfte von dem, was ich eigentlich verdienen könnte …"

„… und zahlst dafür auch bedeutend weniger Steuern", warf Verenus ein.

„Nein, du bist wirklich ungerecht. Das einzige, was mich stört, ist, daß sie so für sich bleiben wollen …"

„Warum unterbrichst du mich eigentlich dauernd?" fragte Sergius ärgerlich. „Sei doch froh, wenn sie uns in Ruhe lassen! Andererseits ist so eine Abgrenzung natürlich typisch für Barbaren primitivster Herkunft. Sie wissen, wie sehr sie uns unterlegen sind, deshalb scheuen sie den Kontakt mit uns. Sie behalten ihre eigene Sprache – phh, Sprache, ein einziges Durcheinander von Grunz- und Schnarchlauten, sage ich –, sie verbieten ihren Söhnen und Töchtern, Römer zu heiraten – wäre ja auch noch schöner, wenn du mich fragst – und sie gehen noch nicht mal in den Circus. Na ja, vielleicht haben sie Angst, man könnte sie mit den Bären verwechseln, behaart genug sind sie ja. Du, Verenus, ich glaube, ich möchte aufbrechen, mir bekommt dieses Gesöff nicht recht. Wirt, was sind wir dir schuldig für die magenzerfressende Brühe, die du uns ausgeschenkt hast?"

Der riesige Wirt schlurfte heran und hielt Sergius eine Pranke unter die Nase: „Vier Maß, macht zwei Sesterzen plus ein Sesterz für dummes Gerede in unerträglicher Lautstärke, sind also drei Sesterzen zusammen."

„Hahaha", brummte Sergius. „Er verwechselt sein gesäuertes Tiberwasser mit Falerner!"

Er tastete nach der Geldbörse, tastete nochmal – und wurde bleich.

„Mein Geld … das ist doch nicht möglich!"

„Ha!" sagte der Wirt und stemmte die Fäuste in die Seiten. „So einer bist du! Das sind mir die liebsten Gäste. Großes Maul und nichts im Beutel!"

Seine Stimme steigerte sich zu unheilvollem Donnern.

„Ich hatte schon mehr solche Gäste! Ihre Köpfe habe ich in meiner Schlafkammer an die Wand genagelt!"

So wie er da stand, ein Klotz von einem Mann, mit Fäusten, groß und braun wie gebratene Hühner, konnte man wohl glauben, daß er die Wahrheit sprach.

Sergius versuchte ein Lächeln, aber man sah ihm an, daß er sich am liebsten ein paar Meilen fortgewünscht hätte.

„Nun stell dich doch nicht so an wegen der Kleinigkeit", beschwichtigte er und versuchte, das Zittern seiner Stimme zu verbergen. „Ich versteh' bloß nicht, wo mein Marsuppium geblieben ist ... Es war wohlgefüllt ... Aber mein Freund hier wird dir sicher dein Geld sofort ..."

Er wandte sich zu Verenus und erstarrte. Denn Verenus wühlte verzweifelt unter seiner Toga und schüttelte fortwährend ratlos den Kopf.

„Was ist los?" fragte Sergius voll düsterer Vorahnungen. „Ist dein Geld etwa auch ...?"

„Ja", antwortete Verenus kläglich.

„So, so", meinte der Wirt, und die Ruhe, mit der er sprach, trieb den beiden Freunden den Angstschweiß auf die Stirn, „die zwei feinen Herren wollen also einen armen Wirt um sein bißchen Geld betrügen!"

„Aber von Betrügen kann überhaupt keine Rede sein", rief Verenus. „Wir waren im Circus. Da muß irgendein ehrloser Schuft, ein verbrecherischer Taschendieb ..."

„... Sicher einer von diesen barbarischen Goten", warf Sergius ein, aber Verenus fuhr ihm über den Mund.

„Ach, Quatsch! Du weißt genau, daß kaum einer von ihnen jemals in den Circus geht."

„Krieg' ich jetzt mein Geld?" fragte der Wirt unheilverkündend, löste die Fäuste von den Hüften und machte noch einen Schritt auf die beiden zu ...

„Aber, aber, meine Herren, wer wird denn wegen ein paar Sesterzen in Streit geraten", rief da eine fröhliche Stimme. „Es wäre mir ein Vergnügen, zwei so ausgezeichneten Römern aus der Verlegenheit helfen zu können!"

Der Mann, der unbeachtet im hintersten Winkel des Schankraums gesessen hatte, war aufgestanden und herbeigekommen.

„Ich bin Witigo, ein gotischer Barbar", stellte er sich vor, ohne eine Miene zu verziehen. Sein Latein war ausgezeichnet, nur ein ganz leichter Akzent verriet den Fremden. Er hielt eine geöffnete Börse in der Hand.

„Hier ist zunächst ein Sesterz für den Wein, den ich getrunken habe", sagte er und drückte dem Wirt ein Geldstück in die Hand. „Er ist übrigens vorzüglich! Schau, die Münzen, die du jetzt bekommst, habe ich damit poliert. Sie glänzen wie neu!"

Weitere Münzen wanderten in die braune Pranke des Tavernenwirts.

„Diese zwei sind für den Wein, den die beiden Herren hier getrunken haben, und dies für die Belästigung, die du angeblich empfunden hast, wobei ich dir entgegenhalten darf, daß du für ein so tiefsinniges Gespräch eigentlich etwas hättest bezahlen müssen."

Der Fremde wandte sich, nachdem er die Rechnung beglichen hatte, an Sergius, der verlegen den Blick senkte: „Und dir, edler Sergius, möchte ich sagen: Du hast ja so recht! Fast möchte ich behaupten: Wir sind noch schlimmer, als du uns geschildert hast. Wie kommt ein Barbarenvolk wie das unsere dazu, in euer wohlberechnetes Chaos einzugreifen, das auf Jahrhunderten erhabener Tradition beruht? Wie kommen wir dazu, eure Wirtschaft in Ordnung zu bringen, eure Städte zu renovieren und dafür auch noch Steuern zu verlangen? Wir können wir uns anmaßen, den Wucher zu unterbinden und Getreide unter die Armen zu verteilen? Wir sind ja nicht einmal richtige Christen!"

Der Fremde klopfte Sergius, der immer noch zu Boden sah und die Sprache verloren zu haben schien, auf die Schulter.

„Du hast außerdem mit großem Scharfsinn erkannt, warum wir uns nicht mit euch vermischen, warum wir eure Sprache und eure Gewohnheiten nicht annehmen wollen. Wir fühlen uns euch so weit unterlegen, daß wir euch den näheren Kontakt mit uns nicht zumuten wollen. Nur in einem", der Fremde senkte die Stimme und schlug einen vertraulichen Tonfall an, „in einem irrst du dich, mein lieber Sergius. Wenn man nur weiß, wie, dann geht es mit dem Pinkeln wirklich blitzschnell!"

Er wandte sich zur Tür.

„Also, lebt wohl, ihr edlen Römer", rief er, „und nochmals: Entschuldigung!"

„A... ab... aber wo... wofür denn?" stotterte Sergius, der erst allmählich die Sprache wiederfand.

„Dafür, daß wir euch erobert haben!" erwiderte der Fremde. „Es soll nicht wieder vorkommen!"

Er winkte noch einmal, öffnete die Tür und verschwand ins Freie.

Falerner: besonders guter Wein aus Campanien. *Marsuppium:* Geldbörse.

39. Ich will, daß der König stirbt! **

Wenn es um das Leben ihrer Verwandten ging, waren die merowingischen Herrscher wenig zimperlich. Wer ihnen im Weg stand, wurde umgebracht. Einer von ihnen, König Chilperich I., hatte eine Geliebte namens Fredegunde, die er später heiratete. Die stand den merowingischen Männern in nichts nach.
Vorlesezeit: 9 Minuten

Mühsam quälte sich das Gefährt über die schlammige Straße. Immer wieder stockte die langsame Fahrt, weil die Zugochsen in wassergefüllte Schlaglöcher traten oder weil die schmalen eisenbeschlagenen Räder auf einer Seite im Schlamm versanken, so daß der Karren zu kippen drohte.

Dann sprangen die beiden Männer, die am hinteren Ende des Wagens hockten, fluchend in den Dreck und zerrten und schoben, der Ochsentreiber leitete mit Stecken, Zug und gebrüllten Kommandos jeden Schritt seiner Tiere, bis die Gefahr gebannt war und die Fahrt langsam und holpernd weiterging; vorbei an Männern, die im strömenden Regen gruben, hackten, rodeten und fällten, um dem Wald ein Stückchen bebaubares Land abzuzwingen, vorbei an Haferfeldern, auf denen sich die Halme unter dem Gewicht der regennassen Rispen fast bis zur Erde beugten.

Obwohl er jetzt schlammbespritzt war, sah man dem Wagen an, daß er kein gewöhnlicher Bauernkarren war. Seine hölzernen Wände waren bemalt und mit Schnitzereien verziert, und über einem Gerüst aus kräftigem Flechtwerk spannte sich eine dicke Plane, die Regen und Wind wenigstens notdürftig abhielt.

Auf einer niedrigen Bank unter dem Wetterschutz hockte regungslos eine Gestalt. Ein Umhang verhüllte sie vollständig. Während der ganzen Fahrt sprach sie kaum ein Wort. Nur einmal, als die Knechte lange Zeit vergeblich versuchten, den Karren aus einer besonders tiefen Pfütze zu wuchten, rief sie mit hoher, scharfer Stimme: „Macht schneller, oder ihr werdet es bereuen!"

Wie von einem Peitschenhieb getroffen, zuckten die Männer da zusammen und machten den Wagen wirklich in kurzer Zeit wieder flott.

Gegen Mittag erreichten die Reisenden ein Dorf. Der Regen hatte endlich nachgelassen, und die Menschen hatten ihre strohgedeckten Fachwerkhütten verlassen können. Frauen mahlten Getreide zwischen großen Steinen oder flochten Körbe, Männer fertigten allerlei Gerätschaften, Latten und Schindeln aus dem Holz, das überall in großen Mengen gestapelt lag; zwei Kinder jagten eine Herde Schweine zwischen den Häusern hindurch und rannten dann hinter ihren quiekenden und grunzenden Schutzbefohlenen in den Wald.

Die Ankömmlinge schienen das dörfliche Treiben nicht zu bemerken; niemand von ihnen warf einen Blick nach rechts oder links. Doch war es, als ob die Dorfbewohner Furcht vor ihnen hätten; Gespräche verstummten, Köpfe senkten sich, und Augen sahen zu Boden; wer dem Wagen im Weg stand, machte wortlos Platz und wandte sich ab. Vor einer großen Hütte am Ende des Dorfes hielt der Ochsentreiber seine Tiere an.

Einer der Knechte deutete auf zwei prächtig aufgezäumte Pferde, die an einer Vordachstütze angebunden waren und aus angemessener Entfernung von einer Horde Kinder bestaunt wurden. „Sie sind schon da", sagte er und blickte zu der Gestalt auf dem Wagen. Ein stummes Nicken, dem eine herrische Handbewegung folgte, war die Antwort.

Daraufhin sprang der Knecht vom Wagen, lief zum Haus und pochte kräftig an die Tür.

Sie wurde aufgestoßen, und ein großer, breitschultriger Mann trat ins Freie. Er hatte langes, dichtes Haar und einen sorgfältig gestutzten Schnurrbart; sein Mantel aus feinem Tuch wurde von einer goldenen, steinbesetzten Fibel zusammengehalten. Darunter sah der kostbar verzierte Griff eines breiten Schwertes hervor. Er warf nur einen schnellen Blick auf den Ochsenkarren, riß dann die Tür wieder auf und brüllte in das Innere des Hauses: „Raus, raus mit euch, und laßt euch nicht mehr sehen, bis wir fort sind!"

Eine junge Frau mit drei kleinen Kindern, die sich an sie klammerten, während sie ein viertes auf dem Arm trug, stolperte aus dem Haus, gefolgt von einem Mann, in dessen Miene Angst und Wut sich mischten.

„Hier, damit du nicht in Tränen ausbrichst", sagte der Große verächtlich, griff in den Gürtel und warf dem Dörfler ein Goldstück vor die Füße. Aber der hob es nicht auf, sondern ging, ohne sich umzusehen, hinter seiner Familie die Dorfstraße entlang.

„Verdammtes Bauernpack!" murmelte der große Mann, ging zum Karren und verbeugte sich.

„Ihr könnt jetzt hereinkommen", sagte er in ehrerbietigem Ton und machte Anstalten, der Gestalt, die sich erhoben hatte, auf die Erde zu helfen.

Aber sie winkte ab, stieg leichtfüßig über eine Seitenwand auf eins der großen Räder und sprang auf den Boden. Dann betrat sie das Haus. Ein zweiter Mann, reich gekleidet und bewaffnet wie der andere, erwartete sie.

„Schließ die Tür!" befahl sie dem, der sie geleitet hatte. Er gehorchte. Jetzt erst ließ die Gestalt den Umhang vom Kopf und von den Schultern gleiten. Eine Frau stand vor den beiden Männern, eine große und schöne Frau. Ihr Haube verbarg nicht das dunkle gelockte Haar, das ihr bis auf die Schultern herabfiel, ihre großen braunen Augen glänzten, und die geschwungenen vollen Lippen ihres breiten Mundes waren zu einem Lächeln geöffnet.

Die Männer verneigten sich tief. „Was befiehlst du uns, Königin Fredegunde?" sagte einer. „Welchen Auftrag hast du diesmal für uns? Was es auch ist, wir werden es ausführen, selbst wenn wir dabei sterben sollten."

Das Lächeln der Frau vertiefte sich. „Das ist ganz und gar nicht mein Wunsch, Dagobert", erwiderte sie, und der sanfte, freundliche Ausdruck ihres Gesichts milderte die Schärfe ihrer Stimme, „nein, ihr sollt leben. Jemand anderes muß sterben."

„Ist es eine Frau, Königin? Hat der König eine Geliebte, von der wir Euch befreien sollen?" fragte Dagobert.

Fredegunde schüttelte, immer noch lächelnd, den Kopf. „Ach, laß den König irgendeine Kebse haben, mir ist es gleich, solange sie mir nur nicht in die Quere kommt. Nein, es geht um Wichtigeres. Den Krieg mit Sigebert, seinem Bruder, hat König Chilperich verloren."

Für einen kurzen Augenblick schwand das Lächeln aus ihrem Gesicht. „Sigebert ist dem Rat seiner Frau Brunechilde gefolgt, hat Chilperich abgesetzt und sich selbst von den Fürsten in Vitry zum König von Neustrien wählen lassen. Jetzt sind Neustrien und Austrasien in einer Hand – in seiner Hand. Deshalb will ich, daß Sigebert stirbt, und zwar bald."

Dagobert wurde blaß. „Den König niederstrecken? In seiner eigenen Residenz?"

Das Lächeln spielte wieder um ihren Mund, aber es erreichte die Augen nicht mehr.

„Ich will, daß der König stirbt. Wo und wie, das überlass ich euch."

„Aber wir schaffen es nicht", stieß der zweite Mann hervor. „Er ist von Bewaffneten umgeben. Und wenn wir es doch schaffen, wie sollen wir davonkommen?"

Kaum etwas veränderte sich in der Haltung der Königin, aber die Männer wichen einen Schritt zurück.

„Wolltet ihr nicht eben noch für mich sterben?" Fredegunde sah den Männern in die Augen.

„Tötet König Sigebert! Ich war Küchenmagd, versteht ihr, eine dreckige Küchenmagd, an der die hochgeborene gotische Königin vorbeigegan-

gen ist, ohne sie auch nur zu sehen. Jetzt bin ich die Herrscherin Neustriens. Glaubt ihr, das lass ich mir wieder nehmen? Vergeßt nie, auch ihr wart Knechte, und das" – Fredegunde zeigte auf den schmutzigen Hüttenboden – „war eure Welt. Wollt ihr hierher zurück?"
Sie hüllte sich in ihren Umhang und verließ wortlos das Haus.
Zwei Wochen später war König Sigebert tot.

Kebse: Nebenfrau. *Neustrien:* Westen des Merowingerreiches zwischen Seine und Loire. *Austrasien:* unter den Merowingern der Osten des fränkischen Reiches.

Fremd und doch vertraut:
Das Leben im Mittelalter

40. Hilfe bei der Klostergründung*

In der Zeit der merowingischen und karolingischen Herrscher war die Gründung eines Klosters eine ziemlich mühsame Angelegenheit. Gott sei Dank geschah ab und zu ein Wunder, das den Nonnen und Mönchen die Arbeit etwas erleichterte. Vorlesezeit: 10 Minuten

Vater Regino fuhr sich über die Tonsur und sah Bruder Rupertus mit tadelnder Miene in das zerknirschte Gesicht.

„O Bruder", seufzte er, „warum bist du nur so ein Sünder!"

Rupertus schwieg, denn tatsächlich war wieder allerhand zusammengekommen, allein während des gestrigen Tages, an dem er Küchendienst gehabt hatte.

Der jungen Magd, die einen Korb mit Kastanien gebracht hatte, hatte er verstohlen auf die wohlgerundeten Hüften geschielt, von den Kastanien hatte er gleich ein paar Händevoll auf die Seite geschafft, sie am Abend heimlich geröstet und dazu auch noch einen Becher Wein aus dem Küchenvorrat gestohlen.

Heute hatte er die Beichte abgelegt, die Buße empfangen und verrichtet und war dann – was bei ihm sehr häufig der Fall war – zu einem Gespräch über die allgemeine Lebensführung bestellt worden.

Das heißt, ein Gespräch konnte man das eigentlich nie nennen; Vater Regino wirkte sanft und hartnäckig auf ihn ein, und er, Rupertus, hörte schuldbewußt zu oder stellte gelegentlich eine schüchterne Zwischenfrage.

So ging es auch heute.

„O Bruder", wiederholte Regino, „warum bist du so ein Sünder?" Und dann fügte er hinzu: „Wenn alle Mönche so einen Lebenswandel gehabt hätten wie du, ich sage dir, dieses Kloster stünde gar nicht."

„Wieso denn nicht, ehrwürdiger Vater?" wagte Rupertus einzuwerfen.

„Mauern aus Stein und Wände aus Holz haben doch nichts mit Lebenswandel zu tun."

„Das denkst du", erwiderte Regino, „du, der du das Kloster nur als die

Stätte des Über... Aber ich sehe schon, ich muß ein wenig ausholen, damit du mich begreifst."

Er setzte sich bequem in seinem Stuhl zurecht, faltete die Hände über dem Bauch, räusperte sich und begann zu erzählen.

„Hier", so sagte er, „wo jetzt 150 Mönche leben, wo Hunderte von Handwerkern, Bäcker, Schmiede, Brauer, Gerber, Weber arbeiten, wo noch mehr Bauern das Land bebauen und wo alle in großem Wohlstand leben, war noch vor zwei Menschenaltern nichts als Wald, undurchdringlicher, unwirtlicher Wald und darin, an einem längst vergessenen Platz, eine verfallene Kirche, die einmal dem heiligen Petrus geweiht worden war. Eines Tages brachte ein Reisender die Kunde von dieser Kirche an den Hof des Langobardenkönigs Agilulf und seiner Gemahlin Theodolinde. Bei ihnen lebte damals der Ire Kolumban, der bis dahin schon viele Abteien gegründet und den rechten Glauben nach Kräften verbreitet hatte.

Und nun hör gut zu, mein lieber Rupertus! Dieser heilige Mann lebte also an einem Hof, an dem beträchtlicher Luxus herrschte, aber das focht ihn überhaupt nicht an. Er lehnte es ab, sein Bett mit heißen Steinen zu wärmen, wie es die anderen taten, er verschmähte Schuhe, die seine Füße schützend umhüllten.

Wenn es Wein gab, so rief er: ‚Ich danke dir, Gott, daß du mir die Wahl läßt!' und trank Wasser; wenn die anderen sich am Braten gütlich taten, so jubelte er: ‚Wie wunderbar, daß es ihnen so gut geht, o Herr!' und beschied sich selbst mit einem Teller Hafergrütze.

Bei Theodoline, mit der ihn eine innige Freundschaft verband, sah er nicht den Liebreiz ihres Gesichts, nicht die Fülle ihres Busens und nicht die Rundung ihrer Hüften, sondern nur die Schönheit ihrer christlichen Seele.

Als dieser ausgezeichnete und gottesfürchtige Mann nun davon hörte, daß ein geweihter Platz der Vergessenheit anheimgefallen war, hielt es ihn nicht länger am Hof in Mailand.

‚Es ist Gottes Wille, daß dort ein Kloster gebaut wird', sagte er, ‚und ich werde versuchen, diesen Willen zu erfüllen.'

Ohne zu zögern machte er sich mit einer kleinen Schar Gleichgesinnter auf den Weg, obwohl er schon siebzig und obwohl es mitten im Winter war. Denn er ertrug willig alle Härten, und das Wohlleben bedeutete ihm nichts.

Stell dir das vor, der du schon jammerst, wenn es im Winter einmal ein wenig kühl in der Kirche ist oder wenn du während der Fastenzeiten deine gewohnten Portionen halbieren sollst."

Gehorsam stellte sich Rupertus vor, wie er mitten im Winter durch den tiefen Wald stapfte, um ein Kloster zu gründen, barfuß, mit nichts im Bauch als Wasser und Hafergrütze, und ihn schauderte.

„Nach langer, beschwerlicher Reise", fuhr Pater Regino in seiner Erzählung fort, „erreichte Kolumban mit seinen Begleitern diesen Ort, an dem nun unser Kloster steht. Er nannte ihn Bobbio, nach dem wilden Bach, dessen Forellen du so gern ißt, wenn sie in Schmalz gebacken sind. Er nahm sich nicht einmal die Zeit, von den Anstrengungen des Marsches auszuruhen, sondern sprach nur ein Gebet und rief dann: ‚Es gibt viel zu tun, Männer, fangen wir an! Bevor wir an unser eigenes Wohlergehen denken, muß das Haus des Herrn in Ordnung gebracht werden. Eine Schande, daß es so heruntergekommen ist, an so einem fruchtbaren Ort. Ihr da, ihr geht an den Felshang dort hinten und schlagt Steine aus der Wand, wir anderen fällen Bäume!'

Mit einem solchen Feuereifer gingen die Mönche ans Werk, daß bald die ersten Quader aus den Felsen polterten und die ersten Stämme zu Boden krachten."

„Ja, aber ...", Rupertus machte ein zweifelndes Gesicht, „wenigstens etwas essen und trinken mußten sie doch, wenn sie so lange unterwegs gewesen waren!"

„Sie verspürten keinerlei Hunger und Durst, nur den unbändigen Wunsch, Gottes Auftrag zu erfüllen", lautete die Antwort.

„Aber dann, als sich schon eine große Menge Steine am Fuß des Berges häufte, als viele Dutzend mächtiger Stämme im Unterholz lagen, wollte selbst die tatkräftigsten unter den Mönchen der Mut verlassen. Mit hängenden Schultern trotteten sie zum Kolumban, und einer klagte: ‚Wir sind nicht stark genug, um die Steine und die Stämme zu heben.' Er deutete auf eine besonders dicke Tanne und jammerte: ‚Hundert Männer braucht man, um den zu heben!'

Aber da kam er bei Kolumban an den Falschen. ‚Ach was, hundert Männer!' rief er. Was euch fehlt, ist nicht die Stärke, sondern der Glaube!' Dann gebot er dem jüngsten und schwächsten seiner Gefährten, sich an den Stamm zu stellen, spuckte in die Hände und befahl: ‚Faß zu und heb an!' Und dann, o Wunder Gottes, hoben sie, ein alter Mann und ein halbes Kind, den gewaltigen Baum, als ob er ein Schilfrohr wäre, auf ihre Schultern und trabten mit ihm davon wie zwei Fohlen auf der Sommerweide.

Die andern faßten sich ein Herz, taten es ihnen nach, Gott half auch ihnen, ihre Last zu tragen, und nach wenigen Tagen war die Kirche erneuert, und alle hatten ein Dach über dem Kopf.

Siehst du, so belohnt Gott die Hingebungsvollen, die Enthaltsamen, die Keuschen und Reinen, die stark im Glauben sind. Doch an den anderen wird er keine Wunder tun, ihre Last wird nicht leicht werden, sondern schwer, schwerer als die Felsen unserer Berge und die Bäume unserer Wälder. Deshalb gehe in dich, Bruder Rupertus!"

Rupertus sah betrübt vor sich hin.

Vater Regino hatte schon recht, vom Leben heiliger Männer trennten ihn ganze Abgründe voller Sünden. Wahrscheinlich würde ihm nie ein Wunder zuteil werden.

Andererseits – Rupertus' Miene hellte sich ein wenig auf – waren Kastanien, Wein und nette Mädchen auch lauter Wunder Gottes. Und war es nicht so, daß Kolumban wirklich nach seiner langen Reise keinen Hunger und Durst verspürt und wirklich beim Anblick runder Hüften oder eines vollen Busens keine Sehnsucht empfunden hatte?

Er, Rupertus, hingegen hatte ständig Hunger und Durst, und wenn er ein hübsches Mädchen sah, rannen ihm wohlige Schauer über den Rücken.

Bruder Rupertus faltete die Hände. „Vergib mir, heiliger Kolumbanus", bat er im stillen, „aber ich werde nicht auf deinen Wegen wandeln. Gott hat beschlossen, daß es zweierlei Mönche geben soll – solche wie dich und solche wie mich. Wie könnte ausgerechnet ich es wagen, gegen göttliche Ratschlüsse aufzubegehren?"

Dann bat er Vater Regino demütig, sich entfernen zu dürfen. Denn in der Tasche seines Habits war noch eine geröstete Kastanie, und er verspürte eine unbändige Lust, sie zu verspeisen.

41. Unterwegs im Auftrag des Kaisers**

Um die Verwaltungschefs der Bezirke seines Reichs, die Grafen, zu kontrollieren, schickte Kaiser Karl Königsboten auf die Reise, die überall nach dem Rechten sehen sollten – und das war bitter nötig. Aber wer kontrollierte die Kontrolleure – oder war das vielleicht gar nicht nötig?

Vorlesezeit: 13 Minuten

Hol der Teufel den Kaiser und seinen Entschluß, mich zum Königsboten zu machen, dazu!" Graf Udalrich dämpfte seine Stimme gerade so weit, daß niemand vom Gefolge ihn hörte. „Einen wunden

Schritt, Gliederreißen und Kleider, die überhaupt nicht mehr trocken werden in diesem verdammten verregneten November! Warum, in drei Teufels Namen, hab' ich mich darauf eingelassen?"

Er drückte seinem Braunen die Sporen in die Seite, daß das arme Tier einen Satz machte.

„Langsam, langsam, mein Freund! Was kann Euer Pferd dafür, daß es ununterbrochen regnet? Vielleicht ist Euer Fluchen daran schuld, daß uns der Himmel ständig bis auf die Haut durchnäßt! Was zählen außerdem angesichts der Bedeutung unseres Amtes unsere persönlichen Unbequemlichkeiten! Ohne die Königsboten ginge es schließlich drunter und drüber im Reich des großen Karl!"

„So, glaubt Ihr das?" brummte der alte Graf. „Nun ja, Ihr seid noch jung, und das ist Eure erste Reise als Missus. Macht nur nicht den Fehler, zu viel zu verlangen und zu hart zu urteilen! Wer viel erreichen will, dem kann auch viel mißlingen."

Er schnalzte mit der Zunge und ließ sein Pferd in Trab verfallen, ohne darauf zu achten, ob sein Gefährte ihm folgte.

Am Abend des nächsten Tages erreichten die Königsboten mit ihrem Gefolge ihr erstes Ziel: den Sitz eines Grafen, dessen Amtsführung sie zu überprüfen hatten.

Der Herrenhof lag inmitten eines großen Dorfes; er war mit einem Erdwall und einem hohen Pfahlzaun umgeben; die Gebäude, die erhöht auf einem Erdhügel standen, waren samt und sonders aus Stein.

„Der Herr Graf wohnt nicht schlecht", murmelte der alte Udalrich und dachte dann voller Vorfreude an die Behaglichkeit eines großen Feuers und eines dick mit Schaffellen gepolsterten Sessels, als sie in den Hof einritten.

Der Hausherr, Graf Werinher, kam ihnen entgegen, kaum daß sie das Tor passiert hatten. Er empfing sie mit großer Höflichkeit, hielt ihnen artig die Steigbügel, als sie abstiegen, und geleitete sie dann ins Haus. Ein prächtiges Feuer und weiche Sessel waren vorhanden, und so strahlte Graf Udalrich schon, als der Willkommenstrunk gereicht wurde.

Der Hausherr gebot, das Gefolge seiner Gäste zu bewirten und die Tiere zu versorgen, und sagte dann: „Ihr werdet Hunger haben, meine Herren. Erlaubt mir, daß ich Befehl zum Anrichten gebe!"

Das Essen übertraf alle Erwartungen, war nicht nur so gut, sondern auch so reichlich, daß sogar Graf Udalrich schließlich abwinken mußte und kaum noch die Kraft hatte, mit einem höflichen Rülpser seine Zufriedenheit kundzutun.

Nach dem Essen, als die Becher frisch gefüllt waren und die Familie und die Bediensteten sich zurückgezogen hatten, erklärte Graf Werinher: „Wir wollen nun noch besprechen, meine Herren, was in den nächsten Tagen zu Eurer Unterhaltung geschehen kann. Für morgen und übermorgen hatte ich an eine Jagd gedacht ..."

„Halt, halt", unterbrach ihn der Bischof streng. „Ihr vergeßt, daß wir weder zu unserem noch zu Eurem Vergnügen hierhergereist sind ..."

„Natürlich nicht, natürlich nicht", beeilte sich Werinher zu versichern, „ich weiß schon, aber wir wollen doch auch die Pflichten nicht überbewerten; die freien Bauern, Ihr kennt das ja, haben immer etwas zu meckern, aber den Leuten geht es gut ..."

„Das Urteil darüber müßt Ihr schon uns überlassen", beschied ihn der Bischof kühl und erhob sich.

„Für wann habt Ihr das Ding einberufen, wie wir es durch unsere Boten gefordert haben?" fragte er.

„Für übermorgen", lautete die knappe Antwort.

„Gut. In den nächsten beiden Tagen werden wir uns die Grafschaft genauer ansehen, nicht wahr, Graf Udalrich?"

Was blieb Udalrich schon übrig, als zustimmend zu nicken.

„Danach wird sicher noch Zeit für einen Jagdausflug sein." Der Bischof gähnte. „Es ist spät, und wir haben eine lange Reise hinter uns. Ich wäre Euch dankbar, wenn Ihr mir mein Lager anweisen könntet."

Er ging in Richtung Tür und bemerkte weder den sauren Blick, den ihm sein Gastgeber zuwarf, noch den sehnsüchtigen, den Udalrich auf das warme Feuer und den Weinkrug richtete.

Am nächsten Morgen ritten die Königsboten in Begleitung einiger ihrer Knechte in die Dörfer der Umgegend, die zur Grafschaft Werinhers gehörten. Sie sahen und hörten manches, was nicht gerade für eine korrekte Amtsführung des Grafen sprach; das gemeinsame Abendessen verlief deshalb in eisiger Atmosphäre, zumal Bischof Regino auf keinen der Versuche Udalrichs oder Werinhers, ein Gespräch zu beginnen, einging.

Bevor sie sich zur Ruhe begaben, sagte Regino nur kurz: „Beim Missatgericht ist Eure Anwesenheit nur dann erforderlich, wenn wir Auskünfte von Euch benötigen. Haltet Euch also am besten hier zu unserer Verfügung."

Als sie in ihrer Schlafkammer waren, meinte Udalrich: „Findet Ihr nicht, daß ein wenig mehr Verbindlichkeit gegenüber dem Mann, unter dessen Dach wir wohnen, angebracht wäre?"

Der Bischof sah ihn erstaunt an. „Ihr wißt doch so gut wie ich, Graf, daß jeder den Königsboten Unterkunft und Verpflegung gewähren muß. Wofür sollen wir ihm also Dank schulden? Außerdem sind wir hier, um ihn zu kontrollieren – und es scheint eine Menge zu beanstanden zu sein!" Udalrich seufzte. „Schon, schon, aber ich sagte Euch doch: Verlangt nicht zu viel – sonst werdet Ihr gar nichts erreichen!"
Aber Regino wollte nichts davon hören.

Im Verlauf des Gerichts wurde noch Schlimmeres zutage gefördert, als der Bischof befürchtet hatte. Nachdem die beiden Missi einige strittige Rechtsfälle entschieden hatten, wie es ihre Aufgabe als Vertreter des Königs war, hörten sie sich an, was die freien Bauern an Klagen über den Grafen vorzubringen hatten.
„Er fordert viel mehr, als er fordern dürfte!"
„Er sucht für seinen Teil immer das Beste heraus."
„Er macht uns unsere Jagd- und Fischrechte streitig."
„Er beruft das Ding viel zu oft ein! Manchmal sechs-, acht-, zehnmal im Jahr! Wann sollen wir denn unsere Arbeit machen?"
Der Bischof schäumte vor Zorn. „Wir werden ihn absetzen", rief er, „noch heute!"
„Hört erst auch den anderen Teil, bevor Ihr urteilt!" mahnte Udalrich, doch er merkte, daß er seinen jungen Begleiter nicht überzeugen konnte. Alles, was er erreichte, war, daß Regino das Verhör des Grafen auf den nächsten Tag verschob, damit er seinen Zorn wenigstens eine Nacht überschlief.
Als der Bischof am frühen Morgen Udalrich wecken wollte, lag der schon wach auf seinem Lager und stöhnte.
„Was fehlt Euch?" fragte Regino besorgt.
„Ach, das Gliederreißen", jammerte der Alte, „ich kann mich kaum rühren, verzeiht mir, aber Ihr müßt den Grafen allein zurechtstutzen, ich wäre Euch eher eine Last als eine Hilfe."
Der Bischof antwortete, daß ihm das gar nichts ausmache, versicherte Udalrich seines Mitgefühls und ging, entschlossen, seine Pflicht zu tun. Am nächsten Morgen ging es Udalrich so viel besser, daß er ohne weiteres aufstehen und am Gespräch mit Werinher teilnehmen konnte. „Also sagt, was Ihr zu sagen habt", ermunterte er Regino, als sie dem Grafen gegenübersaßen.
Und der Bischof begann, wobei er es allerdings seltsamerweise vermied, seinem Begleiter in die Augen zu sehen: „Unsere Untersuchungen haben ergeben – wenn etwas Eurer Meinung nach nicht richtig ist, unterbrecht

mich ruhig, Graf Udalrich –, daß Graf Werinher sein Amt im Auftrag des
Kaisers weitgehend pflichtgemäß verwaltet hat. Er wird deshalb ausdrücklich in allen seinen Rechten bestätigt. Allerdings wird ihm auferlegt,
künftig die Jagd- und Fischrechte der Bauern zu achten, Abgaben nur in
der ihm zustehenden Höhe einzufordern und das echte Ding nur noch,
entsprechend königlichem Gesetz, dreimal im Jahr für jeweils drei Tage
einzuberufen. Habt Ihr etwas hinzuzufügen?" fragte er und sah Udalrich
immer noch nicht an.

„Nein, nein", entgegnete der erfreut, „ich kann die Weisheit und Recht-
mäßigkeit Eures Urteils nur begrüßen."
Mit ernster Miene wandte sich der Alte dann zu Werinher: „Ihr solltet
Euch die Worte des Bischofs, die die Behandlung der Euch anvertrauten
Bauern betreffen, allerdings zu Herzen nehmen. Denn auf Dauer kann
eine Herrschaft nur Bestand haben, wenn sie den Menschen Gerechtig-
keit widerfahren läßt."
Graf Werinher nickte: „Ich will es mir merken."
Am Tag darauf ritten die beiden Königsboten ihrem nächsten Ziel
entgegen.
„Ihr habt da einen prächtigen Rappen, mein Freund", sagte Udalrich
plötzlich. „Hattet Ihr nicht einen Braunen wie ich?"
Dem Bischof stieg das Blut in den Kopf. Eine Zeitlang antwortete er
nicht, aber dann stieß er hervor: „Reitet ein Stück mit mir voraus. Unsere
Leute müssen nicht hören, was ich zu sagen habe."
Sie trabten eine Weile, bis Regino schließlich sagte: „Ich muß Euch ein
Geständnis machen, Graf Udalrich."
„Nur los", lächelte der Alte, „es wird schon nicht so schlimm sein."
„O doch, es ist schlimm! Ich, der ich so unerbittlich, streng und gerecht
sein wollte, habe mich von diesem Werinher beschwatzen, ja, was noch
schlimmer ist, bestechen lassen! Ich habe eingewilligt, ihn in seinem Amt
zu belassen und dafür dieses wunderbare Pferd, Sattel und Zaumzeug mit
Silberschmuck und einen Dolch erhalten, dessen Griff mit Amethysten
eingelegt ist."
„So, so", brummte Udalrich. Er musterte seinen Begleiter, der ängstlich
sein Urteil abwartete, eine Zeitlang schweigend von der Seite und sagte
dann plötzlich: „Ihr habt Euch bestechen lassen. Das ist schlimm, wie Ihr
ganz richtig erkannt habt. Dennoch: Das Urteil, das Ihr gefällt habt, ist
richtig."
„Ihr meint …?" Regino sah ihn hoffnungsvoll an.
„Ja", nickte der Alte. „Was Eure Entscheidung betrifft, so habt Ihr Euch
nichts vorzuwerfen. Wo ist der Mann, der ihn ersetzen soll? Wenn er

gefunden wird, wer sagt, daß er es besser macht? Viel vernünftiger war es, dem Grafen Gelegenheit zur Besserung zu geben und ihn maßvoll zu ermahnen. Merkt Euch, Bischof Regino, dieses Riesenreich – wenn man es überhaupt zusammenhalten kann, dann nur mit Vernunft und Augenmaß. Nun, und Pferd, Sattel, Zaumzeug und Dolch müßt Ihr Eurem Beichtvater gestehen, der wird Euch schon die rechte Buße auferlegen."
„Ich werde in Zukunft besser auf Euch hören", versprach Regino, und der Alte lächelte ihm freundlich zu.
„Der Herr sei gepriesen, er wird endlich gescheit", dachte er dann, langte hinter sich in sein Bündel und tätschelte liebevoll den prallen Beutel mit Silberdenaren, den ihm Graf Werinher zugesteckt hatte.

Missus (Plural: Missi): Gesandter, Bote. *Ding* oder *Thing:* Volks- und Gerichtsversammlung.

---

42. Die Wahrheit über den großen Karl?***

Karl, der von seinen Zeitgenossen den Beinamen „der Große" erhielt (747–814), hat in seinem Leben ebenso viel Scheußliches wie Großartiges geleistet. Sein Freund Eginhard hat in der Lebensbeschreibung Karls das weniger Erfreuliche aber meistens weggelassen.
Vorlesezeit: 9 Minuten

Ich glaube, dies hier ist die wichtigste Arbeit, die ich je in meinem Leben geleistet habe", sagte Eginhard und klopfte mit seiner zierlichen Hand auf den Stapel von Pergamentblättern, der vor ihm auf dem Tisch lag und auf dessen erster Seite mit großen Buchstaben „Vita Caroli Magni" geschrieben stand, „Das Leben Karls des Großen".
„Was könnte schließlich wichtiger sein, als die Taten und das Leben dieses unvergleichlichen Mannes der Nachwelt zu überliefern!"
Er lehnte sich in dem geschnitzten Eichensessel zurück und sah seine Frau Imma erwartungsvoll an. Natürlich würde sie ihm recht geben! Aber davon war gar nicht die Rede.
„Die Taten eines Menschen, auch wenn sie noch so bedeutend gewesen sind, sind doch vergänglich, lieber Eginhard. Abgesehen davon, daß eher Freundschaft als Wahrheitsliebe aus dem sprechen, was du über Karl geschrieben hast. Nein, wenn du etwas Wichtiges geschaffen hast, dann

ist es dieses Kloster hier, daß du zur höheren Ehre Gottes gegründet hast."

Eginhard wollte zornig mit dem Fuß aufstampfen, aber gerade noch rechtzeitig fiel ihm ein, daß die Stühle für seine kurzen Beine zu hoch waren.

Daß sie ihm aber auch immer widersprechen mußte! Leider tat sie das zu allem Überfluß so, daß man ihr kaum etwas entgegenhalten konnte. Schließlich hatte er selbst vor nunmehr sechs Jahren die Gründung des Klosters Seligenstadt mit aller Energie betrieben, deren er fähig war, und das war nicht wenig!

Den Plan hatte er schon lange gehabt: zum Heil seiner Seele und als Ort der Versorgung und Pflege für seine und Immas Altersjahre ein Kloster zu bauen.

Doch für ein Kloster brauchte man Land und Leute, und die hatte ihm nur Kaiser Ludwig, der Sohn des großen Karl, verschaffen können. Also hatte Eginhard einen Traum – er träumte oft von „seinem" Kloster – zu einer großen Vision ausgebaut: Gott sei ihm erschienen und habe ihm befohlen, am Main für die Gebeine der heiligen Märtyrer Marcellinus und Petrus eine Kirche und ein Kloster zu bauen.

Der fromme Kaiser war sehr beeindruckt gewesen von der Vision und hatte ihm reichlich Land und Leute zu seiner Bewirtschaftung geschenkt. So war Seligenstadt entstanden und ihnen jetzt, da sie alt waren, behaglicher Zufluchtsort geworden.

Nein, Imma hatte schon recht: Die Errichtung eines Klosters war etwas höchst Gottgefälliges.

Doch das war noch lange kein Grund, ihm zu widersprechen! Seit vierzig Jahren tat sie das bei jeder Gelegenheit, obwohl sie genau wußte, wie sehr ihn das ärgerte.

„Ich bin ganz und gar nicht deiner Ansicht, meine liebe Imma", entgegnete er deshalb spitz. „Daß der Ruhm des großen Karl auch vor dem Angesicht Gottes unvergänglich ist, dürfte ja wohl feststehen. Erinnere dich bitte daran, wieviel göttliche Zeichen es vor dem Tod des Kaisers gegeben hat, die bedeuten sollten: ‚Hier geht einer, dessen Größe alles menschliche Maß übersteigt!' Und deshalb sage ich dir noch einmal: Meine Lebensbeschreibung des großen Karl ist mein wichtigstes Werk!"

Imma blickte ihren Mann mit liebevollem Spott an.

Sie achtete ihn, seine Klugheit und Bildung, seinen politischen Weitblick und seine Unbestechlichkeit. Aber sie kannte auch seine kleinen Schwächen. Dazu gehörte sein bis ins Alter hinein anhaltender Ärger darüber, daß er ein wenig kurz geraten war. Dazu gehörte auch seine schon schwärmerische Verehrung Karls, die ihn alle Schattenseiten des Kaisers übersehen ließ.

So fuhr er auch jetzt fort: „Im übrigen, liebe Imma, was meinst du damit, eher die Freundschaft als die Wahrheit' habe mir die Hand geführt? Ein hervorragender Herrscher muß doch auch als hervorragend gewürdigt werden, und nur ein kleiner Geist sieht bei einem so strahlenden Licht vor allem das bißchen Schatten, das es wirft."

Es war klar, wen Eginhard mit „kleiner Geist" meinte, aber Imma beeindruckte das wenig.

„Karl ist jetzt seit fast zwanzig Jahren tot, Gott hab' ihn selig. Ich meine, die Menschen nach ihm und nach uns haben ein Recht zu erfahren, wie er und wie seine Taten wirklich waren. Karl war ein großer Herrscher, das ist wahr, aber er hat auch Fehler gemacht und große Untaten begangen; du schilderst ihn, als sei sein Leben frei von Irrtümern gewesen, ja, man könnte beim Lesen manchmal fast vergessen, daß er nur ein sterblicher Mensch war. Du machst das so geschickt, daß jeder glaubt, du schriebest die lautere Wahrheit, und doch tust du es nicht."

Eginhard war sichtlich gekränkt. „Ich weiß nicht, was du meinst", sagte er obenhin, schaute in die Luft und verschränkte die Arme vor der Brust. Doch Imma ließ nicht locker.

„Nimm zum Beispiel das, was du über seine Kleidung schreibst: ‚Auf dem Körper trug er ein Leinenhemd, die Oberschenkel bedeckten leinene Hosen. Darüber trug er einen Rock, der mit Seide eingefaßt war. Die Unterschenkel waren mit Gamaschen umhüllt.' Du beschreibst sein Winterwams aus Otterfell, seinen blauen Überwurf und seine Angewohnheit, sich stets mit einem Schwert zu gürten. Das alles ist die reine Wahrheit, und ich, die ich Karl kannte, muß bestätigen, daß du bis in die letzte Kleinigkeit hinein recht hast. Wer das liest, ist beeindruckt von deiner genauen Kenntnis und denkt: ‚Hier ist jemand, der wirklich die Wahrheit schreibt.'

Aber das tust du eben nur dort, wo es um Äußerlichkeiten geht. Bei den wichtigen Dingen dagegen machst du geradezu einen Bogen um die Wahrheit, und auf diese Weise täuschst du den Leser, der dir vertraut."

Imma griff nach den Pergamentblättern, ohne auf die zornigen Blicke ihres Mannes zu achten, und suchte darin herum.

„Hier etwa, wo du über den Krieg schreibst, den Karl gegen die Sachsen geführt hat. Bei dir klingt es so, als ob die Sachsen den Franken den Krieg förmlich aufgezwungen hätten, dabei weißt du doch genau, daß Karl ihn vom Zaun gebrochen hat, indem er ein sächsisches Heiligtum zerstören ließ. Natürlich gereicht es den Sachsen zu großem Heil, daß sie durch

Karl zum christlichen Glauben gebracht wurden. Aber warum schreibst du nicht, daß das keineswegs durch Überzeugung geschah, durch die Kraft des Wortes, sondern indem Ströme von Blut vergossen wurden? Und wie unerhört grausam war die Vertreibung von Tausenden von Sachsen mit ihren Frauen und Kindern aus der Heimat! Doch von den Tränen, die da vergossen worden sind, schreibst du nichts! Und so ähnlich machst du es an vielen anderen Stellen!"

Imma sah ihren Mann an: „Du solltest das ändern, damit auch wahrhaftig ist, was du schreibst."

Aber jetzt war Eginhard mit seiner Geduld am Ende. Ändern! Den großen Karl womöglich als einen Menschen mit Fehlern und Schwächen hinstellen, nur um der „Wahrheit" willen. Was hieß schon Wahrheit? Die Menschen brauchten Vorbilder, leuchtende Beispiele – eben solche Männer wie Karl!

Entrüstet sprang er auf und riß Imma die Pergamentblätter aus der Hand. „Gar nichts wird geändert!" rief er und zuckte zusammen, als er Immas zornige Miene sah.

Sie verhieß mindestens zwei Tage schlechte Stimmung, aber das würde schon wieder in Ordnung kommen.

Das war jedenfalls kein Grund, in einer Sache, die ihm so am Herzen lag, nachzugeben. Auch über die Fehler des großen Karl sollte er berichten! Die „Wahrheit" sollte er schreiben! Das kam dabei heraus, wenn Frauen lesen konnten!

43. *Zuviel für ein Kind***

Was muß ein Kind wohl ertragen, das man mit sieben Jahren zwingt, König zu werden? Entweder es fügt sich in allem still seinen Ratgebern und kommt sich bald überflüssig vor, oder es bricht irgendwann unter der Last seiner Verantwortung zusammen. In den Geschichtsbüchern steht dann nur: „... ein schwacher Herrscher ..."

Vorlesezeit: 8 Minuten

Das Feuer im mächtigen Kamin war fast heruntergebrannt, in der Halle wurde es kalt. Die Lichter auf der langen Tafel flackerten und warfen huschende Schatten auf die Gesichter der beiden Männer, die noch dort saßen, obwohl sich die Nacht schon ihrem Ende zuneigte.

Einer von ihnen erhob sich und ging ganz nah an das glimmende Feuer, als ob er die letzte Wärme aus den zerfallenden Scheiten ziehen und in seinem Körper speichern wollte.

Er war noch jung, sehr jung sogar, seine Gestalt war schmal, sein bartloses Gesicht von krankhafter Blässe, die durch das fahle, unruhige Licht noch stärker hervortrat.

„Ihr habt mir eine Last aufgelegt, die ich nicht tragen kann", sagte er leise. „Ich war keine sieben Jahre alt, da habt Ihr mir die Krone aufgesetzt."

„Das geschah nach dem Willen Eures Vaters!" rief der andere.

Der Junge hob die Hände.

„Kommt mir nicht damit", erwiderte er, und seine Stimme wurde lebhaft und scharf.

„Er war nicht bei Sinnen, als er das von Euch verlangte, er war krank und wußte nicht mehr, was er tat! Im übrigen: Hättet Ihr Euch um seinen Wunsch gekümmert, wenn er nicht genau Euren eigenen Plänen entsprochen hätte?"

Genauso schnell, wie sie gekommen war, verschwand die Schärfe wieder aus seiner Stimme.

„Ich kann mich noch genau erinnern an die Krönung in Forchheim. Die Krone habt Ihr mit Tüchern ausstopfen müssen, damit sie mir überhaupt auf dem Kopf blieb, der dann zu schwer war für meinen dünnen Kinderhals. So aufgeregt war ich und so voller Angst, daß ich das Königsgewand, das Ihr mir gerade feierlich umgelegt hattet, erst einmal naßgemacht habe. Einen König habt Ihr gewählt, der noch nicht einmal das Wasser halten konnte! Der sollte den inneren Frieden sichern und an den Grenzen die Feinde abwehren!"

„Ihr seid ungerecht, Herr", unterbrach ihn der andere. „Ich sag' es noch einmal: Wir achteten den Willen Eures Vaters, und außerdem respektierten wir das Recht. Ihr wart der einzige legitime Sohn des Königs, und nach fränkischem Recht wart Ihr damit sein Erbe und Nachfolger."

„Ach, hört auf mit Euren albernen Rechtfertigungen, Hatto, sie sind doch nur leeres Geschwätz!"

Der junge Mann war wirklich zornig geworden.

„Mein eigener Vater war ein Bastard und hatte durchaus keinen unbestrittenen Anspruch auf die Krone. Hat das Euresgleichen gehindert, ihn vor anderen zum König zu wählen? Aber nach seinem Tod fiel auf mich, das Kind, die Wahl, dafür habt Ihr gesorgt, denn nur so stand Euch ein Weg zur Macht offen, der sonst Bischöfen nicht offensteht: das Reich zu beherrschen wie ein König – über den Kopf des Kindes hinweg!"

Erregt sprang Hatto auf.

„Ist das nicht immer zum Besten des Reichs gewesen?"

Müde winkte der junge König ab.

„Zum Besten? Daß ich nicht lache! Ich gebe ja zu, mit viel Gold und Land und noch mehr Versprechungen habt Ihr die Lothringer und die Mähren dazu gebracht, mich anzuerkennen, oder besser: die ostfränkische Oberhoheit. Denn mich, das Kind, haben ihre Fürsten noch nicht einmal richtig angeschaut, als sie kamen, um den Eid zu leisten. Aber das war auch alles, was sich zum Guten gewendet hat. In der blutigen Babenberger Fehde habt Ihr Euch nicht um den Frieden bemüht, sondern eine ganze Sippe ausgerottet, weil das in Eure Pläne gepaßt hat. Und in der Hauptsache habt Ihr so versagt, wie ich, das Kind, nicht schlimmer hätte versagen können: Bis heute sind wir den Plünderungen, dem Brennen und Morden der ungarischen Reiter hilflos ausgesetzt."

„Es scheint, Ihr wollt kein gutes Haar an mir lassen", rief Hatto unwirsch. „Offenbar habe ich nichts als Fehler gemacht. Wenn Ihr schon alles besser wißt, Herr, was müßte sich denn ändern, damit das Reich zu seiner Größe zurückfände?"

Der Junge wandte sich um und lächelte ein wenig.

„Ihr fragt zu spät und obendrein den Falschen", sagte er. „Aber wenn Ihr meine Meinung hören wollt: In solchen Zeiten der Not halten die Stämme zusammen; sie sind auf sich selbst gestellt und müssen sich selbst vor ihren Feinden schützen. Wenn sie das nicht können, dann wird es das Reich nie mehr geben. Wenn sie aber stark und mächtig werden, dann sollten sie aus dem Kreis ihrer Fürsten den stärksten und mächtigsten zum König wählen. Das wäre dann ein richtiger König, nicht einer wie ich. Und", fügte er mit leisem Spott hinzu, „einer, der nicht solche Ratgeber wie ich bräuchte."

„Ihr mögt in der Sache recht haben, Herr, aber Euer Urteil über die, die immer nur im Sinn hatten, Euch zu dienen, ist hart und ungerecht." Hatto hatte Mühe, den Ärger in seiner Stimme zu unterdrücken.

Der junge König schritt langsam auf den Bischof zu. Fröstelnd rieb er sich die Hände.

„Ihr irrt Euch, mein Urteil ist nicht ungerecht, es ist nur klar. Und ich gebe zu, daß ich die Fähigkeit zum klaren Urteil Eurer harten Schule verdanke. Aber welchen Preis habe ich dafür bezahlt! Denkt an die endlosen Sitzungen, denen ich beiwohnen mußte, an die Qualen, die mein schwächlicher Körper bei all den Sport- und Kampfspielen erduldete, an denen ich mich beteiligen mußte, an die Demütigungen, weil ich immer zu den Verlierern gehörte. Als ich ein siebenjähriger Junge war, habt Ihr mich gezwungen, die Belagerung der Burg Theres mitzumachen und die Hinrichtung ihrer Bewohner mit anzusehen. Wißt Ihr eigentlich, wie oft ich nachts voller Angst aus dem Schlaf hochgeschreckt bin, weil ich im Traum die Toten gesehen habe? Wißt Ihr, wie oft ich mir nichts weiter gewünscht habe, als mit einem kleinen Hündchen als Spielgefährten und einem Topf Honig zum Schlecken auf einer Wiese zu liegen und die Wolken anzuschauen, während Ihr mich von Königshof zu Königshof gezerrt habt? Aber ein richtiges Kind durfte ich nie sein, und ein richtiger König war ich auch nicht. Und nun, bevor ich noch ein richtiger Mann bin, schickt mir Gott eine Krankheit, die mich noch schwächer als ein Kind macht."

Der junge König ließ sich auf eine Bank fallen und stützte den Kopf in beide Hände.

„Nein, Hatto, Ihr habt mir eine Last aufgelegt, die ich nicht tragen kann", wiederholte er, „heute genausowenig wie früher." Wie zu sich selber fügte er hinzu: „Aber da ich sie nun mal auf dem Buckel habe, will ich mir wenigstens Mühe geben."

Eine Zeitlang war es ganz still in dem düsteren Raum. Dann trat ein Knecht ein und sagte: „Wir sind soweit, Herr, wir können aufbrechen." Der König hob den Kopf. „Also los, Hatto!" rief er, und seine Augen funkelten in dem blassen Gesicht. „Ein Erzbischof, dessen Mundwerk erheblich schärfer ist als sein Schwertarm stark, und ein kranker König, der kaum die Kraft hat, eine Lanze gerade zu halten, ziehen in den Kampf gegen die wilden Ungarn. Gott liebt die Schwachen. Darauf wollen wir hoffen." Er erhob sich und ging hinaus in den grauenden Morgen.

44. Was ist das Beste für das Reich?**

König Otto I. hatte große Probleme mit den aufsässigen Herzögen der Stämme, die zum deutschen Reich gehörten. Aber sein Patentrezept, sich auf die Verwandtschaft zu verlassen, das konnte natürlich auf Dauer nicht gutgehen.
Vorlesezeit: 9 Minuten

Der König kicherte. „Mein Vater ist noch kein Jahr tot, und schon ranken sich Legenden um seine Krönung. Beim Vogelfangen soll er gewesen sein, mutterseelenallein, als ob er dafür Muße gehabt hätte, in den unruhigen Zeiten damals."

„Beim Vogelfang?" fragte Abt Fulrad erstaunt. „Was hat der Vogelfang mit der Krönung zu tun?"

„Mit der Krönung selbst nichts, aber doch mit der Wahl. Wie er nämlich da so saß, heißt es, und auf einen guten Fang wartete, seien plötzlich die Fürsten herbeigeritten, von den Pferden herabgesprungen, vor ihm auf die Knie gesunken und hätten gesagt: ‚Herr, du sollst unser König sein!'" Jetzt mußte auch Abt Fulrad lachen.

„Und er hat natürlich ‚ja' gesagt, alle haben ein großes Fest gefeiert, und von da an war Euer Vater König?"

„So ähnlich."

„Na, wenn das damals so einfach war, dann muß man sich wirklich nach den alten Zeiten sehnen", lächelte der Abt. „Eure Schwierigkeiten dagegen ..."

„... sind auch nicht größer als die, die mein Vater hatte. Denkt Euch nur, jahrhundertelang ausschließlich Könige aus dem fränkischen Stamm! Die Sachsen ein Volk, das noch ein paar Generationen zuvor in einen blutigen Krieg mit dem Reich verwickelt war! Dazu die Stämme, die sich ganz und gar selbständig fühlten und keine Lust hatten, sich einem König allzu sehr zu unterwerfen!"

Der Abt schüttelte den Kopf. „Erstaunlich, daß er es überhaupt geschafft hat, sich durchzusetzen. Freilich, wenn er Eure Persönlichkeit hatte ..."

Der König musterte den jungen Geistlichen scharf. War da eben ein spöttischer Unterton zu hören gewesen? Aber er vermochte im beflissenen Gesichtsausdruck seines Ratgebers kein Anzeichen von Respektlosigkeit zu erkennen. Also fuhr er fort: „Was ihm natürlich sehr geholfen hat, war die Designation durch seinen Vorgänger Konrad, den Franken. Der hatte rechtzeitig eingesehen, daß nur ein Sachse fähig wäre, das Reich zusammenzuhalten.

Aber trotzdem hat mein Vater fünf Monate gebraucht, um wenigstens seine Wahl durch die Franken und Sachsen zu erreichen. Und dann die endlosen Auseinandersetzungen ... Jahre hat es gedauert, diese aufsässigen Bayern und ihren Gegenkönig zu unterwerfen."

Wieder kicherte der König. „Und jetzt erzählen die Nonnen in Quedlinburg, wo er begraben liegt, er sei beim Vogelfang von allen Fürsten einhellig zum König ausgerufen worden. Das ist wirklich komisch!"

König Otto wurde ernst. „Ihr seht also, mein Vater hatte dieselben Schwierigkeiten zu bewältigen, mit denen ich mich jetzt auseinandersetzen muß. Aber ich denke gar nicht daran, lange zu verhandeln und große Zugeständnisse zu machen. Ich werde durchgreifen! Hart und schnell!"

„Darf ich mir die Frage erlauben, wie Ihr das bewerkstelligen wollt?"
erkundigte sich der Abt höflich.
Wieder stutzte der König. Schon zum zweiten Mal meinte er Spott in
der Stimme des jungen Geistlichen zu hören. Zum Teufel, der Kerl wollte
doch wohl Bischof werden! Otto blickte ihn genau an, aber wieder war
in seinem Gesicht nichts als aufmerksames Interesse zu lesen.
„Ganz einfach, lieber Abt", erklärte der König deshalb. „Man muß den
Baum an der Spitze beschneiden, dann wächst er nicht mehr in die Höhe.
Wer hetzt die Stämme auf gegen den König? Wer vertritt ihren vermeintlichen Anspruch, selbständige Völker zu sein, die sich vor niemanden
beugen müßten?"
„Es ist klar, wen Ihr meint, Herr", gab der Abt zur Antwort. „Ihr meint
natürlich ihre eigenen Herzöge."
„Richtig, mein Lieber. Was werde ich also tun? Ich werde diese ganzen
Stammesherzöge für abgesetzt erklären und statt dessen vertrauenswür-
dige Mitglieder meiner eigenen Familie einsetzen, notfalls unterstützt
von einer raschen militärischen Operation. Den neuen Herzögen werde
ich klarmachen, daß sie nichts weiter sind als königliche Amtsträger,
jederzeit weisungsgebunden, und schon habe ich drei Fliegen mit einem
Schlag erledigt: Die Stämme folgen bei Fuß, meine Verwandtschaft ist
glücklich, das Königtum ist gestärkt."
Der König schwieg. Nach einiger Zeit fragte er: „Warum sagt Ihr nichts?
Überzeugt Euch mein Plan nicht?"
„Nun, Herr", begann der Abt vorsichtig, denn der König war für sein
cholerisches Temperament berüchtigt, „ich meine in der Tat, daß der
Erfolg Eures Vorgehens eher zweifelhaft erscheint …"
„Wieso?" fuhr der König auf.
„Nun, Herr", wiederholte Fulrad, „es ist noch lange nicht gesagt, daß ein
Verwandter auch ein treuer Freund ist. Die Annalen und Chroniken sind
voll von den Gemeinheiten, die Verwandte einander angetan haben;
denkt nur an die Söhne Ludwigs des Frommen, die sich bis aufs Blut
bekriegt haben …"
„Aber doch nur, weil niemand da war, der sie in die Schranken weisen
konnte, und weil sie ihre Teilrechte als Eigen und eben nicht als Amt
innehatten!" warf der König ein.
„Mag schon sein", fuhr der Abt fort, „aber woher nehmt Ihr die
Gewißheit, daß Eure Verwandten ihr Amt nicht schon nach kurzer Zeit
als Eigen betrachten? Ich sage Euch voraus, daß sie den Stämmen, über
die Ihr sie setzt, bald näher stehen als Euch, daß sie ihre Interessen über
die des Reiches stellen und daß sie ihr Herzogamt als etwas ansehen, das

ihnen selbstverständlich und unwiderrufbar zusteht. So sind die Menschen nun mal, und Verwandte besonders."

„Ach was!" rief der König. „Ihr seid ein alter Schwarzseher! Im übrigen – hättet Ihr denn etwas Besseres vorzuschlagen?"

„Ja, in aller Bescheidenheit, Herr, das hätte ich."

„Und was?"

„Ich, an Eurer Stelle, würde mich stärker auf die Kirche stützen. Ich würde Äbte und Bischöfe in der Verwaltung des Reiches einsetzen, ich würde sie zur Kontrolle der Herzöge einsetzen. Ein Bischof oder Abt wird ein Amt niemals als erbliches Lehen beanspruchen, denn er ist ehelos, hat also zumindest keine legitimen Kinder. Ein Geistlicher steht im Dienst Gottes, und schon von daher sind Fleiß, Aufopferung und Treue von ihm zu erwarten ..."

„Aha, der Bär hat Grund zu brummen, er riecht den Honig!" unterbrach der König belustigt. „Ihr wollt für Euresgleichen die Ernte einbringen! Aber wer sagt Euch, daß ein Geistlicher nicht ein Amt auf ewig für die Kirche sichern will? Was wäre da der Unterschied zum erblichen Lehen? Wer sagt Euch, daß, nach der Sicht irgendeines Bischofs, nicht einmal der Dienst für Gott dem Dienst für den König entgegensteht? Wem wollt Ihr als Geistlicher, wenn es darauf ankommt, eher Gehorsam leisten, dem Herrn Papst oder dem König? Nein, nein, wir machen es lieber auf meine Weise!"

Damit erhob sich der König und verließ den Raum. Für ihn war das Thema abgeschlossen.

Abt Fulrad lächelte. Er dachte darüber anders. Mochte der König ruhig versuchen, sich auf die Mitglieder seiner Familie zu stützen. Er würde sehr bald Schiffbruch damit erleiden. Und dann würde er sich an die Worte seines Ratgebers erinnern.

Fulrad hob den Blick. „Eines Tages wirst du ihn erleuchten, o Herr!" flüsterte er. „Eines Tages wird er auf mich hören!"

O ja, Gott hatte Zeit. Und seine Kirche auch.

45. Ein Mönch unter lauter Heiden**

Drei Jahre lang, von 953 bis 956, weilte der Mönch Johannes von Gorze im Auftrag
König Ottos I. am Hof des Kalifen von Cordoba. Ein Mönch unter lauter
Muselmanen – ob das wohl gutging?
Vorlesezeit: 13 Minuten

„Gott strafe dieses ganze abergläubische Volk und seinen Götzen, dem
es dient, als ob er nicht ein sterblicher Mensch wäre!"
Johannes von Gorze war aufs äußerste erbost. Ihn, den Gesandten des
fränkischen Königs Otto, ließ man wochenlang warten!
„Frag ihn, wie lange das noch so gehen soll!" fauchte er den Dolmetscher
an.
„Allah mache dich häßlich, du ungehobelter Klotz", dachte der, aber er
sagte nichts, denn einem Gast begegnete man höflich, auch wenn er sich
noch so unmöglich aufführte. Also übersetzte er gehorsam. Der jüdische
Ratgeber des Kalifen, der in dessen Auftrag immer wieder mit Johannes
verhandelte, hob bedauernd die Schultern.
„Solange du darauf bestehst, dem erhabenen Kalifen diesen Brief zu
übergeben, solange, fürchte ich, wird er dich nicht empfangen können."
„Und warum nicht, wenn ich fragen darf?"
„Ich bedauere, aber das entzieht sich meiner Kenntnis."
Johannes schnaubte verächtlich. Das entzog sich seiner Kenntnis! Sie
mochten alle noch so höflich tun, er durchschaute sie! Sie hatten keine
andere Absicht, als den fränkischen Herrscher zu beleidigen und das
Christentum zu schmähen.
Er nickte knapp zum Abschied und drehte sich dann brüsk um, bis die
beiden Männer den Raum verlassen hatten.
Es war doch bereits bezeichnend, daß man ihm einen Juden als Vermittler
schickte.
Der Ungläubige schickte einen Ungläubigen. War das nicht eindeutig
eine Mißachtung? Na, er hatte hoffentlich hinreichend deutlich gemacht,
was er davon hielt. Johannes ließ sich auf einen der Diwane sinken, die
an den Wänden des Zimmers standen.
Welcher gute Christ konnte auf diesen Dingern richtig sitzen? Entweder
man mußte die Beine verbiegen oder höchst unfein von sich strecken
oder sich gar der Länge nach hinten legen – auch wenn es heller Tag war!
Über vier Wochen war er jetzt schon hier im spanischen Cordoba und
wartete auf eine Audienz beim Kalifen. Zugegeben, er war nicht schlecht

untergebracht, das Essen war gut, auch wenn ihm der Wein fehlte, aber er war schließlich nicht hierhergekommen, um das Wohlleben zu genießen. Außerdem wußte er genau, daß sich hinter all der scheinheiligen Freundlichkeit nur mühsam verhüllte Grausamkeit verbarg.

Hatte nicht der Kalif ihn in einer Botschaft mehr oder weniger mit dem Tod bedroht, falls er sich weiterhin weigerte, ohne den Brief vor ihm zu erscheinen?

So waren sie, diese Heiden! Hinterhältig und gewalttätig, vor nichts hatten sie Achtung. Aber sollten sie ihn ruhig zu Tode foltern, desto eher würde ihm die ewige Seligkeit zuteil. Er würde jedenfalls nicht ohne den besagten Brief zum Kalifen gehen.

Kalif Abd ar-Rahmann nämlich hatte vor längerer Zeit ein Schreiben an König Otto gesandt, das von allen, die es zu lesen bekommen hatten, als eine Herausforderung ihres christlichen Herrschers empfunden worden war. Wurde darin doch das Christentum mit geradezu abschätzigen Worten bedacht.

War es da nicht recht und billig, daß Otto seinerseits einen Brief hatte schreiben lassen, in dem der Islam höchst kritisch beurteilt wurde? Eben diesen Brief sollte Johannes überbringen. Er selbst, so hatte ihm Otto ausdrücklich eingeschärft, sollte recht freundlich und verbindlich sein, auch einige ausgesuchte Geschenke überreichen, denn es sei geplant, den Kalifen langfristig als Verbündeten zu gewinnen. Aber der weigerte sich seit Wochen, ihn zu empfangen.

Endlich kam wieder ein Bote des Kalifen. Ein mozarabischer Christ war es diesmal, ein Bischof gar, der wiederum des Herrschers Einladung vorbrachte: „Willst du nicht vor den erhabenen Kalifen treten? Nur – deinen Brief, den müßtest du hier lassen."

Doch Johannes lehnte nicht nur ab, er geriet sogar in heftigen Zorn.

„Ich denke gar nicht daran!" rief er. „Mein Auftrag lautet, eurem Herrscher einen Brief zu überbringen, und diesen Auftrag werde ich erfüllen.

Beim letzten Mal hat mir der Kalif einen Juden geschickt, jetzt schickt er dich, einen abtrünnigen Christen, der arabisch spricht und die Bräuche der Heiden angenommen hat! Wie sehr will er mich eigentlich noch beleidigen?"

Der Bischof konnte ihm noch so sehr versichern, der Kalif habe ihm eigentlich eine besondere Ehre erweisen wollen, Johannes glaubte ihm nicht. So wurde wieder nichts aus der Audienz, wieder verging Monat um Monat, und Johannes begann, seinen Aufenthalt in Cordoba als wahre Prüfung zu empfinden.

Endlich, endlich hieß es, der Kalif habe bei König Otto selbst nachfragen lassen, ob denn die Überreichung des Briefs wirklich unbedingt notwendig sei, und tatsächlich erreichte Johannes wenig später der Befehl des Königs, den Brief zu vernichten, dem Herrscher von Cordoba seine Aufwartung zu machen und anschließend heimzukehren.

Wieder schickte Abd ar-Rahman einen Boten, einen richtigen Mohammedaner diesmal, und jetzt, nach drei Jahren, konnte die Audienz stattfinden. Der Sohn des Kalifen, der Johannes so lange Gastfreundschaft gewährt hatte, gab ihm noch einen wohlgemeinten Rat: „Nimm ein Bad, und zieh dir ein festliches, buntes Gewand an!"

Aber Johannes fühlte Ärger und Wut von drei ganzen Jahren in sich; er dachte gar nicht daran, sich dem festlichen Anlaß entsprechend zurechtzumachen, auch war er stolz auf das Gewand, das er trug.

Also stürmte er, kaum daß seine Begleiter hinterherkamen, in seiner schwarzen Kutte in den Palast, bereit, sich seinen ganzen Groll von der Seele zu reden.

Er wurde in ein Gemach geführt, dessen Wände und Boden mit kostbaren Teppichen in vielerlei Farben bedeckt waren. In der Mitte des Raumes stand ein steinernes Brunnenbecken mit zwölf Tierbildnissen aus funkelndem rotem Gold, dessen sprühendes Wasserspiel für angenehme Kühle sorgte.

Aber Johannes nahm das alles kaum war. Er ging, ohne die Formen zu wahren, schnurstracks auf den Kalifen zu und wartete die Ankunft des Dolmetschers ab, bereit, in scharfen Worten seinen Zorn zu äußern.

Wie erstaunt aber war er, als der Kalif ihm die Innenfläche seiner Hand zum Kuß darbot, die höchste Ehre, die es überhaupt geben konnte! Wie erstaunt war er, als, sofort nach seiner Ankunft, ein bequemer Sessel hereingebracht wurde, während der Kalif doch auf einem Diwan hockte! Johannes merkte, wie sein Ärger geringer wurde und, als er in des Herrschers lächelndes Gesicht blickte, ganz verschwand.

Der Kalif lud ihn zum Sitzen ein und winkte dann allen anderen bis auf den Dolmetscher, sich zu entfernen.

Während Johannes seit langer Zeit wieder die Behaglichkeit eines gepolsterten Sessels genoß, gab ihm Abd ar-Rahman die Erklärung für die lange Wartezeit, die er ihm zugemutet hatte: „Du bist herzlich willkommen, Johannes von Gorze, und ich weiß es zu schätzen, daß König Otto mich mit dem Besuch eines Gesandten ehrt. Doch schon vor deiner Ankunft wurde mir, Allah sei Dank, hinterbracht, daß du einen Brief bei dir trügest, dem womöglich Abschätziges über meinen und meines Volkes Glauben zu entnehmen sei. Nun gibt es bei uns ein altes und unumstößliches Gesetz, daß der, der unsere Religion schmäht, sofort mit dem Tod zu bestrafen sei. Ich nehme an, mein Freund, daß auch bei euch die Lästerung des Glaubens schwer bestraft wird, du wirst daher für dieses Gesetz Verständnis haben.

Ich hätte dich also, nachdem ich den Brief gelesen hätte, sofort stellvertretend für deinen Herrscher töten lassen müssen, denn ein gleichermaßen unumstößliches Gesetz lautet, daß der Kalif, der dieser Pflicht nicht binnen eines Tages genügt, ebenfalls ohne Gnade dem Tod verfällt: Auch ich bin nämlich ohne Einschränkung den Regeln unseres heiligen Buches unterworfen. Verstehst du nun meine Lage? Ich wollte dich, den ich doch als geehrten Gast willkommen heißen wollte, nicht töten, schon, um nicht die Freundschaft deines Königs zu verlieren. Andererseits wollte ich selbst sehr gern am Leben bleiben. Was blieb mir also übrig, als so zu tun, als wüßte ich nichts von der brieflichen Schmähung meines Glaubens, und dich immer wieder durch vertrauenswürdige Boten zu bitten, auf die Übergabe des Briefes zu verzichten.

Siehst du", hier lächelte der Kalif, „da du aber ein Mann von starkem Charakter und großer Beharrlichkeit bist, mußtest du so lange warten, bis der Befehl deines Königs kam, den Brief zu vernichten. Gleichzeitig aber hast du meine Hochachtung und Freundschaft gewonnen."

Johannes lauschte aufmerksam, bis der Dolmetscher die letzten Worte übersetzt hatte. Das war ja gar kein angebeteter Götze, kein Herrscher, der sich die Allmacht Gottes anmaßte. Freilich, der Zugang zu ihm wimmelte von Wächtern, seine Diener warfen sich vor ihm in den Staub, und selbst mächtige Herren gebärdeten sich, als ob sie seine Sklaven seien; er war König und oberster Priester zugleich – aber auch er mußte den Gesetzen gehorchen, die er vollzog.

Johannes erwiderte deshalb mit gleicher Freundlichkeit: „Es ist wahr, daß mich während der langen Zeit des Wartens oft großer Zorn befiel, weil ich mich – und damit meinen König und auch die christliche Religion – mißachtet glaubte. Jetzt sehe ich, daß du dies nicht beabsichtigst, sondern mit großer Geduld versucht hast, das Beste aus einer schwierigen Situation zu machen. Ich danke dir dafür und versichere dir, daß ich mich durch deinen huldvollen Empfang besonders geehrte fühle."

In dieser Weise tauschten sie noch eine ganze Zeitlang Liebenswürdigkeiten aus. Johannes überreichte Geschenke, die ihm König Otto für den Kalifen mitgegeben hatte, und empfing dafür Gegengaben. Schließlich wurde er mit großer Freundlichkeit verabschiedet, nachdem ihm der Herrscher das Versprechen abgenommen hatte, noch eine Zeitlang in Cordoba zu bleiben und sein Gast zu sein.

Tatsächlich kam Johannes noch oft mit dem Kalifen zusammen und führte lange Gespräche mit ihm. Abd ar-Rahman war durchaus kein blutrünstiger Barbar und Christenhasser, sondern ein überaus gebildeter und zugänglicher Mann.

Dennoch merkte Johannes bald, daß zwischen ihren Ansichten Abgründe lagen, die sich niemals würden überbrücken lassen.

So sagte der Kalif eines Tages gegen Ende einer langen Unterhaltung: „Wenn in der ganzen Welt Frömmigkeit, Weisheit, Selbstbeherrschung und Genügsamkeit die Könige und ihre Völker leiteten, dann könnte man auch die Gesinnung des Andersgläubigen achten und ihn als Menschen lieben und müßte ihn nicht als Christen, Moslem oder Juden hassen. In einer solchen Welt könnte dann jeder ungestört mit seinem Glauben und seinen Gewohnheiten leben, und zwischen den verschiedenen Religionen könnten Frieden und Freundschaft herrschen."

Das wollte Johannes nicht billigen. Hatte nicht Christus gesagt: „Gehet hin und lehret alle Völker"? Bedeutete nicht die Anerkennung des Aberglaubens, Gottes Gebot schändlich zu mißachten? Nein, solche Gedanken konnte nur jemand haben, der sich seines Glaubens nicht sicher war – für einen Christen waren sie ketzerisch. So war Johannes von Gorze doch froh, als er eines Tages, nach dreieinhalb Jahren, die Heimreise antreten konnte.

Denn mochten die Mohammedaner auch gastfreundlich und liebenswürdig sein – Heiden waren sie doch!

---

mozarabischer Christ: ein Christ, der im mittelalterlichen Spanien während der islamischen Herrschaft die arabische Sprache und Kultur angenommen hatte.

---

46. *Herren und Knechte***

Im frühen und hohen Mittelalter lebten die meisten Menschen als Hörige in einer Grundherrschaft. Dieses System in Frage zu stellen, wäre niemandem in den Sinn gekommen, aber gegen Ungerechtigkeit wehrten sich die abhängigen Bauern immer wieder.
Vorlesezeit: 10 Minuten

Liutgart stemmte die Fäuste in die Seiten und starrte dem davongaloppierenden Reiter wütend nach. „Gott strafe dich, du räudiger Hammel!"
Sie haßte diesen aufgeblasenen Meier zehnmal mehr als den gräflichen Herrn, dem er diente. Dabei waren es die Forderungen des Grafen, die daran schuld waren, daß wieder die Hälfte der Ernte auf dem Acker verfaulen würde. So ging es beinah jedes Jahr: Ausgerechnet im Erntemonat forderte der Graf eine Menge zusätzliche Frondienste: Mal mußte irgendeiner seiner Höfe mit einer Ummauerung versehen werden, mal brauchte er irgendwo einen neuen Fahrweg, mal mußten neue Fischteiche angelegt werden, mal wünschte er die Ausbesserung des Pflasters im Burghof, oder es fiel ihm ein, daß er ein paar Dutzend Gehilfen für ein mehrtägiges Jagdvergnügen benötigte.
Dann konnte sich keiner der Hufenbauern richtig um die eigene Ernte kümmern. Eine Menge verdarb, so daß für den Winter kaum genug zum Leben übrigblieb, wenn man die Abgaben und das Saatgetreide fürs Frühjahr abzog.
Natürlich kam der Herr nie selbst, wenn er wieder zusätzliche Dienste oder Abgaben verlangte. Immer kam dieser ekelhafte Beowulf, der eigentlich einer von ihnen war, es aber durch Schmeichelei, Eifer und Schläue zum Meier des Fronhofes gebracht hatte, zu dem Liutgarts Hufe gehörte. Seitdem benahm er sich, als ob er nie ein höriger Bauer gewesen wäre. Er kannte nur noch die Angelegenheiten des Herrn.
„Was, diese verschrumpelten Äpfel willst du als Zins geben? Nimm von den roten, glatten dort hinten! Das Holz ist noch nicht trocken! Soll der Herr im Rauch ersticken? Die Wolle suche ich selbst aus – du gibst ja doch nur das Minderwertigste!"
Was die Hüttenbauern auch versuchten, um die Abgabenlast ein bißchen zu mindern, Beowulf kam dahinter.
„Der Teufel soll dir die Haut abziehen und dich lebendig rösten!" Aber größer noch als Liutgarts Wut war ihre Sorge. Diesmal wußte sie

überhaupt nicht, wie sie, ihr Mann und ihre drei Kinder das schaffen sollten, was von ihnen verlangt wurde. Auch die Nachbarn konnten nicht helfen, die waren ja selbst betroffen.

Liutgart schüttelte den Kopf. Grübeln hatte keinen Zweck. Sie mußte ihrem Mann und ihren Söhnen das Essen aufs Feld tragen; dann konnte sie ihnen die Unglücksbotschaft gleich überbringen.

Sie betrat das Haus und ließ den Blick durch den einzigen Raum wandern. Er enthielt alles, was sie besaßen: Tisch, Bänke, Kisten, Strohsäcke, ein paar Leintücher, einige Kannen, Töpfe, Trinkbecher und Schüsseln, Feuerhaken, Axt, Messer und andere Werkzeuge, wollene Winterkleidung, das war es. Die beiden Ziegen waren mit auf dem Feld und rupften das Gras am Ackerrain, die vier Schafe waren auf der dorfeigenen Weide.

Nicht zum ersten Mal dachte Liutgart darüber nach, was wohl wäre, wenn Gott ihnen Krankheit und Tod schickte.

Wenn einer von ihnen starb, dann würde nicht nur eine Arbeitskraft fehlen, dann würde auch das Beste aus ihrem Besitz an den Herrn gehen. Wieder schüttelte Liutgart die trüben Gedanken ab. Sie nahm die dreijährige Almuth, die auf dem Boden krabbelte und mit Holzstückchen spielte, auf den Arm. Mit der freien Hand griff sie nach der Kelle und schöpfte Hirsebrei aus dem großen Kessel über dem Feuer in einen Henkeltopf. Dann trat sie mit den Füßen die Glut auseinander und verließ das Haus.

Auf dem Feld berichtete sie, was auf die Grundholden des Grafen zukam: „Der Herr will die Straße zur Burg befestigen. Alle Bauern müssen Kies, Sand und Steine fahren. Morgen schon."

Ortwin, ihr Mann, und ihre Söhne, der elfjährige Berengar und der dreizehnjährige Lothar, sahen sie bestürzt an. „Und was wird mit der Ernte?" fragte Ortwin fassungslos.

„Die Frauen sollen die Ernte allein einbringen, sagte Beowulf", erklärte Liutgart mit Zorn in der Stimme.

„So, sagt er das? Welche Frauen außer dir meint er denn? Die da vielleicht?" Ortwin deutete auf Almuth, die auf dem Arm ihrer Mutter hockte und vergnügt auf ihrem Lieblingshölzchen herumkaute.

„Ist er nicht selbst Bauer, der Lump? Auch wenn er die größte Hufe hat und den niedrigsten Zins bezahlt, so weiß er doch ganz genau, wie schwer es schon ist, die üblichen Forderungen zu erfüllen. Warum sagt er das nicht dem Herrn? Ich wollte ..."

Ortwin sprach nicht weiter, sondern spuckte aus. Dann hob er die große Kanne, die sie schon am Morgen mit aufs Feld getragen hatten, an den

Mund und nahm einen langen Zug von dem bittersauren Apfelmost, der darin war.

„Diesmal hat der Herr den Bogen überspannt", sagte er dann.

„Berengar, Lothar und auch du, Liutgart, ihr arbeitet jetzt mit mir, als ob uns Hagel und Sturm bevorstehen. Wir wollen sehen, was wir schaffen können. Und heute abend gehe ich von Haus zu Haus und rufe alle Bauern zu einer Versammlung."

Sie kamen bis auf den letzten Mann, und die Frauen kamen auch. Keiner wußte, wie sie die zusätzlichen Dienste bewältigen sollten. So jammerten und schimpften sie eine Zeitlang, aber was sie nun unternehmen wollten, das wußten sie nicht. Bis Liutgart sich zu Wort meldete.

Es war nicht gerade die Regel, daß eine Frau sich in die Gespräche der Männer einmischte, aber bei Liutgart nahm es jeder hin. Sie hatte Mut und Verstand und konnte mit der Axt ebenso umgehen wie mit Nadel und Faden.

Liutgart wußte genau, wie sie die Bauern mit ihren Frauen so in Zorn brachte, daß sie bereit waren, etwas zu unternehmen.

„Habt ihr euch überlegt", rief sie, „was der Graf von euch verlangt?" Und jetzt erwähnte sie etwas, was die anderen über der Fronleistung, die von ihnen erwartet wurde, kaum beachtet hatten.

„Ihr und alle anderen Hörigen sollt dem Grafen die Straße zur Burg befestigen. Genug, was da von uns allen verlangt wird. Aber was er uns da durch Beowulf noch abfordern läßt, daß wir nämlich das Bier und den Most, die Hirse, das Brot, die Zwiebeln und den Käse, also die Verpflegung für alle, die dem Grafen die Straße bauen, als zusätzliche Abgabe aufbringen müssen, das ist zuviel!"

Tatsächlich, das war zuviel! Sie mußten ihre Ernte verkommen lassen, in glühender Sommerhitze schwerste Arbeit verrichten, und dann wollte der Herr noch nicht einmal für ihre Verpflegung aufkommen! Das erboste die Bauern noch weit mehr als die ganze harte Zusatzfron. Denn das widersprach allen Regeln der Gerechtigkeit, das war blanke Willkür!

„Als erstes sollten wir heute Nacht in Beowulfs Hütte eindringen und ihm das Dach über dem Kopf anzünden. Und dann, wenn er gesehen hat, wie alles, was ihm gehört, zu Asche verbrannt ist, dann drehen wir ihm den Hals um."

Ein junger, kräftiger Mann war es, der als erster das Wort ergriffen hatte; er drehte seine ansehnlichen Fäuste, als ob er den Hals des Meiers schon dazwischen hätte, und die anderen jubelten. Doch Ortwin hob die Hand.

„Seid vernünftig, Leute. Auch wenn wir ihn verabscheuen, Beowulf ist nur ein Diener des Herrn. Ein Mord würde außerdem dazu führen, daß etliche von uns mit dem Leben büßen müßten! Der Graf ist es, der zuviel von uns verlangt. Also müssen wir uns an ihn halten. Laßt mich einen Vorschlag machen. Gott will, daß es Herren und Knechte gibt, und wir haben nie dagegen aufbegehrt, daß wir die Knechte sind. Aber auch ein Knecht muß ernten dürfen, sonst kann er nicht leben – und auch nicht dienen. Deshalb laßt uns dem Herrn den zusätzlichen Dienst verweigern und morgen weiter unsere Ernte einbringen, als ob nichts wäre. Der Graf wird vor den Rat des Königs gehen, um uns zu verklagen. Dann werden wir sehen, ob uns der König nicht recht gibt."

Liutgart war stolz auf ihren Mann. Das hatte er gut gemacht!

Alle Grundholden waren einverstanden und versprachen, dem Grafen die Zusatzfron zu verweigern. Es gab keinen, der nicht fest daran glaubte, daß sie ihr Recht bekommen würden.

Nur ein Alter, dessen Buckel schon krumm war von der vielen Arbeit und in dessen Augen keine Zuversicht mehr war, schüttelte den Kopf. „Der König", murmelte er, „der König ist weit." Aber keiner hörte ihn.

Hufenbauer: s. Hufe. *Fronhof:* Haupthof einer Grundherrschaft. *Hufe:* bäuerliche Siedlungsstelle mit dem dazugehörigen Ackerland, das die Familie eines Vollbauern ernähren konnte. *Grundholde:* abhängige, halbfreie Bauern, die ihren Landbesitz einem Grundherrn übergeben hatten.

---

47. Ein Tag im Leben einer Frau*

Das Leben der einfachen Leute im frühen Mittelalter war hart und entbehrungsreich. Die größte Last hatten die Frauen zu tragen: Sie mußten nicht nur ihren Teil der Arbeiten erledigen, sondern auch die Kranken pflegen. Und das war oft genug hoffnungslos …

Vorlesezeit: 9 Minuten

Roswitha wachte auf und stieg aus dem Bett, einen Atemzug bevor der Hahn krähte. So war es jeden Morgen, die lange Gewohnheit machte das. Sie war immer wach vor dem Hahn.

Während sie noch ein letztes Mal die Augen schloß und nebenbei die flüchtige Erinnerung an einen Traum heraufbeschwor, lächelte sie ein bißchen. Hahn müßte man sein! Dann hätte man einen ordentlichen Teil seines Tagewerks schon erledigt; noch ein bißchen den Hennen hinterherlaufen und umherstolzieren – fertig!

Hahn oder Herr sein – das, fand sie, war in etwa dasselbe – das wäre ein wunderbares Leben. Bis auf das Ende natürlich: Dem einen wurde der Hals umgedreht, den anderen holte der Teufel.

Roswitha hörte den rasselnden Atem des Kindes, und die Wirklichkeit war wieder da.

Im Dunkeln fuhr sie in das Kleid aus grobem grauen Leinen, das sie jeden Abend an denselben Haken hängte, schlüpfte aus dem Haus und ging barfuß über den Hof zur Latrine. Es war bitterkalt.

Sie fror noch, als sie wieder im Haus war und die Läden aufstieß. Mit klammen Fingern schichtete sie harzige Späne auf und schlug Feuer. Es war Verschwendung, so früh am Morgen Feuer zu machen, aber das Kind mußte es doch warm haben.

„Steht auf jetzt!" rief sie. „Es ist Zeit!"

Sie beugte sich kurz über das kranke Kind. Es hatte die Augen geschlossen. Sie strich ihm über die heiße Stirn. „Heiß ist besser als kalt", dachte sie, „noch ist Hoffnung."

Aber als sie es liegen sah, schmal und mit fast durchsichtigen Lidern und mühsam atmend, da wußte sie, daß nur noch sehr wenig Hoffnung war.

„Heilige Mutter Gottes", betete sie, „laß es nicht sterben. Uns sind doch schon so viele gestorben!"

Sie hörte nicht auf zu beten, während sie in den Stall lief und die Kuh melkte. Nur einmal hielt sie kurz inne, als sie in einem Anfall von kindischer Wut nach dem Hahn trat, so daß er flatternd und gackernd davonstob.

Als sie wieder ins Haus kam, waren die anderen aufgestanden. Berthold, ihr Mann, Henner, der Knecht, Gertrud, die zwölfjährige Tochter. Nur das kranke Kind lag noch da in unruhigem Fieberschlaf.

Sie packte das Essen für die Männer zusammen, Brot, Käse, Zwiebeln, gedörrte Pflaumen, dazu den großen hölzernen Krug mit saurem Most.

„Ihr habt heut keine Fronarbeit mehr?" fragte sie dann.

„Nein, heut nicht mehr. Die Äcker sind gepflügt, die Saat ist ausgebracht", sagte Berthold. „Wir gehn auf unser eigenes Feld, und du mußt nachkommen. Der Zaun zum Wald ist stark beschädigt, und die Saat ist gefährdet. Der Henner und ich schaffen's nicht allein."

Roswitha erschrak: „Aber das Kind?"

„Kannst du ihm helfen?" fragte Berthold barsch.

Roswitha zögerte.

„Kannst du?"

Sie schüttelte den Kopf.

„*Uns* kannst du helfen", sagte Berthold.

Roswitha sah zu Boden. „Ich komme", versprach sie.

Bertholds Stimme wurde freundlicher.

„Ihr dürft die Schweine mit Brot und Hafergrütze füttern, dann muß Gertrud nicht hinaus und kann bei dem Kind bleiben. Also, wir warten auf dich."

Roswitha nickte. Dann waren die Männer fort.

„Hilf mir, Gertrud!" befahl sie. Sie hob das Kind vom Bett. Mein Gott, es war so leicht! Gertrud zog ihm das verschmutzte Hemd herunter und wusch den kleinen Körper mit Wasser ab, das Roswitha auf dem Feuer erwärmt hatte.

„Schüttle das Bett auf!" Vorsichtig legte sie das Kind zurück. Einen Augenblick lang öffnete es die Augen, aber es sah durch sie hindurch, wie man durch eine Fensteröffnung in die Dunkelheit blickt.

Roswitha setzte einen Topf mit Milch und Hafermehl über die Flamme, aber das Kind würde nicht essen.

Das Kind? Es war ein Junge, und er hieß Martin. Warum dachte sie immer nur „das Kind"? Weil es so mager und zerbrechlich war?

„Willst du essen?" Vorsichtig streichelten ihre Fingerspitzen über das kleine Gesicht. Ein kaum merkbares Kopfschütteln und ein rasselnder Atemzug.

Heilige Mutter Gottes, laß das Kind bei uns bleiben!

„Gib acht, daß das Feuer nicht ausgeht", sagte Roswitha, „und mach die Grütze für die Schweine!"

Dann stieß sie die Tür auf und trat aus dem Halbdunkel des Hauses hinaus ins Freie. Berthold war ein guter Mann. Sie wußte, daß ihm das nicht leichtfiel zu sagen: Füttere die Schweine mit Brot und Grütze. Das war Korn für mehrere Tage, und übrig hatten sie nichts für einen.

Roswitha hackte Holz, soviel sie für den Tag brauchen würden, einen kleinen Berg harziger Scheite, denn es war noch kalt. Der große Raum, aus dem das Haus bestand, brauchte lang, bis er warm wurde, und das Kind sollte nicht frieren.

Roswitha trug das Holz hinein und schichtete es neben der Feuerstelle auf. Mit Gertrud fütterte sie die vier Schweine, versorgte die Kuh und ließ die Hühner in den Hof. Dann gingen sie wieder hinein, und Roswitha warf noch einen Blick auf das Kind. Es hatte sich auf die Seite gelegt, die Beine angezogen und stöhnte leise. Sein Atem ging rasselnd. Roswitha strich ihm über das Gesicht. Es fühlte sich heiß und trocken an. „Heiß ist besser als kalt", dachte sie.

„Ich geh jetzt", sagte sie laut. „Gib auf das Kind acht. Rühr dich nicht weg. Wenn es essen will, gib ihm zu essen. Wenn es trinken will, gib ihm zu trinken. Wenn es ..." Sie sprach nicht weiter, sondern verließ mit schleppenden Schritten das Haus.

Draußen auf dem Feld, wo Frost, Regen und Stürme, vielleicht auch streunendes Schwarzwild oder neidische Nachbarn den Zaun niedergelegt hatten, half Roswitha den Männern. Die Arbeit war hart. Sie dachte an das Kind. Sie fror nicht, der Rücken tat ihr nicht weh, keine Last war ihr zu schwer.

Die Sonne stand noch ein gutes Stück über dem Horizont, als sie fertig waren.

Roswitha ging schneller als die Männer, denn sie war nicht müde.

Als sie das Haus betrat, mußte sie sich erst an das Dämmerlicht gewöhnen.

„Wie geht es dem Kind?" fragte sie.

„Ich weiß nicht – nicht gut." Gertruds Stimme klang unsicher.

Roswitha beugte sich über das Bett und richtete sich mühsam wieder auf. Ihr war kalt, und der Rücken schmerzte sie.

„Hol den Priester", befahl sie.

Als die Männer kamen, sagte sie: „Ihr müßt mit dem Essen warten. Das Kind ..."

Berthold nickte. Er setzte sich an den Tisch, stützte den Kopf in die Arme und dachte, daß er keinen Sohn mehr haben würde.

Der Priester war ein armseliger Kerl. Ein Freigelassener des Grundherrn, der dessen Kirche schlecht und recht betreute.

Er war fahrig und unsicher, weil er kaum die Formeln und Gebete beherrschte. Er kniete gerade erst am Bett des Kindes, da hörte das rasselnde Atmen auf, und der kleine Körper streckte sich.

Als der Priester gegangen war, saß Roswitha lange neben dem Kind und strich ihm über das Gesicht. Sie spürte, wie die Hitze langsam daraus wich.

Am nächsten Morgen wachte sie auf und stieg aus dem Bett, einen Atemzug bevor der Hahn krähte. So war es jeden Morgen, das machte die lange Gewohnheit. Sie war immer wach vor dem Hahn.

48. *Wofür kämpfe ich eigentlich?*[**]

Rund fünfzig Jahre dauerte der erbitterte Streit um die Laieninvestitur zwischen der Papstpartei und der Königspartei. Diejenigen, die den Kampf mit Waffen ausfechten und ihr Leben lassen mußten, wurden nicht nach ihrem Standpunkt gefragt ...

Vorlesezeit: 6 Minuten

Die beiden Heere lagerten einander gegenüber, getrennt nur durch den kleinen Fluß.

Noch wechselten die Kuriere von der einen zur anderen Seite, noch gab es Verhandlungen, geheime Absprachen und Vermittlungsversuche, aber niemand glaubte mehr daran, daß sich die Schlacht noch vermeiden ließ. Deshalb waren alle Kämpfer, gleich welchen Standes, reizbar wie eine Meute Hunde vor der Jagd; ständig mußten sie damit rechnen, daß das Blutvergießen losging und sie am Ende zu denen zählten, die nicht davonkamen.

So klang das Lachen, das aus dem Zelt des Grafen Poppo von Henneberg ertönte, alles andere als fröhlich. Der, der es angestimmt hatte, war noch jung, ein halbes Kind fast, keine achtzehn Jahre alt, aber nicht mehr zu jung zum Kämpfen und zum Sterben.

„Was gibt's zu lachen, Ekkehard?" brummte der Mann, der neben ihm auf dem Boden kauerte, ungehalten.

„Ach wißt Ihr, Herr, ich lache nur, weil ... weil, wenn mich heute oder morgen ein Schwerthieb tötet, so weiß ich noch nicht einmal, wofür ich sterbe."

„Wieso nicht?" fragte der Ältere verständnislos. „Du folgst deiner Lehenspflicht. Schon dein Vater hat meinem Vater geschworen, ihm Kriegsdienst zu leisten, wenn es nötig ist, und diese Verpflichtung gilt auch für dich, auch wenn du noch kein vollwertiger Ritter bist."

„Ich weiß, ich weiß", erwiderte Ekkehard. „Ich muß Euch Waffendienst leisten, Ihr müßt Eurem Herrn, König Heinrich, Waffendienst leisten. Aber trotzdem weiß ich nicht, wofür ich vielleicht sterben muß. Denn genaugenommen, seht Ihr, Herr, könnten wir, der König, Ihr und ich, ja zusammensitzen, Bier trinken und Tricktrack spielen. Versteht Ihr?"

„Vor allem verstehe ich, daß dir offenbar die Hitze in den Kopf gestiegen ist", sagte Graf Poppo ärgerlich und wischte sich den Schweiß von der Stirn. Aber Ekkehard ließ nicht locker. „So hört mir doch zu!" drängte er. „Wenn ich mit Euch über ein Feld reite, und eine Bande von Strauchdieben fällt über uns her, so kämpfe ich, um Euch und mich zu schützen und zu verteidigen. Da weiß ich genau, warum ich kämpfe. Aber hier? Alles, was ich weiß, ist, daß sich hier zwei Heere gegenüberliegen. Das Heer König Heinrichs und das Heer Rudolfs von Schwaben, den seine Anhänger zum Gegenkönig gewählt haben.

Aber worum geht es in diesem Kampf? Warum erkennen so viele Fürsten und Herren Heinrich, der doch der rechtmäßige König ist, nicht an? Wofür sterbe ich, wenn ich sterbe? Seht Ihr, Herr, das alles weiß ich nicht."

Der Graf schüttelte den Kopf. „Wer hat dich bloß gelehrt, so nach den Dingen zu fragen", sagte er mißbilligend. „Wahrscheinlich einer von den gelehrten Mönchen, mit denen dein Vater soviel Umgang hat. Ich will dir sagen, warum wir kämpfen. Das heißt, soweit ich es selber weiß. Der Herr Papst in Rom ist nicht zufrieden mit seinen Priestern. Sie sind ihres Amtes oft unwürdig, meint er, sie haben sich z. B. eine Pfarrei, eine Abtei oder gar ein Bistum einfach gekauft, ohne geweiht zu sein. Dagegen will er einschreiten. Vor allem aber mißfällt es ihm, daß der König die Erzbischöfe, Bischöfe und auch die meisten Äbte einsetzt und seine Entscheidung dann von ihm, dem Papst, nur noch bestätigen läßt. Er glaubt, die Einsetzung von Priestern stünde allein ihm zu. Der König aber hält dagegen, daß hohe Geistliche Reichsland zu Lehen erhalten und daß die Vergabe von Reichsland allein Sache des Königs sei.

Darüber ist es zu erbitterter Feindschaft zwischen König Heinrich und Papst Gregor gekommen; sie haben sich gegenseitig für abgesetzt erklärt und mit dem Bannfluch belegt. Die mächtigen Geistlichen und weltlichen Herren haben bald Partei ergriffen. Die, die ihren Lehnseid gebrochen und sich für die Sache des Papstes entschieden haben, weil sie glauben, ihm noch größere Treue schuldig zu sein oder weil sie für sich selbst etwas zu gewinnen hoffen, haben sich unter Führung des Bischofs Adalbero von Würzburg zusammengeschlossen.

Sie haben Herzog Rudolf von Schwaben zum Gegenkönig gewählt, der die Rechte des Papstes anerkennt. Siehst du, und hier in der Ebene von Mellrichstadt lagern die Heere der Papstpartei und der königstreuen Partei. Hier könnte sich entscheiden, wer Recht bekommt im Streit um die Einsetzung der Bischöfe."

Ekkehard war sichtlich verwirrt.

„Das ist alles, worum es geht in diesem Kampf?" fragte er. „Wer die Bischöfe einsetzt? Aber was macht das denn für einen Unterschied, ob es der König oder der Papst tut? Ich verstehe nicht ..."

Er wollte noch weitersprechen, aber da tönte laut und hallend das Signal zum Beginn der Schlacht durch das Lager.

„Es ist soweit!" sagte Graf Poppo. „Hilf mir in die Rüstung!"
Wenig später begann die blutige Schlacht von Mellrichstadt. Graf Poppo
wurde durch einen Schwertstreich getötet, der ihm Helm und Kopf
spaltete. Seinen Knappen Ekkehard durchbohrte ein Speer, als er versuchte, seinen schwerverwundeten Herrn vom Pferd zu heben.
Noch während er starb, fragte er sich, wofür er eigentlich gekämpft hatte.

Tricktrack: Brettspiel für zwei Personen.

---

49. Tod den Hebräern!**

Fanatisch und zu jeder Grausamkeit gegen Andersdenkende bereit waren viele
der Männer, die sich gegen Ende des 11. Jahrhunderts am 1. Kreuzzug gegen die
Sarazenen beteiligten. Unterwegs richteten sie unter den jüdischen Gemeinden
vieler Städte ein Blutbad an.
Vorlesezeit: 8 Minuten

Sie kamen von weit her. Ritter waren unter ihnen, die ihrem Lehns-
herren folgten, Männer, die ein Gelübde erfüllten, Entwurzelte, die
Armut, Hunger oder grundherrliche Willkür von daheim vertrieben
hatte, Abenteurer, flüchtige Verbrecher.
Sie hofften auf Macht und Reichtum, auf ein besseres Leben, auf
Erlösung von Gewissensqualen, auf Gelegenheit, sich zu beweisen.
Sie alle waren auf dem Weg in das Heilige Land.

Die Männer auf dem Kreuzzug trieb der Haß voran, der Haß auf das
Fremde, Andere, und der Wille, es zu bekämpfen.
Bisher war ihnen noch nichts begegnet, was sie hätten bekämpfen
können, sie hatten nur die Mühen der Reise, die Kälte, das magere Essen,
die Nächte im Freien ertragen müssen.
Jetzt, nachdem sie sich zu einem Trupp von mehreren hundert Männern
zusammengefunden hatten, lagerten sie vor den Toren der Bischofsstadt;
sie waren satt, mehr als das, Fleisch und Fisch, Käse und Brot und vor
allem Bier und Wein hatte es im Überfluß gegeben. Aber anders als die
wilden Tiere, die träge und friedlich werden, wenn sie satt sind, wurden
die Männer wach und unberechenbar.

Es gab Streit, Raufereien, ein paar blutige Köpfe und gebrochene Rippen. Aber noch immer war niemand da, den sie gemeinsam bekämpfen, bei dem sie ihre Wut und ihren Tatendrang stillen konnten. Es war noch so weit bis nach Jerusalem.

Ja, wenn sie einzeln geritten wären! Aber zusammen waren sie wie eine Meute Hunde, die darauf wartete, losgelassen zu werden.

Am Morgen fand ein Fischer am Ufer des Flusses, da, wo eine Kiesbank weit in das flache Wasser hineinreichte, einen toten Mann. Reglos und starr lag er auf den Steinen, das Gesicht im Wasser. Sein Mörder hatte ihm nichts gelassen, nicht einmal das Hemd. Sein Körper war voller blutiger Striemen, aber getötet hatte ihn ein schrecklicher Schlag auf den Kopf.

Als der Stellvertreter des Vogts, der für die Untersuchung von Mordfällen zuständig war, mit zwei Bütteln bei der Leiche eintraf, hatte sich schon eine Menge Schaulustiger eingefunden.

Der Vizevogt ließ den Toten umdrehen und musterte ihn, kniete dann bei ihm nieder und untersuchte den Boden. Schließlich erhob er sich und wiegte nachdenklich den Kopf. „Ich kenne ihn nicht", sagte er, „und der, der ihn umgebracht hat, hat alles beseitigt, was uns helfen könnte, herauszufinden, wer er war. Er ist nicht hier gestorben, denke ich. Man hat ihn erst halb totgeprügelt und dann mit einem Knüppel erschlagen und hierher getragen und geschleift. Das ist alles, was ich sagen kann."

Er wandte sich an die Umstehenden: „Kennt ihn jemand von euch?" Nach einem Augenblick schweigenden Überlegens schüttelten alle den Kopf. Nein, niemand kannte ihn. Ratlos hob der Vizevogt die Schultern. „So bleibt uns nichts übrig, als ihn zu begraben. Wir könnten versuchen, Zeugen zu finden, prüfen, ob jemand Kleidung, Waffen oder Geld besitzt, die er gestern noch nicht besessen hat. Aber bei den vielen Fremden ist das ziemlich aussichtslos. Eins ist sicher, er ist ein Kreuzfahrer. Gott sei seiner Seele gnädig."

Er wischte sich mit einer Geste des Unbehagens die Hände am Mantel ab, befahl seinen Helfern, den Toten abtransportieren zu lassen, und kehrte in die Stadt zurück.

Nach kurzer Zeit wußte es jeder von den Männern, die nicht weit vom Fundort der Leiche am Ufer des Flusses lagerten. Einer der ihren war getötet worden. Jemand hatte es gewagt, Hand an einen Kreuzfahrer zu legen, an einen Mann, der im Dienst Gottes stand und aufgebrochen war, das Heilige Land zu befreien. Ein Christ konnte ein solches Verbrechen

nicht begangen haben. Nur ein Ungläubiger war dazu imstande. Und es
gab Ungläubige in dieser Stadt: die Juden.
Irgend jemand sprach es aus, und bald danach schrien es alle. Die Juden.
Hatten sie nicht Christus ans Kreuz geschlagen? Vergifteten sie nicht
auch das Wasser in den Brunnen? Schlachteten und fraßen sie nicht
auch Kinder? Die Juden hatten einen Kreuzfahrer umgebracht und
ausgeplündert. Aber diesmal sollten sie bezahlen, die verfluchten Hebräer!
Die Wache am Tor konnte die schwerbewaffnete Menge nicht aufhalten,
die schreiend und tobend an ihr vorbeistürmte. Die Hauptstraße entlang,
über den Platz.
Menschen flohen und drückten sich erschrocken an Häuserwände. Aber
sie beruhigten sich bald. „Tod den Juden, den Mördern! Tod den Hebräern!"
Das betraf sie nicht.
Weiter lief die Meute, bis sie das Judenviertel erreichte.
Die Tür der Synagoge widerstand den Streitäxten und Schwertern nicht
lange. In wenigen Augenblicken war auch der Raum verwüstet. Ein paar
Hiebe zerschmetterten den Thoraschrein. Stiefel zerbrachen und zertra-
ten, Hände griffen alles, was vielleicht wertvoll war.
Ein Mann stellte sich den Angreifern in den Weg. Bevor ihn jemand recht
wahrnahm, war er schon unter Hieben und Tritten zusammengebrochen.
Jetzt die Häuser! Türen splitterten, Menschen sanken lautlos zu Boden,
andere schrien. Manche wurden getroffen, während sie zu fliehen versuchten. Sie starben, bevor sie noch begriffen hatten, daß ihre Flucht
gescheitert war.
Kein Haus wurde ausgelassen, kein Mensch verschont. „Wo ist dein Gold,
Hebräer? Sag es mir, so kannst du einem Christen was Gutes tun, bevor
du stirbst!"
„Schau mich nicht mit deinen schönen Augen an, Jüdin! Ich sehe doch
den Teufel dahinter!"
„Warum sollen wir eure Kinder verschonen? Dann werden ja alte Juden
aus ihnen!"
Schwerter, Dolche und Äxte waren blutig, Augen glänzten.
Wie befreiend es war, Blut zu vergießen! Hebräerblut!

Nach kaum einer Stunde war alles vorbei.
Im Rausch des Sieges, mit Beute beladen, kamen die Kreuzfahrer aus der
Stadt. Die erste Schlacht im Namen des Kreuzes war geschlagen, viele
würden noch folgen.

Am nächsten Tag zog die Schar weiter, dem Heiligen Land entgegen, voller Tatendrang und Kampfeslust. Einer war dabei, der hatte es besonders gut getroffen. Einen prallen Beutel mit jüdischem Gold hatte er erbeutet. Dazu besaß er jetzt einen zweiten Mantel, ein zweites Paar Stiefel, einen Dolch mit silbernem Griff und ein leinenes Hemd. Und niemand würde ihn mehr fragen, wie er denn dazu gekommen sei.

Thoraschrein: Schrein, in dem die Schriftrolle mit den fünf Büchern Mose aufbewahrt wird.

---

50. Pater Benedikt verschläft die Osternacht**

Überall, wo Menschen zusammenleben, kommt es zu kleineren und größeren Konflikten. Auch in einem mittelalterlichen Kloster …
Vorlesezeit: 11 Minuten

Das Kloster St. Stephan war ein reiches und gesegnetes Kloster. Seine Mauern waren aus solidem Sandstein und umschlossen eine prächtige Kirche, eine Klausur, in der man sich bei aller Einfachheit recht behaglich fühlen konnte, außerdem Vorratshäuser, Schmiede, Bäckerei, Brauerei, Ställe und Scheunen und was eine Gemeinschaft sonst noch alles braucht, die von niemand anderem abhängig sein wollte.

Zahllose Äcker gehörten dem Kloster, deren Erde so fett und schwarz war wie das Brot, wenn es die Bauern am Schlachttag in die Metzelsuppe tauchten; dazu Wiesen, Wälder, Fischteiche und Weingärten, die einen Wein für Könige und Päpste gebracht hätten, wäre er nicht von den Brüdern immer selbst getrunken worden.

Der Pater, der für Küche und Keller die Verantwortung trug, war ein Meister seines Fachs, und da gute Verpflegung nicht nur den Körper gesund, sondern auch die Seele fröhlich erhält, war dem Konvent nichts so fremd wie Mißmut und schlechte Laune.

Aber die Sitten waren dabei ein bißchen locker geworden. Der heilige Benedikt, der vor über 600 Jahren die Regeln aufgeschrieben hatte, denen auch das Kloster St. Stephan unterworfen war, hätte sicherlich manchmal die Stirn gerunzelt. Daß es andererseits nicht gar zu schlimm wurde, dafür sorgte schon das leuchtende Vorbild, mit dem wohl jede

Gemeinschaft leben muß. Im Fall St. Stephans war das der Pater Benedikt, der die Vorschriften seines Namenspatrons noch viel genauer nahm, als der sie gemeint hatte.

Wie viele leuchtende Vorbilder erwartete er den eigenen Eifer auch von den anderen und wurde nicht müde, sie entsprechend zu ermahnen.

Besonders einen gab es, den er sich zu bessern vorgenommen hatte, den armen Pater Kilian, und das kam nicht von ungefähr. Denn alles, was die Mönche von St. Stephan nicht so ganz genau nahmen, das nahm Kilian noch ein bißchen weniger genau.

Wenn also ein Mönch das freitägliche Fastengebot um, sagen wir, ein Hühnchen übertrat, so übertrat es Kilian um zwei. Wenn der Abt nach dem Vespergebet einen Becher Wein genehmigte und die anderen Mönche zwei tranken, so konnten es bei Kilian leicht vier werden und so weiter. Das konnte Pater Benedikt selbstverständlich nicht hinnehmen.

Das größte Donnerwetter aber setzte es, wenn Kilian beim Chorgebet einnickte.

Fünfmal im Lauf des Tages und einmal in der Nacht versammelten sich die Mönche nämlich in der Kirche und stimmten den eintönigen Chorgesang an – da konnte man zu leicht einschlafen, sogar dem ehrwürdigen Abt passierte es hin und wieder, Pater Benedikt natürlich nie, dem armen Kilian hingegen oft, und prompt traf ihn dann seines strengen Mitbruders Zorn.

„Wißt Ihr nicht, welch' furchtbare Strafen Euch drohen, wenn Ihr diese schwere Sünde der Mißachtung Gottes begeht?" hieß es oder: „Wißt Ihr nicht, was gar nicht weit von hier in einem Kloster geschehen ist? Christus selbst ist vom Kreuz herabgestiegen und hat den sündigen Schläfer mit fürchterlichen Ohrfeigen traktiert!"

Das Leben war also nicht gerade leicht für Kilian. Denn er war nun mal alles andere als ein Asket, und die Höllenstrafen, die ihm dauernd angedroht wurden, führten höchstens dazu, daß er, von Sorgen erfüllt, noch mehr aß und trank, und, weil ihm die Seelennot nachts den Schlaf raubte, in der Kirche nur um so öfter einnickte.

Häufig wünschte er deshalb seinen Mitbruder dorthin, wo der Pfeffer wächst, und mancher andere tat das auch; das war kein frommer Wunsch, aber menschlich.

Und dann war wieder einmal die Fastenzeit gekommen, zusammen mit einem wunderbar milden Vorfrühling. Die Gemeinschaft der Mönche von St. Stephan war froh gestimmt über das sonnige Wetter und das wiedererwachte Leben in der Natur, und alle hatten den festen Willen, die strengen Fastengebote nach besten Kräften einzuhalten. So versagten sie sich einen großen Teil ihrer festen Nahrung und nahmen statt dessen das schwere süße Bier zu sich, das in dieser Zeit im Kloster gebraut wurde.

Einer, der das besonders gern tat, war Pater Benedikt. Er trank es selbstverständlich nicht, weil es ihm köstlich schmeckte. Das tat es zwar, aber es deshalb eifrig zu genießen, hätte er sich niemals erlaubt, denn das wäre Völlerei gewesen. Nein, er trank es aus einem ganz anderen Grund: Das Bier wirkte bei ihm besonders nachhaltig, weil er so streng, strenger noch als die anderen Mönche, fastete. Deshalb fühlte er sich in der Zeit zwischen Aschermittwoch und Ostersamstag so beschwingt, so leicht, es schien ihm manchmal, als ob die Heiligen zu ihm redeten, und bisweilen, wenn er zwischen Träumen und Wachen betend in der Kirche kniete, glaubte er gar, Christus selbst spräche zu ihm.

In diesem Jahr hatte es ihm das Bier besonders angetan, er aß fast nichts und schwebte deshalb den ganzen Tag wie auf Wolken.

Die Osterwoche war gekommen. Am Gründonnerstag nach der Abendmesse versammelte der ehrwürdige Abt den Konvent im Kapitelsaal, um den Ablauf der Feierlichkeiten zu besprechen.

„Das Jahr hat besonders gut begonnen", sagte er, „und wir können voller Hoffnung und Zuversicht mit dem ersten Hahnenschrei am Sonntag die Fastenzeit beenden. Vorher aber treffen wir uns zur Ostervigil vor der Kirche; Euch, lieber Bruder Benedikt, habe ich für heuer ausersehen, das Exsultet zu singen."

„Wie Ihr befehlt, ehrwürdiger Vater Abt", erwiderte Benedikt abwesend und fuhr dann fort, sich in Gedanken mit dem heiligen Antonius zu unterhalten.

Den Karfreitag verbrachten die Mönche mit Fasten und Beten. Am Samstag gingen sie früher als sonst zu Bett, denn die Nacht würde nur kurz sein.

Als die Glocke zur Vigil rief, krochen alle bereitwillig und halbwegs ausgeruht aus dem hölzernen Verschlag, der jedem von ihnen im Dormitorium als privater Bereich zugestanden war.

Bald hatte jeder seine Kutte angezogen und war hinab durch den Kapitelsaal und den Kreuzgang vor die Kirche gelaufen.

Dann stand der ganze Konvent vor dem hellodernden Osterfeuer, das der Abt geweiht hatte, und wartete darauf, daß der jüngste Novize die mächtige Osterkerze anzündete.

Auch Kilian schaute andächtig in die leuchtende Flamme und genoß die Wärme, die von ihr ausging. Sein Herz war voller Freude, und nicht nur, weil die Fastenzeit zu Ende ging, sondern weil ihn das Fest der Auferstehung mit Zuversicht erfüllte. Es würde herrlich sein, das Exsultet zu hören – zwar war ihm Pater Benedikt von Herzen zuwider, aber er hatte eine prächtige Stimme. Doch – wo war er? Mußte er nicht in der ersten Reihe stehen?

Plötzlich fielen Kilian die feuchtglänzenden Augen ein, der abwesende Blick und das süße Bier ...

„Der sitzt irgendwo und schläft den Schlaf des Selbstgerechten", dachte er, und einen Moment lang war da ein kleiner Teufel, der ihm zuflüsterte: „Laß ihn nur sitzen! Das geschieht ihm ganz recht!"

Aber Kilian hörte einfach nicht auf ihn, trat verstohlen in den Schatten zurück und schlich durch die Dunkelheit davon.

Überall suchte er nach Pater Benedikt. An seinem Platz im Dormitorium, im Scriptorium, in der Bibliothek und im Infirmarium, sogar in die Latrine leuchtete er hinein. Aber nirgendwo fand er ihn.

Erst als er in die Kirche ging, meinte er durch den Gesang, die Gebete und das Knacken des Feuers vor dem geschlossenen Portal ein leises Röcheln zu hören. Er ging dem Geräusch nach, bis die winzige Flamme seines Lichtleins die Gestalt erfaßte, die da verborgen von einer dicken Säule auf einer der hölzernen Bänke zusammengesunken saß und deren weitgeöffnetem Mund ein gewaltiger Bierdunst entströmte – Pater Benedikt.

Kilian schüttelte ihn kräftig, schimpfte und redete auf ihn ein, aber bis auf ein unwilliges Gurgeln war von dem bierseligen Schläfer nichts zu hören. Was war da zu tun?

Kilian verweilte noch einige Augenblicke regungslos neben ihm, dann wandte er sich zum Altar des Gekreuzigten, den er in der Dunkelheit mehr ahnte als sah.

„Steige nicht herab und strafe ihn, o Herr", flüsterte er, „sondern habe Nachsicht mit ihm, so wie du Nachsicht mit uns hast!"

Dann eilte er durch die Sakristei aus der Kirche und gesellte sich zu den anderen, und genau im rechten Moment stimmte er mit kräftiger Stimme das Exsultet an.

Nach einiger Zeit öffnete sich langsam das Portal, und ein sehr verlegener Benedikt trat heraus zu seinen Brüdern. Der schallende Gesang Kilians hatte ihn schließlich doch geweckt. Sein Kopf brummte, und sein Gewissen regte sich heftig, hatte er doch schwere Verfehlungen begangen: seine Pflichten verletzt und im Haus des Herrn geschlafen!

Er erwartete Vorwürfe, zornige Mienen, gar beißenden Spott, aber er sah nur freundliche Blicke, in denen sich der Glanz des österlichen Feuers spiegelte, und in den Augen Kilians las er etwas, das soviel heißen mochte wie: „Sind wir nicht alle nur Menschen?" Da schämte er sich erst recht, denn nun erkannte er seine eigentliche Sünde.

Aber bald wurde er angesteckt von der Fröhlichkeit der anderen, und dann zogen sie in die Kirche ein und feierten zusammen das Osterfest.

Konvent: die Klostergemeinschaft. *Kapitelsaal:* Versammlungsraum. *Ostervigil:* Gebetsversammlung in der Osternacht. *Exsultet:* Zu Beginn der Osternachtsfeier wurde ein Lobpreis gesungen. *Vigil:* nächtliche Gebetsversammlung. *Dormitorium:* Schlafsaal. *Scriptorium:* Schreibstube. *Infirmarium:* Krankenzimmer.

---

51. Schwester Annas Frage***

Hildegard von Bingen (1098–1179), die Äbtissin des Klosters Rupertsberg, war eine bedeutende Denkerin, Kirchenpolitikerin und Heilpraktikerin. Ihre Schriften zur Heilkunde werden bis heute gelesen.
Vorlesezeit: 9 Minuten

Ehrwürdige Mutter, die Schmerzen sind so groß, ich ertrage sie nicht mehr!"
Die Kranke, die in dem breiten Bett im Infirmarium lag, weinte leise. Tränen liefen über das eingefallene Gesicht, das wie das Gesicht einer alten Frau war, obwohl die Patientin noch keine dreißig Jahre zählte.
Hildegard von Bingen, Äbtissin des Klosters Rupertsberg, senkte den Kopf. Sie griff behutsam nach der blassen, fast durchsichtigen Hand, die die Kranke ihr hilfesuchend entgegenstreckte, und streichelte sie.
„Versuch es, Anna. Denn das Leidenmüssen, das kannst du nicht ändern. Vollkommen und frei von Leid war der Mensch nur im Paradies. Seit dem Sündenfall ist er hinfällig und schwach geworden, er hat den besten Teil seiner Lebenskraft verloren!" „Aber warum ... warum ..." Die Kranke stöhnte und bäumte sich auf. „Warum ... läßt ... Gott zu, ... daß ich ... solche Schmerzen ... habe? Was ... habe ... ich ... denn ... Böses getan?"
„Sind deine Qualen so groß, Anna? Warte, ich will versuchen, sie zu lindern!"
Hildegard ging mit raschen Schritten aus dem Zimmer und kam gleich darauf mit einer Flasche und einem Becher zurück.

„Hier, trink das in langsamen Schlucken", sagte sie und füllte den Becher.
„Es ist sehr stark und wird dir eine Zeitlang helfen."
Die Äbtissin stützte der Kranken den Kopf und flößte ihr vorsichtig den
Trank ein. „Bald wirst du schlafen."
Hildegard blickte mitfühlend in das schmale Gesicht ihrer Mitschwester.
„Warum du so leidest, fragst du? Wie Gott das zulassen kann? Stell dir
vor, du wärst immer glücklich, immer ohne Kummer und ohne Not.
Deine Tage würden dahinschwinden wie das Wasser einer Lache in der
Sonne. Du würdest gar nicht merken, daß du lebst. Deshalb läßt Gott zu,
daß du leidest."
Sie strich der Kranken, die unter der Wirkung des Tranks schon ruhiger
atmete, sanft über die Stirn.
„Wie oft bin ich von schweren Krankheiten niedergeworfen worden, wie
oft war ich so erschöpft, daß ich kaum auf den Beinen stehen konnte,
wie oft hatte ich solche Schmerzen, daß ich glaubte, ich müsse sterben.
Aber weißt du, Anna, so habe ich immer gespürt, daß ich lebe."
Die Kranke schüttelte kaum merkbar den Kopf. „Was ich spüre, das ist
nicht das Leben", flüsterte sie. „Ich spüre nur noch den Tod."
Langsam schlossen sich ihre Augen, und sie fiel in einen Schlaf, der für
kurze Zeit stärker war als der Schmerz.
Hildegard sah traurig auf sie herab. Sie konnte Anna nicht mehr heilen.
Die große Geschwulst unter ihrer linken Brust war größer und größer
geworden, kein Mittel hatte dagegen helfen wollen.
Die Schriften der großen Ärzte, die Hildegard für die Bibliothek des
Klosters hatte kopieren lassen, wußten zwar allerlei über die Wurzeln und
den Verlauf der Krankheit zu berichten; was man dagegen tun konnte,
verschwiegen sie.
„Ein um sich fressendes Geschwür", ein „Krebs" wurde die Krankheit
genannt; ein Arzt schrieb über sie, was wohl auch alle anderen hätten
schreiben können: „Ich selbst habe niemals jemanden geheilt, der vom
Krebs befallen war."
Wie die gelehrten Mediziner glaubte auch Hildegard, daß das Leiden
durch vergiftete Körpersäfte hervorgerufen würde. Also hatte sie Anna
immer wieder zur Ader gelassen, um alles Schädliche aus ihrem Blut zu
entfernen – nichts war dadurch besser geworden.
Sie hatte genauestens auf eine ausgewogene Ernährung geachtet, um die
Bildung gesunder Säfte anzuregen – vergebens.
Sie hatte Kuren gemacht mit einer Salbe aus Veilchensaft, Olivenöl und
Talg, die sonst bei Geschwüren hervorragend wirkte – bei Anna schien
sie alles nur noch zu verschlimmern.

Jetzt war Hildegard am Ende ihrer Kunst. Sie konnte nur noch beten, daß Gott ihrer Schwester einen baldigen Tod schenkte, und ihr bis dahin die Schmerzen lindern.

Sie warf einen letzten Blick auf die Kranke und verließ dann leise das Zimmer.

In der Kirche, die um diese Zeit leer und still war, setzte sie sich in eine Bank und ließ gedankenverloren den Blick durch den weiten Raum wandern.

Vor vielen Jahren, in der Zeit, in der sie ihre Profeß abgelegt hatte, hatte sie sich oft gefragt, wie das möglich sei, daß der Mensch so leiden müsse. War denn Gott nicht ein gütiger Gott? War nicht Christus der Erlöser von allem Leiden? Für sich selbst hatte sie allmählich die Antworten gefunden, in den Wochen und Monaten, in denen sie selbst von Krankheiten gequält wurde, durch die Visionen und Offenbarungen, die ihr seit ihrer Kindheit zuteil geworden waren.

Das Leiden gab es nicht auf Veranlassung Gottes. Das Leiden lag im Menschen selbst begründet, der durch seinen Sündenfall unvollkommen geworden war. Er war von Natur aus krank. Aber es gab einen Weg aus dieser Not, Christus war der große Arzt, der Leiden und Tod besiegen konnte. Man mußte sich ihm nur ganz ergeben.

Mit dieser Überzeugung hatte Hildegard ihr Leben lang Schmerzen und Krankheit geduldig ertragen.

Aber sie wußte, daß die Festigkeit im Glauben nicht leicht zu erringen war, und sie wußte, daß die Not des Alltags oft auch ganz praktischer Hilfe bedurfte.

So hatte sie sich seit vielen Jahren der Kranken angenommen, ihr medizinisches Wissen erweitert und ein großes Werk verfaßt über die Ursachen, die Erscheinungsformen und die Behandlungsmöglichkeiten der Krankheiten.

Vielen Leidenden hatte sie helfen können, oft aber hatte sie auch versagt. Und eines machte ihr dabei besonderen Kummer: Sie hatte geforscht, gedacht und gebetet, sie hatte mit Päpsten, Bischöfen, gelehrten Mönchen und Nonnen korrespondiert, sie hatte sogar ein Buch über die Wege zu Gott geschrieben; aber wenn ein todkranker Mensch wie Schwester Anna fragte: „Warum muß ich so leiden?" so wußte sie zwar eine Antwort darauf, aber sie vermochte weder zu trösten noch zu überzeugen.

Hoch oben im Turm begann die Glocke zu läuten.

Äbtissin Hildegard schreckte aus ihren Gedanken auf. Gleich würden die Schwestern zum Chorgebet in die Kirche strömen. Die Stunde, die nun folgte, gehörte Gott und nicht den Menschen.

Zwei Tage darauf war die Todesstunde Schwester Annas gekommen.
Alle Mitschwestern hatten sich im Zimmer versammelt, am Bett saßen
der Beichtvater und Hildegard.
Die Kranke schien immer noch große Schmerzen zu haben, denn sie war
unruhig, atmete hastig, und ihre Stirn war schweißbedeckt.
Plötzlich öffnete sie die Augen und sah Hildegard an. Sie schien zu fragen:
„Ich habe es noch nicht begriffen. Warum muß ich so leiden?"
Keinen Ton gab die Kranke von sich, doch Hildegard verstand die Frage
so genau, als ob sie Annas Gedanken lesen könnte. Sie erwiderte den
Blick und legte all ihre Überzeugungskraft in das, was sie dachte: „Hab
Vertrauen, mit Christus wirst du Leid und Tod besiegen!"
Aber bevor sich die Augen der Sterbenden schlossen, erkannte Hildegard,
daß sie ihr nicht glaubte.

Infirmarium: Krankenzimmer. *Profeß ablegen*: die Ordensgelübde ablegen.

---

52. Huhn im Topf**

Vom 11. Jahrhundert an nahm in Mitteleuropa die Bevölkerung rasch zu. Das
hatte zur Folge, daß für die Hufenbauern der Boden knapp und die Abgabenlast
drückend wurde. Viele Familien machten sich deshalb auf, um im dünnbesiedelten
Osten ihr Glück zu suchen
Vorlesezeit: 11 Minuten

L aut gackernd rannte das Huhn davon und flatterte ungeschickt über
den niedrigen Hofzaun.
Meinhard schüttelte drohend die Faust und schrie: „Warte, du Miststück,
ich erwisch' dich schon noch!"
„Was ist eigentlich los?" Hiltrut trat aus der Tür des niedrigen Hauses
und sah ihren Mann erstaunt an, der mit der Faust in der Luft herumfuchtelte, obwohl doch weit und breit kein Mensch zu sehen war.
Statt einer Antwort stieß Meinhard einen so langen und gräßlichen Fluch
aus, daß Hiltrut sich entsetzt bekreuzigte und murmelte: „Heilige Mutter
Gottes, bitte für das Heil seiner Seele, er meint es nicht so!"
„Was ist eigentlich los?" fragte sie dann zum zweiten Mal.

„Frag nicht so dumm!" fuhr Meinhard sie an. „Was ist los, was ist los' –
es ist immer dasselbe, und du weißt es so gut wie ich!"
Hiltrut nickte stumm. Natürlich wußte sie es. Acht Menschen mußte die
Hofstelle ernähren, die im letzten Jahr ebenso wie alle anderen verklei-
nert worden war, weil es in der Grundherrschaft immer mehr hörige
Bauern gab, die mit Land versorgt werden mußten. Seitdem reichte es
hinten und vorne nicht mehr. Die magere Ernte hatte die Situation noch
verschlimmert. O ja, Hiltrut verstand sehr gut, daß ihrem Mann zum
Fluchen zumute war. Wenn man mittags oft davon satt werden mußte,
daß man vom Abendessen träumte, dann versuchte man leicht, das
Magenknurren mit Flüchen zu übertönen.
„Aber wem drohst du mit der Faust?" fragte sie. „Dem Grundherrn
vielleicht? Das wird ihn kaum dazu bringen, dir einen Teil der Abgaben
zu erlassen."
„Dem Grundherrn drohen?" brummte Meinhard. „Das wäre was! Der
ist so wohlgenährt, daß er einen Hungerleider wie mich mit einem
einzigen Faustschlag erledigen würde. Nein, dem verdammten Vogel, der
braunen Henne hab ich gedroht."
Trotz ihrer Sorgen mußte Hiltrut lachen. „Was hat dir denn das arme
Huhn getan?"
„Das kann ich dir sagen!" erwiderte Meinhard und geriet schon wieder
in Wut. „Seit einer Woche hat die verfluchte Krähe ihre Eier vor mir
versteckt, und ich finde sie einfach nicht! Wie soll ich dem Herrn da den
Eierzins liefern?"
Nein, es war eigentlich nicht zum Lachen, zumal Meinhard kurz vor
einem gewaltigen Wutanfall war. Aber sollte man sich auch noch über
eine Henne grämen, die dem Grundherrn ihre Eier nicht geben wollte?
„Beruhige dich", sagte sie deshalb nur sanft, „ich helfe dir suchen." Und
seufzend fügte sie hinzu: „Ich würde sie sicher viel schneller finden, wenn
wir sie selber essen dürften!"
Meinhard wollte gerade etwas erwidern, als plötzlich dumpfer Hufschlag
zu hören war. Aus dem Waldstück, das ihre Hufe begrenzte, trabte ein
Reiter gemächlich auf das Haus zu.
„Was der wohl will?" fragte Meinhard mißtrauisch.
„Sehr kriegerisch sieht er nicht aus!" meinte Hiltrut.
„Warten wir's ab!"
Bald war der Fremde bei ihnen angelangt, und sie konnten sehen, daß
sein Pferd ein schöner, kräftiger Brauner war und er selbst einfache, aber
gute Kleidung trug. Er grüßte sehr höflich, lächelte den Kindern zu, die
neugierig nach draußen geeilt waren, und stieg von seinem Reittier.

„Bring einen Becher Bier und ein Stück Brot!" befahl Hiltrut Roswitha, der ältesten Tochter.

„Nur Bier, Mädchen", bat der Fremde, „alles andere habe ich bei mir." Er holte Brot, Zwiebeln, Käse und zuletzt ein großes Stück Schinken aus seiner Satteltasche und legte alles auf die Bank vor dem Haus.

Die Kinder kriegten große Augen.

„Wer will, ißt mit!" sagte der Fremde, und das mußte er nicht zweimal sagen.

Nachdem Meinhard eine Zeitlang andächtig und genußvoll gekaut hatte, sah er den Gast prüfend an. „Euer Schinken ist gut", meinte er dann, „aber Ihr seid nicht gekommen, um uns das zu beweisen."

Der Fremde schüttelte den Kopf. „Nein, deshalb bin ich nicht gekommen."

„Also, wer seid Ihr, und was wollt Ihr von uns?"

„Ich heiße Gernot, bin Lokator des Herrn der Mark Lausitz und bin gekommen, um dich zu fragen, ob du bei ihm Bauer werden willst."

Meinhard starrte den Fremden verwundert an. „Ich begreife Euch nicht."

„Wie solltest du auch", nickte Gernot. „Ich werde es dir erklären. Weit von hier, Richtung Sonnenaufgang, vielleicht dreißig, vierzig Tagereisen von eurer Hofstatt entfernt, liegt die Mark Lausitz. Dort gibt es fruchtbares Land, aber zu wenig Menschen, die es bebauen. Deshalb hat mein Herr mich nach Westen geschickt. Ich soll Leute wie dich und deine Familie finden, die bereit sind, mir in die Mark Lausitz zu folgen."

Bevor Meinhard etwas entgegnen konnte, rief Heribert, sein ältester Sohn, vorlaut dazwischen: „Wenn es dort jeden Tag Schinken gibt, gehen wir mit!"

Meinhard wollte ihm über den Mund fahren, aber der Lokator winkte ab. „Laß nur. Der Junge hat ja recht. Natürlich müssen sich für euch der weite Weg und die Mühen, die ihr auf euch nehmt, lohnen. Hört also, was euch mein Herr zu bieten hat! Ihr werdet ein Stück Land erhalten, das mindestens doppelt so groß sein wird wie dieses hier und euch alle leicht ernähren kann. Über dieses Land dürft ihr nach Belieben verfügen, ihr dürft es an eure Kinder und Kindeskinder vererben, ja, es sogar verkaufen. Zehn Jahre lang ist der Boden, den ihr bekommt, von allen Abgaben und Diensten frei, und auch danach werdet ihr die Belastung kaum spüren. Bedingung ist, daß ihr das Land urbar macht und wenigstens zehn Jahre dort ansässig seid. Na, was sagst du dazu?"

Meinhard überlegte lange. So lange, bis Hiltrut ungeduldig wurde und ihn aufforderte: „Nun sag doch schon was, Meinhard! Dies Land hier reicht doch kaum noch, alle Mäuler zu stopfen, und die Abgaben sind drückend!"

Aber Meinhard schwieg immer noch. Endlich sagte er verdrießlich: „Frau, du redest dummes Zeug. Du weißt genau, daß wir hörige Bauern sind, an dieses Stück Land gebunden, ob es uns paßt oder nicht."

Das stimmte. Einen Augenblick lang hatte sie gehofft ...

„Wenn das das einzige ist, was euch abhält, daran muß es nicht scheitern", erklärte da der Lokator. „Es gibt hier kaum einen Grundherrn, der nicht mehr Hörige hätte, als sein Land verkraften kann. Mit eurem Herrn hab ich bereits gesprochen. Ihr dürft gehen und außerdem ein Stück Rindvieh, zwei Schweine, Kleinvieh, Kleidung und Geräte mitnehmen ..."

„Das Land verlassen?" Es war, als ob Meinhard jetzt erst begriff, was da plötzlich auf ihn zukam. Er sah nachdenklich auf den Wald, der sich seit seiner Kinderzeit kaum verändert hatte, auf die anderen Hofstellen, auf die kleine Kirche mit den dicken Mauern, auf die abgeernteten Felder, die im beginnenden Abendrot schimmerten; war es so einfach, das alles zu verlassen?

„Wir sind hier zu Hause ..." begann er, aber sofort fiel ihm Hiltrut ins Wort: „... und haben hier gehungert!"

Meinhard nickte. „Auch das ist richtig. Aber trotzdem ..."

Noch einmal meldete sich Gernot zu Wort. „Es wird nicht einfach sein", sagte er, „es werden Jahre schwerer Arbeit vor euch liegen, schwererer Arbeit noch als hier. Doch es wird euer Land sein, das ihr bebaut, und es wird euch die Arbeit, die ihr hineinsteckt, reichlich vergelten."

„Aber die Menschen, die dort schon leben? Was sind das für Leute? Werden sie uns nicht feindlich gesonnen sein?"

Der Lokator lächelte. „Es sind Fremde für euch, das ist wahr. Sie haben eine andere Sprache und andere Gewohnheiten. Aber ansonsten sind die Menschen wie ihr auch, nicht dümmer, nicht klüger, nicht besser, nicht schlechter. Ob sie Feinde oder Freunde werden, hängt davon ab, wir ihr ihnen begegnet."

Hiltrut merkte, daß Meinhards Widerstand geringer wurde, daß die Vorstellung, neu anfangen zu können, ihn zu fesseln begann. Sie drängte ihn nicht, sondern entkräftete seine Bedenken Stück für Stück, und wenn sie nicht weiterwußte, half ihr der Lokator. Endlich sagte Meinhard: „Roswitha, hol noch Bier! Wir gehen in die Mark Lausitz!" Die Kinder jubelten, und auch Hiltrut strahlte.

Meinhard aber sprang plötzlich auf, rannte davon, als ob ein Hornissenschwarm ihn verfolgte, und verschwand hinter dem Haus.

„Was hat er?" fragte Hiltrut besorgt, aber dann glättete sich ihre Miene.

„Ich kann es mir denken!"
Gleich darauf war entsetztes Gegacker zu hören, und Meinhard kam
wieder zum Vorschein. „Ich habe sie!" rief er triumphierend. Mit einer
Hand hatte er die Henne gepackt, in der anderen hielt er drei Eier.
„Die sind für Euch", sagte er und legte sie vorsichtig vor Gernot hin.
„Und wißt Ihr auch, warum? Weil ich dank Euch diesem verdammten
Vogel endlich den Hals umdrehen kann!"
Und so endete die arme braune Henne zur selben Stunde im Topf über
der Feuerstelle.

Lokator: ein Beauftragter des Grundherrn, der den Bauern das Siedlungsland
zuteilte.

---

53. Der Burgherr mit dem weiten Herzen*

Das Leben auf der Burg war im allgemeinen nicht besonders komfortabel; und
je abgelegener die Burg war, um so seltener verirrten sich Besucher zu ihr, die
ein paar Neuigkeiten mitbrachten.
Vorlesezeit: 12 Minuten

Zwei Reiter trabten über die weite Ebene. Ein eisiger Novemberwind
wehte, und sie froren erbärmlich, denn ihre Mäntel waren dünn und
von schlechtem Stoff. Endlich sahen sie aus Nebel und Dämmerung den
Burgberg aufragen und hielten darauf zu. Am Fuß des Berges sprangen
sie von ihren müden Gäulen und führten die Tiere am Zügel den steinigen,
gewundenen Pfad hinauf.
„Bei allen Teufeln, Heinrich", stöhnte der eine, „zu welchem gottverlas-
senen Gemäuer hast du uns heute wieder geführt? Ich wette mit dir um
einen großen Topf Honig, daß wir nichts zu essen und zu trinken kriegen
als ein Stück von einer zähen alten Hirschkuh, das schon zu riechen
angefangen hat, altbackenes Gerstenbrot und einen armseligen Krug
saures Bier. Und schlafen werden wir auf dem Stroh, das die Bewohner
nicht in ihren Köpfen haben."
„Da wette ich nicht", entgegnete der andere verdrießlich, „denn du hast
bestimmt recht. Aber was sollen wir machen? Die Höfe, in denen Milch
und Honig fließen, sind dünn gesät. Und beim Bischof von Würzburg,

wo es hier in der Gegend am üppigsten zugeht, braucht sich in nächster Zeit kein fahrender Sänger sehen zu lassen."

„Das ist wahr", brummte der erste. „Aber was können wir dafür, wenn irgendein Ritter sein Maul zu weit aufreißt und sich mit der heiligen Mutter Kirche anlegt? Ist das ein Grund, uns ein anständiges Abendessen zu verweigern?"

„Der Bischof sieht das wohl anders", meinte Heinrich. „Seitdem Herr Walther von der Vogelweide den Papst öffentlich beleidigt und kritisiert hat, ist er für Lieder und Geschichten nicht mehr empfänglich. Dabei – was soll ein armer Sänger, der halbwegs über den Winter kommen will, schon anderes tun als sich einem Herrn anzudienen! Wer aber für Kaiser Otto Partei ergreift, der muß auf den Papst schimpfen: Wes Brot ich ess', des Lied ich sing! Schau uns an! Wir wollen es immer allen recht machen, und was ist aus uns geworden? Zwei Hungerleider mit einer Drehleier und zwei Schindmähren, für die man jeden Morgen extra beten muß, damit sie einem nicht unter dem Hintern zusammenbrechen. Aber jetzt komm, Bernhard, sonst wird es völlig dunkel, bis wir die Burg erreichen, und wir werden überhaupt nicht mehr eingelassen."

Sie stapften weiter. Unterwegs holten sie einen Mann ein, der unter der Last einer riesigen Trage Holz bergauf keuchte.

„Na, dir wird wenigstens nicht kalt", spottete Bernhard, fügte aber gleich darauf gutmütig hinzu, indem er auf den Rücken des Pferdes deutete: „Lad ruhig ab, dein Brennholz. Mein Gaul ist zwar müde, aber nicht so müde wie du."

Dankbar machte der Mann von dem Angebot Gebrauch und wischte sich mit dem Handrücken den Schweiß von der Stirn.

„Vergelt's Gott", sagte er und musterte die Fremden, ihre abgetragenen Kleider, die derben Schuh, die schmucklosen Waffen, die schlechten Pferde.

„An Euren Schwertern sehe ich, daß Ihr keine armen Hintersassen seid wie ich", fuhr er fort. „Aber auf Rosen gebettet seid Ihr wohl auch nicht. Vielleicht fahrende Ritter, die für eine Mahlzeit und ein Nachtlager ein paar Lieder singen und Geschichten erzählen?"

„So ist es, mein Freund", antwortete Heinrich. „Vielleicht kannst du uns sagen, ob wir es gut oder schlecht antreffen, ich meine, was die Bewirtung betrifft?"

Der Hintersasse verzog das Gesicht. „Immerhin werden sie Euch sicher gern einlassen. Denn hierher kommt nur selten jemand, der ein paar Neuigkeiten und ein bißchen Unterhaltung bringt. Weil ich heute meinen Herrendienst geleistet habe", er deutete auf das Holzbündel,

„wird Euch wenigstens das Feuer nicht ausgehen. Aber sonst … Das hier ist eine kleine Herrschaft. Ein paar armselige Höfe so wie meiner, die bringen nicht viel ein. Dazu kommt noch, daß der Herr ein Geizhals ist. Und seine Wirtin, die gibt nur den Pfaffen gern."

„Schöne Aussichten", brummte Bernhard.

Inzwischen hatten sie den tiefen, wasserlosen Halsgraben überschritten und das Burgtor erreicht. Die schweren, eisenbeschlagenen Flügel standen noch offen. Ein bewaffneter Knecht erschien, eine brennende Fackel in der Hand.

„Bringst du endlich das Holz, Bertram?" rief er. Dann sah er die fremden Männer und fragte: „Wer seid Ihr?" und mit einem Blick auf die Drehleier: „Vielleicht fahrende Sänger?" Er wartete kaum die Antwort ab. „Ich melde Euch an. Bin sofort wieder da", sagte er und ging eilig davon.

„Wenigstens scheinen wir willkommen zu sein", meinte Heinrich. Die beiden Freunde halfen dem Bauern, das Holz abzuladen, und verabschiedeten sich dann von ihm.

„Ich wäre so gern geblieben und hätte Euch zugehört", seufzte er, „aber ich muß heim, dort warten sie auf mich."

„Mach dir nichts draus, mein Freund", tröstete ihn Bernhard, „du versäumst überhaupt nichts. Die Bauern sind überall genauso dürr wie du, und überall tragen sie für ihre Herren schwere Lasten auf dem Buckel."

Gleich nachdem der Hintersasse gegangen war, kam der Knecht zurück. „Der Herr und die Herrin bitten Euch zu sich", sagte er und eilte ihnen mit erhobener Fackel voraus.

Schließlich führte er sie über eine Freitreppe zum oberen Geschoß des Herrenhauses. Dann traten sie in den Saal. An der großen Tafel in der Mitte des Raumes saß eine Handvoll Menschen und blickte ihnen erwartungsvoll entgegen: der Burgherr, seine Frau, ihre vier Söhne und zwei Töchter und ein paar Knechte.

„Was für eine riesige Zuhörerschaft", murmelte Heinrich und sah sich um. Nein, eine erlesene Speisenfolge war hier nicht zu erwarten. Der Saal wurde notdürftig erhellt durch etliche Leinöllampen, die an langen Haken von den Wänden baumelten, und von Talglichtern, die auf der Tafel standen. An Möbeln gab es außer Tisch und Bänken und dem erhöhten Sitz des Hausherrn nur noch ein paar eisenbeschlagene Truhen; an den Wänden hingen allerlei Waffen und Gerätschaften. Vor der großen Feuerstelle, dort, wo der Burgherr thronte, lagen ein paar Felle auf dem Boden.

Das war alles. Trotz des prasselnden Feuers war es lausig kalt, und am ständigen Flackern der Lampen merkte Heinrich, daß die kleinen Bogenfenster keine Verglasung hatten.

„Seid willkommen, Ihr Herren!" Der Burgherr erhob sich und trat ihnen entgegen. Er war ziemlich groß und hager und schaute seine Gäste mit einer Mischung aus Neugier und Argwohn an. Er winkte, und ein Mädchen brachte einen Krug.

„Laßt Euch den Begrüßungstrunk schmecken", fuhr er fort, indem er Heinrich den Krug reichte, „Ihr müßt mit Bier vorlieb nehmen; meine Hausfrau hat ein zu weites Herz: Sie hat den ganzen Wein dem Kloster geschenkt."

Die beiden Freunde warfen sich einen vielsagenden Blick zu. Nachdem sie jeder einen langen Zug genommen hatten, sagte Bernhard höflich: „Euer Bier ist ausgezeichnet, Herr, und wo wäre Euer Wein besser aufgehoben als bei denen, die Gott dienen!"

„Ihr werdet schon gegessen haben ...", begann der Hausherr zögernd, aber Bernhard unterbrach ihn schnell. „Nein, nein, Herr, denkt Euch, unterwegs trafen wir eine Gruppe von armen Pilgern, denen hat mein Freund alles gegeben, was wir hatten. Auch er hat ein zu weites Herz ..."

„Nun ja", seufzte der Burgherr, „setzt Euch beim Feuer nieder, Ihr seid ja ganz verfroren. Man wird Euch etwas bringen."

Die beiden schritten durch den Saal und setzten sich, nachdem sie sich vor der Hausherrin artig verbeugt hatten.

Gleich darauf wurde ein Teller mit kaltem Fleisch und Brot vor sie hingestellt, und sie konnten ihren ärgsten Hunger stillen, ohne daß sie jemand störte.

Aber kaum hatten sie den letzten Bissen des kargen Abendessens hinuntergeschluckt, erschien der Knecht, der sie hergeleitet hatte, und brachte die Drehleier.

„Ja, laßt uns etwas hören!" rief die Burgherrin. Die Gäste gehorchten, nachdem sie sich abermals vor ihr verneigt hatten.

Heinrich stimmte die Drehleier an und sang ein Minnelied: „O edle Herrin, willst du mich erretten...", begann er, und als er zu der Stelle mit dem Rosenmund und den Lilienarmen kam, trat er seinem Freund fest auf die Zehen, denn es schien ihm, als ob der gleich laut herausplatzen wollte.

Er sang noch ein zweites und drittes Lied; danach erzählte Bernhard ein Abenteuer von Iwein, dem Ritter mit dem Löwen.

Die Zuhörer waren sichtlich angetan, und nach einigen Andeutungen Bernhards wurde sogar ein zweiter Krug Bier herangeschafft.

Und dann begann ein endloses Fragen. Seit wann es den Streit zwischen dem Kaiser Otto und dem Papst gebe. Welche Fürsten auf wessen Seite stünden. Ob Friedrich von Staufen schon aus Sizilien gekommen sei. Was die Damen an den großen Höfen jetzt für Hüte trügen. Wo große Turniere stattgefunden hätten und wer sie gewonnen habe... Heinrich und Bernhard antworteten bereitwillig, so gut sie es wußten, und was sie nicht wußten, das erfanden sie gut. Bis in die Nacht hinein.

Sie fanden beide, daß sie sich wacker geschlagen hätten, und erwarteten ein bequemes Nachtlager und die freundliche Aufforderung, doch eine Woche, wenigstens, als Gäste auf der Burg zu bleiben.

Aber nichts davon. Zum Schlafen wurde ihnen der Pferdestall angewiesen, und als sie am nächsten Morgen mit dem ersten Hahnenschrei aufstanden, machte auch niemand Anstalten, ihnen wenigstens ein bißchen Verpflegung mitzugeben, von zwei Lammfellen oder so, gegen die Kälte, ganz zu schweigen.

So ritten die Freunde bald nach Tagesanbruch schlecht gelaunt und hungrig zum Tor hinaus.

„Der Sänger hat gesungen, der Sänger kann gehen", schimpfte Heinrich erbittert. „Sie haben alles bekommen, was sie wollten, aber Dankbarkeit kennen diese schäbigen Bauernfünfer nicht. Kein Wunder, daß kaum jemand hierherkommt. Im übrigen hättest du die Wette verloren. Es war keine alte Hirschkuh, sondern ein uralter Hammel!"

Bernhard antwortete nur mit einem Grunzen; er war den ganzen Morgen schon ungewöhnlich schweigsam gewesen.

Als sie aber den Burgberg hinter sich gelassen hatten und gemächlich in einen sonnigen Novembertag hineintrabten, da hielt Bernhard plötzlich sein Pferd an.

„Weißt du", sagte er und grinste, „dieser Burgherr ist gar nicht so geizig, wie es den Anschein hatte." Er griff unter seinen Mantel und zog ein fettes Huhn hervor.

„Er schickte mir dieses Huhn vorbei, als ich mich heute morgen auf den Weg zum Abort machte. Plötzlich hüpfte es gackernd vor meine Füße, und ich mußte ihm nur noch den Hals umdrehen."

„Was für ein guter Mensch!" rief Heinrich. „Gott segne ihn! Wie schmerzt es mich, daß er selbst jetzt darben muß! Aber er hat einfach ein zu weites Herz!"

Hintersasse: Bauer, der von einem Grundherrn abhängig war. *Bauernfünfer:* Ungehobelter Mensch.

54. Ein bischöfliches Gastmahl**

Luxuriös zu leben verstanden die Damen und Herren an den großen Höfen und Residenzen. Besonders die geistlichen Fürsten führten oft ein großes Haus und waren für die Qualität ihrer Küche berühmt.
Vorlesezeit: 10 Minuten

Hättest du dich nicht ein bißchen beeilen können?" Der Küchenmeister Herrn Albrechts von Hohenlohe, des Bischofs von Würzburg und Herzogs von Franken, wischte sich aufgeregt den Schweiß von der Stirn.

„Wieso kann es so lang dauern, ein Paar Pfund Kirschen, sechs Milchferkel und ein Dutzend Hühner zu besorgen? Gleich nach dem Vespergebet kommen die Gäste!"

„Schimpft nicht, Meister Heinrich, ich hab' so schnell gemacht, wie ich konnte." Atemlos hob Gerhard, einer der Gehilfen der bischöflichen Küche, den großen Leinenbeutel von der Schulter, in dem sich die Lebensmittel befanden.

„Erstklassige Ferkel zu bekommen ist in diesem heißen Sommer keine Kleinigkeit. Und Hühner sind immer noch Mangelware, seitdem der Kaiser einen Reichstag in Würzburg gehalten hat, mit 160 Fürsten und Herren und über tausend Rittern und Knechten."

Heinrich sah dem Jungen in das erhitzte Gesicht und war sofort versöhnt, denn er war, wie die meisten hervorragenden Köche, ein guter Mensch. „Ich weiß, ich weiß, mein Junge. Hier, stärk dich erst mal." Er schob ihm ein Stück saftigen Mandelkuchen hin. „Aber dann an die Arbeit! Du, Gerhard, stellst das Kupfergeschirr bereit, kümmerst dich um das Feuer und polierst das silberne Tafelgeschirr und die vergoldeten Servierplatten. Hildegard, du entsteinst die Kirschen, häutest die Mandeln und rupfst die Hühner! Aber wasch dir die Finger vorher! Kilian, du hilfst mir beim Abbrühen der Ferkel! Michael, kann ich Dir vertrauen? Wirst du allein mit dem Stockfisch fertig?"

„Selbstverständlich, Meister!"

„Aber versalz ihn nicht wieder! Weißt du, was mich der Herr nach deiner letzten Fischspeise gefragt hat? Ob ich ihn für einen Ochsen hielte, daß ich ihn an einem Salzstein lecken ließe!"

Michael, der älteste Gehilfe, der sich selbst für einen großen Koch hielt, war beleidigt. Aber Gerhard fragte neugierig: „Und was habt Ihr ihm geantwortet?"

„Was werde ich ihm geantwortet haben, naseweiser Junge? ‚Ihr seid das
Salz der Erde, spricht unser Herr Jesus', habe ich ihm geantwortet, ‚und
Ihr, Herr, seid das Salz des Frankenlandes. Verzeiht, wenn ich aus Ehr-
furcht vor Euch Eure Zunge beleidigt habe!'"
„Und der Herr? Was hat er darauf entgegnet?"
„Er hat gelacht und gesagt: ‚Mach keine Verrenkungen, Heinrich, ich
weiß ja, daß es auch in der besten Küche ein paar Trottel gibt!'"
Jetzt war Michael erst recht beleidigt, aber Heinrich schlug ihm auf die
Schulter und rief: „Verfluch mich, wenn die Arbeit getan ist! Wer hat
noch keine Aufgabe? Hedwig? Du putzt das Gemüse. Hinterher darfst
du den Wein mischen, aber nicht zuviel probieren, hörst du?"
Küchenmeister und Gehilfen, Knechte und Mägde machten sich eifrig
ans Werk. Drei Flammen brannten auf dem großen offenen Herd. Über
der ersten hing ein gewaltiger Kupferkessel, über der zweiten war ein
drehbarer Spieß angebracht, und über der dritten stand auf einem Gestell
eine große eiserne Pfanne.
„Was wollt Ihr denn auftischen?" erkundigte sich Kilian.
„Was ich will, spielt heut keine Rolle. Der Herr hat hochgeborene Gäste
und hat die Speisen selbst bestimmt."
„Hohe Gäste?" fragte Hedwig neugierig. „Wer denn? Sind auch Damen
dabei? Darf ich sie sehen?"
„Viele Fragen auf einmal", lächelte der Küchenmeister, während er
geschickt Fleisch und Knochen aus einem der Ferkel löste.
‚Ja, es sind auch Damen dabei. Wir werden schon eine Möglichkeit
finden, daß du sie sehen kannst. Die Namen aller Gäste kenne ich nicht.
Der Abt des Klosters Michelsberg in Bamberg ist unter ihnen, er ist ein
alter Freund des Herrn. Der Graf von Henneberg und seine schöne
Gattin sind geladen; sie waren auf dem Reichstag dabei. Der Markgraf
und die Markgräfin von Meißen kommen auch. Sie sollen auf dem Weg
nach Retzbach sein, um von der Muttergottes die Erfüllung ihres
Kinderwunsches zu erbitten."
„Meine Güte, da ist doch bestimmt ein Riesengefolge dabei", sagte
Hildegard und tauchte ihre vom Kirschsaft rotgefärbten Hände in ein
Wasserbecken.
„Gott sei Dank nicht", erwiderte Heinrich. „Der Troß wird in der Stadt
abgefüttert, und nur ein paar ausgewählte Ritter dürfen an der Tafel
teilnehmen. Aber jetzt sperrt die Ohren auf, damit ihr über die Speisen-
folge Bescheid wißt."
Der Küchenmeister erklärte, während er das Ferkelfleisch, das er ausge-
löst und gehackt hatte, mit Eiern, Gewürzen und Weißbrotkrumen

vermischte: „Es gibt zunächst einen Brei aus Mandelmilch, Kirschen, Reis, Butterschmalz und weißem Zucker, sodann böhmische Küchlein mit Fleisch, Speck und Äpfeln gefüllt. Ein wunderbares Rezept, das mir der Koch des Grafen von Rieneck verraten hat. Dann gebratene Hühner, mit Safran, Nelken, Petersilie und Weichselmus in vier verschiedenen Farben gefärbt. Dann Stockfisch mit Pastinaken und Butter, gebratene Schweinsdärme und gefüllte Ferkel. Dann eine Leberpastete mit Honig-Essig-Sauce, dann Knoblaucheier mit Erbsen, gefüllte Gans mit Mus aus getrockneten Äpfeln, Käsekrapfen und schließlich süßen Hirsebrei mit Honig, Eiern und Mandeln. Dazu Würzburger und Randersackerer Wein mit Honig, Zimt und Nelken und gekühlte Mandelmilch. Also strengt euch an, damit alles rechtzeitig und heiß auf die Tafel kommt. Und laßt mir ja die Hände vom Zucker! Ich habe nur einen winzigen Vorrat davon, und er hat ein Vermögen gekostet!"

Sechs Stunden später trafen die Gäste im Hof der Marienburg ein. Vorneweg, nach den bewaffneten Knechten, die ihnen, wie es die höfische Sitte erforderte, vorausritten, trabten der Markgraf und die Markgräfin, auf zwei prächtigen Rappen, dahinter auf einem Grauschimmel der Abt aus Bamberg. Dann folgte der Graf von Henneberg mit seiner Frau in einem Wagen. Mein Gott, war die schön! Hedwig spähte durch einen Spalt in der Tür, die zum Felsenkeller führte. Die Gräfin trug einen leichten seidenen Mantel mit zwei goldenen, edelsteinbesetzten Spangen auf den Schultern. Scheinbar unabsichtlich ließ sie den Mantel immer wieder aufschwingen, so daß man ihr elegantes ärmelloses Kleid sehen konnte, das sich eng um ihren Oberkörper schmiegte und ihren Busen betonte.

Hinter dem Grafenpaar folgte die Schar der anderen Gäste von geringerem Rang. Diener halfen allen von den Pferden oder aus den Wagen, dann wurden sie vom Truchseß in den großen Festsaal geleitet. Dort stand der Bischof, prächtig herausgeputzt, und begrüßte jeden seiner Gäste persönlich, die erlauchtesten von ihnen mit einer Umarmung oder gar mit einem Kuß.

Als alle ihrem Rang entsprechend an einer Seite der langen Tafel Platz genommen hatten, die mit weißen Tüchern gedeckt und mit Blumen bestreut war, kam Meister Heinrichs große Stunde. Seine dienstbaren Geister trugen Schüssel auf Schüssel, Platte auf Platte und Krug auf Krug herbei.

Alles klappte wie am Schnürchen. Die Gefäße mit frischem Wasser zum Reinigen der Hände wurden ständig gewechselt, die Körbe mit den feinen weißen Semmeln wurden niemals leer, die Krüge mit kühler Mandelmilch waren immer zur Stelle.

Auf dem Höhepunkt des Mahles kam der Küchenmeister höchstpersönlich und trug eine riesige Platte hoch über dem Kopf. Darauf lagen appetitlich garniert die gefüllten Milchferkel.

Das Essen war so köstlich, daß die Musikanten und die Tänzer kaum beachtet wurden. Doch ihren Hunger durften sie trotzdem nicht stillen, und so sahen sie dauernd mit sehnsüchtigen Augen zu den Herrlichkeiten auf der Tafel und schluckten den Speichel, der ihnen immer wieder im Mund zusammenlief. Als endlich alle ihre Messer abgewischt, die Hände gewaschen und ihre Zufriedenheit durch kräftiges Aufstoßen bekundet hatten, ließ der Bischof seinen Küchenmeister rufen.

„Heinrich, du bist ein großer Meister deiner Kunst", sagte er und fügte lächelnd hinzu: „Sogar der Stockfisch war wunderbar. Meine Gäste beneiden mich um dich. Wie wäre es, wenn du all deine köstlichen Rezepte zu einem Buch zusammenstelltest? Ich schicke dir einen meiner Schreiber, und du diktierst ihm, was du für aufschreibenswert hältst."

„Das ist ein großartiger Einfall, Herr!" erwiderte Heinrich und strahlte. „Es soll geschehen, wie Ihr es befehlt. Und ich weiß auch schon, wie ich meine Sammlung nennen werde: ‚Ein Buch von guter Speise'!"

Vespergebet: Gebet am Nachmittag oder frühen Abend. *Weichselmus:* Kirschmus. *Pastinaken:* möhrenähnliches Gemüse. *Truchseß:* Hofbeamter, der für die Aufsicht über die fürstliche Tafel verantwortlich war, später Ehren- und Adelstitel.

---

55. Ein anrüchiges Ereignis*

Auch die Stadt im Mittelalter hatte schon ihre Umweltprobleme. Die Versorgung mit Frischwasser war oft schwierig und die Entsorgung des Abwassers noch schwieriger …
Vorlesezeit: 8 Minuten

Der Bader Eberhard, geschworener Meister seiner Zunft und Mitglied des Äußeren Rats der Stadt, war schwärzester Laune.

Eigentlich hatte er mit Martin, dem Lehrbuben, und Werner, dem Gesellen, heute früh den Brunnen im Hof saubermachen wollen.

Gott sei Dank, er gehörte zu den Glücklichen, die einen eigenen besaßen. Aus einem der öffentlichen Schöpfbrunnen hatten sie neulich zwei tote Katzen gefischt – wer weiß, wieviel Leute von dem vergifteten Wasser getrunken hatten – pfui Teufel!

Also, gerade hatten sie das Wasser abgeschöpft und mit dem Abkratzen der gemauerten Seitenwände begonnen, da war Gisela, seine Frau, herbeigestürzt, händeringend und lamentierend:

„Mann, komm her, schnell, das Privet läuft über!"

Eberhard hatte einen lästerlichen Fluch gemurmelt. Wieso konnte der verdammte Abtritt überlaufen? Naja ... er hatte ihn schon ziemlich lang nicht mehr leeren lassen, aber trotzdem.

Immer noch schimpfend, war er hinter seiner Frau hergelaufen in die Kammer mit dem hölzernen Sitz mit den beiden Löchern darin.

Jetzt sah er erst die ganze Bescherung – und roch sie! Puh, wie das stank!

Wie gesagt, der Bader Eberhard war schwärzester Laune.

„Schick den Martin, die Goldgrübler holen!" fauchte er seine Frau an.

Die Goldgrübler, das waren die öffentlich bestellten Männer, die so eine „Goldgrube" aushoben.

Mein Gott, was das kosten würde! Dazu kam noch eine ordentliche Buße, denn den Abtritt durfte man nur im Winter leeren, nicht aber an einem sonnigen Augusttag, wenn die Wärme die krankmachenden Dünste noch verstärkte.

Eberhard schüttelte sich. Es würde Wochen dauern, bis er den Gestank aus dem Haus und aus der Nase hätte!

Wo blieben nur die Goldgrübler? Wenn Martin es wagen sollte, beim Brückenwirt Pause zu machen ... na, der würde die ärgste Tracht Prügel seines Lebens kriegen!

Eberhard rannte nach draußen, steckte den Kopf zum Tor hinaus – nichts. Er rannte wieder hinein und stellte sich vor den Abort, ungeduldig von einem Bein aufs andere steigend und abwehrend die Hände ausgestreckt, als ob er aufhalten könnte, was da über den hölzernen Sitz schwappte.

Gott sei Dank, da kamen sie. Endlich!

Martin führte die beiden Männer mit den dicken Lederhandschuhen, die einen großen Bottich zwischen sich trugen, an den Ort des Geschehens.

„Wo warst du so lange, du pflichtvergessener Lümmel?" brüllte Eberhard den Lehrbuben an.

„Schnauzt mich doch nicht an!" erwiderte Martin frech. „Was kann ich dafür, wenn Euch der Dreck überquillt?"

„Es ist auch dein Dreck!" Eberhard brüllte nicht mehr, aber er langte hin, so kräftig, daß Martin heulend davonrannte.

Inzwischen hatten die Männer mit ihrer Arbeit begonnen. Sie schöpften mit Eimern den Unrat in den Bottich.

„Führt uns jetzt in den Keller", baten sie dann, „dahin, wo die Abflußröhre in die Grube mündet."

Im Keller durchstießen sie den Boden und machten sich daran, die Grube zu leeren. Sie schufteten bis zum späten Nachmittag, Hunderte von Bottichen karrten sie zum Fluß und schütteten den Inhalt hinein, und mit jedem Bottich wurde Eberhards Laune finsterer. Endlich meinten die beiden Goldgrübler: „Es fließt immer wieder Wasser nach. Bestimmt liegt ein alter Brunnen unter Eurer Grube."

„Ein Brunnen? Und was, zum Teufel, soll ich jetzt machen?"

„Es wird Euch nichts übrigbleiben, als Eure Grube ein Stück zu verlegen."

Da fiel Meister Eberhard nicht mal mehr ein Fluch ein.

Er entlohnte die Goldgrübler in der vorgeschriebenen Höhe. An ihren sauren Gesichtern merkte er, daß sie sich wohl ein zusätzliches Zechgeld erwartet hätten, aber das scherte ihn wenig. Bei den Kosten, die jetzt auf ihn zukamen.

Als die beiden gegangen waren, wollte er nur noch eins: raus aus dem Haus, um den entsetzlichen Geruch aus der Nase zu kriegen und den ganzen Ärger hinunterzuspülen.

„Macht hier noch ein bißchen sauber!" rief er seiner Frau zu, und weg war er.

Ein Höllentag! Alle Kunden hatte er vertrösten müssen, Bußgeld mußte er zahlen und die neue Grube natürlich, und wochenlang würde er morgens aufwachen und abends einschlafen mit dem lieblichen Duft des Privets. Ganz davon abgesehen, daß, bis zur Fertigstellung der neuen Grube, alle ihre Geschäfte hinten im Gemüsegarten verrichten mußten.

Mit neuerwachtem Zorn stürmte Meister Eberhard um die Ecke der Gerbergasse, an derem anderen Ende die Brückenschänke lag. Plötzlich öffnete sich über ihm ein Fensterladen, und – schwapp! – ein Strom schmutziger Brühe ergoß sich über ihn.

Fassungslos starrte er nach oben und sah gerade noch einen haubenbekrönten Kopf, bevor sich der Laden wieder schloß.

„Dumme Gans!" schrie er. „Dämliches verschlafenes Weibsbild!" Aber einen geschlossenen Laden anzubrüllen verschafft wenig Genugtuung. So wischte sich Eberhard Gemüseschalen, Hirsekörner und ein paar Knochenstückchen vom Gewand und stapfte weiter.

Bei Gott, der würde er es geben! Wußte sie nicht, daß sie ihren Abfall im Garten beseitigen mußte? Und wenn sie ihr Waschwasser schon auf die

Straße goß, dann hatte sie gefälligst die Abflußrinne zu benutzen. Aber einen angesehenen Bürger beschmutzt zu haben, das würde die Gute einiges kosten.

Bei dem Gedanken besserte sich Eberhards Stimmung. Er genehmigte sich ein paar Seidel beim Brückenwirt, und dann marschierte er zu seinem Freund, dem Tuchmacher Wolfram. Der war Schöffe am Stadtgericht ...

Eine Woche später hatte der Bader eine neue Grube, der alte Brunnen war sorgsam mit Steinplatten abgedeckt, und im Haus roch es wieder so, wie es in einem Haus zu riechen hat.

Als dann noch die Übeltäterin hinter dem Fensterladen wegen Verletzung eines Bürgers zu einer saftigen Buße verurteilt wurde, von der er die Hälfte einsteckte, da war für Meister Eberhard die Welt wieder in Ordnung.

Bader: Barbier, der auch als Wunderarzt tätig war. *Äußerer Rat:* erweiterter Rat einer Stadt, in dem außer Patriziern auch Handwerker und kleinere Kaufleute zugelassen waren. *Privet:* Plumpsklosett.

---

56. *Vor den Schranken des Gerichts*⋆⋆

Einen Indizienbeweis kannte das mittelalterliche Recht nicht. Deswegen waren Tat- und Leumundszeugen vor Gericht besonders wichtig. Wer schuldig gesprochen wurde, der mußte schreckliche Strafen erdulden.
Vorlesezeit: 10 Minuten

Das Haus war nicht mehr zu retten, das Feuer hatte sich in Balken und Fachwerk gefressen wie in dürres Reisig. Gott sei Dank war der Fluß in unmittelbarer Nähe; Männer und Frauen hatten eine lange Kette gebildet und Eimer um Eimer Wasser in die tobenden Flammen gegossen. So war es wenigstens gelungen, das Übergreifen des Feuers auf die Nachbaranwesen zu verhindern.

Erschöpft, schwitzend und mit rauchgeschwärzten Gesichtern starrten Johann Goldschmied und seine Frau Katharina in die schwelenden Trümmer, die einmal ihr stattliches Haus gewesen waren.

Vor kaum einer Stunde waren sie heimgekommen; sie hatten den hellen warmen Sommerabend genutzt, um nach ihrem Weingarten draußen vor der Stadt zu sehen, und sich auf dem Rückweg beim Brückenwirt noch eine Maß Bier geholt, als ihnen ihr Nachbar Peter Schwarz schreiend und winkend entgegenstolperte: „Euer Haus brennt!" Beim Kampf gegen die Flammen waren sie kaum zur Besinnung gekommen, aber jetzt, nachdem alles vorbei war, haderten sie mit ihrem Schicksal.

„Was machen wir nur?" jammerte Johann. Verzweifelt stocherte er mit einem Stecken in den verkohlten Resten. „Das teure Werkzeug, alles zerschmolzen, die Gußformen, verdorben."

„Aber die Truhe mit dem Gold und dem Silber und den Münzen?" fragte Katharina hoffnungsvoll. Johann schüttelte traurig den Kopf. „Nichts."

„Nichts." Peter war erstaunt. „Keine geschmolzenen Metallklumpen?"

„Ich finde keine", entgegnete Johann. „Aber du hast recht, das ist seltsam."

„Das ist es wirklich", meinte Peter. „Überhaupt, da stimmt doch etwas nicht ..."

Ehe er noch erklären konnte, was da nicht stimmte, war aus der Ferne Rufen zu hören: „Er ist ein Dieb! Er hat fremdes Gut bei sich!"

Alle lauschten. „Sie beschreien einen Dieb!" sagte einer.

Die Stimmen wurden lauter, und dann bogen zwei Stadtbüttel in die Gasse ein. Zwischen sich führten sie einen Mann mit gefesselten Händen, der vergeblich versuchte, sich aus ihrer Umklammerung zu lösen.

„Das ist doch Florian, euer Knecht!" rief Peter erstaunt.

„Florian ja, aber unser Knecht ist er nicht mehr", entgegnete Johann. „Wenn er einen Ring gemacht hat, so wog der immer weniger als das Silber, das ich ihm dafür gegeben hatte; gearbeitet hat er für einen halben Knecht, aber gegessen und getrunken für drei. Deshalb hab' ich ihm gestern seinen Lohn gegeben und ihn vor die Tür gesetzt." Unterdessen waren die Büttel mit dem Gefangenen herangekommen. „Grüß Euch Gott, Meister Johann", sagte der eine, „wenn Ihr heute schon so großen Schaden erlitten habt, so könntet Ihr vielleicht wenigstens einen Teil Eures Eigentums wiederbekommen. Der da ...", er deutete auf den gefesselten Mann, „wollte sich durch das Osttor davonstehlen. In seinem Felleisen trägt er ein Bündel mit kleinen Werkzeugen, wie Ihr sie wohl für Eure Arbeit braucht, dazu große ungeprägte Gold- und Silberstücke, aber auch Münzen, sogar eine Menge Florentiner darunter."

„Du Schweinehund", brüllte Johann. „Du hast mich bestohlen! Und mein Haus hast du angezündet!" Er hob die Faust und wollte Florian niederschlagen, aber seine Frau hielt ihn zurück: „Laß ihn!" sagte sie. „Der kommt uns nicht davon!"

„So erhebt Ihr Klage?" fragte der Büttel.

„Bei Gott, das tu ich!" erwiderte Johann. „Ich klage ihn an wegen Diebstahl und Brandstiftung."

„Ich habe dein verfluchtes Haus nicht angesteckt", schrie Florian, aber die Büttel kümmerten sich nicht darum, sondern zogen ihn mit sich, um ihn einzusperren.

Drei Tage später erhob Johann Klage vor den Schöffen des Stadtgerichts, und in der Woche danach fand der Prozeß statt. Auf dem Gerichtsplatz außerhalb der Mauern hatte sich eine Menge Leute versammelt, um mit anzusehen, was mit Florian, dem Knecht, geschehen würde. Der Vogt, der im Auftrag des Stadtherrn über schwere Verbrechen zu urteilen hatte, saß mit den Schöffen und dem Schreiber an einem langen Tisch. Als der Kläger und der Angeklagte, flankiert von zwei Bütteln, vor ihm standen, erhob er sich, winkte den Zuschauern zu schweigen und rief: „Im Namen des Herrn Bischof, des Herrn dieser Stadt und des Landes, verkünde ich Frieden für diesen Platz. Jedermann hat bei einer Buße von zehn Pfund Pfennig seine Waffen abzulegen, wenn er welche mit sich führt."

Als sich niemand rührte, fuhr er fort: „So können wir beginnen. Meister Johann Goldschmied, Ihr seid Bürger dieser Stadt?"

„So ist es, Herr", erwiderte Johann.

„Was habt Ihr gegen den Beklagten vorzubringen?" fragte der Richter.

„Ich bezichtige ihn, mein Haus angezündet, mein Werkzeug, Silber, Gold und mein erspartes Geld gestohlen zu haben."

„Habt Ihr ihn auf frischer Tat ertappt?"

„Ich nicht, aber diese beiden ehrenwerten Männer", Johann deutete auf die Büttel, „haben das gestohlene Gut bei ihm entdeckt und ihn als Dieb beschrien. Der Beutel, in dem er mein Eigentum verwahrte, ist ihm als Zeichen seines Verbrechens auf den Rücken gebunden."

Der Vogt ließ sich Johanns Aussagen bestätigen und erkundigte sich dann: „Habt Ihr Zeugen, die das gestohlene Gut als Euer Eigentum erkennen oder bekunden, daß Ihr ein redlicher Mann seid, der diese Klage nicht aus unlauteren Absichten vorbringt?" „Die habe ich, Herr", entgegnete Johann selbstbewußt.

„Sechs Bürger dieser Stadt, zwei meiner Nachbarn und vier Mitglieder meiner Zunft, stehen für meinen Leumund ein."

Die Zeugen leisteten den vorgeschriebenen Eid, dann wandte sich der Richter dem Angeklagten zu.

„Du bist Florian, 28 Jahre alt, ein lediger Knecht, bis zum Tag des Brandes in Diensten des Goldschmiedmeisters Johann?"

Der Angeklagte stierte vor sich hin und ließ ein kaum vernehmliches „Ja, Herr" hören. „Hast du jemanden, der für dich spricht?" fragte der

Richter. Florian hob den Kopf. „Ich bin noch nicht lang hier und kenne kaum jemanden."

„Hast du das Hab und Gut des Klägers gestohlen?"

„Ja, das hab' ich", stieß Florian trotzig hervor. „Nachdem er mich davongejagt hatte, bin ich noch mal zurückgekommen, hab' einen Laden aufgebrochen und eingepackt, was ich gefunden habe. Er hat mir nie satt zu essen gegeben, der Lohn war gering, nur Beschimpfungen gab es reichlich!"

Der Richter seufzte. Was ging es ihn an, wie der Meister seine Gesellen behandelte. So war es nun mal: Es gab Herren und Knechte, die einen hatten zu befehlen, die anderen sich zu fügen. Er hatte bloß dafür zu sorgen, daß das Recht gewahrt blieb.

„Hast du, vom Diebstahl abgesehen, ihm auch das Haus angezündet?" forschte er deshalb weiter.

„Nein, Herr, das habe ich nicht! Als ich das Haus verließ, da war von Feuer keine Spur!" rief er. Der Vogt blickte fragend zum vereidigten Gerichtsschreiber hinüber. „Man hat ihn nicht auf frischer Tat ergriffen, er hat auch nicht gestanden, obwohl die Tortur angewendet wurde", berichtete der.

Der Richter nickte. „Hat der Angeklagte einen Priester bei sich gehabt und die Beichte abgelegt?"

„Das ist geschehen."

„So erkläre ich, daß alles rechtens ist." Der Vogt beriet sich kurz mit den Schöffen. Dann erhob er sich, griff nach dem Stab, der vor ihm lag, und schritt langsam auf den Knecht Florian zu. Er trat vor ihn hin, hielt ihm den Stab mit beiden Händen über den Kopf – und zerbrach das dünne Holz. „Du bist des Diebstahls schuldig!" verkündete der Richter. „Ein Dieb wird mit dem Strang gerichtet, so ist es von jeher Recht und Gewohnheit in dieser Stadt gewesen. Gott sei deiner Seele gnädig." Er ging zurück zum Richtertisch und fügte hinzu: „Dem Kläger wird sein Eigentum zurückerstattet, abzüglich der Gerichtskosten und der Buße für die ungerechtfertigte Klage wegen Brandstiftung."

Noch am gleichen Tag wurde der Dieb gehängt.

Katharinas und Johanns Haus war mit Hilfe ihres Geldkastens bald wieder aufgebaut; wie es in Brand geraten war, fanden sie nie heraus.

Der Körper des unglücklichen Florian aber hing noch lang am Galgen, als schreckliche Mahnung an alle, die strengen Gesetze der Stadt zu achten.

57. Gestorben vor dem Tod*

Nur durch rücksichtslose Isolation der Kranken konnten die Menschen die
Seuche bekämpfen, die sie mehr fürchteten als jede andere: den Aussatz. Bei wem
die Anzeichen für diese Krankheit festgestellt wurden, der war vom Leben in der
Gemeinschaft ausgeschlossen.
Vorlesezeit: 10 Minuten

Der Alte brach das Schweigen zuerst. „Wohin willst du?" fragte er. Sie
hatten sich dort getroffen, wo einige alte Eschen am Rheinufer
Schutz vor der sengenden Julihitze boten. Der Alte hatte, an einen Stamm
gelehnt, gesessen und gedöst, als der Junge herbeigetrottet war und sich
wortlos zu ihm hingehockt hatte.
„Wo ich hinwill?" gab er zurück, wie um Zeit zu gewinnen, und sagte
dann: „Nach Rom."
Der Alte musterte ihn erstaunt. Die kräftigen hornigen Hände, die Füße,
die bestimmt noch nie in Schuhen gesteckt hatten, das kurzgeschnittene
blonde Haar und den groben Kittel.
„Ein Pilger bist du nicht", stellte er fest.
„Und warum nicht?" Der Junge sah ihn aus dunkelblauen Augen trotzig an.
„Ich weiß nicht", sagte der Alte und seufzte. „Ich spüre es. Du siehst nicht
aus wie ein Pilger. Eher wie ein entlaufener Leibeigener, der irgendwo
als freier Mann leben will." Er lächelte, als er sah, wie der andere
erschrocken zusammenzuckte.
„Laß nur. Ich bin kein Scherge. Nur, wenn du als Pilger gelten willst,
dann solltest du eher so aussehen wie ich." Er strich über die braune
zerschlissene Kutte, die ihn einhüllte. „Und den Blick beim Gehen
demütig senken, nicht so neugierig in die Welt schauen. Außerdem: Wenn
du nach Rom willst, so bist du in die falsche Richtung gegangen."
„So bist du selbst ein Rompilger?" fragte der Junge schnell, froh, von sich
selbst ablenken zu können.
„Ja, das bin ich." Der Alte nickte versonnen. „Zum dritten Mal schon
pilgere ich in die heilige Stadt, und ich hoffe, daß Gott mir die Gnade
... hörst du das?" Er hatte den Kopf gehoben und lauschte.
Der Junge tat es ihm nach. Das Schnattern einer Ente, die irgendwo auf
dem Wasser schwamm, das Flöten einer Drossel hoch über ihnen im
Gezweig – ja, da war noch etwas zu hören, von dort vorn kam es, wo
sich die Straße durch dichtes Weidengehölz schlängelte: „Klappklapp,
klappklapp, klappklapp."

„Das sind Gute Leute, wie man sie nennt. Aussätzige."
Erschrocken wollte der andere hochfahren, aber der Alte hielt ihn zurück.
„Bleib sitzen", gebot er. „Sie werden ausweichen. Sie werden auch dein
Auge nicht beleidigen, denn sie verhüllen sich."
Das „Klappklapp" kam näher, wurde lauter. Aus dem Grün der Weiden
löste sich eine Gruppe grauer Gestalten. Gesichter und Leiber waren
völlig von den Gewändern verborgen. Nicht einmal die Hände waren
zu sehen; aus den langen, weiten Ärmeln ragten nur kurze Stöckchen, an
denen mit Schnüren kleine Bretter befestigt waren.
Auf und ab schwangen die Arme. „Klappklapp, klappklapp", die Brett-
chen schlugen gegeneinander.
„Lazarusklappern sind das", erklärte der Alte seinem neuen Gefährten,
der den Ankömmlingen beklommen entgegenblickte.
„Sie müssen sie bei sich tragen, wenn sie das Gutleuthaus verlassen. Jeder
soll gewarnt sein, damit er ihre Nähe meidet und nicht die giftigen
Ausdünstungen einatmet, die die Krankheit verbreitet."
Der Alte fuhr sich mit einer Hand über das magere Gesicht. „Es ist eine
furchtbare Krankheit", sagte er leise. „Die schlimmste, die es gibt. Bei
den einen wachsen scheußliche Geschwüre im Gesicht, bis es so aufge-
dunsen und verquollen ist, daß es dem Gesicht eines Löwen ähnelt.
Anderen werden die Glieder erst taub und gefühllos, dann faulen sie
ihnen bei lebendigem Leib ab."
Die Kranken hatten die beiden Männer gesehen und waren sofort
abgebogen, ohne sich um den Verlauf der Straße zu kümmern.
„Man sagt, der Aussatz ist eine Strafe Gottes für schwere Sünden." Die
Stimme des Alten war noch leiser geworden. „Aber ich kann es nicht
glauben."
„Du kennst dich gut aus, Alter", bemerkte der Junge. „Bist du ein
Medicus?
„Nein." Der Alte lauschte dem „Klappklapp, Klappklapp", das sich weiter
und weiter entfernte.
Scheinbar zusammenhanglos fuhr er fort: „Weißt du, warum ich nach
Rom pilgere, zum dritten Mal schon?"
Er wartete die Antwort nicht ab.
„Ich hatte eine Frau. Eine gute Frau, fleißig und gescheit. Sie war schön.
Helle Haut hatte sie und einen schlanken Körper. Eines Morgens
jammerte sie, ihr Kopf tue ihr weh und ihre Fingerspitzen fühlten sich
taub an. Ich lachte sie aus und sagte, einmal im Monat gehe es jeder Frau
schlecht; die Kopfschmerzen ließen nach, und wir dachten nicht mehr
daran. Aber die Schmerzen kamen wieder, die Haare fielen ihr aus, und

sie bekam Flecken im Gesicht und am Körper, die noch heller waren als ihre Haut.

Bei unserer Nachbarin, die sich ein wenig auf Heilkunde verstand, holte sie sich Rat. Die sprach das schreckliche Wort aus: ‚Aussatz! Du bist aussätzig!‘

Was sollten wir tun? Durften wir die Krankheit verheimlichen und andere in Gefahr bringen? Konnte sich die Nachbarin nicht geirrt haben? Wie oft saßen wir da, zwischen Angst und Hoffnung, redeten und grübelten.“

„Und dann? Was geschah dann?“ Mitfühlend sah der Junge den Alten an.

„Man nahm uns die Entscheidung ab. Was die Nachbarin wußte, das wußten ein paar Tage später viele andere. Meine Frau mußte sich von den Beschauern untersuchen lassen. Von Männern, die selber aussätzig sind und die Krankheit genau kennen.“

„Und?“ fragte der Junge, obwohl er die Antwort schon kannte.

Müde strich sich der Alte über die Augen. „Sie waren sich alle einig: Sie hatte Aussatz.“

„Konnten sie sich nicht irren?“

Der Alte schüttelte den Kopf. „Nein, nein. Sie untersuchen sehr genau und nur am hellichten Tag. Sie wissen schon, daß mancher seinem Nachbarn den Aussatz an den Hals wünscht. Daß es auch arme Teufel gibt, die nichts zu fressen haben und hoffen, sich im Gutleuthaus ihr Leben lang satt essen zu können, wenn sie sich nur für aussätzig erklären. Nein, nein, es gab keinen Zweifel.“

Der Alte starrte eine Zeitlang vor sich hin. „Den Tag werde ich nie vergessen, Junge. Der Pfarrer hat sie ausgesegnet. Sie war tot für die Welt, verstehst du? Tot!

Draußen wartete schon der Karren, der sie fortbringen sollte. Ich hatte ihn vollgeladen mit fast allem, was wir an Hausrat und Wäsche besaßen. Dem Gutleuthaus, in dem sie leben sollte, hatte ich Äcker, Wald und Weingärten geschenkt. Oh, es sollte ihr an nichts fehlen. Nur – selbst mitzugehen, dazu hatte ich nicht den Mut.“

„Wäre das denn gegangen?“ fragte der Junge erstaunt.

„Ja, ich hätte mit ihr leben können. Nicht wie ein Mann mit seiner Frau, aber doch in ihrer Nähe. Ich hätte mich nur den Gesetzen fügen müssen, die für die Aussätzigen gelten: oft und eifrig beten, keusch leben, sich den Gesunden fernhalten und sich durch Kleidung und Lazarusklapper kenntlich machen, wenn man das Gutleuthaus verläßt.

Aber ich hatte nicht den Mut. Weniger die Angst vor der Krankheit war es; aber ich stellte mir den schlanken jungen Leib vor, wie er nach und nach verkrüppelte, das Gesicht, das ich so liebte, wie es von Knoten und Geschwülsten entstellt wurde. Das, so glaubte ich, würde ich nicht ertragen können."

Der Alte seufzte tief.

„Nur von fern habe ich sie noch gesehen, verhüllt, wenn ich ein neues Gewand brachte oder Schuhe.

Ein paar Jahre lebten wir so, sie auf dem Hof der Aussätzigen, ich wie bisher in der Stadt.

Eines Tages kam sie nicht mehr zu unserem Treffpunkt. Es hieß, sie sei erblindet; wenig später hat sie ihr Leben Gott zurückgegeben. Wie oft habe ich seitdem gewünscht, ich wäre mit ihr gegangen ...

Siehst du, deswegen pilgere ich nun schon zum dritten Mal nach Rom ... dort finde ich Trost, die Last meines Versagens drückt mich weniger schwer ..."

Der Junge legte ihm die Hand auf die Schulter.

„Wer kann dir einen Vorwurf machen?" meinte er. „Ich hätte genauso gehandelt. Wärst du mitgegangen, hättest du sie nicht gesund gemacht."

Der Alte stand mühsam auf.

„Du meinst es gut, Junge", sagte er. „Aber du verstehst nichts. Gott schütze dich auf deinem Weg!"

Er wandte sich ab und ging mit schleppenden Schritten davon.

Der Junge sah im eine Zeitlang nachdenklich hinterher.

Aber dann schüttelte er die trüben Gedanken ab. Er war jung und gesund, und ihn plagte kein Gewissen. Schnell sprang er auf und lief weiter, der Freiheit entgegen.

Gutleuthaus: Im Mittelalter wurden Aussätzige in solchen Häusern untergebracht und mit Lebensmitteln versorgt. So hielt man sie von den Gesunden fern und gab ihnen dennoch eine Existenzgrundlage.

---

58. Wir wollen mindere Brüder sein*

Zu Beginn des 13. Jahrhunderts entstanden in den Städten die Bettelorden. Sie kümmerten sich vor allem um jene, denen sonst niemand half, und für manchen armen Teufel war ihre Mildtätigkeit die letzte Rettung.
Vorlesezeit: 13 Minuten

Der große Markt war vorbei. Die Händler hatten ihre restlichen Waren verstaut, die hölzernen Läden hochgeklappt und mit Pferden und Wagen die Stadt verlassen.

Nach einem sonnigen Tag war es kühl geworden, vom Fluß stieg langsam der Nebel über die Mauern, und es dämmerte. Fast menschenleer war der Platz jetzt, ab und zu kam noch ein Zecher aus einer der Schänken oder ein Mädchen, das seinem Vater einen Krug Bier holte; vor dem Bäckerladen nagten zwei Hunde einträchtig an einem Laib Brot.

Der alte Gaukler saß nicht weit von ihnen, den schmerzenden Rücken an die Mauer gelehnt, und sah ihnen zu, wie sie, wie zwei spielende Welpen, immer wieder ungeschickt die Vorderpfoten über ihre Beute warfen und versuchten, die Zähne in die glatte Oberfläche zu schlagen. Er hatte überlegt, ob er sich aufrappeln und die Hunde mit einem Fußtritt verjagen sollte, dann hätte er den nagenden Hunger stillen können, der ihn den ganzen Tag gepeinigt hatte. Aber er hatte gefühlt, daß ihm die Kräfte dazu fehlten. Also sah er ihnen zu und stellte sich vor, wie es wäre, den herben, säuerlichen Geschmack auf der Zunge zu haben. Es war nicht leicht, sich als Gaukler durchs Leben schlagen zu müssen: keine Stadt, die einen aufnahm, kein Haus, in das man sich bei Regen und Kälte flüchten, keinen Vorratskeller, aus dem man sich in Zeiten des Mangels ernähren konnte. Immer nur weiterziehen, von Stadt zu Stadt, von Markt zu Markt, froh, wenn die Obrigkeit einen duldete und wenn das Publikum an Späßen und Kunststücken Gefallen fand.

Nein, es war nie leicht. Wenn aber eine gute Truppe beisammen war, wenn es einen ordentlichen Wagen und Pferde gab, dann konnte man es aushalten. Und jung mußte man sein, jung und beweglich.

Wenn einem aber bei jedem Sprung die Knochen wehtaten, nach jeder Vorstellung das Herz raste und die steifen Finger schon bei einfachen Taschenspielereien den Dienst versagten, dann war das Gauklerleben kein Leben mehr, sondern nur noch ein langsames Sterben.

Auf Hilfe durfte man nicht hoffen, denn Gaukler zählten zu den unehrlichen Leuten; ein Gaukler wurde nicht dadurch ehrbar, daß er alt, müde

und hilflos war. Für unehrliche Leute aber war kein Platz in der Stadt,
nur auf Märkten und Messen durften sie zeigen, was sie konnten, durften,
streng kontrolliert, ihr Brot verdienen und hatten hinterher baldmög-
lichst wieder zu verschwinden.
So hatte sich der Alte, getrieben vom Hunger, in die Stadt aufgemacht
und seine Kräfte zusammengenommen, um zu zeigen, was er noch
konnte. Aber das war nicht mehr viel, und so hatte ihn, nach anfänglichem
Spott, niemand mehr beachtet. Am Schluß hatte ihm ein Bäcker einen
Laib Brot zugeworfen; er war nicht einmal mehr fähig gewesen, ihn im
Flug zu fangen; jetzt fraßen ihn die beiden Köter.
Der alte Mann sah auf, als laute Schritte erklangen. Im Dämmerlicht sah
er die Schatten zweier Männer am anderen Ende des großen Platzes.
Sicher Büttel, die die Stadt nach Herumtreibern absuchten, um sie vor
Toresschluß fortzujagen.
Aus langer Gewohnheit, er wußte selbst nicht, was er sich davon ver-
sprach, stemmte sich der Alte mühsam hoch und schleppte sich unter den
Arkaden bis zum Ende des Hauses und bog dann, eng an die Mauer
gedrückt, in die schmale Gasse ein, an die das Schrannenhaus grenzte.
Nur nicht von den Bütteln erwischen lassen – dieses Gebot hatte immer
gegolten, und der Alte hielt sich daran.
Mit pfeifendem Atem und zitternden Knien lief er in das Halbdunkel
zwischen den Häusern hinein, plötzlich war ihm, als ob ihm jemand mit
gewaltiger Kraft die Brust zusammenpreßte, er rang nach Luft, ihm war,
als ob er ersticken müßte – und dann brach er zusammen und spürte
nichts mehr.

Ganz allmählich drang die Berührung in sein Bewußtsein, immer deutlicher, dann verstand er sie: Eine kühle Hand strich über seine Stirn.
Mühsam öffnete er die Augen. Es war längst dunkel geworden, und das
winzige Laternchen, das neben ihm auf dem Boden stand, gab gerade
genug Licht, daß er zwei in dunkle Kutten gehüllte Gestalten erkennen
konnte.
„Wer ... wer seid Ihr?" fragte er, und das Sprechen fiel ihm sonderbar
schwer.
„Später", erwiderte eine ruhige Stimme, „sprich jetzt nicht."
Dann wurde er hochgehoben, einer der beiden Männer legte ihn sich,
als ob er ein Kind wäre, über die Schulter, der andere nahm die Laterne
auf, und dann gingen sie langsam durch die dunkle Stadt.
Vor einem Haus machten sie halt, ein Tor öffnete sich, der Alte, der die
Augen wieder geschlossen hatte, wurde hineingetragen und gleich darauf

behutsam auf ein Strohlager gebettet. Jemand streifte ihm den zerlumpten roten Mantel ab, den er seit Jahr und Tag trug, um auch ja ordentlich gesehen zu werden, wenn er seine Späße machte. In Lappen gewickelte heiße Steine wurden an seine Füße gelegt, eine wollene Decke wurde über ihn gebreitet. Er fühlte, wie jemand einen Keil unter seinen Kopf schob und ihm dann einen Krug an die Lippen setzte.

Mißtrauisch und zögernd öffnete er den Mund ein wenig; heiß, süß und von würziger Schärfe war das Getränk, und sofort, als ihm etwas davon durch die Kehle in den Magen geronnen war, erfüllten ihn Wärme und Ruhe. Er schluckte die Flüssigkeit, bis der Krug abgesetzt wurde, und war gleich darauf eingeschlafen.

Als er erwachte, schlug er die Augen lange nicht auf. Denn er wollte nicht, daß der Traum von Geborgenheit und Sicherheit endete.

Erst als sich die Tür öffnete, musterte er durch die halbgeschlossenen Lider die beiden Männer, die das Zimmer betraten. Ja, sie trugen Kutten; Kutten aus grobem braunem Tuch, mit großen, spitz zulaufenden Kapuzen daran.

„Bist du wach? Geht es dir besser?" fragte einer.

Den Alten packte wieder die Angst. Jetzt würde er hinaus müssen, Haus und Stadt verlassen, leben von dem, was er fand oder stehlen konnte, bis er irgendwo krepierte. Er hielt die Augen geschlossen. Nein, er war noch nicht wach!

„Du brauchst keine Angst zu haben. Du kannst bei uns bleiben, solange du willst. Niemand wird dich von hier vertreiben."

Konnten sie Gedanken lesen? Der Alte öffnete die Augen. „Wer … wer seid Ihr?" fragte er wie am Abend zuvor.

Noch immer fiel ihm das Sprechen schwer.

„Wir sind Minderbrüder vom Orden des heiligen Franziskus von Assisi", antwortete der, der eben schon gesprochen hatte. Der andere stand schweigend daneben.

Mühsam versuchte der alte Mann zu lächeln. „Verzeiht mir, aber seit vielen Jahren sind mir Gott und seine irdischen Diener ziemlich fern gewesen. Männer wie Euch, in braunen Kutten, habe ich schon gesehen, in den Städten, anders als die schwarzen Mönche, die sich von den Menschen fernhalten. Aber wer Ihr seid und was Ihr tut, das weiß ich nicht."

Der Bruder, der das Sprechen übernommen hatte, trat näher an sein Lager.

„Du irrst dich. Gott war dir niemals fern. Das hast du nur geglaubt, weil die Menschen dich verlassen haben. Ja, wir suchen nicht die Abgeschiedenheit wie die Benediktiner, wir gehen dahin, wo die meisten Menschen leben, in die Städte. Zu ihnen wollen wir predigen, Armut, Krankheit und die Beschwerden des Alters lindern, so gut wir können. Wir wollen keine großen Klöster mit Wäldern, Gewässern, Weiden und Ackerland besitzen, nicht Herren über andere Menschen sein. Wir wollen arm sein, so wie Christus arm war. Niemand von uns besitzt irgend etwas, und unserer Gemeinschaft gehört nichts außer diesem Haus und einer kleinen Kirche."

„So bin ich ja noch reich gegen Euch", flüsterte der alte Mann. „Die bunten Kugeln und Tücher, der rote Mantel, das alles ist mein Eigentum. Aber wie könnt Ihr anderen helfen, so wie mir, wenn Ihr nichts besitzt?"

„Wir betteln", erwiderte der andere einfach.

Der Alte wußte, was das hieß. Seitdem seine Kunststücke nicht mehr klappten, seine Sprünge unbeholfen und seine Späße abgedroschen waren, mußte er immer betteln, um nicht zu verhungern. Er wußte, was das hieß, demütig zu bitten und barsch abgewiesen oder behandelt zu werden wie ein Hund, dem man das hinwirft, was man selbst nicht mehr will. Betteln – das machten diese Brüder freiwillig, ohne Not? Waren sie närrisch? Was steckte dahinter? Der alte Gaukler vergaß einen Moment lang seine Schwäche und richtete sich ein wenig auf.

„Erzählt mir von dem, der Eure Bruderschaft gegründet hat", bat er. Wieder sprach nur der eine. „Franz von Assisi? Er war der Sohn eines großen Kaufmanns und lebte in Reichtum. Aber der Reichtum stieß ihn ab, denn er sah, daß Reichtum und Macht unbarmherzig machten. Er sah, daß vor allem Gottes Kirche und ihre führenden Priester mehr nach Geld und Einfluß strebten als danach, Gott zu dienen. Er bemerkte, daß die Abgeschiedenheit der Klöster Mönche und Nonnen den anderen Menschen entfremdet hatte. Vor allem aber erfüllte ihn mit großer Sorge, daß Prasserei und Hochmut der Priester viele Leute gegen die Kirche aufbrachte, so daß sie in ketzerische Irrtümer verfielen. Er beschloß, zusammen mit einigen Freunden, der Kirche ein neues Beispiel für den Weg zu geben, den einst Christus eingeschlagen hatte. Sie nannten sich Minderbrüder, als Zeichen der Demut und der Armut."

Der Alte schüttelte den Kopf. Nein, so ganz verstand er die Minderbrüder nicht. Denn zwischen übermäßigem Reichtum und völliger Armut, da gab es doch so viel: ein warmes Feuer, ein weiches Bett, Brot und Bier und ab und zu ein Stück Fleisch, vielleicht noch eine Kuh und ein paar Hühner ... Durfte man sich das nicht wünschen? Er hatte nie dergleichen gehabt und sich doch immer danach gesehnt. Aber vielleicht war es etwas anderes, die Armut selbst zu wählen, als mit ihr leben zu müssen.

„Reicht Eure Demut denn auch aus", fragte der Alte, „Euch um jemand zu kümmern, der wie ich zu den fahrenden, zu den unehrlichen Leuten zählt?"

„Vor Gott sind alle Geschöpfe gleich", erwiderte der Bruder. „Deshalb begegnen wir allen Geschöpfen Gottes mit Demut. Franziskus, so ist überliefert, hat einst sogar den Vögeln, unvernünftigen Tieren, gepredigt, und Gott hat es zugelassen, daß sie ihn verstanden, weil auch sie Gottes Geschöpfe sind. Aber jetzt haben wir genug geredet, du brauchst Ruhe und Schonung."

Die Mönche brachten ihm Suppe und einen Becher Wein und ließen ihn dann allein.

Der Alte nippte nur an dem Wein, er aß nichts. Er wußte, daß er keine Nahrung mehr brauchte – hier, in diesem Haus, aus dem ihn niemand vertreiben wollte, würde er in Ruhe sterben.

Er verstand immer noch nicht, warum die Brüder sich freiwillig erniedrigten und bettelarm sein wollten. Aber er hatte keine Angst mehr, und seine Schwäche erschien ihm wie behagliche Müdigkeit.

Bald darauf schlief er wieder ein und träumte, daß ein Mann in brauner Kutte neben seinem Lager stand und predigte.

Auf der Decke aber, unter der er lag, hockten Hunderte von kleinen Vögeln, neigten die befiederten Köpfe und hörten ihm aufmerksam zu.

59. Der Kreuzzug der Verlorenen*

Zu Beginn des 13. Jahrhunderts gelang es fanatischen oder irregeleiteten Predigern mehrmals, Kinder zu einem aussichtslosen Zug in das Heilige Land zu bewegen, mit dem Ziel, es von den „Heiden" zu befreien. Nur die wenigsten kehrten zurück ...
Vorlesezeit: 9 Minuten

Immer langsamer und müder war der Gang der Kinder geworden, während sie sich durch die Ebene geschleppt hatten. Durch die Ebene, über der die Hitze so flirrte, daß man glaubte, in ein Feuer zu blicken, wenn man in die Weite sah.

Niemand wußte mehr, wieviel Tage vergangen waren seit ihrem Aufbruch von Köln, niemand wußte mehr, wie viele von ihnen zu Grunde gegangen waren an Hunger, Krankheit und Erschöpfung.

Doch das Ziel, das hatte noch keiner vergessen. Das Ziel, für das sie alle Mühen auf sich genommen, für das sie gefroren, gehungert und sich geängstigt hatten: die verfluchten Heiden aus dem Heiligen Land zu vertreiben.

Dafür, daß es niemand vergessen hatte, dafür hatte ihr Anführer gesorgt: Nikolaus, der Sohn eines Schweinehirten. Gott hatte sich ihm gezeigt und ihm befohlen, den Kindern das Kreuz zu predigen und den Kreuzzug der Kinder zu führen.

Denn hatten nicht Tausende schwerbewaffneter Ritter versagt? Hatten nicht Könige, Herzöge und Bischöfe vergebens gefochten? Ihnen allen hatte die Reinheit des Glaubens, die unerschütterliche Liebe zu Gott gefehlt. Die Kinder aber besaßen sie.

Jetzt, da sie die Ebene überwunden hatten, die Ebene mit ihrer Hitze und ihren giftigen Dünsten, mit ihren Nächten, in denen die Sterne so leuchteten, daß man ängstlich in die Ewigkeit zu schauen glaubte, jetzt gewannen die Kinder neue Zuversicht.

Sie hockten auf einer Wiese vor den Hügeln des Apennin, an die tausend zerlumpte, magere und braungebrannte Gestalten, sieben- und achtjährig die jüngsten, kaum achtzehn die ältesten, und starrten erwartungsvoll auf ihren Führer.

Der stand da, groß und hager, gehüllt in eine schwarze Kutte. Die Arme hatte er ausgebreitet und zum Himmel erhoben, seine Augen waren in die Ferne gerichtet, als blickten sie weit über die Hügel hinaus.

„Ihr habt Hunger und Durst gelitten", rief er, „eure Füße haben geblutet, ihr habt Schweiß vergossen in der Hitze der Sonne und gefroren in der Kälte der Nacht. Ihr habt Regen und Hagel, Donner und Blitz, Krankheit und Angst ertragen. Gott hat euch dabei geholfen, und er wird euch weiter helfen. Denkt daran, wenn ihr schwach und ängstlich werdet. Denn ihr braucht all eure Stärke. Die Feinde des Kreuzes haben ihre verfluchten Häupter erhoben und verwüsten das Land Gottes mit ihren Schwertern. Sie zerstören die Stätten unseres Heils und treten das Grab Christi mit Füßen. Sie morden wahllos Männer, Frauen und Kinder, grausam wie die Tiere.

Ich sage euch, wenn ihr aufgebt, laßt ihr das Heiligste den Hunden und das Edelste den Säuen, denn Hunde und Säue sind die Heiden und keine Menschen.

Folgt mir weiter! Die Hügel werden schrumpfen unter unseren Schritten, das Meer wird sich vor unseren Füßen teilen."

So predigte Nikolaus, und er erzählte den Kindern von dem Land, in dem jetzt die Sarazenen ihre Schreckensherrschaft ausübten.

„Ewig ist dort Sommer, das Wasser hat die Farbe des Himmels, und an den Bäumen wachsen goldene Früchte. Es gibt dort Brot, so weiß wie Schlehenblüten, und Wein, der nach Nelken duftet und süß wie Honig schmeckt."

Mit gläubiger Freude jubelten ihm die Kinder zu, von denen viele zu den Ärmsten der Armen gehörten.

Der Prediger fuhr fort: „Die Heiden werden die Flucht ergreifen, wenn sie euch sehen, ohne daß ein Schwert fallen und ein Tropfen Blut vergossen wird. Das hat mir unser Herr Christus verkündet. Wahrlich, ich sage euch, es ist herrlich, das Kreuz zu tragen und ein Diener Gottes zu sein. Folgt mir weiter, und ihr werdet die Hölle vernichten und das Paradies finden!"

Die Kinder schrien, tanzten und klatschten. Alle Mühen der Vergangenheit waren vergessen.

Nach einigen Tagen anstrengenden Marsches, Hungertagen, weil es unterwegs nur armselige Gehöfte gab, sahen die Kinder unter sich die Stadt Genua liegen. Dahinter dehnte sich endlos das Meer.

Hier würde das Wunder geschehen: Die Wasser würden sich teilen und ihnen den Weg freigeben, bis ins Heilige Land. Gott wollte es so, und Nikolaus, Gottes Werkzeug, würde seinen Willen erfüllen.

Singend und betend zogen die Kinder die Straße hinab, die vielfach gewunden in weitem Bogen um die Stadt herum bis ans Meer führte. Entschlossenheit, Eifer und Hoffnung leuchtete aus allen Gesichtern. Dann erreichten sie das Ufer.

Nikolaus hob die Arme. Er wandte sich um, bis er in die Weite der See blickte, und begann mit singender Stimme, die das leise Rauschen der Wellen übertönte, zu beten: „Herr, Du hast mich auserwählt, Dir zu dienen. Herr, Du hast mich auserwählt, diese Kinder zu führen. Herr, hilf uns, die Hunde zu vertreiben, die Deine heiligen Stätten mit dem Unrat ihres Götzendienstes beschmutzen! Herr, gib mir Kraft, Dir zum Sieg zu verhelfen, und befiehl den Elementen, mir zu gehorchen!"

Unvermittelt hielt er inne und schrie dann mit der ganzen Kraft seiner Stimme über das Wasser: „Gib ... uns ... den ... Weg ... frei!"

Gleichmäßig schlugen die Wellen an den Strand. Nichts geschah.

„Gib ... uns ... den ... Weg ... frei!" Ein leiser Wind kam auf und ließ das Wasser in den Felsspalten gluckern.

„Ich befehle es ... Gott befiehlt es ... Gib ... uns ... den ... Weg ... frei...!"

Die Stimme überschlug sich und wurde zu einem heiseren Kreischen.

In unerbittlichem Rhythmus schwappten die Wellen ans Land, wichen
zurück und kamen wieder, wie sie es schon immer getan hatten und wie
sie es immer tun würden.

Da wurde Nikolaus von wahnsinniger Wut überfallen. Er trat das Wasser
mit Füßen, beschimpfte und bespuckte es, tobte und verfluchte die, die
mit ihm gezogen waren.

„Ihr seid nicht würdig, Gottes Gnade zu empfangen!" schrie er. „Ihr seid
sündig und verdorben, euch treibt nicht die Liebe zu Gott, denn sonst
hätte Er euch Seine Hilfe nicht verweigert!"

Die Kinder standen wie erstarrt. Sie spürten, wie zu den Schmerzen in
ihren müden Gliedern noch die Last eines bösen Gewissens kam. Hatten
sie versagt? Stumm und bedrückt hörten sie die Vorwürfe des Predigers.
Nur er konnte ihnen helfen, ihr Ziel doch noch zu erreichen.

„Zieh weiter mit uns, Nikolaus!" rief endlich einer. „Ja, bleib bei uns!"

„Wir gehen am Meer entlang!"

„Irgendwann wird Gott uns erhören!"

Immer mehr Stimmen wurden laut.

Erneut breitete Nikolaus die Arme aus, und wieder schwiegen alle.

„Ja, ich werde euch weiter führen", sagte er.

Wie er da stand, vor dem Blau des Meeres und des Himmels, Arme und
Beine gespreizt, sah er aus wie eine große schwarze Spinne.

60. „Ich schwöre bei allen Heiligen" **

Nur wer das Bürgerrecht einer Stadt erworben hatte, konnte dort Eigentum
erwerben, Handel treiben oder sich als Handwerker niederlassen. Deshalb war es
auch sehr begehrt. Aber immer wieder gab es ganz und gar ungeeignete Kandi-
daten ...

Vorlesezeit: 12 Minuten

Am Stadttor hatte man ihn ohne weiteres passieren lassen: einen
gutgekleideten Mann auf einem anständigen Pferd mit großen Pack-
taschen.

Er hatte sich nach dem Haus des Ratsherrn und Weinhändlers Johann
Krämer erkundigt, der Posten hatte ihm den Weg gezeigt, und jetzt stand
er vor dem prächtigen Fachwerkbau, in dem der alte Krämer mit seiner
Familie residierte.

Der Fremde sprang vom Pferd und ließ den großen eisernen Klopfer auf das Tor fallen, dumpf dröhnte es im Inneren des Anwesens.

Eine alte Magd öffnete ihm das Tor, und wenig später kam der alte Krämer persönlich die Treppe hinunter in den gepflasterten Hof. Der Fremde ging auf ihn zu, verbeugte sich artig und stellte sich vor: „Ich bin Konrad Schwarz, Kaufmann aus Speyer. Ihr werdet Euch an mich erinnern?"

Krämer sah ihn prüfend an, schloß die Augen, runzelte die Stirn und erwiderte, indem er ihn nochmals musterte: „Ihr werdet meinem Gedächtnis etwas nachhelfen müssen ..."

„Vor zwei Jahren, die Walpurgismesse, ich gab Euch eine Probe von meinen Gewürzen ... wißt Ihr nicht mehr?"

Wieder überlegte Krämer, aber dann schüttelte er den Kopf. „Es tut mir leid, es ist mir wirklich entfallen. Aber das soll mich nicht hindern, Euch willkommen zu heißen. Wenn Ihr vorangehen wollt, es ist Vesperzeit ... ein Becher Wein, ein bißchen Fleisch und Brot werden Euch nach der langen Reise sicher guttun."

Krämer geleitete seinen Gast in das Speisezimmer, in dem ein kleines Vespermahl bereits angerichtet war. Während des Essens erkundigte sich der Ratsherr nach dem Verlauf der Reise, plauderte ein bißchen über dies und das, wie es eben die Höflichkeit gegenüber einem Gast gebietet.

Erst als der Fremde, der sich Konrad Schwarz nannte, die Finger in die Schale mit parfümiertem Wasser getaucht und dann getrocknet hatte, fragte er ihn: „Womit kann ich Euch dienen?"

„Um es kurz zu machen", erwiderte Schwarz, „ich möchte Bürger dieser Stadt werden und bitte Euch, für mich zu bürgen."

Bedächtig nickte Krämer. „Besser wäre es freilich gewesen, ich hätte Euch gleich erkannt", brummte er. „Aber jetzt, wo ich mir über Euch ein Urteil bilden konnte ... Ihr kennt die Bedingungen?"

Der Fremde zögerte. „Ich nehme an, es werden die üblichen sein?"

„Mehr oder weniger schon." Krämer zählte auf. „Ihr müßt fünf Pfund Pfennig hinterlegen als Pfand dafür, daß Ihr mindestens zwei Jahre in der Stadt leben werdet; geht Ihr vorher, ist das Geld verfallen. Dem Zeughaus habt Ihr eine neue Armbrust zu liefern, die Ratsherren erhalten je einen, die beiden Büttel je zwei und der Schultheiß 60 Pfennig. Außerdem müßt Ihr ..."

Er unterbrach sich und sah den Fremden scharf an. „Was ist eigentlich der Grund für Euren Wunsch? Was veranlaßt Euch, Bürger der Stadt Bamberg werden zu wollen?" Konrad Schwarz rutschte verlegen auf seinem Stuhl herum, ehe er stockend antwortete: „Es ist so ... versteht, wenn ich Euch nichts Genaueres sagen möchte ... Ihr fragt da nach

Dingen, die mich immer noch schmerzen ... Der Tod meiner Hausfrau, die neidische Verwandtschaft – kurz, es hielt mich nichts mehr in Speyer, nichts mehr und – niemand." Flüchtig wischte er sich über die Augen. Verständnisvoll klopfte ihm Krämer auf die Schultern. „Laßt es gut sein, ich werde nicht weiter in Euch dringen." Er überlegte noch eine Zeitlang und sagte schließlich: „Also gut. Ich will für Euch bürgen. Normalerweise bräuchtet Ihr noch einen zweiten, ich aber genüge. Kommt übermorgen zur Ratssitzung und tragt Euer Anliegen vor. Ihr habt Glück, am selben Tag ist eine Sitzung des Stadtgerichts anberaumt, zu dessen Schöffen ich ebenfalls gehöre. Man wird Euch mit Freuden aufnehmen."

Krämer erhob sich und bot dem Fremden die Hand. Wenn der erwartet hatte, daß er eingeladen würde, die Tage bis zur Rats- und Gerichtsversammlung im Haus seines Gastgebers zu verbringen, so ließ er es sich jedenfalls nicht anmerken. Er bedankte sich überschwenglich für Bewirtung und Unterstützung und verließ nach freundlichem Abschied das Haus, um sich ein Wirtshaus zu suchen, in dem er zur Nacht einkehren konnte.

Am übernächsten Tag erschien der Fremde pünktlich zur festgesetzten Zeit vor den Herren des Rats. Er hatte, dem wichtigen Anlaß entsprechend, ein festliches Gewand angelegt.

Ruhig und gelassen stand er den Ratsherren Rede und Antwort; auf jeden machte er den günstigsten Eindruck. Am Ende erhob sich einer der beiden Bürgermeister: „Niemand", sagte er feierlich, „wird einen Einwand haben, Euch in die Bürgerschaft Bambergs aufzunehmen."

Lauter Beifall zeigte, daß das wirklich so war.

„Es hat nur noch", fuhr der Bürgermeister fort, „die amtliche Bestätigung durch das Stadtgericht zu erfolgen. Da aber", er lächelte freundlich, „dessen Schöffen samt und sonders dem Rat entstammen, dürfte es auch dabei keine Schwierigkeiten geben."

Nach der Sitzung verließen die Ratsmitglieder, die nicht auch Gerichtsschöffen waren, den Saal.

Kurze Zeit später rief einer der Büttel laut: „Der Schultheiß des allergnädigsten Herrn Bischof!"

Alle erhoben sich von ihren Sitzen, bis sich der höchste Beamte der Stadt niedergelassen und ihnen gewinkt hatte, wieder Platz zu nehmen. Er blickte kurz auf ein Notizblatt und hob dann die Hand.

„Meine Herren, wir haben heute zunächst über einen Antrag, das Bürgerrecht betreffend, zu beschließen."

Er wandte sich an den Fremden, der sich bescheiden an das Ende des Saales gestellt hatte: „Tretet näher. Ihr habt Euer Pfand hinterlegt?"
„Ja, Herr."
„Die Armbrust abgeliefert? Die Gerichtsgelder bezahlt?"
„Ja, Herr."
„Gut so. Der Rat hat Euren Bürgen, Johann Krämer, anerkannt und beschlossen, Euch als Bürger dieser Stadt aufzunehmen, mit allen Privilegien und Pflichten. Von alters her ist es Recht und Gewohnheit gewesen, daß das Gericht sich dem Beschluß des Rates zu fügen hat, wenn nicht schwerwiegende Gründe dagegenstehen.
Ich werde Euch jetzt den Eid vorsprechen, den Ihr dann nach meiner Anweisung Stück für Stück wiederholt."
Der Schultheiß atmete tief ein und sprach dann langsam die alte Formel:
„Ich schwöre bei allen Heiligen, daß ich des Herrn von Bamberg und seiner Stadt Nutzen und Frommen fördere, wo immer ich kann, Schaden von der Stadt wende, soweit ich es vermag; ich schwöre ferner, daß ich keines Mannes Leibeigener bin, sondern ledig und frei, kein Amtmann, der seinen Herrn betrogen hat, niemand davongelaufen und nicht geächtet oder mit Strafe bedroht oder verbannt bin. Weiter schwöre ich bei Gott und den Heiligen, daß ich, wenn ich die Stadt verlasse, keinen Bürger und keine Bürgerin vor fremde Gerichte laden, sondern alle Angelegenheiten, die ich mit ihnen auszutragen habe, nur hier, vor diesem Gericht, austragen werde.
Schließlich gelobe ich, dem Rat und dem Schultheißen der Stadt Bamberg gehorsam zu sein."
Während der Schultheiß die Eidesformel sprach, war einer der Büttel auf Zehenspitzen hereingekommen, hatte sich zum Sitz des alten Krämer begeben und leise auf ihn eingeredet. Dann war er wartend neben ihm stehengeblieben.
„Wollt Ihr aber in einem Punkt diesem Eid nicht Folge leisten oder sprecht die Unwahrheit, so sollt Ihr das Bürgerrecht verlieren", schloß der Schultheiß. „Sprecht mir jetzt nach: ‚Ich schwöre bei allen Heiligen' ..."
Kaum konnte der Fremde den Mund öffnen, da sprang Johann Krämer auf und schrie: „Schwöre keinen Meineid, du Lump!"
Die Schöffen tuschelten. Was war das? Konnte es so was geben? Ausgerechnet der Bürge wandte sich gegen seinen Schützling?
„Was habt Ihr vorzubringen gegen Konrad Schwarz?" fragte schließlich der Schultheiß.
„Daß er nicht Konrad Schwarz heißt, daß er kein Gewürzhändler aus Speyer ist, sondern ein Dieb, der seinen Herrn, Heinrich Pfister von

Hallstadt, betrogen und bestohlen hat, daß er ferner auch mich beraubt hat, und zwar vor zwei Jahren auf der Walpurgismesse."
Aufgebracht wandte er sich an den Fremden, der steif und mit schreckensbleichem Gesicht vor den Schöffen stand: „Du hast gedacht, ich bin ein vertrottelter Greis, mit dem du dein Spielchen ungestraft treiben kannst, was? Aber du hast es übertrieben! Denn ganz so altersschwach bin ich noch nicht! Ja, da war jemand, der mir vor zwei Jahren einen Beutel mit Gewürzen überreichte, angeblich, um mich als Kunden zu gewinnen, in Wahrheit aber, um mir die Geldkatze abzuschnallen und damit in aller Ruhe davonzuspazieren. Als ich später die Gewürze prüfen wollte und nur alte, verdorbene Ware vorfand, wußte ich wohl, wer der dreimal verfluchte Hund war, der mich beraubt hatte. An deiner Sprache habe ich gemerkt, daß du kein auswärtiger, sondern ein Lump aus der Gegend sein mußtest, und so habe ich seit gestern meine Knechte ausgeschickt, nach deinem Herkommen zu forschen. Heute sind sie fündig geworden. Du hast Frechheit mit Dummheit verwechselt!"
Plötzlich kam Bewegung in den Fremden. Er riß einen Dolch aus dem Gewand und stürzte zur Tür. Aber dort wurde er von den Fäusten etlicher Knechte ergriffen, entwaffnet und als hilfloses Bündel zum Tisch des Schultheißen geführt. Der sah ihn voller Verachtung an.
„Vor dem Zentgericht wird ihm der Prozeß gemacht", sagte er dann. „Sperrt ihn ein bis morgen und bringt ihn dann, gefesselt und unter strengster Bewachung, nach Hallstadt zurück."
Als die Tür des Saals sich hinter dem Gefangenen und seinen Aufpassern geschlossen hatte, erhob sich Johann Krämer.
„Ich bin schuld", sagte er, aber sein zufriedenes Gesicht strafte seine Worte Lügen, „daß dem Schultheiß unseres Herrn und dem Rat und Gericht der Stadt die Gebühren für die Aufnahme eines Neubürgers verloren gehen, denn was der Lump zusammengestohlen hat, wird wohl samt und sonders zurückerstattet werden müssen. Als kleine Wiedergutmachung wartet auf alle Herrn des Gerichts nach der Sitzung in meinem Haus ein Fäßchen Wein, das unbedingt geleert werden muß. Ich darf die Herren also bitten, nachher meine Gäste zu sein!"
Niemand ließ sich lange bitten. Denn ein Neubürger, der keiner ist, das ist eine Sache. Ein Fäßchen guten Weins aber ist eine ganz andere.

Walpurgismesse: Markt, der um den Tag der hl. Walpurgis (1. Mai) stattfand.
Zeughaus: Gerätehaus einer Stadt, in dem Waffen und Vorräte aufbewahrt wurden.
Zentgericht: Gericht, das über todeswürdige Verbrechen zu urteilen hatte.

61. Ein raffiniertes Schurkenstückchen**

Das Leben war wirklich nicht leicht für die Juden in den Reichsstädten, auch wenn sie durch königliches Privileg geschützt waren und nicht verfolgt wurden. Denn wenn der König zum Beispiel Geld brauchte, dann waren die Privilegien nicht das Pergament wert, auf das sie geschrieben waren.
Vorlesezeit: 9 Minuten

Zwei Männer und zwei Frauen saßen um den Tisch, der mit feinem, kunstvoll gefälteltem Linnen gedeckt war. Die Männer trugen lange, mantelähnliche Gewänder und Kopfbedeckungen, die wie umgekehrte Trichter aussahen. Die Frauen waren mit langen Röcken und farbigen Umhängen bekleidet, an denen große Silberknöpfe glänzten; die Haare hatten sie unter engmaschigen Netzen und hochgebundenen Kinnbinden verborgen.

Der Hausherr saß auf einem erhöhten Stuhl, über dem sich ein kleiner Baldachin wölbte. Er hatte das Brot gebrochen, den Wein gekostet und dann den anderen davon ausgeteilt. Jeder hatte sich aus der großen Schüssel bedient, die in der Mitte des Tisches stand, und nun aßen sie schweigend.

Der Hausherr jedoch machte ein mißmutiges Gesicht dabei, und es war ihm anzusehen, daß er nur mühsam seinen Ärger beherrschte.

Als alle ihren Löffel hingelegt und sich die Hände in einer bereitstehenden Schale gereinigt hatten, sprach er das Dankgebet, und danach machte er seinem aufgestauten Mißmut Luft.

„Gott ist gerecht, aber er prüft uns hart" klagte er. „Warum straft er uns mit einer solchen Magd? Esther ist bestimmt die einzige, die ein junges, zartes Lamm so zubereitet, daß es schmeckt, wie eine alte finnige Sau riecht! Man könnte meinen, sie habe bei einem Goi das Kochen gelernt!"
„Aber Isaak, so schlimm ist es doch nicht", begütigte Miriam, seine Frau. Sie erhob sich und goß ein wenig Öl in die kupfernen Lampenschalen, die von der Decke hingen. „Sie gibt sich doch so viel Mühe!"
„Das ist aber zu wenig", schimpfte Isaak und sah seine Gäste an. „Wie peinlich ist ein solcher Fraß, wenn man Freunde geladen hat …"
„Laßt es gut sein", unterbrach der andere Mann. „Wir wissen doch schon lange, daß die Aussicht auf Tafelfreuden wahrhaftig kein Grund ist, euch zu besuchen. Und dennoch kommen wir immer wieder. Wir haben schon soviel überstanden, wir werden auch dieses Lamm überstehen, das so schmeckt, wie ein Schwein riecht. Die Hauptsache ist doch, daß es

koscher ist. Außerdem ist es in Wahrheit ein ganz anderer Ärger, der an
dir nagt."
Isaak nichte grimmig. „Ja, da hast du wohl recht, Salomon, mein Freund."
„Wieso, gibt es etwas, das wir noch nicht wissen?" fragte Miriam
erschrocken.
„Nein, nein, beruhige dich", antwortete Salomon. „Es geht um etwas,
das schon länger zurückliegt, auch wenn wir seine Folgen beileibe nicht
überwunden haben. Erinnere dich an die plötzliche Verhaftung aller
Juden im Sommer!"
„Als man uns sämtliche Schuldscheine abgepreßt hat?"
„Genau das meinte ich. Heute haben wir erfahren, wer und was eigent-
lich dahintersteckte, und vor allem Isaak war wieder so zornig, als ob es
gestern erst geschehen wäre."
„Also erzählt schon, bevor euch die Galle das Herz vergiftet!" forderte
Rahel, Salomons Frau. „Ladet einen Teil eures Ärgers auf uns ab, und stillt
außerdem unsere Neugier!"
„Da gibt es nicht viel zu erzählen." Salomon strich sich seinen Bart.
„Ulman Stromer von Nürnberg hat den ganzen Plan eingefädelt, und
zwar so schlau..., bei Gott, wenn ich nicht so genau wüßte, er ist ein Goi,
und wenn die Sache nicht wieder auf dem Rücken unseres armen Volkes
abgemacht worden wäre, ich würde schwören, er ist ein Jude. Denn etwas
so Gescheites kann sich eigentlich nur ein Jude ausdenken..."
„Halt, halt", unterbrach ihn Isaak, „bevor du ihn noch bis zum nächsten
Schabbat preist, diesen Dieb und Räuber, laß lieber mich weitererzählen,
sonst vergesse ich vor lauter Bewunderung womöglich meinen gerechten
Zorn! Erfahren haben wir den Streich von unserem Freund Samson von
Nürnberg.
Der besagte Ulman Stromer, Gott strafe ihn, hat im letzten Jahr die Räte
des Königs Wenzel und die Abgesandten des Bundes der Städte in seinem
Haus zusammengebracht. ‚Na', hat er gesagt, ‚woran hängt im Leben
alles? Am Geld natürlich. Im Frieden, und erst recht im Krieg. Was müssen
wir also tun, damit der König und die Städte den Krieg gewinnen und
die Fürsten ihn verlieren? Uns Geld verschaffen und den Fürsten welches
nehmen!'
‚Schön und gut', haben da die Räte gemeint, ‚aber stell dir vor, auf den
Gedanken sind wir auch schon gekommen – bloß, wie wir das machen
sollen, das wissen wir nicht.'
‚Ich hab' auch gerade erst angefangen', hat da der Stromer erklärt, ‚laßt
mich nur weitermachen. In einer einzigen Nacht sperren wir in allen
Städten des Bundes die Judenschaft ein. Vor Angst und Schrecken werden

sie alles tun, was wir verlangen. Wir wollen aber nur eins, nämlich ihre Schuldscheine. Wenn sie uns die herausgeben, lassen wir sie unversehrt wieder frei. Und nun hört genau zu, meine Herren Räte: Wer hat den Juden die meisten Schuldscheine ausgestellt?'

,Die Fürsten natürlich!' hat da ein Städtischer gerufen. ,Sie sind Prasser und Verschwender und können mit ihrem Geld nicht auskommen!'

,Richtig!' hat der Stromer bestätigt. ,Und diese Schuldscheine sind dann in unserem Besitz. Das wird die Herren erst mal hübsch bescheiden machen. Aber es kommt noch besser. Der König soll ihnen einen kleinen Teil ihrer Verbindlichkeiten erlassen, dann zeigt er sich weise und gütig und kann sich als wahrer Fürstenfreund feiern lassen. Den Hauptteil indes müssen sie binnen drei Jahren zahlen, und zwar an uns, die Städte und den König. Wer aber nicht zahlen kann, muß sich mit Herrschaftsrechten loskaufen, auf diese Weise werden wir Nürnberger, so hoffe ich, endlich die Burggrafen zum Teufel jagen. Habt Ihr alles verstanden, meine Herren? Wir machen riesigen Gewinn, wer von uns selbst Geldgeschäfte betreibt (wie meine Wenigkeit), ist die lästige jüdische Konkurrenz los, die Fürsten können keinen Krieg beginnen, weil sie kein Geld haben, und geliehen bekommen sich auch nichts, weil ihre Kreditgeber, die Juden, ihnen kaum einen Pfennig mehr geben können.'

Da sind alle aufgestanden und haben dem Plan begeistert zugestimmt. Nur einer, der, von dem Samson die Geschichte kennt, hat schüchtern gefragt: ,Ja, ist es denn gerecht, den Juden so einfach ihr Eigentum zu nehmen?'

Aber er ist sofort niedergebrüllt worden: ,Wer wird mit den Wucherern Mitleid haben? Hauen sie nicht die Christen beständig übers Ohr?'

So ist der Einwand schnell erledigt gewesen.

Das war es", schloß Isaak, „was dahintersteckte, als man uns damals alle einsperrte, bis wir die Schuldscheine herausgaben."

Rahel schüttelte betrübt den Kopf. „Auch wenn man uns nicht totschlägt oder vertreibt", meinte sie, „wir tanzen doch immer auf dem Eis und sind nur ein Werkzeug in den Händen der Mächtigen."

„Du hast leider recht", sagte Isaak, „aber einen kleinen Trost gibt es doch: Es hat auch die getroffen, die uns oft genug übel mitgespielt haben."

Salomon sah geistesabwesend vor sich hin. „Ein Dieb und ein Räuber, der Stromer, mag sein", murmelte er, „und ein Judenhasser obendrein. Aber auch ein ganz durchtriebener Bursche!"

Er blickte auf und sagte: „Trinken wir noch einen Becher Wein, um allen Ärger hinunterzuspülen. Zu ändern ist nichts mehr, und die Hoffnung auf die Zukunft bleibt uns doch."

In diesem Augenblick öffnete sich die Tür. Esther, die alte Magd, steckte ihren Kopf herein und fragte: „Wie hat euch mein Hühnchen geschmeckt?" Als alle schallend lachten, zog sie sich beleidigt zurück. So hörte sie nicht, wie Isaak gottergeben seufzte: „Was allerdings ihre Kochkunst betrifft, da brauchen wir wahrhaftig auf die Zukunft nicht zu hoffen."

Goi: (Plural: Gojim) Bezeichnung der Juden für Nichtjuden, vor allem Christen. *Koscher:* nach rituellen Vorschriften zubereitet. *Schabbat:* der 7. Tag der jüdischen Woche, an dem nicht gearbeitet werden darf.

---

62. Der schwarze Tod**

Für eine Strafe Gottes hielten viele die schrecklichste Epidemie, die Europa ab dem 14. Jahrhundert immer wieder heimsuchte, die Pest. Niemand kannte ihre Ursachen oder ein wirksames Gegenmittel: Hilflos standen die Menschen dem allgegenwärtigen Tod gegenüber.
Vorlesezeit: 10 Minuten

Tausende von Menschen drängten sich in der kleinen Stadt Kaffa auf der Krim.
Unter den Tataren war eine furchtbare Seuche ausgebrochen, und in ihrem Unverstand machten sie die Christen dafür verantwortlich und töteten jeden, den sie in die Hände bekamen. Viele Christen hatten sich in die Mauern von Kaffa geflüchtet. Hier, wo die Genuesen herrschten, konnten sie sich erst einmal sicher fühlen. Aber wie lange noch? Vor den Toren lag ein riesiges Tatarenheer, in den Gassen türmte sich der Unrat, die Lebensmittel wurden knapp, und Enge und Angst machten die Menschen unberechenbar und böse.
Guido del Palagio und Francesco Pisano, zwei Genueser Seidenhändler, schritten mit sorgenvollen Gesichtern über die Hauptstraße.
„Ich weiß nicht, ob wir noch lange durchhalten können", meinte Guido. „Diese heidnischen Narren machen sich und uns kaputt, was in Generationen aufgebaut worden ist."
„Könnte man ihnen nur klarmachen, wie abwegig es ist, Christen als Brunnenvergifter zu verdächtigen!" seufzte Francesco. „Juden sind zu solchen Schandtaten vielleicht imstande, aber doch niemals Christenmenschen!"

„Weder Jude noch Christ, Francesco. Für diese schreckliche Krankheit ist allein der Pesthauch verantwortlich. Wenn bestimmte Himmelskörper einander zu nahe kommen, saugen sie feuchte Ausdünstungen vom Land und Meer an, erhitzen und verderben sie und schleudern sie als giftige Dämpfe zur Erde zurück. Wo dieses Gift sich in großer Menge mit der Atemluft vermischt, dort beginnt das große Sterben. Und wo erst einmal jemand erkrankt ist, da verbreitet sich die Seuche doppelt schnell."

„Manchmal habe ich Angst", fuhr Guido leise fort. „Wir sollten mit unseren Frauen das schnellste Handelsschiff besteigen und nach Hause segeln."

„Warum?" Francesco blieb stehen. „Solange die Tataren unsere Mauern nicht schleifen, können wir doch bleiben! Kein Mensch ist bisher erkrankt! Willst du dir die große Lieferung entgehen lassen, auf die wir schon so lange warten?"

„Nein, nein", erwiderte Guido. „Es war nur so ein Gedanke. Siehst du das?" Er deutete auf einen Haufen Unrat. Daneben lag eine große Ratte und streckte alle viere von sich.

„Eine tote Ratte, na und?"

„Nein, nein, da, so schau doch!"

Jetzt sah Francesco, was Guido meinte. Eine zweite Ratte hatte sich durch den Schmutz gewühlt und beäugte die beiden Männer ohne Furcht. Jetzt lief sie gar herbei und rieb sich an Guidos ledernen Schuhen.

„Verdammtes Vieh", schrie Guido und trat nach ihr. Das Tier quietsche, aber es lief nicht weg.

„Komm weiter, Francesco", bat Guido und schüttelte sich. „Hast du schon mal eine Ratte gesehen, die keine Scheu vor den Menschen hat?"

„Nein", antwortete Francesco. „Aber was soll das schon bedeuten? Vielleicht hat sie Hunger und darüber ihre natürliche Angst verloren."

Die beiden Männer gingen weiter. Nach einiger Zeit brach Francesco das Schweigen. „Sag mal, Guido, warum kratzt du dich eigentlich ständig?"

„Die Flöhe sind es", schimpfte der Freund. „In der ganzen verdammten Stadt wimmelt es von Flöhen!"

„Lieber Flöhe als Tataren!" meinte Francesco, und da mußten sie beide lachen.

Zwei Tage später legte sich Guido früh ins Bett, weil er sich matt und abgespannt fühlte. Nachts wachte er plötzlich auf. Für einen kurzen Augenblick wußte er nicht, was geschehen war, aber dann fühlte er wieder den rasenden Schmerz in seinen Leisten, der schon seinen Traum

zur Qual gemacht hatte. Er tastete seine Schenkel hinauf. Entsetzen
erfüllte ihn, als er die zwei großen Beulen fühlte, die aus den Falten
zwischen Bauch und Oberschenkel wuchsen.
„Margherita! Frau! So wach doch auf!" wimmerte er.
„Was ist los?" Schlaftrunken setzte sich Margherita auf.
„Hilf mir, ich bitte dich, hilf mir!"
„Was ist denn? Sag doch! Was fehlt dir denn?"
„Frag nicht, hilf mir!" Guido stöhnte.
Margherita stieg aus dem Bett und lief in die Küche.
Mit zwei brennenden Talglichtern kam sie zurück.
Sogar im spärlichen Licht der beiden Flämmchen sah sie Qual und Angst
in Guidos Gesicht.
„Um Gottes willen, was hast du?" Erschrocken setzte sie die Lichter
nieder, griff ihm an die Stirn und fühlte die trockene Hitze des Fiebers.
Sie zog die Decke beiseite und schob sein Hemd behutsam hoch.
„Heilige Mutter Maria!" flüsterte sie. „Die Pest!"
O Gott, was sollte sie nur tun? Die Luft verbessern mit Räucherungen
wohlriechender Kräuter, hieß es. Sie hatte keine Kräuter. Die Geschwül-
ste zum Reifen und Platzen bringen, damit der tödliche Eiter abfließen
konnte. Oder sollte sie die Beulen gleich öffnen? Das war sicher das beste!
Guido schrie vor Schmerzen, als das scharfe Messer durch das kranke
Fleisch glitt.
Margherita legte zwei saubere, mit Wein getränkte Lappen auf die
Wunden. Mehr konnte sie nicht tun. Oder doch! Seine Schmerzen
betäuben!
Sie füllte einen großen Becher mit Wein und goß den ganzen Mohnsirup
hinein, den ihr ein umsichtiger Arzt vor der Reise nach Kaffa verschrie-
ben hatte.
Guido leerte den Becher in einem Zug.
„Danke, Margherita", sagte er mühsam und hustete so heftig, daß sie sich
besorgt über ihn beugte. Sie spürte, wie viele winzige Tröpfchen ihr
Gesicht benetzten.
Aber Guido wurde langsam ruhiger, das war das Wichtigste. Eine Stunde
später schlief er.

Es dauerte keinen Tag, bis auch Margherita krank wurde. Sie fühlte sich
so schwach, daß sie den Arzt, den sie für Guido gerufen hatte, im Bett
empfangen mußte. Er tat ohnehin nicht viel, sah sich nur von der Tür
der Schlafkammer aus Guidos Geschwülste an, stellte eine große Flasche
Mohnsirup auf die Schwelle und verschwand schleunigst.

Mit letzter Kraft flößte Margherita Guido von dem lindernden Trunk ein. Als sie selbst davon nehmen wollte, bekam sie einen Hustenanfall. Heftige Atemnot quälte sie, und sie glaubte zu ersticken. Sie spürte, daß sie dem Tod nah war, und Guido, der zwischen zwei Fieberschüben ihren Zustand erkannte, konnte nichts tun, als ihre Hand zu halten, während sie starb.

„Guido, mach auf!"
Eine energische Hand griff in den Schlitz zwischen der hölzernen Tür und der Mauer, hob den Riegel auf und öffnete.
„Guido! Unter den Tataren ist die Seuche erneut ausgebrochen! Sie schleudern ihre Pesttoten mit Wurfmaschinen in die Stadt, um auch uns zu vernichten! Wir müssen schleunigst auf ein Schiff und verschwinden! Guido, wo bist du?"
Francesco lauschte. Nur ein leises Röcheln antwortete ihm.
Er stürzte in die Schlafkammer – und prallte zurück vor dem entsetzlichen Geruch, der in dem kleinen Zimmer herrschte.
Da lag Margherita, die starren Augen gegen die Decke gerichtet, und daneben Guido, mit verzerrtem Gesicht, den entblößten Leib mit schwarzen Flecken übersät, zu schwach und zu erschöpft, um sich gegen die Schmerzen zu wehren.
„Geh!" flüsterte er heiser. „Geh! Uns hat der Tod schon in der Gewalt, rette dich!"
Schweigend blickte Francesco auf den schwerkranken Freund und seine tote Frau.
Helfen konnte er nicht, das wußte er. Aber davonlaufen und den Freund seinem Elend überlassen?
Er verfluchte seine Feigheit – und rannte aus dem Haus.
Eine Stunde später hatten er und Catarina, seine Frau, das Nötigste gepackt und liefen zum Hafen. Unterwegs blieb Catarina plötzlich stehen. „Ich geh nicht weiter!" rief sie voller Ekel.
Vor ihnen lagen tote Ratten, mehr als ein Dutzend, und dazwischen krochen und liefen andere herum, als ob sie die Menschen, die durch die Gasse hasteten, überhaupt nicht wahrnähmen.
„Komm weiter!" schrie Francesco, überwand seine Abscheu und zerrte seine Frau mit sich.
Als sie an Bord des Schiffes waren, fand er endlich Zeit, sich ausgiebig zu kratzen.
„Die verfluchten Flöhe fressen einen auf", sagte er zu Catarina, aber sie fühlte sich zu matt, um etwas zu entgegnen.

Bald darauf stach das Schiff in See, und wenig später war die Stadt Kaffa
am Horizont verschwunden.
Aber an Deck, in der Kajüte, in den Frachträumen und in der Bilge, wo
die Ratten hausten, lauerte ein unsichtbarer Gast: der schwarze Tod.

Bilge: unterer Bereich des Schiffsbodens.

---

63. Zum Heil meiner Seele**

Die Menschen des Mittelalters glaubten, mit mildtätigen Stiftungen das Heil ihrer
Seele sicherstellen zu können (und manche glauben das noch heute). Nicht selten
wurden aus diesen Stiftungen großartige soziale Einrichtungen. Und wer weiß,
vielleicht hat das den Stiftern tatsächlich geholfen ...
Vorlesezeit: 8 Minuten

In nomine patris et filii et spiritus sancti." Kaum brachten die Nürnberger Bürger noch ein halbwegs geschlossenes „Amen" zustande, so
eilig hatten sie es, mit dem gemütlichen Teil des Sonntags zu beginnen.
Natürlich hielten sie sich an die vorgeschriebene Ordnung – wer vorne
saß, auf den gekennzeichneten Plätzen, der hatte Anspruch darauf, das
Gotteshaus als erster zu verlassen.
Aber selbst die würdigen Patrizier und die Mitglieder des großen Rates,
die zum Kirchspiel von St. Sebald gehörten, hatten sichtlich Mühe,
langsam durch das Kirchenschiff zu schreiten. Draußen lockte ein strahlender Vorfrühlingstag; alle Schenken waren geöffnet, und bald würden
auch die Hausfrauen mit dem Sonntagsmahl fertig sein.
Waren das nicht Gründe genug, es eilig zu haben? Die Kirche war
jedenfalls in kürzester Zeit menschenleer.
Vorne aber, in der Bankreihe direkt am Chor, saß noch ein Mann. Er
hätte sitzen können, wo er wollte, man hätte ihm angesehen, daß er zu
den Ersten der Stadt gehörte. Sein leichter Mantel aus feinstem Stoff war
mit Samt und kostbarem Hermelin verbrämt, seine Haltung war selbstbewußt und aufrecht, die kräftige Nase und das vorspringende Kinn
gaben seinem Gesicht den Ausdruck der Entschlossenheit.
Jetzt waren allerdings auch Nachdenklichkeit und ein leichter Anflug von
Unzufriedenheit darin zu lesen.

Der Priester, der mit seinen Gehilfen noch in Chor und Sakristei beschäftigt war, machte zunächst keine Anstalten, den Mann nach seinem Wunsch zu fragen.

Wenn Konrad Groß, Ratsherr, reichster Mann der Stadt und, wie viele behaupteten, intimer Freund des Kaisers, in der Kirche sitzen zu bleiben beliebte, würde er schon seine Gründe haben. Und wenn er etwas wollte, würde er sich schon bemerkbar machen.

Als der Pfarrer aber nach einer halben Stunde die Kirche verlassen wollte und der Mann immer noch dasaß und nachdenklich vor sich hinstarrte, trat er doch auf ihn zu.

„Ist Euch nicht wohl?" fragte er höflich. „Was beschäftigt Euch?"

Konrad Groß hob den Kopf und erwiderte: „Was kann einen sterblichen Menschen schon beschäftigen? Das Heil seiner Seele."

„Daran stets zu denken ist die Pflicht eines Christen", nickte der Pfarrer. „Aber Sorgen machen müßt Ihr Euch doch nicht. Ihr besucht regelmäßig die Messe, fördert den Nutzen unserer Stadt und damit das Wohl aller, seid mildtätig ..."

„Ja, das hört sich alles recht gut an, aber ob es nach dem Willen Gottes genügt?" seufzte Groß. „Ihr wißt, ich bin Kaufmann, so wie schon mein Vater Kaufmann war, ich bin es gern, und ich verstehe mein Geschäft. Doch unser Herr Christus hat einst die Händler aus dem Tempel gejagt – allzu liebenswert können sie ihm also nicht gewesen sein. Und seht – was ich mit meinen Händen berühre, verwandelt sich zu Gold, manchmal ganz ohne mein Zutun ... Ich sage Euch ein Beispiel: Vor einigen Jahren habe ich, mehr aus einer Laune heraus, vom Burggrafen ein Stück Land gekauft, eine Wiese, sumpfig und für niemand verwendbar. Sie liegt zu beiden Seiten des Flusses zwischen den beiden Teilen der Stadt; jetzt sind die Siedlungen vereinigt, und der Fluß ist befestigt – aus der sumpfigen Wiese ist ein äußerst wertvolles Grundstück geworden. Kann soviel Verdienst, mit so wenig Schweiß und Mühe errungen, wirklich Gott wohlgefällig sein? So ist es aber mit allem, was ich beginne."

Der Priester schüttelte den Kopf. „Ich glaube, Ihr macht Euch unnütze Gedanken. Nicht der Verdienst als solcher ist verwerflich; verwerflich handelt nur der, der über das Maß des Notwendigen hinaus verdient und anderen nichts davon abgibt oder gar sein Vermögen auf Kosten und zum Schaden anderer erwirbt. Der heilige Thomas von Aquin hat gesagt ..."

„Der heilige Thomas hatte es da leichter als ich", unterbrach ihn Groß, „der mußte das Problem nur theoretisch erörtern, denn als Mönch durfte er ja nicht einmal das Gewand besitzen, das er am Leib trug. Aber mich drückt auch noch etwas anderes. Wie Ihr vielleicht wißt, habe ich die

Ehre, ein nicht ganz einflußloser Berater unseres Herrn Kaisers in Gelddingen zu sein."

„Ihr untertreibt!" lächelte der Priester.

„Nun ja, da habt Ihr vielleicht recht." Konrad Groß konnte sich eines wohlgefälligen Schmunzelns nicht enthalten, wurde aber gleich wieder ernst. „Was mir aber zu schaffen macht und mir seit langem auf der Seele liegt: Der Kaiser war viele Jahre mit dem Bannfluch des Papstes belegt – habe ich mich da nicht schwer versündigt?"

Nachdenklich strich sich der Priester über das Kinn.

„Das kann man nicht so einfach abtun", meinte er schließlich, „und was Ihr auf Euch bezieht, gilt auch für die ganze Stadt. Hat sie nicht dem Kaiser in diesen Jahren stets die Tore geöffnet?"

„Das hat sie", erwiderte Groß, „und ich habe ihm Kredite gewährt, die er nicht zuletzt benötigt hat, um dem Papst Widerpart bieten zu können."

„Andererseits ist Eure Tätigkeit für Kaiser Ludwig stets segensreich für die Stadt gewesen. Als er Euch das Amt des Reichsschultheißen für einen Kredit verpfändet hat, habt Ihr Nürnberg ein großes Stück auf dem Weg zur Freiheit vorangebracht. Und schließlich – vor Gott war auch der Herr Papst Johannes nur ein fehlbarer Mensch; nicht umsonst waren so viele Bischöfe auf der Seite Ludwigs."

Die Sorgenfalten im Gesicht Konrad Groß' hatten sich während der Worte des Priesters mehr und mehr geglättet, schließlich mußte er sogar lachen.

„Ihr seid ein schlechter Advokat des Herrn", sagte er, „wenn Ihr es den Seelen der armen Sünder so leicht macht. Mir scheint gar, Ihr wollt mich davon abhalten, zum Heil meiner Seele etwas für die Armen zu tun ..."

„Um Gottes Willen, nein!" rief der Priester erschrocken. „Dann hättet Ihr mich gründlich mißverstanden! Auch der beste Mensch ist allemal ein sündiger Mensch und kann deshalb gar nicht genug tun für sein Seelenheil!"

„So sind wir uns einig", sagte Groß, „laßt mich erklären, was ich mir vorgestellt habe: ein großes Spital für die Alten und Armen im Namen des Heiligen Geistes ..."

„Gott wird Euch segnen dafür!" Der Pfarrer strahlte über das ganze Gesicht.

„... und zwar auf jenem Stück Land, das ohne mein Zutun einen so großen Wert bekommen hat. Ausstatten will ich es mit jährlich 500 Gulden."

Der Kaufmann kniff die Augen zusammen und lächelte listig. „Das Geld des Konrad Groß pflegt sich ja wie von selbst zu vermehren, also wird das Spital sicherlich bald sehr vermögend sein. Was meint Ihr, vielleicht rechnet Gott mir auch die Zinsen noch an?"

Aber auf eine so schwierige kaufmännisch-theologische Frage wußte das arme Priesterlein natürlich keine Antwort.

In nomine patris et filii et spiritus sancti: Im Namen des Vaters und des Sohnes und des Heiligen Geistes. *Reichsschultheiß:* königlicher Beamter. In Reichsstädten übte er als Stellvertreter des Reichsvogts die hohe Gerichtsbarkeit aus.

---

64. Eine Frau will nicht widerrufen***

Die Beginen, die ohne bindendes Gelübde in religiösen Gemeinschaften zusammenlebten, wurden von der Amtskirche erbittert bekämpft, weil man sie der Häresie verdächtigte. Aber die Frauen verteidigten ihren Glauben und ihre Lebensform, manche von ihnen unter Einsatz ihres Lebens.
Vorlesezeit: 7 Minuten

Du willst das alles wirklich auf dich nehmen?" Zweifelnd schaute die Magistra ihre Mitschwester an.

Aber Marguerite war sich ihrer Sache ganz sicher. „Wie kann ich Sätze widerrufen, die Christus selbst mir aufzuschreiben befohlen hat? Kein Priester, kein Bischof und kein Inquisitor kann wollen, daß ich Gottes Wort verleugne! Im übrigen, sag mir doch, was daran ketzerisch sein soll, wenn ich beschreibe, wie die fromme Seele, die der Sünde abgeschworen hat, sich Stück für Stück Gott nähert? Ist es ketzerisch, wenn ich sage, daß sich die Seele, die Gott schon nahe ist, allen menschlichen Einflüssen entzieht? Ist es ketzerisch, wenn ich behaupte, daß die Seele, bevor sie mit Gott eins wird, erkennen muß, daß sie nichts ist und Gott alles?"

Agnes, die Magistra des Beginenhofes in Valenciennes, seufzte tief. Mit dieser Frau war nicht zu reden. Sie war schon vor vielen Jahren Mitglied ihrer kleinen Gemeinschaft geworden, als junges Mädchen. Ihr Vater war einer der reichsten Kaufleute der Stadt gewesen, und sie hatte alles aufgegeben: ein großes Erbe, eine glänzende Heirat, die Führung eines herrschaftlichen Haushaltes. Von Anfang an hatte sie die Beginen beeindruckt – durch ihre Gelehrsamkeit, die so gar nicht zu einer Patriziertochter passen wollte, und die bis zum Starrsinn gehende Unbeirrbarkeit ihres Glaubens. Sie hatte offenbar eine Christus-Erscheinung gehabt, die sie tief bewegt und ihr ganzes weiteres Leben bestimmt hatte; niemand wußte etwas Genaues, denn sie sprach nicht darüber.

Jedenfalls begann sie, kaum daß sie sich am Beginenhof eingelebt hatte, mit der Arbeit an einem Buch, ihrem Buch, das sie „Spiegel der einfachen Seelen" nannte und in dem sie den Weg der gläubigen Seele hin zu Gott und zur ewigen Seligkeit beschrieb.

„Dieses Buch kommt von Gott, es ist erfüllt von der göttlichen Liebe", sagte sie stets, wenn die Rede darauf kam. Mit derselben Beharrlichkeit, mit der sie daran gearbeitet hatte, weigerte sie sich, nachdem es einmal fertig war, auch nur ein Wörtchen daran umzuschreiben. „Was von Gott kommt, das dürfen Menschen nicht ändern."

Vor einigen Jahren hatte der Bischof von Cambrai das Buch als ketzerisch öffentlich verbrennen lassen. Aber auch das hatte Marguerite nicht umstimmen können.

„Laß doch wenigstens die Sätze weg, die am ehesten mißverstanden werden können. Mußt du denn unbedingt behaupten, daß für die Seele, die Gott nahe ist, die menschlichen (und kirchlichen, heißt das doch!) Moralbegriffe nicht mehr zählen?"

Agnes hatte auf sie eingeredet, sie geradezu angefleht.

Aber es hatte nichts bewirkt, Marguerite war nicht einmal bereit gewesen, ihr Werk wenigstens eine Zeitlang unter Verschluß zu halten.

Und jetzt war das Schlimmste passiert: Der Generalinquisitor hatte den „Spiegel der einfachen Seelen" in die Finger bekommen und prompt eine Untersuchung eingeleitet.

Agnes seufzte noch einmal. Als ob es die Beginen nicht ohnehin schon schwer genug hatten mit der Kirche und den Männern, die in ihr zu befehlen hatten.

Beginen waren mehr geduldet als geliebt, und mancher Böswillige leitete ihren Namen von den Albigensern ab, den Ketzern aus Südfrankreich, die jede kirchliche Autorität abgelehnt hatten und in einem grausamen Kreuzzug nahezu ausgerottet worden waren.

Aber Beginen zweifelten die Rechte der Kirche überhaupt nicht an. Sie waren nichts als fromme Frauen, die ein Leben nur für Gott führen wollten, ohne sich deshalb gleich einer strengen Ordensregel zu unterwerfen. Sie lebten zusammen mit Gleichgesinnten, wählten sich eine Magistra, der sie freiwillig gehorchten, halfen den Kranken und Armen und sammelten Almosen. Vor allem aber suchten sie die geistige Begegnung mit Gott. Niemals hatten sie an der Autorität der Kirche gerüttelt. Doch es hieß, der Papst habe die Absicht, das gemeinschaftliche Leben der Beginen zu verbieten.

Da war Marguerites Beharrlichkeit wenig hilfreich – und wußte sie wirklich, was auf sie zukam? Agnes seufzte ein drittes Mal und machte noch einen letzten Versuch.

„Du dienst unserer Sache nicht, und du bringst dein Leben in Gefahr. Könntest du nicht wenigstens ..."

Aber sie brach ab, als sie Marguerites Gesichtsausdruck sah. Nichts, gar nichts würde diese Frau umstimmen und in ihrem Glauben irre machen.

„Ich weiß, daß du mein Bestes willst und mir Kummer, Angst und körperliche Qualen ersparen möchtest", sagte Marguerite leise. „Aber glaub mir, wichtiger als unsere oder gar meine Sache ist die Sache Gottes."

Agnes nickte nur und wandte sich ab. Sie hätte schreien und toben können vor soviel Unvernunft und Starrsinn, doch gleichzeitig empfand sie Ehrfurcht vor der Unerschütterlichkeit dieses Glaubens.

Wenige Tage später wurde Marguerite verhaftet und nach Paris ins Gefängnis gebracht. Zwei Jahre mußte sie dort bleiben, aber sie widerrief nicht.

Einundzwanzig berühmte Theologen befanden, daß der „Spiegel der einfachen Seelen" ein verdammenswertes und ketzerisches Buch sei. Aber sie widerrief nicht.

Der Generalinquisitor selbst besuchte sie mehrmals und versuchte, sie umzustimmen. Aber sie widerrief nicht.

Mit den Unbelehrbaren kannte die Kirche keine Gnade: Am ersten Juni des Jahres 1310 starb Marguerite Porête, Begine von Valenciennes, in Paris den Feuertod.

Ihre Asche wurde verstreut, damit nichts von ihr bliebe. Aber die Verbreitung ihres Buches konnte der Generalinquisitor nicht verhindern. Und was mit ihrer Seele geschah, das weiß allein Gott.

Magistra: Leiterin, Lehrmeisterin.

65. *Christine setzt sich durch****

Frauen hatten in der mittelalterlichen Stadt zwar die gleichen bürgerlichen Rechte wie die Männer, aber in der Politik hatten sie nichts zu melden. Wenn sie auf Grund besonderer Umstände selbständig ein Geschäft führten, hatten sie es schwer, sich gegen ihre männlichen Konkurrenten durchzusetzen.
Vorlesezeit: 10 Minuten

Christine van den Berg stand auf dem Friedhof und starrte auf den frisch aufgeworfenen Grabhügel, unter dem ihr Mann am Morgen zur letzten Ruhe gebettet worden war. Er war ein guter Mann gewesen und auch ein guter Vater für die vier Kinder, obwohl er so oft unterwegs gewesen war und für sein Ehrenamt als Ratsherr der Stadt Köln viel Zeit aufgewendet hatte.
Es war ein seltsames Gefühl, jetzt ganz ohne ihn zu sein.
Vorhin, als noch die vielen Trauergäste um sie herumgewesen waren, als jeder ihr die Hand hatte drücken wollen, als sie sich um alles mögliche hatte kümmern müssen, war sie kaum zum Nachdenken gekommen. Hier, allein auf dem Friedhof, da war sie erst ganz.von Trauer erfüllt gewesen, aber jetzt ging ihr auch die Zukunft im Kopf herum. Wie sollte es weitergehen?
Vor Gerhards Tod war die Aufgabenverteilung klar gewesen: Sie hatte den großen Haushalt geführt, mit vier Kindern und fast zwei Dutzend Knechten, Mägden, Handelsgehilfen und Schreibern, hatte alles beaufsichtigt, vom Kochen über das Brotbacken, Schlachten und Bierbrauen bis hin zum Pflegen des Kräutergartens und zum Waschen der Wäsche. Auch bei der Buchführung hatte sie immer wieder mitgeholfen. Aber der eigentliche Handel, das Prüfen der Stoffe und Gewürze, die Verkostung des Weins, die Abwicklung der Messe- und Marktbesuche, die Festlegung der Preise, das hatte immer Gerhard gemacht, dazu hätte sie gar keine Zeit gehabt. Ob sie einfach alles aufgeben sollte? Genug für ein Leben ohne Sorgen hatten sie.
Nein, niemals! Sie wollte nicht, daß Gerhards Name so sang- und klanglos aus den Annalen der Stadt verschwand, sie wollte, daß eins ihrer Kinder eines Tages den Handel übernehmen sollte, und sie wollte beweisen, daß sie es schaffen konnte, eine schwere Aufgabe zu bewältigen. Christine war eine kluge Frau. Sie wußte, daß ihr harte Zeiten bevorstanden. Sie mußte sich mit Warenqualität und Bezugsquellen vertraut machen. Sie mußte lernen, mit Lieferanten und mit Kunden umzugehen.

Wenigstens hatte sie, als Tochter wohlhabender Eltern, vier Jahre lang die Pfarrschule besucht; sie konnte lesen und schreiben, und elementares Rechnen hatte sie in Gerhards Kontor gelernt. Aber das Latein, das die Kaufleute verschiedener Länder zur Verständigung benutzten, das unverzichtbare Latein, das konnte sie gar nicht, da mußte sie ganz von vorn anfangen.

Sie mußte herausfinden, auf welche von ihren Leuten sie sich wirklich verlassen konnte, mußte ihren Haushalt neu organisieren und eine Vielzahl von Verbindungen neu knüpfen.

Sie würde niemals den Rückhalt im Stadtpatriziat haben, den Gerhard hatte. Denn als Frau blieb ihr die Mitgliedschaft im Rat versagt. Sie mußte sich behaupten unter lauter Männern. Zwar gab es das häufiger, daß eine Frau ein Geschäft führte, aber ein so großer Brocken wie Gerhard van den Bergs Tuch-, Wein- und Gewürzgroßhandel war selten darunter. Ja, es würde schwer werden.

Christine warf noch einen Blick auf das Grab.

„Ich werde es schaffen, Gerhard", sagte sie, warf den Kopf in den Nacken und ging heim zu ihren Kindern.

Es wurde noch schwerer, als Christine es sich gedacht hatte. Obwohl sie ununterbrochen arbeitete, prüfte, lernte, organisierte, sich kaum noch die Zeit für den Kirchgang nahm und die Aufsicht über Haushalt und Kinder einer alten Magd anvertraute, gab es mehr Rückschläge als Erfolge. Mal waren mehrere Ballen Tuch, die sie bestellt hatte, von so minderwertiger Qualität, daß sie Ärger mit den vereidigten Prüfern bekam. Mal kündigten ihr erfahrene Handelsgehilfen den Dienst auf. Mal verschwand ein Wagen mit zwei Fudern Wein samt Pferden und Knechten spurlos.

Eines Morgens, vielleicht acht, neun Monate nach dem Tod ihres Mannes, stürzte der alte Rutbert, der seit vielen Jahren bei ihnen im Dienst stand, schreckensbleich in das Kontor, in dem sie arbeitete. „Das Gewürzlager", stammelte er, „das Gewürzlager ...!" Er rang die Hände.

Erschrocken stand Christine auf und folgte ihm in das Lager, das sich unter den Wohn- und Arbeitsräumen befand. Im hinteren Teil, wo in Leinensäcken Pfeffer, Nelken, Zimt, Koriander, Ingwer und Kümmel lagerten, schlug ihr beißender Gestank entgegen. Irgendein verfluchter Hund war in das Lager eingebrochen und hatte ein paar Fässer Jauche über die Säcke mit dem kostbaren Inhalt gegossen. Ein Schaden von mehreren hundert Gulden! Jetzt erst fügten sich alle Ärgernisse der letzten Zeit zu einem nahtlosen Bild zusammen. Aber aus Wut und Trotz schöpfte Christine neue Kräfte. „Nun erst recht", dachte sie.

Zwei Tage später machte ihr Hartmann van Leuwen seine Aufwartung. Er galt als der reichste unter den Kölner Kaufleuten und war ein Vetter ihres Mannes; sein Freund war er allerdings nie gewesen.

Er triefte nur so von Höflichkeit, machte ihr so süße Komplimente, als ob ihm statt Speichel Honig im Mund flösse, bis sie ihn schließlich unterbrach und in barschem Ton fragte: „Ihr wollt doch etwas von mir, Hartmann, was ist es?"

„Nun, wenn Ihr es schon so direkt wissen wollt", begann er vorsichtig und kraulte sein Doppelkinn, „es ist nicht gut, wenn eine Frau in Eurem Alter schon allein ist, mit vier Kindern, die noch nicht erwachsen sind, und einem Geschäft, das viel zu groß ist für die schwachen Schultern einer Frau. Ihr wißt, daß ich jetzt zehn Jahre Witwer bin ..." Weiter ließ ihn Christine nicht kommen. „Vielen Dank für Euer Angebot, Hartmann, das Ihr mir macht, bevor noch der Jahrtag von meines Mannes Tod begangen wurde. Aber ich brauche Eure Hilfe nicht. Auch weiß ich nicht, ob Eure Zuneigung mehr mir oder meinem Geschäft gilt. Die Antwort lautet also jetzt und für alle Zeiten: Nein!"

Als Hartmann merkte, daß er sie nicht umstimmen konnte, änderte er seinen Tonfall. „Euer Mann war mein Vetter. Er hatte sonst keine Verwandten in der Stadt. Ich könnte beim Rat die Vormundschaft über Eure Kinder beantragen und in ihrem Interesse das Vermögen verwalten, weil Ihr dazu nicht in der Lage seid!" drohte er.

Aber da kam er bei Christine an die Falsche. „Wollt Ihr jetzt noch mehr krumme Wege versuchen?" rief sie empört. „Ihr wißt genau, daß in dieser Stadt Bürgersfrauen freies Besitz- und Erbrecht haben, und ich habe geerbt als Miteigentümerin zur gesamten Hand! Daran könnt nicht einmal ihr etwas ändern!"

Sie mäßigte ihre Lautstärke und fügte scheinbar freundlich hinzu: „Ach, und eine Frage noch, bevor Ihr geht: Die Jauche, die Ihr in meinem Lager habt ausgießen lassen, stammte die eigentlich von Euren Schweinen oder von Euch selbst? Ich habe es beim besten Willen nicht herausfinden können."

Hartmann von Leuwen mußte als Verlierer den Kampfplatz verlassen.

Mit doppelter Energie arbeitete Christine weiter. Als ihr ein Freund ihres Mannes, der von einer Geschäftsreise aus Genua kam, von einem enormen Verfall der Gewürzpreise berichtete, verzichtete sie kurzerhand darauf, ihre Vorräte zu erneuern, und vergrößerte statt dessen ihre Tuchbestände. Das Warenlager ließ sie nachts von bewaffneten Knechten sichern.

Der entscheidende Durchbruch gelang ihr, nachdem sie im August, ein Jahr nach dem Tod ihres Mannes, die Messe in Troyes in der Champagne besucht hatte.

Dort sah sie Pariser Seidenwaren der neuesten Mode, Tücher, Hüte, Geldbeutel mit feinster Goldstickerei. Sie wurden zu Höchstpreisen gehandelt. Das war es! In Köln mit seinen 35 000 Einwohnern mußte es doch genügend weibliche Kundschaft geben, so daß sich eine Fertigung lohnte, auch in den Städten rheinaufwärts, Mainz, Worms, Speyer, überall war bestimmt Bedarf vorhanden!

Gesagt, getan, Christine kaufte große Mengen feiner Stoffe, Garne und Gold ein. In Köln verhandelte sie so geschickt mit den selbständigen Seidenmacherinnen und Goldspinnerinnen, daß bald die besten von ihnen ausschließlich für sie arbeiteten.

Christines Angebot auserlesener Modewaren wurde ein solcher Erfolg, daß sie Wein- und Gewürzhandel ganz aufgeben konnte.

Im Lauf der Zeit lernten die Kaufherren der Stadt sie wegen ihres Geschicks und ihrer Tüchtigkeit zu respektieren und für das, was sie ihnen voraushatte, nämlich ein Gespür für guten Geschmack und Mode, zu achten.

Hartmann von Leuwen bedauerte nichts so sehr, wie es mit ihr verdorben zu haben; denn viele glänzende Geschäfte gingen ihm deshalb durch die Lappen.

Christine hatte es geschafft!

Erbe zur gesamten Hand: In vielen Städten hatte ein Erblasser das Recht, seine Frau als Alleinerbin einzusetzen, so daß die Kinder (bzw. deren Vormünder) keinen Zugriff auf das Erbe hatten.

---

66. So eine Ungerechtigkeit!**

In den großen Städten des Spätmittelalters gab es ein ganz ordentliches Angebot an Lateinschulen – für Jungen! Alle Schüler mußten Schulgeld bezahlen, das war die Haupteinnahmequelle des Lehrers.
Vorlesezeit: 8 Minuten

Hanns rieb sich sein schmerzendes Hinterteil und hörte grollend dem aufgeregten Schulmeister zu, der noch einmal seine Sünden aufzählte: „Obwohl ich es dir schon zweimal befohlen habe, hast du dein Haar noch immer nicht schneiden lassen!"
(„Wenn ich gestutzt wie ein Mönch daherkomme, schaut mich doch kein Mädchen an!")
„An drei Tagen hast du den Unterricht geschwänzt!"
(„Das liegt daran, daß du so langweilig bist, alte Schlafmütze!")
„Du hast den Kantor durch absichtliches Falschsingen so geärgert, daß er nicht mehr weiter unterrichten konnte!"
(„Das war es ja gerade, was ich wollte!")
„Und das Schlimmste: Trotz strengsten Verbots hast du dich mehrfach mit Mädchen am Brunnen getroffen!"
(„Was kann ich dafür, wenn Mädchen nicht in die Lateinschule gehen dürfen? Dann wäre alles einfacher!")
Der Schulmeister faßte zusammen: „Ich sage dir, wenn du dich nicht besserst, wirst du ein Taugenichts, und die zwölf Rutenstreiche, die hast du dir wirklich und ehrlich verdient!"
Auch da war Hanns völlig anderer Meinung. Er empfand es als eine bodenlose Gemeinheit, ihm vor allen 70 Schülern der Lateinschule den Hintern zu verhauen, nur wegen ein paar winzigen Verstößen gegen die Schulordnung, die sowieso viel zu streng war.
Aber das sagte er natürlich nicht, als der Schulmeister ihn fragte: „Willst du dich bessern?"
Da antwortete er brav: „Ich werde mich bessern", „mores meos mutabo".
Denn selbstverständlich sprach ein fortgeschrittener Schüler der Sebalder Lateinschule zu Nürnberg mit den Lehrern ausschließlich Latein.
Als der Schulmeister noch einen zweiten armen Schüler durchgeprügelt hatte, konnte endlich der Unterricht beginnen. Die Kleinen gingen mit einem der beiden Hilfslehrer, der sich jeden Tag sechs Stunden lang damit abplagte, ihnen das Lesen und Schreiben beizubringen. Dazu mußten sie täglich zwei neue lateinische Wörter lernen. Die Großen wurden heute

von dem zweiten Hilfslehrer unterrichtet; vier Stunden lang lasen sie lateinische Bücher, übersetzten sie ins Deutsche und taten so, als ob sie begriffen, was darin stand. Die restlichen zwei Stunden mußten sie beten, singen und in der Bibel lesen.

Höchst ungewöhnlich, daß der Schulmeister sich nicht selbst um die Ältesten kümmerte. Aber Hanns wußte, warum. Er und seine Freunde hatten den Gehilfen ein paarmal so geärgert, daß er neulich einen seiner Holzschuhe ausgezogen und dem Konrad Tucher (der war aber auch wirklich frech!) über den Scheitel gezogen hatte. Das hatte großen Ärger gegeben, weil in der Schulordnung des hohen und weisen Rates ausdrücklich drinstand, daß man die Schüler nur auf den Hintern hauen durfte. Wenn so was öfter vorkam, dann zahlten manche Schüler ihr Schulgeld womöglich lieber an den Schulmeister von St. Lorenz oder vom Heiliggeistspital... Nein, nein, bevor das geschah, kümmerte sich der Herr Magister lieber höchstpersönlich um die Lümmel in der zweiten Gruppe.

„Setzt euch im Halbkreis um die Tafel", befahl er auf Latein. Und weil sie den Satz so ähnlich jeden Morgen hörten, verstanden sie ihn auch und gehorchten.

Dann ging es los, zwei endlose Stunden lang. Hanns gähnte verstohlen. Heute waren die Konjunktive dran: Pueri ament patrem ... die Knaben sollen den Vater lieben. Discipulus amet magistrum – der Schüler soll den Schulmeister lieben ... hahaha!

„Hast du etwas gesagt, Hanns?"

„Nein, nein, Meister, nur geniest."

Irgendwie gingen auch diese zwei Stunden herum, obwohl sich für Hanns' Rückseite jede Minute auf dem harten Hocker zur endlosen Qual dehnte.

Anschließend war Gesangsübung und dann Messe, da konnte man wenigstens stehen oder knien.

Danach war erst einmal Pause.

Vor dem Schulhaus, das direkt neben der Kirche lag, traf Hanns seinen Freund Michel. Der zählte zu den Armen und brauchte nur das halbe Schulgeld zu zahlen. Ein großes gelbes Stück Stoff, das auf sein Hemd aufgenäht war, war das Zeichen seiner Bedürftigkeit. Michel haßte es aus tiefster Seele, denn es verletzte seinen Stolz und erniedrigte ihn, doch er mußte es tragen.

Aber heute war ohne Zweifel Hanns der Ärmere von ihnen, denn immer noch peinigte ihn seine mißhandelte Sitzfläche, und außerdem nagte der Groll am Frieden seiner Seele.

Als Michel sich teilnahmsvoll erkundigte: „Wie geht es dir?" – da brach
es aus ihm heraus: „Es geht mir hundsschlecht! Erstens tut es weh, und
zweitens hat er mich ganz zu Unrecht verhauen, also fast jedenfalls. Er
ist ja bloß wütend, weil der Rat ihm nicht erlaubt hat, das Schulgeld zu
erhöhen. Mein Vater hat es meiner Mutter erzählt, ich habe es gehört!
Aber ich will Rache! Und ich werde meine Rache bekommen, ich weiß
auch schon, wie."

„Na, wie denn?" fragte Michel neugierig.

„Du weißt doch, was ihm das Liebste im Leben ist?"

„Na klar, gutes Essen und Trinken."

„Also. Ich werde mir von meinem Vater eine von den köstlichen geräucherten Würsten geben lassen, die bei uns im Rauchfang hängen. Vor
dem Unterricht werde ich damit zum Meister gehen, werde sie hervor-
ziehen und sagen: ‚Die wollte ich Euch eigentlich schenken, Meister, aber
nachdem Ihr mich gestern so geprügelt habt ...' Dann werde ich vor seinen
Augen hineinbeißen ... wie ich ihn kenne, bricht ihm das das Herz!"

Am nächsten Tag wunderte sich Michel, daß Hanns nicht sofort erzählte,
wie es gegangen sei mit der Wurst. Vielmehr lief er den ganzen Vormittag
mit einem Gesicht herum, das noch saurer war als am Tag vorher.

„Was war denn nun eigentlich?" erkundigte sich Michel deshalb, als sie
sich wie gewöhnlich in der Pause trafen. Hanns ließ erst mal einen langen
und verwickelten Fluch vom Stapel, bevor er antwortete: „Es ging völlig
daneben. Aber völlig! Als ich meinen Vater um eine Wurst bat, da wollte
er wissen, wofür ich sie haben wollte. Er hörte nicht auf zu fragen, bis er
die ganze Geschichte rausgekriegt hatte. Und dann? Weißt du, was er
dann getan hat?"

„Erzähl schon!" rief Michel gespannt.

„Er holte einen extrafeinen Schinken aus dem Rauchfang. ‚Und diesen
Schinken bringst du jetzt dem Magister', sagte er, ‚mit einem schönen
Gruß von mir und meinem besten Dank, daß er dir deinen Schinken mal
richtig verhauen hat.' Was soll man dazu sagen? Hol der Teufel alle Väter
und alle Schulmeister!"

67. Sie werden uns abschlachten![**]

Als die Türken 1453 Byzanz eroberten, fürchteten die Verteidiger der Stadt, bis auf den letzten Mann und die letzte Frau niedergemacht zu werden. Denn was konnte man von den gottlosen Heiden anderes erwarten?
Vorlesezeit: 8 Minuten

Die Nacht war still und klar. Ein leiser Wind trug den Duft des Meeres in die Stadt, und das Mondlicht schimmerte auf den Dächern. Dann brach der Sturm los. Der Lärm trieb die Furcht in die Herzen der Verteidiger. Kreischendes Kriegsgeschrei, Trommeln, Pfeifen, Trompeten, das Rumpeln der Kriegsmaschinen.

„Sie kommen!" gellte es von den Mauern. „Sie kommen!"

„Läutet die Glocken!" Das Brausen, Dröhnen und Hallen der Glocken mischte sich mit dem Schlachtenlärm zu einem Getöse, das Angreifer und Verteidiger zermürbte. Johannes stand am Fuß der großen Mauer und sah seinen Freund Theophilos mit ratloser Verzweiflung an.

„Was sollen wir tun? Kämpfen – oder beten?"

Theophilos schnaubte. „Gegen Janitscharen helfen keine Gebete! Komm!"

Sie hasteten zwischen Frauen und Greisen hindurch, die Balken und Körbe voll Steinen schleppten, zwischen Kindern, die mit großen Gefäßen voll Wasser vorankeuchten, und zwischen Männern, die wie sie auf ihre Posten auf der Mauer eilten.

„Sie werden entlang der ganzen Mauerlinie angreifen", rief Theophilos atemlos. „Sie wissen längst, daß wir viel zu wenig sind, um überall gleichen Widerstand zu leisten."

„Aber irgendwo werden sie ihre Kräfte konzentrieren", erwiderte Johannes, „da, wo die Mauer am schwächsten ist. Los, wir müssen uns beeilen!"

Minuten später standen sie auf der Mauer hinter der Deckung und sahen im flackernden Schein der Leuchtfeuer den heranstürmenden Feind. Und dann flogen Steine, surrten Pfeile, Musketen und Feldschlangen krachten, und nur, wer alles, Liebe, Erinnerung, Hoffnungen und Sehnsüchte aus seinem Herzen verbannte und an ihre Stelle den Haß und den Willen zu überleben setzte, konnte es ertragen. Manche aber flohen schreiend von den Mauern oder traten aus der Deckung, damit sie bald ein Pfeil oder eine Kugel träfe und dem Entsetzen ein Ende machte.

„Was wollen sie von uns?" stieß Johannes hervor. „Warum lassen sie uns nicht zufrieden?

„Wann hätte ein Mächtiger jemals die Gelegenheit versäumt, seine Macht zu vergrößern?" gab Theophilos zur Antwort. „Das ist der Mensch, ob Moslem oder Christ!" Er legte die Muskete in die Gabel, richtete sie aus und schoß. „Denk nicht nach! Die Nachdenklichen sind es, die als erste sterben!"

Zwei Stunden dauerte der Angriff, dann war plötzlich alles vorbei, der Feind war zurückgeschlagen.

„Nur ein kurzer Nachtangriff", sagte Johannes, „sie wollen uns zermürben." Aber Theophilos schüttelte den Kopf. „Das war nur der Anfang", meinte er, „die Baschi-Bazuks, Söldner aus aller Herren Länder. Die schwächste Truppe des Sultans. Wir werden nicht lange Ruhe haben."

Theophilos behielt recht. Kaum konnten die Christen die Mauerkronen verstärken, Schäden ausbessern und neue Wurfsteine herbeischaffen, da griffen die Türken wieder an. Im ersten Morgenlicht sahen die Verteidiger sie anrücken, langsam und unerbittlich. Anatolier waren es, schwer bewaffnet und mit stabilen Brustpanzern gerüstet, gefolgt von den Janitscharen, die nichts weiter waren als Kämpfer und die den Tod so gelassen hinnahmen wie andere einen Regenschauer. Und dann erklang aus der Ferne ein tiefes, dumpfes Dröhnen.

„Was war das?" fragte Johannes erschrocken.

„Gott steh uns bei!" Zum ersten Mal wich der Gleichmut aus Theophilos' Gesicht. „Die Baliamezza!"

Johannes sah seine Muskete an; eine Haselnußgerte war sie, ein Kinderspielzeug. Was waren alle Waffen der Welt gegen die Baliamezza, die gewaltige Kanone, die Sultan Mehmet hatte gießen und von deren furchtbarer Wirkung er immer wieder Gerüchte hatte streuen lassen! Nichts davon war übertrieben, und schon ihr Klang lähmte den Mut.

Kurze Zeit später erzielte die Baliamezza ihren ersten verhängnisvollen Treffer: Zehn Schritt breit brachen Mauerwerk und Palisaden zusammen. Das war der Anfang vom Ende; wenige Stunden danach gaben die Christen ihren Widerstand auf, nur einzelne Gruppen hielten noch den einen oder anderen Festungsturm. Byzanz war gefallen.

Johannes und Theophilos hatten den Kampf um die Stadt bis auf ein paar blutige Schrammen überstanden.

Sie waren gefangengenommen und mit zahlreichen ihrer Gefährten entwaffnet und unter strenger Bewachung auf den großen Platz vor der Kirche der heiligen Apostel gebracht worden.

Dort standen sie jetzt in der glühenden Sonne und warteten, was mit ihnen geschehen würde.

„Sie werden die Stadt plündern", sagte Johannes, „sie werden unsere Frauen mißbrauchen, und dann, wenn sie ihre Gier und ihre Lust gestillt haben, werden sie uns abschlachten, um ihren Sieg vollkommen zu machen."

Seine Stimme war rauh vor Haß und Angst.

Theophilos schwieg eine Zeitlang, bevor er antwortete:

„Ich weiß nicht ... siehst du, daß vor dem Kirchenportal Wachen stehen? Da, jetzt weisen sie diese zerlumpte Horde von Baschi-Bazuks zurück. Sie dürfen nicht hinein, also können sie auch nicht plündern!"

„Wahrscheinlich betrachtet der Sultan sie als seine persönliche Beute", entgegnete Johannes bitter. „Du wirst doch von diesen verdammten Heiden nicht etwa Schonung erwarten? Da kommt der Janitscharen-Oberst. Jetzt werden wir unser Los erfahren!"

Der Janitschare stellte sich vor die gefangenen byzantinischen Kämpfer und sprach rasch auf den neben ihm stehenden Dolmetscher ein. Der hob die Hände wie einen Trichter an den Mund und rief:

„Der erhabene Sultan Mehmet hat die Stadt Byzanz erobert, der Basileus ist tot. Seine Kathedrale, die Hagia Sophia, hat Sultan Mehmet für Allah in Besitz genommen. Aber diese hier, die soll euch bleiben. Der erhabene Sultan bietet euch Frieden an. Rechtgläubige, Christen und Juden sollen unbehelligt miteinander in Byzanz leben und die Stadt zu neuer Blüte führen."

Johannes stand starr vor Staunen. Aber dann, als er in das lachende Gesicht seines Freundes blickte, spürte er, wie die Erleichterung ihn überkam — darüber, daß er nicht sterben, und darüber, daß ein Todfeind nicht immer ein Todfeind bleiben mußte.

Janitscharen: eine im 14. Jahrhundert gebildete Kerntruppe, die dem Sultan des Osmanischen Reichs diente. *Feldschlange:* Geschütz mit langem Rohr, das vom 15.–17. Jahrhundert benutzt worde. *Basileus:* Titel des byzantinischen Kaisers.

Zeit des Wandels:
Das 16. Jahrhundert

68. Seeweg mit Hindernissen**

Kolumbus hätte gern den Seeweg nach Indien gefunden, aber er landete ganz woanders. Ein anderer hatte mehr Erfolg: Vasco da Gama mit seinen Seeleuten. Aber fast hätte auch er aufgeben müssen, denn die Fahrt war ungeheuer strapaziös.
Vorlesezeit: 8 Minuten

Wer konnte die Strapazen noch zählen, die sie seit Beginn der Fahrt erduldet, die Stürme, die sie abgewettert hatten, die Tage, an denen die Sonne erbarmungslos auf sie niederbrannte, oder die, an denen der Regen ihr Schiff in eine einzige Wasserlache verwandelte! Sie hatten gehungert und gefroren, gedürstet und geschwitzt, sie hatten Todesängste ausgestanden, wenn sie bei schwerem Wetter in die Wanten geentert waren, um Segel zu bergen oder Reffs zu stecken.
Sie hatten alles ertragen, um ihr großes Ziel zu erreichen. Aber jetzt, wo es gar nicht mehr so weit sein konnte, jetzt würde ihre Fahrt doch noch scheitern. Denn sie waren am Ende ihrer Kräfte.
Bartholomeo hockte auf dem Hüttendeck und stocherte angewidert in dem zinnernen Napf herum, der zwischen seinen gekreuzten Beinen stand. Rattenfraß. Ja, tatsächlich, Rattenfraß, denn die einzigen an Bord, denen das Zeug schmeckte und die feist und gesund herumliefen, waren die Ratten.
Aber einem Menschen war diese Nahrung nicht zuzumuten. Eingesalzenes Schweinefleisch, das trotz Wässern und Kochen mit einer grünen, stinkenden Schmiere bedeckt war, Trockenfisch, aus dem sich fette weiße Maden mit schwarzen Köpfen ringelten, und Hartbrot, das sich in Staub auflöste, wenn man es anfaßte, so sehr hatten die Ratten es schon zernagt. Das Erträglichste waren noch die Erbsen; für die steinharten Dinger schienen sich weder Ratten noch Maden zu interessieren, und wenn man sie lang genug einweichte und kochte, wurde ein halbwegs genießbarer Brei daraus.
Sonst hatten sie alles aufgegessen, jede Karotte, jede Zwiebel; das frische Obst war schon bald hinter Kap Verde alle gewesen. Wer noch ordentlich

satt werden wollte, mußte sich ein paar Ratten fangen. Abgezogen, ausgenommen und gebraten waren sie das begehrteste Nahrungsmittel, das einzige, das nicht nach Verwesung und Schimmel schmeckte.

Aber sie ließen sich verdammt schwer fangen, und eine, die er erbeutet hatte, verkaufen, das machte schon seit Wochen niemand mehr. Seine letzte Ratte hatte Bartholomeo vor acht Tagen gegessen.

Er würgte mühsam den Rest des Breis hinunter, den er sich aus Erbsen, gehacktem Pökelfleisch und Hartbrotkrümeln mit ein bißchen grünlichem, schleimigem Wasser zusammengerührt hatte.

Mißmutig stellte er den leeren Napf beiseite und blickte um sich. Die meisten Seeleute saßen an Deck wie er, aber teilnahmslos und ohne ihr Essen anzurühren.

Sie waren bleich unter ihrer Sonnenbräune, ihre Augen lagen tief in den Höhlen. Wenn sich einer erhob, um die Latrine zu benutzen, sah man ihm an, daß ihm jede Bewegung Schmerzen bereitete, wenn einer den Mund aufmachte, sah man das geschwollene, blutige Zahnfleisch und die Lücken zwischen den Zähnen.

Skorbut, die schreckliche Krankheit der Seeleute, deren Ursache niemand kannte, hatte sie befallen, die Mannschaften aller vier Schiffe, und inzwischen verging kaum ein Tag, an dem nicht auf irgendeinem ein kurzes Gebet gesprochen und dann ein Leichnam, eingenäht in eine Hängematte, der See übergeben wurde.

Sechs Monate waren sie jetzt unterwegs, ein Drittel der fast dreihundert Seeleute war tot, der Rest krank, mutlos und verzweifelt.

Sie hatten Kap Bojador, Kap Verde und das Kap der Guten Hoffnung umsegelt, aber die indische Küste, mochte sie auch noch so nah sein, würden sie nie erreichen.

Mühsam erhob sich Bartholomeo. Auch ihm tat jeder Muskel weh, auch er hatte schon dreimal einen blutigen Zahn ausgespien.

Er würde jetzt zum Kommandanten gehen und ihm sagen, worin er die einzige Chance sah, daß vielleicht einige von ihnen lebend die Heimat erreichten – vielleicht.

Vasco da Gama hörte ihn ruhig an. Dann strich er sich seinen dichten schwarzen Bart und nickte.

„Du hast recht", sagte er, und Bartholomeo, der ihn kannte wie kein anderer, wußte, was ihn diese drei Wörter kosteten. Die Pläne so vieler Jahre dahin!

„Zwar glaube ich fest, daß wir uns auf dem richtigen Kurs befinden, aber dennoch, es kann noch Monate dauern, bis wir nach Indien gelangen.

Mit lauter Kranken, von denen etliche schon mehr tot als lebendig sind, halten wir das nicht durch. Im übrigen – morgen kannst du, kann ich ebenfalls am Ende sein. Nein, es hat keinen Zweck mehr."

Lange sah er versonnen in die Weite des Ozeans, die er zu überwinden gehofft hatte. „Wir werden folgendes tun", fuhr er dann fort, in einem Ton, als ob er überlegte, mit wem er zu Abend speisen wolle, „wir werden nordwestlichen Kurs steuern und, meiner Berechnung nach, morgen oder übermorgen den afrikanischen Kontinent sichten. Vielleicht haben wir Glück und stoßen auf fruchtbares Land; dort, bei guter Verpflegung und reichlich Wasser, werden sich die Folgen des Skorbuts möglicherweise lindern lassen, so daß wir es wagen können, die Heimfahrt anzutreten. Ist das Land allerdings so beschaffen, wie wir es bei Kap Bojador gesehen haben, dann sei Gott unseren Seelen gnädig."

Wie der Kommandant es anordnete, so geschah es. Die entkräfteten Männer warfen sich in die Brassen, und als ob Gott ihnen die Richtigkeit der Entscheidung bestätigen wollte, raumte der Wind.

Der nächste Tag war der, den Bartholomeo, wann immer er später von der Reise erzählte, als den Tag der Wunder bezeichnete.

Kaum war die Sonne aufgegangen, da kreuzten Schiffe ihren Kurs, große, seetüchtige Handelsschiffe; als sie wieder unterging, lagen sie im Hafen einer Stadt vor Anker. Sie fanden dort Mauren, die Spanisch und Italienisch sprachen und mit denen sie sich halbwegs verständigen konnten.

Die Stadt hieß Malindi und war ein arabisches Handelszentrum, ein Stützpunkt, von dem aus der Handel mit Indien betrieben wurde!

Bartholomeo wußte nicht, ob es an der freudigen Nachricht oder an den reichhaltigen frischen Speisen lag, aber nach zwei Wochen waren die meisten Männer gesund.

Ein arabischer Lotse brachte die Schiffe dann in 23 Tagen an die Küste Vorderindiens. Sie hatten es geschafft, sie hatten den Seeweg nach Indien gefunden!

Als Bartholomeo und Vasco im Hafen der Stadt Calicut an Bord ihres Schiffes ihr erstes üppiges indisches Mahl einnahmen, rief der Kommandant glücklich: „Na, mein Freund, jetzt haben sich all die Strapazen doch noch gelohnt! Also ich, ich würde es noch einmal versuchen, auch wenn ich wüßte, was auf mich zukommt!"

Bedächtig nickte Bartholomeo. „Ja, ich auch, glaube ich", erwiderte er und biß mit Genuß in einen saftigen Hühnchenschenkel, „nur – ob ich noch einmal eine gebratene Ratte hinunterbrächte, das weiß ich wirklich nicht!"

Er blickte auf und sah erschrocken, daß Vasco ganz grün im Gesicht war. „Was hast du denn?" fragte er besorgt. Aber dann merkte er, daß ihm selber mulmig wurde, und er wechselte schleunigst das Thema.

Abwettern: einen Sturm überstehen. *Reff*: Vorrichtung, um bei Sturm die Segelfläche zu verkleinern. *Wanten*: Leinen zur seitlichen Abstützung des Masts. Bei großen Seglern Strickleitern, um den Mast besteigen und die Segel einholen zu können. *Brassen*: Taue zum Einrichten der Segel. *Raumen*: Der Wind dreht und weht nun achterlich (von hinten). *Skorbut*: Krankheit, die auf Vitamin C-Mangel beruht.

---

69. Quauhtlatóas Tod***

Nach der zweiten Entdeckung Amerikas begann die Eroberung des Kontinents durch christliche Europäer. Geldgier, Grausamkeit und grenzenlose Überheblichkeit führten dazu, daß alte Kulturen zerstört und ganze Völker vernichtet wurden. Vorlesezeit: 8 Minuten

Don Diego García de Alvarado, Beauftragter seiner katholischen Majestät, des Königs von Kastilien und Aragon, und Mitglied des Consejo de las Indas, sprang erregt von seinem Sessel auf: „Seit fünf Jahren ist ganz Westindien offiziell der Krone Kastiliens unterstellt. Ihr seid also verpflichtet, vor allem den Nutzen der Krone zu mehren, Don Hernando! Ihr handelt aber, als ob dieses ganze Aztekenreich mit seinen unermeßlichen Schätzen nur dazu diene, Euch selbst die Taschen zu füllen!" Cortez schürzte geringschätzig die Lippen. Federfuchser! Papierfresser! Schreibpultritter! Worte reichten nicht aus, um seine Verachtung für Leute vom Schlag Don Diegos zu beschreiben. Er ließ seinen Blick von den Zehenspitzen bis zur gepflegten Haartracht seines Besuchers gleiten: Die engen Strumpfhosen mit goldbestickten Hüftwülsten, das taillierte Wams, die schwere goldene Kette um den Hals, der sorgfältig gestützte Spitzbart, alles nach der neuesten Mode, alles vom Feinsten. Nur der Mann in dieser ganzen Pracht, der war keinen Schuß Pulver wert! So waren sie alle, die jetzt kamen und sich in alles einmischten, jetzt, wo die ganze blutige Arbeit getan war.

„Ihr vergeßt etwas", entgegnete der Generalkapitän endlich, nachdem Don Diego unter seinem abschätzigen Blick rot vor Zorn geworden war, „ich habe diesen Eroberungszug im Auftrag des kubanischen Statthalters

seiner Majestät unternommen – auf eigenes Risiko und auf eigene
Kosten. Ich habe vor zwei Jahren im Kampf mit den Azteken fast alle
meine Männer verloren und mit Not mein eigenes Leben gerettet. Ich
habe aber nicht aufgegeben und bin wiedergekommen, mit neuen
Männern und unter neuen Opfern. Ich habe unter unsäglichen Mühen
diese Stadt erobert."
Er erhob sich, trat ans Fenster des Palastes und blickte auf die Trümmer
Tenochtitláns herab. Plötzlich fuhr er herum. „Warum, glaubt Ihr, habe
ich das getan?" fragte er mit schneidender Schärfe. „Um mir jetzt von
Euch sagen zu lassen, was ich zu tun habe?
Ich habe die Stadt geplündert, um ihre Reichtümer in meinen Besitz zu
bringen. Ich habe die meisten ihrer Bewohner töten lassen, nachdem sie
mir ihr Gold gebracht haben, denn so können sie mir nicht mehr schaden.
Den Rest habe ich gebrandmarkt und versklavt, denn so bringen auch
sie noch Gewinn. Und ich sage Euch, Don Diego, wenn ich irgendwo
noch ein Krümelchen Gold vermute, dann würde ich auch die letzten
Mauern niederreißen; wenn ich glaubte, die Überlebenden hätten etwas
verschluckt davon, dann würde ich sie schlachten bis auf den letzten
Mann. Denn für dieses Gold habe ich ertragen, was ich ertragen habe,
für dieses Gold, hört ihr, und nicht dafür, von Euch Befehle entgegenzunehmen. Von diesem Gold wird seine Majestät einen angemessenen
Anteil erhalten. Und jetzt laßt mich allein!"

Pater Juan Payón konnte sich nicht beruhigen.
„Es sind Wilde, Barbaren schlimmster Sorte, fast möchte ich sagen, keine
Menschen!" berichtete er seinem Mitbruder. „In jedem Monat opfern
sie ihren Götzen Sklaven, Gefangene, aber auch solche von ihren eigenen
Leuten, die sich freiwillig gemeldet haben. Sie ziehen ihnen die Haut ab,
in die dann ein Priester schlüpft, so wollen sie die junge Natur im
Frühling begrüßen. Sie bringen ihren Göttern Kinder dar, zur Erntezeit
opfern sie Herzen, die sie den Gefangenen bei lebendigem Leib heraus-
schneiden – ich sage Euch, es sind wilde Tiere!"
„Das ist ja grauenhaft!" entsetzte sich der Mitbruder. „Und Ihr hofft
wirklich, diese Bestien bekehren zu können?"
„Nun ja, sie sind unvorstellbar hartnäckig. Ich habe lebende Hunde und
Katzen ins Feuer werfen lassen, damit die Schreie der Tiere ihnen die
Qualen der ewigen Verdammnis zeigen sollten, aber sie lächelten nur
dabei. Keine Mühe darf indes zu groß sein, um eine Seele zu retten."
Pater Juan sprach mit großem Ernst. „Ich habe jedenfalls jedem von ihnen
Gelegenheit gegeben, sich zum wahren Glauben zu bekennen und

taufen zu lassen, bevor ich ihn der Obrigkeit zur Hinrichtung überstellt habe."

„Ich habe keine Kraft mehr, und von meinem Volk lebt niemand mehr, der mir neuen Mut geben könnte. Nach so langer Zeit bin ich zurückgekehrt nach Tenochtitlán, der Stadt, in der unser Ehrwürdiger Sprecher residiert hat, und ich habe gehofft, wenigstens dich, Matlalxochitl, meine Frau, noch lebend anzutreffen. Nun liegst du da, tot und kalt. Du siehst nicht mehr aus wie die Frau, von der sie mich vor zehn Monaten weggeführt haben. Du bist dürr geworden und alt, und dein Huipil ist ein verblichener Fetzen. Du warst immer so stolz auf deine prächtigen bunten Huipilli! O wären wir doch den Blumentod gestorben! Weißt du, daß sie uns für wilde Bestien halten, weil wir Menschen den Blumentod sterben lassen? Uns aber schicken sie in die Flammen, wenn wir ihren Gott nicht ehren wollen, als ob das nicht ein weit qualvollerer Tod wäre. – Wenn ich dich so vor mir liegen sehe, Matlalxochitl, wollte ich, ich wäre an deiner Stelle.

Damals, nachdem sie mir mit dem glühenden Stein ein Mal auf die Wange gebrannt haben, schickten sie mich zur Arbeit auf die Felder. Sie sagten immer, sie hätten Mitleid mit aller Kreatur, aber ich sage dir, sie haben keines. Sie haben uns schuften lassen, bis wir zusammengebrochen sind, sie haben uns kaum Wasser und Atóli genug gegeben, daß wir am Leben bleiben konnten.

Weißt du noch, wie sie gekommen sind? Wir haben die Erde geküßt und geglaubt, Quetzalcóatl mit seinem Gefolge sei zu uns zurückgekehrt. Aber sie sind keine weißen Götter, sie sind bloß sterbliche Menschen wie wir. Doch mit ihrer Mißachtung all unserer Gewohnheiten, mit den Krankheiten, die sie uns gebracht haben, und mit ihren schrecklichen Waffen habe sie uns besiegt. Du wirst es nicht glauben, aber sie sind gekommen, sie haben gekämpft, sie haben Tenochtitlán verwüstet und den Ehrwürdigen Sprecher getötet, bloß weil sie unser Gold besitzen wollen. Als ob nicht das Material, aus dem sie ihre Waffen, ihre Rüstungen und Werkzeuge machen, ungleich wertvoller wäre! Siehst du, mein hölzernes Schwert haben sie nicht geraubt. Was sind auch die Obsidiansplitter darauf gegen die Schärfe ihrer Klingen! Aber dieses Schwert ist gut genug, um mein Leben wie das eines Kriegers zu beenden. Ich will hier neben dir liegen, Matlalxochitl; kein Mexicátl wird unsere Leiber bestatten, doch es wird sich auch keiner der Fremden die Mühe machen, unsere Ruhe zu stören."

So starb Quauhtlatóa, der Azteke. Hernando Cortez brachte Schiffsla-
dungen voll Gold nach Spanien, und Pater Juan Payón rettete noch viele
Seelen vor der ewigen Verdammnis.

Quauhtlatóa: K'autlatoa. *Consejo de Las Indas:* Rat für die indianischen Gebiete in
Amerika. *Huipil (Plural: huipilli):* farbenprächtiges Schultertuch. *Atóli:* Mais. *Quetz-
alcóatl:* K'etsalk'oatl. *Obsidiansplitter:* Splitter aus vulkanischem Gesteinsglas, die die
Gefährlichkeit des Holzschwerts erhöhen sollten. *Mexicátl:* Selbstbezeichnung der
Azteken. *Blumentod:* Opfertod zu Ehren eines Gottes; dabei wurde dem Opfer das
Herz bei lebendigem Leib herausgerissen.

---

70. Angebot und Nachfrage*

Zu Beginn der Neuzeit entstand eine neue Art von Kaufmannschaft, die auf
Gewinnmaximierung, Vielseitigkeit der Unternehmungen und genauer Beach-
tung des richtigen Verhältnisses von Angebot und Nachfrage beruhte. Für einen
aufgeweckten jungen Mann war es nicht weiter schwierig, die Prinzipien des
neuen Wirtschaftens zu verstehen ...
Vorlesezeit: 11 Minuten

Der junge Markus Waller war nicht recht bei der Sache. Er saß vor
seinem Lehrherrn, der ihm mit wachsender Ungeduld den Aufbau
eines funktionierenden Handelshauses erklärte, und dachte an alles andere,
bloß nicht an Zahlen, Nutzungsrechte und Verlagswaren.
Nein, an alles andere nicht, nur an sie. An Sabina nämlich, die Tochter
des Mannes, der da auf ihn einredete, um einen brauchbaren Kaufmann
aus ihm zu machen. Sie war wunderbar! Wie sie einem zulächelte, wenn
die ganze Familie mit allen Bediensteten beim Essen an der großen Tafel
saß; wie sie ihre braunen Locken schüttelte, wie sie manchmal ihr Kleid
glattstrich, so daß man sehen konnte, wie schön sie gewachsen war, nicht
zu dürr und nicht zu dick ... Ach, sie war unvergleichlich!
Markus beneidete ihre Eltern glühend, denn die bekamen jeden Abend
einen Kuß von ihr. Ihre Mutter, die immer noch mit vollen Backen kaute,
denn sie war grundsätzlich die letzte, die mit dem Essen aufhörte, und
ihr Vater, der bloß an Zahlen und Bilanzen dachte.
Wozu brauchten die ihre Küsse! Wenn er die doch alle bekäme!
Da huschte ein Schatten durch Markus' Träume, es klatschte. Au! Au!
Zum Teufel, das tat weh, das war alles andere als ein Kuß!

Im Nu war Markus wieder mitten im nüchternen Alltagsleben und sah seinen Lehrherrn an, der ihm mit der Rechten drohend vor dem Gesicht herumfuchtelte.

„Gleich kriegst du noch eine, wenn du nicht zuhörst! Wovon habe ich gerade geredet?"

„Von ... äh ... von ... äh ... von irgendwas mit Geld?" fragte Markus. Der Kaufherr raufte sich die Haare. „Von irgendwas mit Geld", stöhnte er. „Bei Gott, Junge, manchmal möchte ich wissen, wo du mit deinen Gedanken bist!"

Aber das konnte ihm Markus nun gerade nicht sagen. Also stotterte er etwas von „schlecht geschlafen" und „bösen Träumen", die ihm nochmals durch den Kopf gegangen wären, und versprach feierlich, jetzt ganz genau aufpassen zu wollen.

„Du bist zwar erst eine Woche hier", seufzte Lucas Wiener, „aber ein bißchen Begeisterung für die Kaufmannschaft, denke ich, hätte ich schon entfachen müssen in deinem Herzen."

Das Herz brannte ja schon lichterloh, wenn auch nicht für die Kaufmannschaft ... Ach Gott, wenn er an diese Augen dachte ... Vorsicht, Markus, du träumst schon wieder! Er riß sich energisch zusammen und lauschte aufmerksam.

„Dein Vater und ich sind seit Jahren nicht nur Freunde, sondern auch Handelspartner." Wiener sprach jetzt mit großem Ernst. „Er hat dich in meine Obhut gegeben, damit ich dich lehre, ein tüchtiger, redlicher und gottesfürchtiger Kaufmann zu werden; denn eines Tages wirst du seinen Handel übernehmen. Und eins sage ich dir, ich werde dich lehren, ein tüchtiger, redlicher und gottesfürchtiger Kaufmann zu werden, wenn es sein muß ...", wieder erschien die schlagkräftige Hand vor Markus' Augen, „... mit sehr energischen Methoden, verstanden?"

„Verstanden." Markus nickte ergeben.

„Also gut." Der Kaufherr ließ sich in seinen Sessel sinken. „Noch mal von vorn. Unser Geschäft, meines so gut wie das deines Vaters, ruht auf drei Säulen. Auf dem Kauf und Verkauf von Rohstoffen, auf dem Verleih und der Anlage von Geld und auf dem Kauf und Verkauf von fertigen Waren.

Fangen wir mit den Rohstoffen an. Womit würdest du Handel treiben wollen, mit Korn oder mit Gewürzen?"

„Mit Korn", rief Markus, ohne lange zu überlegen.

„Mit Korn?" Wieder einmal raufte sich der Kaufmann Wiener die Haare. „Wieso denn das?"

„Ja, i... ich hab' gedacht", stotterte Markus, „weil Korn doch jeder braucht, deshalb wollte ich damit handeln."

„Ach so", brummt Wiener, „das ist ja nicht einmal so falsch gedacht. Aber du irrst dich trotzdem. Schau, überall bauen die Bauern Getreide an, es ist reichlich vorhanden, und jeder benötigt es, um leben zu können. Deshalb müssen die Preise niedrig sein, es ist nur wenig Geld damit zu verdienen. Natürlich, wenn die Ernte gering ist und eine Hungersnot droht, kann man mit Wucherpreisen für das Korn steinreich werden. Aber ein ehrbarer Kaufmann lehnt so etwas ab. Nein, Gewürze sind da viel lohnender. Zum einen sind sie eine reine Luxusware; die reichen Leute zahlen dafür jeden Preis, denn wer eine feine Küche zeigen will, der braucht auch Gewürze. Zum anderen reicht eine Schiffsladung Korn gerade, eine Stadt zehn Tage lang satt zu machen. Mit einer Schiffsladung Zimt aber zum Beispiel kannst du ein Jahr lang den Bedarf eines ganzen Landstrichs decken. Du hast also wenig Aufwand damit."

„Ich glaub', das versteh' ich!" Markus nickte eifrig. „Je weniger von einer Ware gebraucht wird, um so besser ist es, damit Handel zu treiben!"

„Nein, nein, nein!" Lukas Wiener schüttelte verzweifelt den Kopf. „So kann man das doch nicht sagen! Dann wäre es ja am geschicktesten, mit Hasenknödeln und Katzenpisse zu handeln, denn davon braucht man weniger als wenig! Aber darüber reden wir ein andermal. Fürs erste merk dir nur: Wir haben in vielen Ländern Europas und auch in Afrika und Asien Kontore; dort kaufen wir wertvolle Rohstoffe, handeln aber auch mit fertigen Waren. Überall verkaufen wir, was wir zu bieten haben, auf den großen Messen und Märkten, aber auch, indem wir Gehilfen mit Wagen über Land schicken. Verstanden?"

Markus bejahte ergeben.

„Hoffentlich!" sagte der Kaufmann und fuhr fort: „Einen Teil der Rohstoffe und Waren transportieren wir zu Wasser und zu Lande zu Handwerkern, die sie in unserem Auftrag weiterverarbeiten. Also zum Beispiel Seidengarn zu den Seidenwebern, Kupfer zu den Kupferschmieden, die für uns arbeiten. Dabei versuchen wir, von den Handwerkern einen möglichst hohen Preis für den Rohstoff zu erzielen, den wir ihnen zur Verfügung stellen, und einen möglichst niedrigen für die fertigen Waren, die sie uns liefern und die wir dann in aller Welt verkaufen. Das ist die zweite Säule unseres Geschäfts."

„Ja, aber", wagte Markus zu fragen, „wenn Ihr von den Handwerkern hohe Preise verlangt und bloß niedrige zahlt, ist das denn ehrbare Kaufmannschaft?"

Lukas Wiener rollte die Augen. „Mußt du unbedingt alberne Zwischenfragen stellen, bevor du überhaupt das Grundsätzliche begriffen hast? Hör erst weiter zu! Ich komme jetzt zur dritten Säule eines soliden Handelshauses, dem Geldgeschäft. Es besteht darin, daß wir anderen Handelshäusern Kredite gewähren und dafür Zinsen erhalten oder daß wir Beteiligungen an ihnen erwerben und dafür Gewinnanteile kassieren. Schließlich aber, und das ist das Beste", hier rieb sich der Kaufherr genüßlich die Hände, „verleihen wir Summen an Landesherren, die zum Beispiel für einen Krieg große Mengen Geld benötigen. Als Gegenleistung erhalten wir meistens für einige Zeit die Nutzungsrechte an einem Silber- oder Kupferbergwerk, an einer Saline oder etwas anderem in der Art. Damit läßt sich das Vermögen prächtig vermehren!

So, Junge, das soll für heute genug sein. Hast du jetzt noch eine Frage?"
Eigentlich hätte er eine gehabt, er wollte seinen Lehrherrn fragen, warum er immer über die Juden schimpfte, die doch auch nichts anderes taten, als Geld zu verleihen, aber er schüttelte vorsichtshalber den Kopf, denn er befürchtete, wieder dummes Zeug zu reden.

Also steckte er seine Nase in eine Warenliste, die ihm sein Lehrherr in die Hand gedrückt hatte, und war ein paar Augenblicke später in Gedanken wieder bei Sabina und ihren schönen braunen Augen.

Ein paar Tage später geschah eine Reihe von Wundern. Es war der Geburtstag des Hausherrn, und Markus hatte statt des üblichen Biers zum Vespertrunk einen großen Becher Wein bekommen. Er fühlte sich leicht und beschwingt, und als er einmal auf den Abtritt mußte, hüpfte er schwungvoll die Treppe hinunter. Da stand sie! Da stand sie, ganz allein und lächelte. Das war das erste Wunder.

Als er sie so sah, traute sich Markus, vom Wein ermutigt, was er sich sonst nie getraut hätte, nämlich zu fragen, ob er nicht einen Kuß bekommen könne. Das war das zweite Wunder. Das dritte Wunder geschah gleich anschließend. Sabina sagte ja! Leider war es dann mit den Wundern vorbei, denn sie fügte schnell hinzu: „Aber er kostet zwei Heller!"

Freilich, Markus überlegte nicht lange. Für einen Kuß von Sabina hätte er auch tausend Gulden gegeben, wenn er sie nur gehabt hätte.

Er versprach also, zwei Heller zu bezahlen, und bekam seinen Kuß.

In den nächsten Tagen und Wochen wiederholte sich das: Markus zahlte von dem spärlichen Taschengeld, mit dem ihn sein Vater ausstattete, zwei Heller und erhielt dafür einen zarten Kuß von Sabina.

Irgendwann merkte er, daß ihre Küsse stürmischer wurden und länger dauerten, als man billigerweise für zwei Heller erwarten durfte. Ja, manchmal vergaß sie sogar ganz, das Geld zu verlangen.

Als sie sich wieder einmal am Fuß der Treppe trafen und Sabina sofort, ohne etwas zu sagen, die Arme um ihn legte und die Lippen spitzte, da hielt Markus sie von sich ab.

„Aber es kostet vier Heller!" verlangte er.

„Einverstanden", sagte Sabina.

Von dem Tag an war sich Markus sicher, die Grundregeln der ehrbaren Kaufmannschaft begriffen zu haben.

Verlagswaren: Große Handelshäuser legten damals selbständigen Handwerkern Rohstoffe zur Verarbeitung in Heimarbeit vor und garantierten deren Abnahme. *Saline:* Anlage zur Salzgewinnung.

---

*71. Was ist mit dem, der anders denkt?***

Allerhand mußten die Anfänger der reformierten Kirche von den Katholiken erdulden. Aber wenn sie in der Mehrheit waren, dann machten es viele von ihnen auch nicht besser.

Vorlesezeit 8 Minuten

Hans Kellinghusen blieb hartnäckig. „Ihr könnt Euch doch zumindest mal anhören, was er zu sagen hat", meinte er. „Ein bißchen Toleranz steht einem Handelsherrn gut an!"

„Ich werd' dir was, du Grünschnabel", erwiderte Diedrich Kellinghusen erbost. „Sag du mir, was Toleranz ist! Was sind das für Zeiten, wo die Jungen die Alten belehren!"

„So war es nicht gemeint, Vater", lenkte Hans ein. „Ich wollte Euch doch nicht belehren. Aber ich glaube, Euch entgeht was, wenn Ihr von vornherein ablehnend seid. Glaubt mir, in Wittenberg ..."

„Ach was, Wittenberg! Das hat man nu davon, daß man euch in die Welt zum Studieren geschickt hat. Dann kommt ihr wieder nach Haus und wollt alles umkrempeln. Aber gut, du sollst deinen Willen haben. Zumindest eins hast du geschafft, daß ich neugierig geworden bin!"

Am Nachmittag machten sich Vater und Sohn Kellinghusen auf den Weg zur Nikolaikirche. Von der Förde her blies ein kalter Wind, und es nieselte. Bald bereute Diedrich seine Zusage.

„Mensch, wär' ich man bloß in der warmen Stube geblieben", schimpfte er, „bei dem Wetter jagt man ja keinen Hund aus dem Haus!"

„Nu laßt man, Vater, und schimpft nicht, nu ist das doch zu spät!" meinte Hans, und dagegen ließ sich wenig sagen, also stapfte der alte Kellinghusen mißmutig neben dem jungen her. Bald hatten sie den Südermarkt überquert und näherten sich dem Kirchplatz von St. Nikolai. Eine Menge Leute hatten sich dort bereits versammelt.

„Das versteh' ich nicht", brummte Kellinghusen. „Warum gehen sie nicht rein bei dem Mistwetter? Kalt ist es zwar in der Kirche auch, aber wenigstens trocken!"

Er beschleunigte seine Schritte, als er einen alten Freund entdeckte. „He, Lütke, sag mal, warum geht ihr nicht rein?"

„Das ist schnell erklärt", lautete die mißmutige Antwort. „Der Priester hat die Tür zugesperrt und will um nichts in der Welt aufmachen. ‚Ein Ketzer kommt nicht in meine Kirche', hat er gesagt."

„Na, so was!" Diedrich Kellinghusen regte sich ordentlich auf. „Ist das nu tolerant? Man kann doch die Leute nicht im Regen stehen lassen, nur weil sie sich einen reformierten Prediger anhören wollen! Also das ist wirklich ein starkes Stück! Aber wenn er meint, der Priester, daß er mich damit abschrecken kann, dann hat er sich verrechnet. Nun bleib' ich gerade da, und wenn es Bindfäden regnet!"

Er rückte sich den Hut zurecht, zog den Mantel fester um die Schultern, winkte seinen Sohn neben sich und harrte der Dinge, die da kommen sollten.

Nach kurzer Zeit merkten die beiden, daß sich die Augen aller Menschen erwartungsvoll zum Kirchenportal wendeten. Ein kleiner, schmächtiger Kerl stand da, im schwarzen Priesterrock.

„Was, der Lütte da, das soll er sein?" fragte Kellinghusen erstaunt.

„Genau, das ist er, Hermann Tast heißt er, und von Husum kommt er", sagte Hans leise und legte dann einen Finger auf die Lippen.

„Wenn uns schon seine Diener aussperren, Gott meint das gut mit uns!" rief das Männchen mit hoher, überraschend kräftiger Stimme und deutete nach oben. „Guckt mal, nu wird das schon ein bißchen blau!"

Tatsächlich, das Nieseln hatte aufgehört, und an einigen Stellen schimmerte der Himmel durch die Wolkendecke.

„Seht ihr", fuhr der Prediger fort, „ihr könnt euch auf den Kopf stellen, und ihr könnt da doch nichts dran ändern, wenn das regnet, dann regnet das. Und bloß, wenn Gott das will, denn kommt der Himmel durch und die Sonne scheint. Genauso ist das mit der Vergebung von euren Sünden. Ihr könnt euch auf den Kopf stellen, und da kommt nichts bei raus. Da hilft kein Ablaßzettel, da helfen keine zehntausend Vaterunser, da hilft nur die Gnade Gottes."

Plötzlich ertönten laute Zwischenrufe aus der Menge.

„Stopft ihm endlich das Maul! Jagt den Ketzer davon!"

Andere schrien dagegen, ein kleines Handgemenge entstand, und dann hinkten ein paar Männer eilig davon.

„Mach weiter", rief jemand, „nun sind wir unter uns!"

„Ich danke euch", sagte der Prediger, „aber es macht mich traurig, daß das man immer bloß mit Gewalt geht, wenn sich die alte und die neue Lehre begegnen. Ist das denn wirklich so schlimm, was der Doktor Martin Luther gesagt hat?

Daß alles, was von Menschen gemacht wird, dem Irrtum unterworfen ist, auch die Konzilsbeschlüsse? Daß das Papsttum eine menschliche Einrichtung ist und keine göttliche? Daß der Mensch durch den Glauben mit Gott selbst verbunden ist und deshalb eigentlich gar keinen Priester braucht?

Wer da was gegen sagt, der will doch bloß von seiner Macht nichts abgeben. Und das ist das, was der Martin Luther sagt: Daß die Kirche keine Macht braucht, sondern bloß Liebe."

So sprach er weiter, der kleine Prediger. Er nützte nicht aus, daß er sagen durfte, was er wollte. Er verdammte die alte Kirche nicht, und er klagte niemanden an. Er erzählte von den zwei Reichen Gottes, von dem einen, in dem die Obrigkeit herrscht, der man sich fügen muß, in dem es Ungleichheit unter den Menschen gibt und wo nach irdischer Gerechtigkeit geurteilt wird; und von dem anderen Reich, in dem Christus herrscht, in dem alle Menschen gleich sind und wo an die Stelle irdischer Gerechtigkeit Gnade und Vergebung treten. Als er geendet hatte, gab es keinen stürmischen Beifall, sondern die Leute gingen still und nachdenklich nach Haus.

„Na, tut Euch das leid, daß Ihr mitgekommen seid?" fragte Hans Kellinghusen seinen Vater.

„Nee, mein Jung', das tut mir nicht leid", erwiderte der Alte, aber mehr sagte er nicht, denn er war nicht sehr gesprächig.

Ein paar Tage später stürzte Hans zu ihm in die Stube, wo er bei einem Krug Bier saß.

„Vater, Vater", rief er aufgeregt, „bald haben wir das geschafft! Der Bürgermeister und der Rat haben zwölf papistische Priester aus der Stadt verbannt!"

Da wiegte der Alte den Kopf. „Nee, mein Jung', das find' ich nu nicht gut. Und ich glaube, dein Prediger, so wie ich ihn verstanden hab, er findet das auch nicht gut. Denn tolerant, das sollten man beide Seiten sein, denk' ich. Was die einen nicht wollen, das dürfen die anderen noch längst nicht verweigern. Merk dir das, mein Jung', sonst wird das nichts Gutes mit euch!"

72. Mehr Recht für den gemeinen Mann**

Übertrieben war es wirklich nicht, was die Aufständischen während der Bauernkriege verlangten, weder revolutionär noch unerfüllbar. Aber wer die militärische Macht hat, setzt oft mehr auf Kanonen als auf Zugeständnisse...
Vorlesezeit: 9 Minuten

Martin Schwarz blinzelte in die Strahlen der untergehenden Sonne. Vor ihm, auf der großen Wiese, lagerten Hunderte von Reitern und Landsknechten, die Bischof Konrad von Würzburg auf seinem blutigen Vergeltungszug durch das Hochstift begleiteten.
Er, Martin Schwarz, Bauer aus dem Steigerwald, war von Anfang an dabeigewesen, als vor nun fast vier Monaten der Aufstand in Franken losgebrochen war ...

„Wie lang noch, Herr Bischof von Würzburg, wollt Ihr unsere Geduld mißbrauchen?" Thomas Wagner schüttelte die Faust drohend in die Richtung, in der er die bischöfliche Residenzstadt Würzburg vermutete. Er war ein mitreißender Redner und verstand es, seine Zuhörer für die Sache der Bauern zu begeistern.
„Was soll der gemeine Mann Euch und den anderen Herren noch bezahlen?"
Die Bauern des Würzburger Amtes Marktbibart riefen und stampften Beifall. Ja, was sollten sie noch bezahlen? Von Wein und Korn entrichteten sie den Großen Zehnten, von Kraut und Rüben, Zwiebeln, Obst, Hirse und Heu den Kleinen Zehnten. Von Pferden, Vieh, Geflügel und Bienen hatten sie den Blutzehnt zu entrichten, und der Grund und Boden ihrer Herren, den sie bebauen durften, kostete noch einmal eine Abgabe, die sie in Geld, Wein oder Feldfrüchten bezahlen mußten. Ja, sogar wenn ein Bauer oder seine Hausfrau starben, brachte das dem Grundherrn etwas ein: das beste Stück Vieh, das beste Kleid. So kam zur Trauer noch die Erbitterung über die Maßlosigkeit der Herren.
„Nicht genug, daß sie uns von dem, was wir erarbeiten, das Beste nehmen", rief Thomas wütend, und seine Wut übertrug sich auf die

Dorfgemeinde, „nicht genug, daß sie uns unsere althergebrachten Jagd- und Fischrechte nehmen und unsere Allmende streitig machen, jetzt saugt uns der Bischof mit seinen Steuern das letzte Mark aus den Knochen. Damit muß Schluß sein! Schluß, sage ich, Schluß, Schluß, Schluß!"

Thomas Wagner hielt ein Flugblatt hoch, so, daß jeder die Buchstaben sah; freilich, lesen konnte kaum einer von ihnen.

„Deshalb habe ich aufgeschrieben, was wir vom Bischof fordern wollen: Die Leibeigenschaft wird abgeschafft.

Jede Gemeinde darf ihren Pfarrherrn selbst wählen und absetzen.

Ein jeder Bauer muß nur noch von Wein und Korn den Zehnten abgeben, davon sollen die Pfarrer bezahlt werden, was übrigbleibt, ist für die Armen oder wird für Not- und Kriegszeiten zurückgelegt.

Jedermann soll nach seinem Bedürfnis fischen und jagen.

Die Wälder, die die Herren der Allmende genommen haben, müssen wieder Gemeineigentum werden, in dem jeder sich sein Holz zum Bauen und Brennen schlagen darf."

Nach jeder Forderung machte Thomas eine kleine Pause, in der die versammelten Bauern begeistert ihre Zustimmung brüllten. Dann sprach er ruhiger, fast freundlich weiter: „Dafür sind wir bereit, der Obrigkeit weiter zu gehorchen und unseren Herren die Dienste zu leisten, die ihnen auch unsere Eltern geleistet haben."

Als die anderen murrten und heftiger Widerspruch laut wurde, fuhr er schnell fort: „Wir werden dem Bischof eine Frist geben, unsere Forderungen anzunehmen. Falls er es nicht tut, so sage ich euch: Ihr findet eher einen Hirschbraten in eines armen Mannes Küche als einen Pfaffen im Himmel. Wenn sie aber ohnehin alle in die Hölle kommen, dann werden wir ihnen helfen, ein bißchen eher dahin zu gelangen!"

Da kannte die Begeisterung keine Grenzen mehr, und als Thomas fragte: „Wer will dem Bund gegen die Pfaffen beitreten?" – da schloß sich kaum einer aus, und Marktbibart war die erste Gemeinde, die dem Bischof von Würzburg den Gehorsam aufkündigte.

Auch Martin Schwarz war unter den Aufrührern vom Steigerwald gewesen, und dafür sollte er jetzt bezahlen. Gleich nach Sonnenuntergang würde das Blutgericht beginnen. Es würde nicht lange dauern. Merkwürdig – noch verspürte er keine Angst, obwohl ihm der Tod so nah war; nur Erbitterung darüber, daß aller Einsatz und aller Kampf umsonst gewesen waren und daß die Bauern, den Sieg schon fast in den Händen, ihn wieder verspielt hatten ...

Wie ein Lauffeuer hatte sich die Botschaft vom Aufstand der Marktbibarter verbreitet. Von überall her strömten die begeisterten Anhänger. Taubertäler, Volkacher, Gerolzhofener, Kitzinger, Ochsenfurter, Bauern und Bürger, viele tausend waren es schließlich, die vor den Mauern Ochsenfurts ihr Lager aufschlugen. Sie wählten Hauptleute aus ihren Reihen und gaben sich eine Feldordnung, die aus den Bauernhaufen ein schlagkräftiges Heer machen sollte.

Beutezüge in Burgen, Schlössern und Klöstern hatten ihnen Waffen und Proviant in Hülle und Fülle verschafft. Die Stimmung war großartig – niemand zweifelte mehr am Sieg. Fast täglich kamen Nachrichten über neue Heerhaufen, die sich gebildet hatten: im Grabfeldgau, in Bamberg, im Odenwald, im Hochstift Eichstätt. Nein, es konnte keinen Zweifel mehr geben, die Zeit der Pfaffen und Herren war vorbei.

Keine Stimmen gab es mehr, die zur Vorsicht und Mäßigung mahnten, als vor Ochsenfurt die neue Parole der Bauern verkündet wurde: „Kein Adeliger und kein Geistlicher darf mehr Rechte haben als der gemeine Mann!"

Martin Schwarz hob die gefesselte Rechte, um sich den Schweiß abzuwischen, den die Abendsonne auf sein Gesicht getrieben hatte; die Linke war ihm am Gürtel festgebunden. Sein Freund Peter Weißgerber, dessen Handgelenk an das seine gebunden war, sah ihn an, als ihm der Arm hochgezogen wurde. Es war ein fragender Blick mit einem Fünkchen Hoffnung darin. Aber Martin schüttelte nur den Kopf. Nein, er wußte keine Möglichkeit zur Flucht. Gefesselt an Händen und Füßen, umgeben von Bewaffneten, nein, Peter, begrab deine Hoffnungen!

Nicht weit vom Zelt des Bischofs entfernt stand der Nachrichter. Er schaute immer wieder zu den Gefangenen hinüber; ob er die Stärke ihrer Halsmuskeln abschätzen wollte? Wieviel Augenpaare hatte er heute wohl schon ausgestochen? Wie viele Köpfe abgeschlagen? Jetzt diente er wieder einem mächtigen Herrn. Vor nicht allzulanger Zeit war dieser Herr ein armes Würstchen gewesen …

Der Zug des Bauernheeres von Ochsenfurt nach Nordwesten war ein einziger Triumph. Und kurz bevor er Würzburg erreichte, kam die Nachricht, auf die alle gewartet hatten. Ein fränkischer Ritter, der sich den Bauern angeschlossen hatte, brachte sie, und einer gab sie an den anderen weiter: „Die Würzburger stehen auf unserer Seite, Bischof Konrad hat sich vor Angst ins Hemd geschissen und bei Nacht und Nebel seine Festung verlassen!"

Jetzt würden sie den Frauenberg belagern, die Festung schleifen und die Pfaffenherrschaft ein für allemal beenden!

Aber dann, dann kam alles ganz anders. Viel zu lang lagerten die Bauern vor Würzburg, keinen vernünftigen Schlachtplan brachten sie zustande, ihre Hauptleute versagten. Und nicht nur ihre! Der Truchseß von Waldburg, dem das Bündnis der adeligen und geistlichen Herren den Befehl über ihre Bewaffneten übertragen hatte, ließ bei Königshofen eine Übermacht von Bauern nahezu ausrotten. Das Heer, das ihm die Belagerer von Würzburg entgegenschickten, vernichteten seine Reiter und Landsknechte fast völlig. Ein paar Tage später ergab sich die Stadt Würzburg dem Truchseß auf Gnade und Ungnade, und nicht lange danach kehrte Bischof Konrad in seine Residenz zurück, hoch zu Roß und so stolz, als ob er persönlich mit dem blanken Schwert fünfzehntausend Bauern erschlagen hätte.

Wieder fuhr sich Martin Schwarz mit der Hand über die Stirn, aber diesmal war es nicht die Sonne, die ihn schwitzen ließ, sondern die Erinnerung an das Morden, das dann begonnen hatte. Das Strafgericht des Bischofs war furchtbar gewesen. In allen Städten, Ämtern und Dörfern hatte er den Henker sein blutiges Handwerk ausüben lassen. Rädelsführer, Hauptleute und Prediger waren hingerichtet worden, aber auch Mitläufer, wahllos Herausgegriffene – und viele ganz und gar Unschuldige.

Die Absicht, die hinter der Grausamkeit steckte, war klar. Die blutige Spur durch ganz Franken sollte es allen unvergeßlich machen: Niemand darf sich ungestraft gegen die von Gott eingesetzte Obrigkeit empören. Aber, bei Gott, er, Martin Schwarz, er bedauerte nichts. Gott wollte, daß alle Menschen frei sind!

Martin hob den Kopf und sah den Henkersknechten entgegen, die langsam auf ihn zukamen. Es war soweit. Einer der Männer löste die Fesseln, die ihn und Peter verbanden. Da – Peter riß dem Überraschten das Schwert aus der Scheide, trennte gedankenschnell die Kordel durch, die seine rechte Hand an den Gürtel fesselte, und rannte mit gezücktem Schwert direkt auf das Zelt des Bischofs zu. Als daraufhin alle Bewaffneten herbeiliefen, um ihren Herrn zu schützen, schlug er einen Haken und war wenig später in einem Wäldchen jenseits des Angers verschwunden.

„Das hast du gut gemacht", dachte Martin, der von den beiden Knechten eisern festgehalten worden war, „eine Bauernlist wiegt immer noch hundert Söldnerhirne auf. Viel Glück, mein Freund!"

Dann ging er gelassen zwischen seinen Wächtern auf den Platz zu, an dem der Mann mit dem langen Richtschwert auf ihn wartete.

Hochstift: Territorium eines Bistums. *Großer/Kleiner Zehnt:* regelmäßige Abgabe an die Kirche, die ursprünglich ein Zehntel des landwirtschaftlichen Ertrags ausmachte. *Blutzehnt:* Nicht nur pflanzliche Erträge mußten dem Bischof abgeliefert werden, sondern auch ein festgelegter Anteil an Vieh. *Allmende:* Grund und Boden, der als Gemeineigentum der Dorfbewohner galt und von allen genutzt wurde. *Blutgericht:* Gerichtsbarkeit, die für die Verhängung von Leibesstrafen zuständig war. *Nachrichter:* Scharfrichter, Henker. *Truchseß:* Hofbeamter, der für Küche und Tafel zuständig war, oft reiner Ehrentitel.

---

73. *Eine neue Zeit beginnt* **

Zeit ist Geld, heißt es. Und je wichtiger die Rolle des Geldes in einer Gesellschaft ist, um so wichtiger wird auch die Zeit. Aber wer auf dem Land lebte, wer sich allein nach Tag und Nacht, nach Frühling, Sommer, Herbst und Winter richtete, der konnte das beim besten Willen nicht begreifen.
Vorlesezeit: 12 Minuten

Peter war ein tüchtiger Bursche, tatkräftig und immer hilfsbereit. Und weil er obendrein auch noch Verstand besaß, war er es, der dem Herrn aus der Stadt und seinem Diener das Leben rettete.
Die beiden hatten sich verirrt und waren am späten Nachmittag in das kleine Dörfchen gekommen, in dem Peter mit seiner Familie lebte.
Die Dämmerung hatte schon ihre ersten Schatten geworfen, es war bitterkalt gewesen, und jeder war so schnell wie möglich heim an das wärmende Feuer zurückgekehrt.
Das Haus, in dem Peter, seine sieben Geschwister und seine Eltern wohnten, stand ganz am Anfang des Dorfes, wenn man von Süden kam, und deshalb hatten die Reisenden auch bei ihnen an die Tür geklopft.
Peter hatte geöffnet und die Männer gesehen, die die Hände an den Zügeln ihrer Pferde hielten.
Beide waren dick eingemummt, der Herr in kostbares Pelzwerk, der Knecht in einen schweren Wollmantel, und hatten trotzdem vor Kälte gezittert. Sie hatten nicht hereinkommen wollen, nur ein warmes Getränk erbeten und Tücher, um ihre Tiere abzureiben.

„Bleibt hier", hatte Peters Vater angeboten, „Ihr kommt doch heute nicht mehr ans Ziel!"

„Wir müssen!" hatte der Herr im Pelz erklärt. „Wir haben morgen unaufschiebbare Geschäfte. Die Zeit drängt."

„Wie kann die Zeit drängen?" hatte Peter gefragt. „Die Zeit vergeht doch immer gleich schnell."

Aber der Herr hatte nur gesagt: „Davon verstehst du nichts, Junge" und hatte eine kleine goldene Dose aus der Tasche gezogen, eine wunderschöne Dose, fein ziseliert, mit durchbrochenem Deckel. Den hatte er aufschnappen lassen; darunter war eine goldene Platte zum Vorschein gekommen, in die seltsame Zeichen eingeritzt waren, und genau in der Mitte war ein kleiner goldener Stift befestigt. Der Herr hatte die Platte angestarrt und dann hervorgestoßen: „Mein Gott, schon so spät! Wir müssen weiter!"

Peter war völlig verdutzt gewesen; was hatte das goldene Ding damit zu tun, daß sie weitermußten? Aber er hatte geschwiegen, denn er hatte nicht unhöflich sein wollen. Nachdem die Pferde trockengerieben worden waren und die Männer einen Becher heißen Most geleert hatten, waren sie wieder aufgestiegen.

„Beschreib doch noch den Weg", hatte der Herr gebeten, „den kürzesten aber!"

„Es gibt eine Abkürzung, die in die Straße nach der Stadt mündet", hatte Peters Vater erklärt, „aber die würde ich nicht nehmen. Es ist gleich dunkel, und der Weg ist nicht zuverlässig. Es könnte gefährlich werden."

„Das überlaß nur uns", hatte der Mann barsch erwidert, „wir haben keine Zeit!"

Sie hatten sich die Abkürzung erklären lassen und waren losgetrabt.

„Was meint er immer mit ,wir haben keine Zeit'?" fragte Peter, als er hinter seinem kopfschüttelnden Vater ins Haus zurückgegangen war.

„Ich weiß es auch nicht, Junge", hatte sein Vater geantwortet.

Damit wäre die Sache erledigt gewesen, wenn Peter nicht die Fischteiche eingefallen wären.

„Es ist erst seit heute so kalt", hatte er gemeint, „der Pfad führt direkt an den Teichen vorbei, und das Eis ist noch nicht sehr dick. Sie haben es eilig und werden bestimmt nicht aufpassen."

Dann hatte er sich warm angezogen, Stricke und seinen langen Hütestab gepackt und war den Fremden durch die schwindende Dämmerung nachgelaufen.

Das war ihr Glück gewesen. Denn in einem der Teiche hatte er sie gefunden, halberfroren und unfähig, sich selbst zu befreien. Das Pferd des

Herrn war durch das dünne Eis gebrochen und hatte ihn abgeworfen, der Knecht war bei dem Versuch, seinen Herrn zu retten, selbst eingebrochen.

Peter war kräftig und zäh und hatte Augen wie eine Katze. Und so war es ihm gelungen, die beiden Männer mit Hilfe von Seilen und Stab aus dem eisigen Wasser zu ziehen; eines der Pferde hatte er auch gefunden, auf ihm hatte er die Fremden zurück ins Dorf gebracht.

„Seht Ihr, das habt Ihr von Eurer Eile", hatte er gesagt, als die beiden, in wollene Decken gehüllt, auf das Strohlager gebettet waren, „die Zeit in der Nacht, die gehört den Menschen nicht, die soll er nicht besitzen wollen."

„Ach, das verstehst du nicht, Junge", hatte der Fremde gesagt, und dann war er auch schon eingeschlafen.

Das alles war vor zwei Tagen gewesen, und nun stellte sich heraus, daß der Herr aus der Stadt noch viel mehr Zeit verlieren würde. Denn ihn und seinen Knecht hatte ein kräftiges Fieber gepackt, und sie waren viel zu schwach, um weiterreisen zu können. Aber Peter, seine Eltern und seine Geschwister kümmerten sich um sie, soweit ihr Tagewerk das zuließ, und da im Winter nicht soviel zu tun war, ging es ganz gut.

Das Haus war warm. Aus Kräutern, die der Vater beim Dorfschmied bekommen hatte, wurde ein Trank bereitet, der ihnen half, alles Kranke aus dem Körper herauszuschwitzen, und so ging es ihnen bald besser.

Als er merkte, daß er nicht mehr ganz so schwach war, begann der Fremde auch schon wieder ungeduldig zu werden, ganz zappelig, so, als ob die ganze Welt zusammenbräche, wenn er jetzt nicht endlich ans Ziel gelangte.

„Was habt Ihr, Herr?" fragte Peter irgendwann. „Warum rennt Ihr immer der Zeit hinterher?"

Der Fremde seufzte. „Ich werde versuchen, es dir zu erklären, Junge", sagte er schließlich. „Du mußt wissen, die Zeit ist das Kostbarste, was der Mensch besitzt. Sein Geld, seine Häuser, seine Kleider, alles kann er vermehren, nicht aber die Zeit, die ihm zugemessen ist. Also muß er sich bemühen, in dieser Zeit alles, was er sich vorgenommen hat, zu erledigen. Es ist doch, zum Beispiel, ein Unterschied, ob du deine Zeit verschläfst oder ob du nützliche Dinge in ihr vollbringst!"

„Aber …" Peter schaute völlig verwirrt. „Jetzt verstehe ich überhaupt nicht mehr, was Ihr meint, Herr! Meine Zeit läuft immer gleich, ich kann gar nichts dagegen tun! Am Tag machen wir unsere Arbeit, auf dem Feld, im Stall, im Garten, im Haus, und in der Nacht schlafen wir. Das geht

gar nicht anders, denn nachts kann man nicht pflügen, keinen Korb
flechten und keine Kuh melken, und außerdem sind wir müde. Im
Sommer sind die Tage länger, das ist gut so, denn da gibt es mehr zu tun,
im Winter ruht der Boden, da können die Tage ruhig kürzer sein."

„Und woher weißt du, wann du welche Arbeit machen mußt? Woher
weißt du, wie spät es ist, wenn du keine Uhr hast?" erkundigte sich der
Fremde.

„Wie spät es ist? Keine Uhr?" Peter konnte nur noch den Kopf schütteln.
„Morgens werden wir vom Licht, vom Krähen des Hahns oder auch vom
Läuten der Kirchenglocken aufgeweckt. Wenn es dunkel ist, gehen wir
schlafen. Wir machen immer grade die Arbeiten, die nötig sind, es sind
Jahr für Jahr dieselben." Er machte eine kleine Pause, dann erkundigte
er sich: „Was ist eine Uhr, Herr?

„Aber Junge", sagte der Herr und bemühte sich, geduldig zu sein,
schließlich sprach er mit seinem Lebensretter. „Du wirst doch wissen,
was eine Uhr ist! Ein Ding, das die Zeit anzeigt, wie die goldene Dose,
die du bei mir gesehen hast!"

„Aha, das ist eine Uhr", sagte Peter. „Und wozu braucht man die?"
Der Fremde seufzte. „Wie kann ein so tüchtiger Kerl gleichzeitig so
begriffsstutzig sein! Wie soll das Leben denn in geordneten Bahnen
ablaufen, wenn die Menschen sich ihre Zeit nicht genauestens einteilen,
wenn nicht alle wissen, wie spät es ist? Woher sollen meine Gehilfen
wissen, wann ihre Arbeitszeit beginnt? Woher soll ich wissen, wann ich
zur Sitzung des städtischen Rates erscheinen, mich mit einem Geschäfts-
partner treffen muß? Woher sollen die Lateinschüler wissen, wann ihr
Unterricht anfängt? Woher sollen die Frauen wissen, wann sie das Feuer
entfachen und mit dem häuslichen Wirtschaften beginnen müssen? Am
Rathaus in meiner Stadt hängt eine große Uhr, sichtbar für alle, die jede
Stunde schlägt und alle Bewohner ermahnt: ‚Achtet auf die Zeit, und
teilt sie richtig ein, denn sie ist kostbar!'"

Peter sah den Fremden betrübt an. „Das muß ja schrecklich sein", sagte
er mitleidig, „das ist ja, als ob ständig jemand mit einer Peitsche hinter
einem steht … Aber ehrlich gesagt, Herr, wozu sie nützlich sein soll, die
… Uhr …, die alle in ihren Köpfen haben müssen, das begreife ich immer
noch nicht ganz."

Resigniert hob der Fremde die Schultern. „Laß gut sein, Junge, ich geb's
auf!"

Einen Tag später waren Herr und Knecht soweit gekräftigt, daß sie nach
Hause zurückkehren konnten. Der Kaufmann war sichtlich erleichtert,

und alle anderen waren es auch, denn er war immer unruhiger geworden, so, als ob ihm mit jeder Stunde, die er in Peters Dorf verbringen mußte, unwiederbringlich etwas verlorenginge.

Als die Stunde des Abschieds gekommen war, drückte er Peters Vater eine Anzahl Goldstücke in die Hand.

„Laßt nur", sagte er, als der sie zurückweisen wollte, „Ihr habt mir Gastfreundschaft gewährt, und Euer Sohn hat mir das Leben gerettet …"

„… und damit jede Menge Zeit", ergänzte Peter. Der Kaufmann lächelte.

„Da hast du recht, Junge", sagte er und griff in die Tasche. „Nimm sie", bat er und hielt Peter die kleine goldene Dose hin, „sie hat meinen Sturz vom Pferd heil überstanden. Nimm sie, damit du immer weißt, wie spät es ist."

Dann schwangen er und sein Diener sich auf ihre Pferde und trabten davon.

Peter sah ihnen lange nach. „Seine Uhr hat er mir geschenkt", murmelte er, „damit ich immer weiß, wie spät es ist. Immerhin, sie ist aus Gold. Ob man wohl eine Kuh dafür kriegt?"

Langsam ging er zurück ins Haus.

74. Allein durch Gnade***

Auf dem tridentinischen Konzil versuchte die katholische Kirche eine Antwort auf die Herausforderungen der Reformation zu finden. Das war gar nicht so einfach, denn zum einen war dabei sehr viel weltliche Politik im Spiel, und zum anderen sind auch hohe geistliche Würdenträger nur Menschen …
Vorlesezeit: 10 Minuten

D a kommt so ein thüringischer Bauernlümmel, studiert ein bißchen, übersetzt die Heilige Schrift in die Sprache des Volkes und bildet sich ein, er dürfe mit seinen ketzerischen Lehren die heilige Mutter Kirche in ihren Grundfesten erschüttern. Seit zwanzig Jahren schon sage ich: So nicht!"

Der päpstliche Gesandte legte den Hähnchenknochen auf den Teller und leckte sich diskret das Fett von den Fingern.

Sein Gegenüber lächelte.

„Wenn Ihr gestattet, Eminenz, so laßt mich Euch darauf hinweisen, daß besagter Bauernlümmel in der Tat die heilige Mutter Kirche ziemlich erfolgreich in ihren Grundfesten erschüttert hat, während Ihr energisch gesagt habt: So geht es nicht."

„Wollt Ihr etwa Kritik üben, Herr Bischof, an mir oder gar am Herrn Papst?"

„Gott bewahre!" erwiderte der Bischof. „Und nun ist ja auch der Fels des Anstoßes von uns genommen – er ruhe in Frieden, obwohl er sich an der heiligen Mutter Kirche so arg versündigt hat. An uns ist es jetzt, Eminenz, hier in Trient eine katholische Reform durchzusetzen, die Bestand hat und den protestantischen Lehren etwas entgegenzusetzen hat. Denn, geben wir es ruhig zu, Eminenz", er sah den Legaten über den Rand seiner Bügelbrille an, „die Mißstände sind schon ungeheuerlich."

„Ah, ah, ah, ah!" Der päpstliche Legat runzelte mißbilligend die Stirn.

„Entweder Ihr übertreibt, mein Bester, oder Ihr spielt den Advocatus Diaboli. Wollt Ihr etwa behaupten, daß ein paar – ich sage: ein paar! – schwarze Lämmer in der treuen, gehorsamen, keuschen und enthaltsamen Herde der Diener Gottes die Ketzereien dieses abtrünnigen Eiferers rechtfertigen könnten?"

Er hob die Hand an die hohe Stirn und war minutenlang in so tiefes Sinnen versunken, daß ihn der Bischof nicht mit einer Antwort stören mochte.

Schließlich fuhr er fort: „Ich glaube, ich würde gern noch so ein gebratenes Hühnchen essen."

Der Bischof rollte die Augen, aber er entgegnete nur: „Dafür wird keine Zeit mehr sein, Eminenz, die nachmittägliche Sitzung beginnt, wir müssen aufbrechen."

Der Gesandte des Papstes seufzte abgrundtief.

„Muß denn alles immer so übertrieben werden? Das scheint mir wirklich eine Eigenschaft von euch Deutschen zu sein. Dieser Luther hat ja auch in allem so maßlos übertrieben."

„Na, ich weiß nicht, Eminenz. Immerhin sind seine Lehren schon dreißig Jahre alt, das halbe deutsche Reich folgt ihnen, und er selbst ist schon tot, bevor wir überhaupt richtig zu tagen begonnen haben. Ich weiß nicht, ob man das übertrieben nennen kann!"

Aber der Gesandte winkte nur müde ab. „Ach, das geht doch jetzt schon wochenlang. Morgens Sitzung, nachmittags Sitzung, dazwischen noch nicht einmal Zeit für ein richtiges Mittagessen, dazu all die anstrengenden religiösen Pflichten, ich bin abends so müde, daß ich kaum noch ein wenig Zerstreuung suchen kann. Außerdem...", er gähnte ausgiebig, „haben wir doch schon so viel erreicht und beschlossen: die unanzweifelbare Geltung der Vulgata, die Verbesserung der Priesterausbildung...",

er gähnte wieder, „und schließlich sind wir sogar den Forderungen dieser protestantischen Aufrührer entgegengekommen, indem wir die Übersetzung der Heiligen Schrift in irgendwelche Landessprachen nicht ausdrücklich verboten und verdammt haben. Das reicht doch erst mal, oder?"
Er sah den Bischof, der seinen Mantel bereits übergeworfen hatte und ihm den seinen bereithielt, mißmutig an.
„Ja, ja, ich kenne meine Pflichten! Also gehen wir!"

Nachdem der päpstliche Gesandte die Sitzung eröffnet und sich dann in seinen hochlehnigen Stuhl zurückgelehnt hatte – er gehörte zu den beneidenswerten Menschen, die mit offenen Augen schlafen können –, nahm die Debatte ihren Fortgang.
Der Bischof hatte neben einem alten Freund, einem gelehrten Theologen aus Augsburg, Platz genommen und flüsterte ihm zu: „Es ist eine Schande, wie dürftig dieses Konzil, in dem es um soviel geht, besetzt ist. Ich schätze, es sind nicht einmal drei Dutzend stimmberechtigte Mitglieder anwesend."
„Ja", nickte sein Freund, „und die Hälfte von ihnen ist von solcher Gelehrsamkeit, daß sie zusammen noch nicht einen lateinischen Satz richtig zusammenbringen. Das heißt, zu dem Thema, um das es heute nachmittag geht, haben sie so wenig eine Meinung wie die Kuh zu den Kräutern, die sie auf der Weide wiederkäut."
„Worum wird es denn gehen?" fragte der Bischof leise.
„Um die Rechtfertigungslehre."
„Na, das ist wirklich etwas, um sich die Zähne dran auszubeißen. Da, dein hochgelehrter Kollege aus Bologna soll offenbar den Einführungsvortrag halten. Er ist zwar ein aufgeblasener Kerl, aber sein Latein ist ein Genuß!"
Die beiden Freunde setzten sich zurecht und blickten erwartungsvoll auf den Professor, der alsbald begann:
„Liebe Brüder in Christo, ein schwieriges theologisches Problem muß im folgenden debattiert werden, wie kann der sündige Mensch Rechtfertigung erlangen, das heißt, des Besitzes der göttlichen Gnade teilhaftig werden, der er durch die Erbsünde verlustig gegangen ist? Nun, nach Ansicht der Glaubensväter der alleinseligmachenden katholischen Kirche, die – wie ich einflechten darf – im übrigen auch die meine ist, geschieht dies durch die Leistung des sündigen Menschen. Dies bedeutet also zunächst, durch die bewußte und tätige Annahme des Glaubens, dann, nach Verlust der Gnade infolge zwangsläufig erneut begangener Sünden, durch das Sakrament der Buße. Nun, jener übereifrige Theologe

– Gott sei auch seiner armen Seele gnädig –, der meinte, jahrhunderte-
alte Lehren vermittels seiner eigenen Bedenken einfach beiseite legen zu
dürfen, war anderer Ansicht. Und beklagenswerterweise haben sich viele
dieser Irrmeinung angeschlossen. Er behauptete nämlich, niemals könne
die Rechtfertigung vor Gott durch menschliches Verhalten, und sei es
noch so edel, erreicht werden, sondern ,sola gratia‘, allein durch die
Gnade Gottes! Ich frage Euch, Brüder in Christo, welche Bedeutung hat
dann überhaupt noch das Tun des Menschen?"
Über dieser Frage entzündete sich eine heftige Debatte, an der sich auch
der Bischof und sein gelehrter Freund rege beteiligten. Der päpstliche
Gesandte hingegen beschränkte sich darauf, die weitgeöffneten Augen
starr auf das Plenum gerichtet, aufmerksam zuzuhören.
Nachdem die Sitzung gegen Abend schließlich auf den nächsten Morgen
vertagt worden war, nahmen die Freunde ihr Mahl gemeinsam ein und
spazierten anschließend noch ein halbes Stündchen durch die Gassen
Trients.
Es war ein lauer Frühlingsabend, der Tag mochte sich noch nicht
verabschieden, und die Sonne malte die letzten rotgoldenen Flammen
an den blauen Himmel.
Am Hofeingang eines Hauses, aus dessen geöffneten Fenstern Lachen
und Musik auf die Straße schallte, sahen die beiden eine elegante Dame
in kostbarer, enggeschnürter Robe und breitkrempigem Hut, die sich
eng an einen Herrn schmiegte, der nicht weniger modisch als sie
gekleidet war und sich gerade über sie beugte, um sie zu küssen.
„Ist das nicht …!" entfuhr es dem Augsburger, aber der Bischof unterbrach ihn sogleich. „Psst! Ja, das ist er. Aber es ist besser, darüber zu
schweigen. Er ist ein alter Sünder, und er wird es immer bleiben. Das
Keuschheitsgebot hat er öfter gebrochen, als er das Vaterunser gebetet
hat, und morgen wird er wieder den ganzen Tag mit offenen Augen
schlafen. Aber einen Skandal zu machen würde dem Ansehen der Kirche
schaden; es ist ohnehin getrübt genug."
„Mich würde nur eines interessieren", meinte der Professor, „wie kann
ein solcher Sünder die Rechtfertigung vor Gott erlangen? Soviel Buße
kann er doch gar nicht tun?"
Mit mildem Lächeln entgegnete ihm der Bischof: „Ich glaube, bei ihm
müssen wir es mit Luther halten: Sola gratia – allein durch Gottes
Gnade."

Vulgata: die Bibel in lateinischer Übersetzung.

Steiniger Weg in die Gegenwart: Die Neuzeit

*75. Freund oder Feind?****

Dreißig Jahre lang tobte der Krieg, von dem es hieß, er sei ein Glaubenskrieg, obwohl er vor allem ein Krieg um die Macht war. Kaiserliche und reformierte, schwedische, französische, pfälzische, bayerische oder österreichische Truppen durchzogen das Land, und die Bevölkerung auf dem Land und in den Städten zahlte für alle die Zeche.
Vorlesezeit: 16 Minuten.

Der junge Mann stürzte die Treppen zum Rathaus hinauf, riß die Tür auf und rannte durch die Vorhalle in den großen Saal, in dem gerade der Stadtrat tagte.
„Die Soldaten kommen, die Soldaten kommen!"
Die Herren sprangen auf, fingen an, erregt aufeinander einzureden, und bestürmten den Jungen mit Fragen.
„Halt, halt, so kommen wir nicht weiter!" Die gebieterische Stimme übertönte alle, die sich daraufhin erwartungsvoll dem Rufer zuwandten. Er würde wissen, was zu tun war! Johann Fischer, Lederwarenhändler und Bürgermeister der Stadt, war wirklich ein entschlossener und tatkräftiger Mann.
„Sag uns Genaueres!" forderte er den Mann auf, der die Nachricht gebracht hatte. „Wer bist du?"
„Jakob heiß' ich und bin Knecht bei Sighart Klein von Oberreichenbach. Mein Bauer schickt mich, Euch Bescheid zu geben. Ich hab' die Soldaten ein paar Meilen vor meinem Dorf gesehen, weil ich zum Viehmarkt ..."
„Das ist jetzt unwichtig", unterbrach ihn Fischer. „Berichte weiter! Wie viele waren es?"
„Es ... es ... es waren sehr viele!"
Fischer rang die Hände. „Hört Ihr das, meine Herren? ‚Sehr viele', sagt er!"
„Ich kann die Eier zählen, die ich morgens den Hühnern unter dem Hintern weghole, Herr, aber Ihr könnt nicht von mir verlangen, daß ich einen solchen Haufen Soldaten zählen kann", verteidigte sich Jakob

aufgebracht. „Außerdem hab' ich sofort die Beine in die Hand genommen, wie ich sie gesehen hab'."

„Schon gut, Jakob", beschwichtigte der Bürgermeister. „Wir sind ja froh, daß du uns Bescheid gegeben hast. Aber eins mußt du uns noch sagen, das Wichtigste nämlich: Sind es Freunde oder Feinde?"

Der Junge sah ihn völlig verständnislos an.

„Was meint Ihr mit ,Freunde oder Feinde'? Ich habe niemand was Böses getan, also hab' ich keine Feinde; auch kenn' ich weiter niemand, also hab' ich außerhalb von meinem Dorf auch keine Freunde. Ich weiß bloß eins: Den Soldaten kann man nicht trauen. Das sagt mein Bauer auch."

Fischer nickte und drückte dem Jungen ein Geldstück in die Hand.

„Vielen Dank, Jakob, dann geh jetzt ruhig wieder heim zu deinem Bauern!"

Als der Knecht verschwunden war, sagte der Bürgermeister zu den Ratsherrn: „Wir müssen Genaueres wissen. Ob unsere Häuser und unsere Hälse in Gefahr sind, das hängt davon ab, wer diese Soldaten sind."

Er rief nach einem der Ratsdiener.

„Hol meinen Sohn!" befahl er knapp.

Kurze Zeit später betrat Georg Fischer den Ratssaal und verneigte sich vor den anwesenden Herren. Er war groß, kräftig und energisch wie sein Vater.

„Was wünscht Ihr?" fragte er höflich.

„Nimm dir das schnellste Pferd aus dem Stall, und reite im Galopp nach Oberreichenbach und darüber hinaus. Eine größere Zahl Soldaten soll dort auf dem Vormarsch sein, wahrscheinlich auf der Straße von Gunzenhausen. Schau, daß du alles herausbringst, was wir wissen müssen!"

Wortlos lief Georg davon.

Der Bürgermeister wandte sich an die Ratsmitglieder. „Meine Herren, ich schlage vor, daß wir die Zeit nutzen und unsere Vorgehensweise für alle Fälle beraten. Unsere Befestigung reicht sicher nicht aus, um schweren Pulvergeschützen zu widerstehen …"

Nach zwei Stunden war Georg zurück, staub- und schweißbedeckt.

„Ich denke, es ist ein Regiment mit starkem Troß, insgesamt bestimmt über 3 000 Mann", berichtete er atemlos. „Die meisten sind zu Fuß, Pikeniere, aber auch viele mit Musketen, dazu vielleicht eine Kompanie Dragoner und ein Dutzend Geschütze. Gerade vor Einbruch der Dämmerung, schätze ich, werden sie vor den Toren der Stadt sein."

Er atmete ein paarmal tief durch und fügte dann hinzu: „Es sind Schweden."

Ein Seufzer der Erleichterung ging durch die Reihe der Ratsherrn, und auch der Bürgermeister nickte beruhigt.

„Ich danke dir, mein Sohn."

„Und was ist jetzt mit der Messe? Soll ich lieber hierbleiben?"

„Nein. Fahr du nur nach Nürnberg. In diesen unruhigen Zeiten ist es ohnehin schwer genug, Handel zu treiben, da sollte man sich ein gutes Geschäft nicht entgehen lassen. Ja, wenn es kaiserliche Truppen wären ... aber so, fahr nur, Georg!"

Der Bürgermeister warf einen prüfenden Blick aus dem Fenster.

„Wir haben noch etwa drei Stunden", meinte er. „Laßt uns überlegen, meine Herren, wie wir den Herrn Oberst und seine Offiziere empfangen und was wir für die Verpflegung seiner Truppen tun können. Denn das wird uns ja wohl nicht erspart bleiben!"

Vier Tage später kam Georg Fischer aus Nürnberg zurück. Den schlechten Zeiten entsprechend, waren auch die Geschäfte schlecht gewesen. Mit großer Sorge hatten alle Kaufleute über die Zustände im Land gesprochen, und so war er ziemlich nachdenklich und in sich gekehrt, als er mit seinen Knechten das nördliche Stadttor passierte. Plötzlich riß er so heftig am Zügel, daß sich das Pferd aufbäumte. Was war da los? Die Wache verlassen, das Tor halb aus den Angeln gerissen? Georg stieß seinem Reittier die Sporen in die Weichen und sprengte in die Stadt. Keine lebende Seele war zu sehen. Überall lag Unrat herum: zerbrochene Fässer, Scherben, zerschlagene Kisten und Truhen, zerrissene Kleider ... Wo waren die Menschen? Alle tot? Einmal meinte er, hinter einer leeren Fensterhöhle ein Gesicht gesehen zu haben, aber er ritt weiter, bis er vor dem Haus seiner Eltern angelangt war.

Auch hier: zerschlagene Fensterscheiben, zertrümmerter Hausrat vor der Tür – und da, neben zwei aufgeschlitzten Strohsäcken, lag eine Frau. Georg sprang vom Pferd und lief zu ihr. Ihr Kleid war zerrissen und bis zum Bauch hinaufgeschoben, ihr Gesicht trug die Male brutaler Mißhandlung, und ihr Kopf war unnatürlich verdreht. Georg beugte sich über sie. Maria, die Küchenmagd. Sie war tot.

Georg rannte ins Haus. „Vater? Wo seid Ihr? Ist jemand hier?" Totenstille. Er riß die Tür zum Kontor auf. Ein wirres Durcheinander von verstreuten Papieren, umgestürzten Tischen, zerbrochenen Federn und Tintengläsern – aber kein Mensch.

„Ist jemand hier? Mutter, Anna, Elsbeth!" Keine Antwort.

Endlich meinte Georg, aus dem Obergeschoß ein schmerzliches Stöhnen gehört zu haben. Er sprang die schmale Stiege hinauf.

„Ist jemand da?"
Wieder das leise Stöhnen, aus der Schlafkammer der Eltern kam es.
Georg stieß die Tür auf und betrat den dämmrigen Raum. Unerträglicher
Gestank schlug ihm entgegen, nach Erbrochenem und nach Jauche.
Auf dem Bett lag zusammengekrümmt sein Vater.
„Vater, was haben sie mit Euch gemacht?"
„Georg, du bist da?" Der Bürgermeister versuchte zu lächeln. „Hast du
gute Geschäfte gemacht?"
Aber dann hielt er sich den Bauch und verzerrte das Gesicht vor Schmerz.
„Sie haben mich gezwungen, Jauche zu trinken. Mit einem Trichter,
verstehst du? ,Schwedentrunk' nennen sie es."
„Wo sind Mutter und Anna und Elsbeth?" fragte Georg und ballte die
Fäuste.
„Dem Herrn sei Dank, ich hatte so ein seltsames Gefühl, ,den Soldaten
kann man nicht trauen' hat dieser Jakob gesagt – sie sind in Sicherheit.
Ich hab sie zu meinem Bruder nach Cadolzburg geschickt. Das war ein
Glück. Denn die Verfluchten haben keine Frau in Ruh' gelassen, die ihnen
über den Weg gelaufen ist. Der Maria haben sie das Genick gebrochen.
Aber frag nicht, was sie vorher mit ihr gemacht haben!"
„Aber ich dachte, sie wären unsere Freunde!" sagte Georg bestürzt.
„Im Krieg gibt es keine Freunde, mein Sohn. Sie waren nicht zufrieden
mit dem Proviant, den wir ihnen versprochen hatten, und der Obrist hat
mir ganz kalt gesagt, seine Söldner bekommen keinen Sold, dafür müssen
sie sich an den Dörfern und Städten schadlos halten. Daß das auch Weiber
einschloß, hat er allerdings nicht erwähnt."
„Wo sind die anderen? Die Stadt ist wie ausgestorben!"
„Etliche sind geflohen, als sie gemerkt haben, was die Schweden für
wahre Freunde sind. Viele haben sich in ihren Kellern verkrochen. Sie
werden schon wieder zum Vorschein kommen. Wir haben Glück im
Unglück gehabt, denn die Schweden waren recht gut genährt. So haben
sie nur etlichen Frauen die Ehre gestohlen und uns das Geld, das sie
gefunden haben; dazu wahrscheinlich allen Wein, den sie auftreiben
konnten, und Hühner, Schweine und Pferde. Die Kühe haben sie uns
gelassen und unser Leben auch. Bis auf die arme Maria und einen der
Torwächter ist niemand zu Tode gekommen. Was sie allerdings sonst
zerschlagen und zerstört haben, das weiß ich noch nicht."
„Und was habt Ihr getan, daß sie Euch so greulich mißhandelt haben?"
fragte Georg.
„Da mußte ich nicht viel tun, mein Sohn. Sie haben mir mein großes
Maul gestopft mit ihrem Trunk. Ich habe ihrem Obristen gesagt, daß er

ein dreckiger Lump sei und daß ich sein Feind nicht sein wolle, wenn er bereits an seinen Freunden so ehrlos handle. Das hat schon gereicht."
Erschöpft ließ sich Johann Fischer in die Kissen sinken. „Sie haben mir reichlich zugedacht. Hinterher hat einer noch auf meinem Leib getanzt, daß ich dachte, ich müßte sterben. Dann haben sie mich in meinem Elend liegengelassen."

Georg war blaß geworden vor unterdrückter Wut. Wortlos verließ er die Kammer. Er holte frisches Wasser und half seinem Vater beim Waschen, reinigte das verschmutzte Bett und breitete sauberes Leinen darüber. Ein Fäßchen im Vorratsraum war ganz geblieben, und es fand sich noch ein kleiner Rest Wein darin; den flößte er seinem Vater ein.

„Es geht mir schon besser", erklärte der Bürgermeister. „Laß mich nur eine Nacht schlafen, dann bin ich wieder der Alte. Du kannst inzwischen alle Männer zusammentrommeln, die in der Stadt geblieben sind. Es gibt allerhand aufzuräumen."

Aber Georg schüttelte den Kopf.

„Männer werde ich zusammentrommeln. Aber das Aufräumen überlasse ich Euch und den Älteren und den Frauen, wenn sie zurückkehren. Mit ein paar von den Jüngeren, wenn sie Mut haben und wenn ihr Zorn groß genug ist, habe ich anderes vor.

Wir werden sehen, was wir im Zeughaus noch finden, notfalls nehmen wir Äxte und Hämmer. In einem der Dörfer werden wir wohl ein paar Pferde auftreiben ..."

Johann Fischer sah seinen Sohn stirnrunzelnd an. „Was hast du vor?"
„Wenn keine gegnerischen Truppen in der Nähe sind und kein Gefecht zu erwarten ist, wird sich das schwedische Regiment sicher zersplittern. Einzelne Marodeure und kleine Gruppen werden sich absondern, um Gehöfte und Weiler zu überfallen, um zu plündern und zu rauben. Von ihnen werden uns welche in die Hände fallen, und denen gnade Gott!"
Ehe der Alte etwas einwenden konnte, war Georg verschwunden.

Mehrere Wochen vergingen. Die meisten Menschen waren in ihre Häuser zurückgekehrt und versuchten die Schäden zu beheben, so gut sie es vermochten.

Georg und sein Trupp kamen von Zeit zu Zeit und brachten Geld, Waffen, Kleider und Pferde, die sie erbeutet hatten. Keiner fragte danach, was mit den Besitzern geschehen war, denn die Zeiten waren nicht so, daß man nach einem Menschenleben viel gefragt hätte.

Dann sammelten sich die Schweden von einem Tag auf den anderen, und niemand verließ mehr das Regiment.

„Es müssen kaiserliche Truppen in der Nähe sein", sagte Georg, der mit seinen Freunden nicht weit von den Schweden lagerte. „Vorerst wird es keine Marodeure und Schnapphähne mehr geben. Reiten wir nach Hause zurück!"

Als sie die Stadt erreichten, glaubte Georg in der Welt eines bösen Traums gefangen zu sein: Vor jedem Haus lag ein Berg von zerbrochenem Hausrat, Bänke, Truhen, Öfen, sämtliche Ställe waren aufgebrochen, kein Tier war mehr darin.

Nicht ein Mensch begegnete den Männern, als sie durch die Gassen ritten. Vor dem Rathaus machten sie halt, es sah aus, als wäre ein Sturmwind darüber hinweggefegt.

Das Haus des Bürgermeisters war menschenleer wie die ganze Stadt. Sein Inneres glich einem Trümmerhaufen.

In dem geheimen Versteck unter den Dielen des Kontors, das nur er und sein Vater kannten, fand Georg einen Bogen Papier, auf dem der Alte ihm eine Nachricht hinterlassen hatte: „Es sind wieder Soldaten gekommen, Gott schütze uns vor ihnen. Wir haben uns nach Nürnberg geflüchtet, dort sind die Mauern dicker. Das Gold aus dem Fach wird uns weiterhelfen, bis mit Gottes Hilfe dieser verfluchte Krieg zu Ende sein wird. Ich bete, daß du lebst und gesund bist. Komm bald nach!"

Und darunter hatte sein Vater noch mit großen Buchstaben geschrieben: „Diesmal war es der Feind!"

Marodeure: Plünderer. *Schnapphähne:* Wegelagerer.

---

76. In der Gewalt des Hexenrichters***

Der Höhepunkt der unmenschlichen Hexenverfolgung in Deutschland wurde in den ersten drei Jahrzehnten des 17. Jahrhunderts erreicht. Vor allem in den geistlichen Fürstentümern Süddeutschlands wurden Tausende unschuldiger Menschen, in der Mehrzahl Frauen, wider jedes Recht gefoltert und ermordet. Vorlesezeit: 7 Minuten

Willst du nun endlich gestehen?" Der Hexenrichter deutete anklagend auf die entblößte Schulter der Frau.
„Das ist der letzte Beweis!"

Die junge Frau wandte den Kopf und sah angstvoll auf den braunen Leberfleck. Den hatte sie doch schon immer gehabt. Der sollte plötzlich beweisen, daß sie sich dem Satan verschrieben hatte? Aber sie hatte doch nichts getan! All die irrsinnigen Vorwürfe, die der Richter des Bischofs da erhob: Eine Hostie sollte sie bespuckt, mit dem Teufel Unzucht getrieben haben, auf einem dürren Ast zum Hexensabbat geflogen sein und Unwetter herbeigezaubert haben; ihrem Schwager hätte sie ein schweres Fieber angehext und das Kind ihrer Nachbarin ermordet – all diese Verbrechen hatte sie nie begangen. Sie selbst mußte es schließlich wissen!

Oder war vielleicht die Macht des Teufels so groß, daß er sie die scheußlichen Untaten hatte begehen lassen, ohne daß sie es merkte? Das war unmöglich! Gott würde das niemals zulassen!

Trotzig hob die junge Frau den Kopf und sah dem Richter in die Augen. „Ich habe nichts zu gestehen", sagte sie.

„Gut, wie du willst", entgegnete er und lächelte.

Der Raum, in dem sie sich befanden, war fensterlos und düster, nur von ein paar blakenden Öllampen erhellt. An einem langen Tisch saß die Malefizkommission, der oberste Hexenrichter und seine zwei Beisitzer sowie der Schreiber.

Vor dem Tisch, ganz allein, stand die Frau. Ihr langes schwarzes Haar hing strähnig um den Kopf, über ihr schmutziges Gesicht liefen helle Streifen, die Spuren von Tränen. Das Kleid hing ihr in Fetzen vom Leib, denn auf der Suche nach dem Hexenmal hatten es die Henkersknechte einfach zerrissen.

Der Richter stand auf und hob die Hand.

„Ich weiß nicht, ob du dir über die Schwere der Beweislast im klaren bist", sagte er mit sanfter und freundlicher Stimme.

„Zum ersten hat dich dein Schwager verklagt, du habest ihn mit deinem gotteslästerlichen Zauber krank gemacht; außerdem beschwört er, zum zweiten, daß er dich das Kind habe verfluchen hören, das bald darauf gestorben ist."

Erregt unterbrach ihn die Frau. „Aber begreift Ihr denn nicht? Seit Jahren streitet er mit mir, weil er das Haus meines Vaters haben will – wie könnte er es leichter bekommen als so?"

Doch unbeirrt fuhr der Malefizrichter fort: „Vier Frauen, zum dritten, bezeugen, du seist mit ihnen zum Sabbattreffen geflogen; dort hättet ihr Pläne geschmiedet, die heilige Kirche zu vernichten, hättet schreckliche Unwetter heraufbeschworen, die die Ernte vernichten sollten, und dem Teufel zu Gefallen noch andere Bosheiten begangen."

„Das sagten sie doch erst, nachdem Ihr sie grausam gefoltert hattet", rief
verzweifelt die Frau.

Wieder beachtete der Richter ihren Einwurf nicht.

„Und zum vierten hat man ein Teufelsmal bei dir gefunden. Was, glaubst
du, braucht es noch, um dich zu überführen?"

Plötzlich wurde die sanfte Stimme hart und schneidend.

„Also gesteh! Und sag, wer noch dazugehört zu der Hexenpest, damit
wir sie endlich ausrotten können!"

Einen Moment schien es, als sei die Angeklagte am Ende ihrer Kräfte. Sie
schlug die Hände vors Gesicht und senkte den Kopf. Aber dann nahm
sie die Hände herunter, sah dem Richter in die Augen und sagte mit
klarer Stimme:

„Nein, ich gestehe nicht. Denn es ist eine Todsünde, so scheußliche
Verbrechen zu bekennen, wenn man sie gar nicht begangen hat."

Rasch kratzte die Feder über das Papier. Eifrig notierte der Schreiber,
was sie gesagt hatte.

Der Richter erwiderte nur kurz: „Wenn du es so wünschst ..." und
winkte. Hinter der Frau ertönte ein leises Klirren. Sie fuhr zusammen
und spürte, wie die Angst alle anderen Gefühle überdeckte. Denn sie
wußte, was nun kommen würde.

„Dreh dich um", sagte der Richter.

Sie gehorchte.

Da standen der Henker und seine Gehilfen und zeigten ihr die Folter-
werkzeuge.

„Willst du nun gestehen?" fragte der Richter.

Sie schüttelte stumm den Kopf.

„Also tut eure Pflicht!" befahl er.

Dann begannen die Qualen, und sie schienen endlos zu sein. Die
Schmerzen waren so grauenhaft, daß die Frau immer wieder nahe dran
war zu schreien: ‚Ich bin eine Hexe, natürlich bin ich eine Hexe, ich will
alles gestehen, was ihr hören wollt, mein Geld sollt ihr haben und das
Haus meines Vaters noch dazu, nur hört auf, mich so zu quälen!'

Aber sie hielt es aus.

Als die Henker endlich von ihr abließen, stand sie da, von Schluchzen
geschüttelt, von ihren Fingern tropfte Blut, in ihren Armen und Schultern pochte der Schmerz, aber sie hatte nicht gestanden.

‚Ich habe es geschafft, du Schinder', dachte sie und sah durch einen
Schleier von Tränen zu ihrem Peiniger hinüber. ‚Wer einmal der Folter
widersteht, der muß freigelassen werden. So sagt es das kaiserliche Recht.
Mich wirst du nicht auf den Scheiterhaufen schicken!'

Sie wischte sich die Tränen aus den Augen, atmete tief und wartete.

Der Richter blickte sie an, beinahe wohlwollend. Dann lächelte er wieder.

„Es ist gut", sagte er, erhob sich und fügte im Hinausgehen hinzu: „Gemäß den Instruktionen unseres allergnädigsten Herrn Bischofs: Morgen fahren wir fort."

Da wußte die Frau, daß sie keine Hoffnung mehr haben durfte.

77. Eine schmerzhafte Lektion***

In der Regierungszeit Ludwigs XIV. (1643–1715) verlor der Adel seine ganze Macht, durfte sich aber dafür in Versailles dem glanzvollen Hofstaat des Sonnenkönigs anschließen. Nicht zuletzt, um dessen ungeheure Kosten finanzieren zu können, wurde eine Anzahl von Wirtschaftsreformen durchgeführt, die man später unter dem Begriff „Merkantilismus" zusammenfaßte.
Vorlesezeit: 16 Minuten

Der Comte de La Tour stieß leise auf und wischte sich in einer vollendet eleganten Bewegung mit seiner Spitzenmanschette das Fett vom Mund.

„Ach, es ist herrlich, daß ich Euch einmal wieder bei mir habe, meine Kleine", sagte er und kniff der jungen Dame, die ihm Gesellschaft leistete, gutgelaunt in die rosig geschminkte Wange.

Dann klingelte es. Nach wenigen Augenblicken öffnete sich geräuschlos die Tür, ein Lakai erschien und blieb mit einer tiefen Verbeugung vor dem Grafen stehen.

Mit lautem Geklirr krachte die Flasche mit dem teuren Malvasier, aus der Madame soeben sich und dem Grafen hatte nachschenken wollen, zu Boden und zerschellte auf dem Parkett.

„Was ist Euch, Madame?" fragte der Graf besorgt, teils aus Mitgefühl, teils weil er um den Fortgang des Schäferstündchens fürchtete. „Ihr seid ja ganz bleich! Soll ich das Fenster öffnen lassen?"

„Nein, es ist schon gut, nur … nur ein vorübergehender Anfall, eine kleine Schwäche", stammelte Madame, „nehmt es gar nicht weiter zur Kenntnis …"

„Ihr müßt Euch stärken, meine Liebe, wir müssen etwas für Euer leibliches Wohl tun!"

Der Graf wandte sich wieder dem Diener zu, der regungslos und in kerzengerader Haltung den Vorfall mit angesehen hatte.

„Steh nicht da wie ein Ochse", bellte er, „schau, daß du die Schweinerei wegräumst! Überhaupt, ich kenne dich nicht. Du bist neu? Wer hat dich eingestellt? Wie heißt du?"

Der Diener verbeugte sich ehrerbietig, ohne die Miene zu verziehen.

Monseigneur, mein Schwager Pierre ist plötzlich krank geworden, ich vertrete ihn, damit ihr keine Einbuße erleidet, Monseigneur. Mein Name ist Jean."

„Also, Jean, zunächst kehrst du die Scherben auf, Jean, dann bringst du eine neue Flasche! Und geh in die Küche und sag dem Koch, die Wachteln waren ganz ordentlich, er soll uns schleunigst noch ein halbes Dutzend braten. Und – ein Dutzend Austern soll er anrichten …", er schnalzte mit der Zunge und fügte etwas leiser hinzu: „… damit Madame wieder in Stimmung kommt!"

Zärtlich streichelte er ihr mit seiner gepflegten weißen Hand den schönen Hals.

Aber Madame zuckte zurück, blankes Entsetzen stand in ihren großen braunen Augen.

„Meine Liebe, ich mache mir wirklich Sorgen um Euch", sagte der Graf. Gleichzeitig beugte er sich vor und ließ seine Finger ein wenig tiefer wandern.

„Aber doch nicht vor dem Domestiken!" Madame Grigots Stimme klang leicht hysterisch.

„Also verschwinde endlich!" schrie der Comte, aber der Lakai sammelte ungerührt noch die Flaschenscherben auf, bevor er das Zimmer unter etlichen Bücklingen verließ.

„Ihr müßt verstehen", ächzte Madame, „eine Frau ist manchmal … indisponiert."

„Aber so plötzlich?" Der Graf de La Tour war ziemlich ungnädig.

„Nun, wenn noch andere Probleme sie bedrängen …"

Sofort war der Comte wieder milder gestimmt.

„Probleme? Meine Kleine, mein Täubchen, Ihr habt Probleme? Sagt sie mir, ich werde sie aus der Welt schaffen!"

Geräuschlos betrat der Diener wieder den Raum, mit Besen und Lappen bewaffnet.

Madame warf ihm einen schnellen Blick zu und erklärte dann, unter fortwährendem Räuspern: „Nun, ehem, Monseigneur … ich bin, ehem … zu Euch gekommen … ehem, gekommen … um im Interesse, ehem, meines Gatten, ehem, etwas … etwas über die neue Wirtschaftsform zu erfahren, die der König plant!" Oh, wie steif und hergeholt klang das aus dem rosigen Mündchen.

„Über was??" Der Graf glaubte nicht recht zu hören. „Im Interesse wessen??"

„Über die neue Wirtschaftsform", erwiderte Madame, nun schon etwas sicherer, „im Interesse meines Gatten!" „Warum will sie mich von meinen Sehnsüchten ablenken?" dachte der Graf. „Noch dazu mit einem solchen Gesprächsstoff? Und was soll das Geschwätz von ihrem Mann?" Er war nahe daran, die Fassung zu verlieren. „Ja, warum fragt Ihr nicht ihn, Euren Trottel von Ehemann?" schrie er.

Madame Grigot zuckte zusammen und schaute schnell zu dem Lakaien, der zu ihren Füßen kniete und den Teppich trocknete, aber er schien gar nichts zu hören.

„Fragt doch diesen Pfennigfuchser, der muß es doch wissen!"

Aber Madame ließ sich nicht beirren, und nur ein scharfsinnigerer Beobachter, als der Comte de La Tour es war, hätte das vibrierende Zittern in ihrer Stimme bemerkt.

„Er ist ein sehr erfolgreicher Tuchhändler", sagte sie, „aber er hat doch nicht den Überblick wie ein Grandseigneur von Welt, der fast so etwas ist wie die rechte Hand des Königs."

„Da habt Ihr natürlich recht, meine Liebe", antwortete der Graf halb besänftigt, um gleich darauf unwirsch hinzuzufügen: „Aber was weiß ich von diesem überflüssigen Zeug! Wenn dem König Geld fehlt, dann erhöht er die Steuern, und wenn mir Geld fehlt, dann erhöhe ich die Abgaben meiner Bauern in der Tourraine. Ça suffit!"

Erneut wollten seine Finger auf dem eindrucksvollen Dekolleté von Madame spazierengehen. Aber Madame lehnte sich ganz weit zurück und wollte durchaus bei der Sache bleiben.

„Ja, aber Steuern und Abgaben könnt Ihr doch nicht beliebig erhöhen, wenn Ihr nicht gleichzeitig das Einkommen vermehrt", behauptete sie ganz richtig und beobachtete aus den Augenwinkeln den Bediensteten, der sich gerade entfernte.

Der Graf war am Ende seiner Weisheit. Was war mit seiner süßen Taube? War sie seiner überdrüssig?

„So glaubt mir doch, meine Kleine, ich habe keine Ahnung von diesen Dingen! Ich weiß nur …"

Wieder kam der Diener herein, ein silbernes Tablett auf dem Arm balancierend.

„Ah, Madame!" Der Graf schnupperte genießerisch. „Riecht Ihr die Wachteln?"

„Ihr wolltet gerade etwas sagen, Graf", erinnerte ihn Madame, und er
fuhr seufzend fort:

„Ich weiß nur, daß der Hofstaat, das Heer und die vielen Beamten seiner
Majestät ungeheure Summen verschlingen und daß sich deshalb der
Finanzintendant des Königs, ein Mensch namens Colbert, etliche Maßnahmen ersonnen hat, um die Wirtschaft des Landes zu befördern. Nehmt
doch ein paar von den Austern, Madame!"

Aber Madame hatte plötzlich keinen Appetit mehr. Sie starrte abwesend
auf die kräftigen Hände des Lakaien, die geschickt den Wein entkorkten,
und erhob sich dann unvermittelt.

„Ich danke Euch, Monseigneur, aber ich muß jetzt gehen. Entschuldigt
mich!"

„Ja, aber ..." Der Graf starrte ihr mit offenem Mund nach, und der
Diener eilte ihr hinterher, um ihr hinauszuhelfen, aber da krachte schon
die Tür ins Schloß, Madame hatte das Haus verlassen.

Eine Stunde später saß der Comte de La Tour in seiner Kutsche und ließ
sich nach Versailles fahren. Er war finsterster Laune. „So ein degoutantes
Gänschen", dachte er grimmig. „Ich muß mir eine neue Mätresse suchen,
und zwar schleunigst!"

Er schob den Vorhang beiseite, sah aus dem Fenster, und seine Wut
steigerte sich. Was dachte sich dieser Trottel eigentlich?

Er schob das Fenster zurück und steckte den Kopf hinaus.

„Halt an, hältst du sofort an, ja, wo fährst du mich denn hin, du
Schweinskerl?"

Die Kutsche holperte über eine Wiese, auf ein kleines Birkenwäldchen
zu, von der Straße war keine Spur zu sehen.

„An-halten!!" Endlich! Na, dem würde er was erzählen!

Plötzlich wurde der Verschlag geöffnet. Eine Gestalt, deren Kopf hinter
einer Maske verborgen war, beugte sich ins Wageninnere. In der Rechten
hielt sie eine doppelläufige Pistole, die unmißverständlich auf den Bauch
des Grafen gerichtet war.

„Würdet Ihr die Güte haben auszusteigen, Monseigneur?"

Der Graf gehorchte und verspürte plötzlich einen stechenden Schmerz
im Magen. ‚Die Wachteln', dachte er, ‚ich habe zuviel Wachteln gegessen!'

„Jetzt seid bitte so freundlich, Euch über den Rücken dieses Pferdes zu
beugen. Ja, so ist es gut."

‚Die Stimme', dachte der Graf, ‚wo habe ich diese Stimme schon gehört?'
Angesichts der griffbereit liegenden Pistole wagte er nicht, etwas zu
unternehmen, als der Maskierte ihm die Hände fesselte und dann Hand-

und Fußgelenke unter dem Bauch des Pferdes mit einer straff gespannten Schnur verband.

„Was wollt Ihr von mir?" stammelte der Graf.

„Das ist schnell gesagt, Monseigneur", lautete die Antwort. „Ihr wißt, habe ich mir sagen lassen, nicht recht Bescheid über die Maßnahmen des Monsieur Colbert, die Wirtschaft betreffend, und darüber werde ich Euch nunmehr informieren."

Gleichzeitig hörte der arme Graf ein pfeifendes Geräusch, das ganz so klang, als ob eine Rute durch die Luft geschwungen würde.

Und da traf ihn auch schon der erste Schlag. Au, das tat vielleicht weh!

„Das ist eine Haselrute, die ich hier von dem Strauch hinter Euch geschnitten habe", sagte der Fremde. „Und das ist eben die erste Maß-nahme: Die einheimischen Rohstoffe werden bevorzugt." Zwei kräftige Hiebe. „Au, au!" stöhnte der Graf.

„Die Errichtung von Manufakturen wird gefördert", fuhr der Maskier-te fort. „Manufakturen, das sind Werkstätten, in denen man sich die Arbeit teilt, so wie wir: Ihr haltet hin, und ich haue zu!"

Das tat er, und wie!

„Aufhören!" brüllte der Graf.

„Sodann wünscht Monsieur Colbert", erklärte der Fremde unbeirrt, „Waren aus dem Ausland mit hohen Zöllen zu belegen. Wenn Ihr also bei uns italienische Sitten einführen wollt, müßt Ihr Zoll bezahlen – da und da und da!"

Der Graf de La Tour biß die Zähne zusammen und versuchte seine Fesseln zu zerreißen – vergeblich.

„Andererseits", der Unbekannte war gnadenlos, „soll die Ausfuhr einhei-mischer Güter nach Kräften befördert werden. Wenn Ihr Euch also ins Ausland verfügen wollt, Monseigneur, würde ich Euch noch ein groß-zügiges Reisegeld mitgeben, nämlich so!"

Vier Schläge folgten, die das gepeinigte gräfliche Hinterteil in ein Feuermeer verwandelten.

Der Comte de La Tour hatte nicht einmal mehr die Kraft zu stöhnen. Er war in erbärmlichem Zustand. Sein Jabot war feucht von Schweiß, seine Allongeperücke war ihm vom Kopf gerutscht, und in seiner Rückseite tobte der Schmerz.

„Wer bist du, du Hundesohn, zeig dich, wenn du eine Ehre hast!" röchel-te er. Aber der andere lachte nur.

„Ich habe keine Ehre", sagte er, „ich bin nur Lakai und meinem Herrn immer gern zu Diensten. Wenn in Zukunft eine schöne Frau Euch also fragt, wie seine Majestät die Wirtschaft befördern will, so könnt Ihr präzise Auskunft erteilen. Und dabei, Monseigneur, solltet Ihr es auch belassen!"

Ein rascher Schnitt durchtrennte die Schnur, mit der des Grafen Füße und Hände verbunden waren, er hörte sich eilig entfernende Schritte, und dann war er allein mit sich und seinem Schmerz.

Die Striemen auf dem gräflichen Gesäß verschwanden allmählich, ebenso wie die Erinnerung an Madame Grigot, die der Graf niemals wiedersah. Wer der geheimnisvolle Lakai war, der ihn so nachdrücklich belehrt hatte, erfuhr er nie, aber die Grundlagen des neuen Wirtschaftens vergaß er zeit seines Lebens nicht mehr.

Comte: Graf. *Malvasier:* Wein verschiedener Rebsorten, die aus Malvasia (Griechenland) stammen. *Ça suffit:* Das genügt. *Jabot:* Hemdkrause. *Allongeperücke:* Lockenperücke.

---

78. Ein rechtschaffener Diener des Königs**

Gegen Ende des 17. Jahrhunderts war London schon eine Millionenstadt, Zentrum eines Landes, das sich anschickte, zur führenden Seemacht der Welt zu werden, und in dem König und Parlament erbittert um Zuständigkeiten kämpften. Eine Millionenstadt mit allen Licht- und Schattenseiten…
Vorlesezeit: 11 Minuten

Der Herr im eleganten Samtrock mit der modischen Perücke auf dem Kopf lehnte am Fenster und sah auf die Straße hinab.

„Unglaublich, dieser Verkehr", sagte er über die Schulter zu seinem Besucher, „Tausende von Kutschen müssen inzwischen in London unterwegs sein. Täglich lasse ich frisches Stroh ausstreuen, um den Lärm zu dämpfen, aber Ihr hört ja selbst, wie es rumpelt und rattert!"

Der Besucher, der auf der Kante eines Sessels saß, wippte mit den Knien und drehte nervös seinen Dreispitz zwischen den Händen. Er war sichtlich ungeduldig. „Könnten wir nicht zum Wesentlichen kommen, Sir Reginald?" fragte er ärgerlich. „Wieviel verlangt Ihr?"

Sir Reginald Blide wandte sich abrupt um. „Als Hafenadmiral bin ich auch dafür verantwortlich, daß über See keine Seuchen in die Stadt gelangen", sagte er mit scharfer Stimme. „Euer Schiff, Master Herrick, die ‚Tempest', ein Dreimast-Rahsegler mit 600 Tonnen Frachtraum, ist gestern mit einer Ladung Frischobst von den Balearen eingelaufen. Der Kapitän hat gemeldet, daß an Bord drei Fälle von Fieber aufgetreten sind, ein Mann ist gestorben.

Daraufhin habe ich, wie es meine Pflicht ist, vier Wochen Quarantäne für Mannschaft und Ladung angeordnet. Was ist dazu noch zu sagen, Master Herrick?"

Aufgebracht entgegnete der Schiffseigner: „Vier Wochen Quarantäne! Wißt Ihr, was das für meine Früchte bedeutet?"

„Ja, das weiß ich." Sir Reginald lächelte breit. „In vier Wochen werden sie garantiert fieberfrei sein!"

Herrick wurde kirschrot vor Wut; er sah aus, als ob er sich jeden Augenblick auf den Hafenadmiral stürzen wollte, aber er mäßigte sich. „Wieviel?" stieß er hervor. „Ihr benehmt Euch wie ein papistischer Ablaßverkäufer, nicht wie ein anglikanischer Ehrenmann!"

„Ach", höhnte Sir Reginald, „Ihr wollt mir Vorwürfe machen, das ist wahrhaftig, als ob die Wespe die Mücke verklagt! Ihr wollt riskieren, das Fieber in die Stadt zu tragen! Könnt Ihr das auf Euer Gewissen nehmen, kaum fünfzehn Jahre nachdem die Pest in London gewütet hat?"

Herrick winkte ab. „Seid nicht lächerlich, Sir! Ein läppisches kleines Fieberchen, das so passend gekommen ist, daß es Eurem Geldbeutel mehr nützt, als es je den Londonern schaden könnte ..."

Reginald Blides Stimme war eisig. „Was wollt Ihr damit sagen?"

Schnell korrigierte Herrick, der seine Früchte bereits in den Zustand stinkender Fäulnis übergehen sah: „Ich meine, Sir Reginald, daß es Eurem Geldbeutel mehr nützen könnte, wenn Ihr nur mit meinem Vorschlag einverstanden wäret, verzeiht, ich habe mich versprochen!"

„Eurem Vorschlag ...", wiederholte Sir Reginald lauernd, „eurem Vorschlag ... Sagtet Ihr nicht etwas von zwanzig Prozent von Eurem Erlös an der Börse?"

Herrick wurde bleich. „Zwanzig Prozent?" fragte er ungläubig, um gleich darauf, als er des Admirals starre Miene bemerkte, ergeben zu sagen: „Zwanzig Prozent!"

Er zog seine Börse und holte eine Anzahl Guineas heraus, erhob sich und legte sie auf einen großen Sekretär, der in einer Ecke des Zimmers stand. Sir Reginald hatte jede seiner Bewegungen verfolgt.

„Vergeßt nicht", sagte er leise, „daß ich die Preise sehr gut kenne und daß auf den nächsten Fahrten Eures Schiffes sehr leicht wieder das Fieber ausbrechen kann."

Herrick preßte die Lippen zusammen und legte zwei weitere Guineas

zu den anderen. „Daß Euch die Pest!" murmelte er zwischen den Zähnen.
Sir Reginald achtete nicht darauf. Er trat zu dem Sekretär, hob eine
kleine eiserne Kassette aus einem der Schubfächer und schloß das Geld
darin ein.

„Es ist immer schön, wenn man jemandem helfen kann", sagte er
fröhlich.

„Master Herrick, ich habe eine gute Nachricht für Euch: Das Fieber an
Bord Eures Schiffes scheint weniger schlimm zu sein als anfangs befürchtet. Ich werde deshalb Anweisung geben, daß ...", er unterbrach sich
und schnupperte. „Was riecht hier so verbr..."

„Feuer, Feuer!" schrie es da aus dem Flur. „Das Dach steht schon in
Flammen, rette sich, wer kann!"

Die Tür wurde aufgerissen, ein Diener stürzte herein.

„Das Dachgeschoß brennt", rief er aufgeregt, „Ihr solltet Euch in Sicherheit bringen, Sir!"

Der Admiral wurde bleich. Feuer! Vor vierzehn Jahren hatte eine Feuers-
brunst die halbe Stadt vernichtet. Sein Haus war zwar aus Stein, aber was
drin war, das konnte doch verbrennen – oder zumindest verschmoren
oder verglühen!

„Hol das Tafelsilber, und wirf es einstweilen aus dem Fenster", befahl er
dem Diener. „Sag den anderen Bescheid, daß sie meine Kleider und die
von Lady Blide ebenfalls herauswerfen. Dann die Bücher aus der Bibliothek und sonst alles Wertvolle, was nicht zerbrechen kann! Holt Lösch-
trupps, los, los, los!"

Er riß alle Schubladen des Sekretärs auf und nahm eine ganze Anzahl
ähnlicher Kassetten, wie die, in die er Herricks Geld eingeschlossen hatte,
heraus.

Kurz entschlossen ließ er auch die Kassetten aus dem Fenster fallen, nur
die zwei gewichtigsten behielt er in der Hand. Dann stürmte er aus dem
Raum. Als er im Flur stand, hörte er Lärmen und Schreien an der Tür;
dumpf klangen die Schläge einer Axt.

„Ja, was ist denn los?" schrie er erbost und rannte durch den Qualm nach
unten. „Warum zertrümmert ihr mein Haus auch noch, wenn es schon
brennt?"

In der Diele, vor der Haustür standen Diener, Mägde und auch Herrick.
Einer der Hausknechte war gerade dabei, mit wuchtigen Axthieben eine
Bresche in das Holz zu schlagen.

„Jemand hat von außen die Tür verbarrikadiert", rief Herrick und
betrachtete besorgt die Rauchschleier, die vom Treppenaufgang herab-
wallten.

„Beeil dich gefälligst, Kerl! Hau zu! Willst du mich in aller Seelenruhe verbrennen lassen?" Sir Reginald zappelte vor Wut und Zorn, so daß die Goldstücke in den Kassetten klapperten.

Endlich brach ein großes Stück aus der Tür heraus, der Knecht griff durch das entstandene Loch hindurch, stieß mit einiger Mühe den Balken beiseite, der fachmännisch zwischen Hauswand, oberste Treppenstufe und Klinke geschoben war, und öffnete. Schleunigst machten alle, daß sie ins Freie kamen.

„Seht Euch das an!" Herrick deutete auf eine Bande von Halbwüchsigen, die, offenbar schwer beladen, eilig das Weite suchten.

Sir Reginald verlor völlig die Fassung. „Hinterher, ihr stinkenden Faulpelze," brüllte er seine Bediensteten an, „holt sie ein, schlagt sie tot, nehmt ihnen alles wieder ab, ruft die Wache, alarmiert die Löschmannschaften, nur, verdammt noch mal, bei allen Teufeln der Hölle, macht endlich was!"

„Was ist eigentlich geschehen?" fragte Herrick. Eine gehörige Portion Schadenfreude schwang in seiner Stimme mit, aber Sir Reginald war zu aufgeregt, um es zu bemerken.

„Seid doch nicht so begriffsstutzig!" rief er. „Diese jugendlichen Mordbrenner haben brennende Lumpen oder was weiß ich in die Fenster des obersten Stocks geworfen. Genau mit dem Ziel, daß wir alles, was wertvoll ist und was wir retten wollen, aus dem Fenster werfen. Damit sie Zeit haben, sich mit ihrer Beute aus dem Staub zu machen, haben Sie die Tür verbarrikadiert."

Er schlug die Hände vors Gesicht, so daß er Herricks hämisches Grinsen nicht bemerkte.

Endlich kam ein Löschtrupp mit einem Pferdewagen, auf dem große Wasserfässer standen. Ob die Leute noch viel würden retten können, war fraglich, denn inzwischen schlugen die Flammen aus allen Geschossen. Der Hafenadmiral hob den Kopf und ließ die Hände sinken.

„Ihr werdet Verständnis haben, Master Herrick, daß ich mich jetzt um Euer Anliegen nicht kümmern kann. Ich mußte für Euer Schiff vier Wochen Quarantäne anordnen, das war meine Pflicht. Ich weiß, das ist ärgerlich, aber es läßt sich nicht ändern. Außer vielleicht … am besten, Ihr kommt morgen in mein Büro im Blackwell. Dann reden wir über alles."

„Aber …" Herrick glaubte einen Alptraum zu erleben, „aber wir haben doch …"

„Nein, nein, nicht jetzt! Bitte habt Verständnis! Ich bin ein Geschlagener, ein Heimatloser! Morgen in meinem Büro! Doch bedenkt, daß Sonder-

genehmigungen immer eine Menge Kosten verursachen, ich schätze, so
etwa ..."
Mehr hörte Herrick nicht mehr. Er hatte sich umgedreht und war
grußlos davongestapft. Er hätte Blide mit bloßen Händen erwürgen
können. Der Schuft würde ihn morgen zum zweiten Mal zahlen lassen.
Schließlich brauchte er jetzt ein neues Haus.

Dreimast-Rahsegler: Segelschiff mit drei Masten, dessen viereckige Segel quer zu den
Masten an Rundhölzern befestigt waren.

---

79. Fein, aber klein***

Der Hof des französischen Sonnenkönigs war das leuchtende Vorbild für viele der
winzigen Fürstentümer in Deutschland. Problematisch wurde es, wenn die Zahl
der Hofschranzen fast größer war als die Zahl der arbeitenden und Steuern
zahlenden Untertanen ...
Vorlesezeit: 13 Minuten.

Er mochte ein Genie sein, der berühmte Maler, aber er war entschieden
ein Grobian, ein ganz ungehobelter Klotz! Kaum war er hier, ließ er
schon keine Gelegenheit aus, unpassende Bemerkungen zu machen.
Gut, zugegeben, das Land, das von seiner Durchlaucht regiert zu werden
den Vorzug hatte, war nicht besonders groß, aber das war doch gewiß kein
Grund, gleich bei der Ankunft am Schloß zu bemerken: „Was für eine
reizende Residenz! Und so groß! Haben alle Untertanen darin Platz?"
Nein, für diese Art von Humor hatte der Baron von Reichenbach
durchaus keinen Sinn. Überhaupt, seiner Ansicht nach hätte es genügt,
diesen Maler durch irgendeinen Lakaien empfangen zu lassen. Was war
er denn schon? Ein Handwerker, nach dessen Genius kein Hahn krähen
würde, wenn er nicht durch die Gunst der Fürsten zu einigem Ruhm
gelangt wäre.
Aber Serenissimus hatte darauf bestanden, daß er sich um ihn kümmerte.
„Er wird ihn persönlich in Empfang nehmen, Reichenbach, hört Er?"
hatte er befohlen. „Er wird ihm nicht von der Seite weichen und ihm
jeden Wunsch von den Lippen ablesen!"
Der Baron seufzte tief. Serenissimus hatte sich eben in den Kopf gesetzt,
von genau diesem Maler portraitiert zu werden, weil der schon so viele

erlauchte gekrönte Häupter Europas portraitiert hatte. Jetzt hatte er, ein leibhaftiger Geheimsekretär, diesen degoutanten Kerl am Hals und konnte sehen, was er mit ihm anfing.

Nun ja, morgen früh war die erste Sitzung mit Serenissimus, da wenigstens würde sich der Kerl hoffentlich zusammenreißen! Morgen abend auf dem Fest würde er ihm dann eine der Ballettänzerinnen vorstellen, natürlich nur eine, mit der seine Durchlaucht ... mmmh ... schon früher nähere Bekanntschaft geschlossen hatte ... Reichenbach erlaubte sich ein stilles Lächeln. Die würde ihn schon beschäftigen.

„Seine fürstlichen Gnaden geben morgen abend ein Fest anläßlich des zehnjährigen Jubiläums seiner Inthronisation. Serenissimus haben geruht, auch Sie zu diesem Fest zu bitten."

„So? Was wird denn geboten?"

Reagierte man so auf eine Einladung? Quel comportement! „Nun, Monsieur, zunächst ein Empfang für die geladenen Gäste, dann französische Komödie und Ballett in der Hofoper, anschließend Galadiner in der Residenz und Feuerwerk im Hofgarten. Ich hoffe sehr, Monsieur, das wird den Ansprüchen Monsieurs genügen?"

Der Maler bemerkte den ironischen Ton offenbar nicht. „Galadiner? Feuerwerk? Das hört sich gut an! Die französische Komödie werde ich mir wohl schenken. Hier in der deutschen Provinz fehlt ja doch der französische Charme und Witz – das wird bestimmt entschieden zu langweilig!"

Der Geheimsekretär war nahe daran, mit den Zähnen zu knirschen. Das Theater war der ganze Stolz seiner Durchlaucht. 20 Tänzerinnen und 16 Schauspielerinnen und Schauspieler, über die Hälfte davon aus Frankreich und Italien, 40 Musiker, einen Theatermaschinisten, der wahre Wunder vollbrachte, und dieser Kerl wagte es ... Von etwas anderem reden, von etwas anderem reden!

„Wenn Sie vielleicht, wir kommen gerade daran vorbei, einen Blick in den Jagdsaal werfen wollen, Monsieur? Er wurde von dem bedeutendsten Freskenmaler Europas ausgemalt!"

Ha, das würde ihn kränken! Welcher Maler hörte es gern, wenn von einem anderen als ‚dem bedeutendsten' gesprochen wurde! Aber diesen hier schien es nicht einmal zu stören. „Ja, er ist wirklich sehr gut. Aber auch außerordentlich teuer. Überhaupt ... Kristallüster aus Böhmen, französische Seidentapeten, italienischer Marmor ... Mein Gott, das alles in einem so kleinen Land, was müssen die Untertanen Steuern aufgebracht haben! Oder hat seine Durchlaucht vielleicht einige männliche Landeskinder nach England verkauft?"

Der Geheimsekretär ballte die wohlgepflegten weißen Hände zu Fäusten. Mon dieu, dieser Kerl war gefährlich, der gehörte eingesperrt, der war ein Aufrührer! Woher wußte er, daß Serenissimus in der Tat dem König von England mit ein paar Soldaten ausgeholfen hatte, um einer vorübergehenden Verlegenheit abzuhelfen?

Dem Himmel sei Dank, sie waren am Ziel! „Monsieur, Ihre Zimmer. Ich lasse Sie jetzt allein."

Nur weg von diesem Menschen!

Der nächste Tag wurde nicht leichter für den armen Baron.

Am Morgen die Sitzung mit Serenissimus. Zwei Kammerdiener und drei Leibdiener hatten seiner Durchlaucht länger als eine Stunde beim Ankleiden behilflich sein müssen, bis auch das letzte Accessoire Seine Allerhöchste Zustimmung fand.

Die polierte Rüstung strahlte in ehernem Glanz, der Marschallstab glänzte, die Feldherrenschärpe lag faltenlos über der gewölbten Brust, kein Stäubchen beeinträchtigte das Glitzern der Orden, und der pelzverbrämte Herrschermantel lag mit kühner Lässigkeit über den gestrafften Schultern. Ein Bild von einem Herrscher!

Und der es demütig malen sollte, hatte die Kühnheit, spöttisch zu lächeln, als er das Kabinett betrat. Gott sei Dank! Serenissimus merkte nichts. Aber dann – der geplagte Geheimsekretär glaubte im Boden versinken zu müssen! Seine Durchlaucht hatte sich eben so plaziert, wie sie portraitiert zu werden beliebte, da erfrechte sich doch dieser Mensch zu bemerken:

„Ah, ich sehe, Eure fürstliche Durchlaucht bevorzugen die Pose, in der sich auch der französische König hat portraitieren lassen?"

Mit großer Zielsicherheit hatte der Kerl da den empfindlichsten Nerv Seiner Durchlaucht getroffen.

Serenissimus erwiderte denn auch mit einer Stimme voll eisiger Ablehnung: „Da irrt Er sich durchaus. Wir nehmen die Pose ein, die Uns gemäß erscheint. Wir pflegen Uns nicht an anderen zu orientieren, wer immer sie auch sein mögen. Merk Er sich das für alle Zukunft."

Ein anderer wäre schier erstarrt angesichts eines solchen Tadels aus Allerhöchstem Mund, dieser Maler verzog nicht einmal das Gesicht, sondern nahm ungerührt seinen Stift zur Hand und begann Serenissimus zu skizzieren.

Niemand konnte bestreiten, daß er sein Handwerk meisterhaft beherrschte; überdies nahm ihn seine Arbeit völlig gefangen, und deshalb konnte der schwer geprüfte Geheimsekretär für einige Zeit aufatmen.

Aber der Abend kostete seine letzten Kräfte. Die höchst diskret vermittelte junge Dame aus dem Ballett wies der Bauernlümmel brüsk zurück, er sei durchaus nicht ambitioniert, weil glücklich verehelicht.

Was hatte denn das eine mit dem anderen zu tun? Und dann, beim Essen, trat genau das ein, was der Baron befürchtet hatte. Der Mensch betrank sich unmäßig. Inmitten einer exklusiven Gesellschaft aus den höchsten Kreisen des Fürstentums und seiner Nachbarn sowie aus den Gesandten zahlreicher europäischer Fürstenhäuser goß er den Wein nur so in sich hinein. Sein Gesicht wurde zusehends röter und seine Stimme zusehends lauter. Die Gräfin Winterberg, die – sie würde es Reichenberg nie verzeihen! – das zweifelhafte Glück hatte, die Tischdame dieses Holzklotzes zu sein, hob das Lorgnon an die schönen Augen, murmelte ein „C'est scandaleux" und wandte sich nur noch ihrem Nachbarn zur Rechten zu.

Während der Baron grübelte, wie er sich bei ihr entschuldigen könnte, achtete er einen Moment nicht auf seinen Schützling, und als er wieder zu ihm hinübersah – war er nicht mehr da.

Eine eiserne Faust schien sich um das Herz des armen Geheimsekretärs zu pressen und es zusammenzudrücken, Furcht schlich sich in seine Seele: Wo war er, der Maler? Welches Unheil richtete er an?

Suchend ließ Reichenbach seinen Blick über die Schar der Gäste und die Weite des Saales gleiten – nichts!

Erschöpft sank er auf seinen Platz, winkte einem Diener, ihm seinen Pokal zu füllen, und leerte ihn in einem Zug. Tant pis! Dann würde er eben auch einen Rausch bekommen. Als er eben Order geben wollte nachzuschenken, sah er den Gesuchten an den langen Reihen der gedeckten Tafeln vorbei durch den Saal stapfen und lauthals lachen, zum Befremden etlicher Gäste. Hinter ihm schritt ein junger Offizier in Husarenuniform, der aber durchaus nichts mit ihm zu tun zu haben schien. Ja, was lachte denn der Wahnsinnige so laut? Was, wenn Serenissimus auf ihn aufmerksam würde? Eine Katastrophe bahnte sich womöglich an! Mit schweren Schritten kam der Maler auf Reichenbach zu, erst glucksend, dann kichernd, dann lauthals lachend, das rote Gesicht in vergnügte Falten gelegt, und röhrte lallend, daß man es bis in den letzten Winkel des Saales hören mußte – denn jedes andere Gespräch war verstummt:

„Stelln Sie sich vor, lieber Baron, mußt' ich grade mal ins Freie, menschliches Bedürfnis, Sie wissen schon. Hab' aber zu viel Druck drauf …", die Stimme steigerte sich zu ausgelassenem Johlen, „… hab' ich aus Versehn ins Nachbarfürstentum hinübergejunkt, und jetzt … und jetzt

..." Der Wahnsinnige drehte sich um, deutete auf den armen kleinen Leutnant und schlug sich auf die Schenkel vor Vergnügen, „... und jetzt is' die ganze feindliche Armee hinter mir her!"

Zum ersten und einzigen Mal in seinem Leben wünschte sich der Baron von Reichenbach, er wäre eine Frau, und ein zu eng geschnürtes Korsett würde ihm zu einer gnädigen Ohnmacht verhelfen.

Serenissimus: durchlauchtigster Herr. *Quel comportement!:* Was für ein Benehmen! *C'est scandaleux:* Das ist skandalös. *Tant pis:* hier im Sinn von: „Darauf kommt es jetzt auch nicht mehr an!"

---

80. Eine gebildete Frauensperson**

Seit dem Beginn des 18. Jahrhunderts erlaubten einige Männer ihren Töchtern, einen akademischen Berufsweg einzuschlagen. Sie betrachteten das als interessantes Experiment. Aber die betroffenen Frauen waren mit der Rolle als Versuchskaninchen nicht zufrieden.
Vorlesezeit: 8 Minuten

Die Diskussion zog sich schon seit Stunden hin und war recht hitzig. Dorothea hielt sich im Hintergrund, wie es die Herren wohl auch von ihr erwarteten. Aber es wurmte sie gewaltig, daß sie bloß dasitzen und still zuhören sollte, denn schließlich wurde über sie geredet, über sie und ihresgleichen: die Frauen.

Soeben ergriff Christian Georg Leym, Professor der Jurisprudenz, das Wort.

Dorothea betrachtete ihn mit Abscheu. Die galt nicht nur seinem Äußeren, der niedrigen Stirn, den schwarzen Haaren, die aus seinem Kragen und seinen Manschetten hervorquollen, den buschigen Augenbrauen und der unförmigen Gestalt mit breiter Brust, enormem Bauch und kurzen, fetten Beinen, sondern vor allem seinen Anschauungen, die ihr Gemüt verletzten und ihren Geist beleidigten.

Er sprach von den Frauen so, als ob sie ein Erzeugnis von geringem Wert seien, ein leider notwendiges Produkt der Natur zur Erhaltung des männlichen Geschlechts, Wesen auf einer höchst niedrigen Zivilisationsstufe, die allein durch Fürsorge, Geduld und hartnäckiges Bemühen der Männer wenigstens menschenähnlich werden könnten. Die ganze Geringschätzung, die er für das weibliche Geschlecht empfand, sprach auch jetzt wieder aus seinen Worten.

„Nun, meine Herren, ich bin der Ansicht, daß wir uns um eines nicht streiten müssen: Ein Fall wie der der Dorothea Erxleben wird eine seltene Ausnahme bleiben." Er verbeugte sich in Richtung seines Gastgebers. „Auch wenn ich natürlich nicht zweifle, daß das Experiment unseres lieben Schlözers von Erfolg gekrönt sein wird."

Dorothea ballte die Fäuste unter dem Strickzeug. Experiment! Sie war doch keine Magdeburger Halbkugel! Aber sie würde es ihnen schon zeigen!

„Ich bin der Überzeugung", fuhr Leym fort, „daß eine äußerst seltene und glückliche Konstellation gegeben sein muß, damit eine Frauensperson eine derartige Höhe der Gelehrsamkeit erklimmen kann. Dorothea Erxleben hat, wie Sie, meine Herren, vielleicht wissen, vor einem Vierteljahrhundert summa cum laude in Medizin promoviert. Ihr Vater war selbst ein bedeutender Arzt, und da haben Sie bereits einen der Schlüssel zu solch seltenem Erfolg: Den väterlichen Lehrer, der sich des eigenen Kindes, auch wenn es nur ein Mädchen ist, mit besonderer Hingabe annimmt. Diese Voraussetzung ist ja auch in Ihrem Falle, lieber Schlözer", wieder eine leichte Verbeugung, „in hohem Maße gegeben. Der zweite Schlüssel ist meiner Ansicht nach – und ich glaube nicht, daß ich mich irre – das durch irgendeine Laune der Natur hervorgerufene kulminierte Vorhandensein von männlichen Eigenschaften in Frauenspersonen, die so anspruchsvolle geistige Aufgaben bewältigen. Das heißt beileibe nicht", jetzt galt die Verbeugung offenbar Dorothea, „daß wir es hierbei mit einer besonders männlichen äußeren Erscheinung zu tun haben, wir alle können uns ja im Moment vom Gegenteil überzeugen..."

Mein Gott, hielt sich der ungeschlachte Tölpel etwa gar noch für galant? „...Ich meine, an sich rein männliche Veranlagungen des inneren Menschen wie Ingenium, Standhaftigkeit und festen Willen. Es kann sich also nur um eine Ausnahmeerscheinung handeln. Und fragen wir uns doch ehrlich, meine Herren: Läge es denn in unserem Interesse, daß dem nicht so wäre? Gewiß, eine angemessene Bildung der bürgerlichen Frauenzimmer befördert das Ansehen ihrer Ehemänner und ist im Interesse einer angenehmen Konversation durchaus wünschenswert. Aber Gelehrsamkeit? Einige gelehrte Frauen sind eine Zierde der Nation, viele wären ihr Untergang."

Während die meisten der anwesenden Herren beifällige Zustimmung murmelten und der Sprecher sich in die unförmige Brust warf, voller Stolz, so Entscheidendes zur Frage der Bildung von Weibspersonen beigetragen zu haben, konnte Dorothea nur mühsam ihre Fassung bewahren.

Männliche Eigenschaften! Daß sie rasch fremde Sprachen lernte, daß sie schwierige Gedankengänge schnell begriff und selber welche entwickeln konnte, das sollten männliche Fähigkeiten sein, die sie nur aufgrund einer „Laune der Natur" besitzen sollte? Sie glaubte es nicht, aber sie fühlte, daß sie es in der Welt männlicher Gelehrsamkeit – und männlicher Dummheit – schwer haben würde.

Wäre sie besser als die Herren der Schöpfung, würde es heißen: „Sie ist ja auch keine richtige Frau." Wäre sie schlechter, würde man sagen: „Sie ist eben nur eine Frau."

Aber weder der widerwärtige Leym noch irgendein anderer Mann würde sie daran hindern, ihr Bestes zu geben.

Im Spätsommer des Jahres 1787 wurde Dorothea Schlözer vor der philosophischen Fakultät der Georgia Augusta zu Göttingen mit Auszeichnung zur Doktorin der Philosophie promoviert, der ersten, die es jemals gegeben hatte.

„Mögen mir viele weitere folgen", dachte sie, als sie stolz aus der Hand des Dekans die Urkunde entgegennahm. Was machte es da noch aus, daß sie, als unverheiratete junge Frau, an ihrer eigenen Promotionsfeier nicht teilnehmen durfte! Das, was sie erreicht hatte, konnte ihr niemand mehr nehmen, auch wenn es mancher vielleicht gern gewollt hätte. Zum Beispiel der Professor der Jurisprudenz Christian Georg Leym.

Als Dorothea, nicht lange nach ihrem Triumph, einmal am Arm einer Freundin durch die Stadt bummelte, kam er ihr entgegen. Schon von weitem war seine Gestalt – lange Arme, kurze Beine, mächtiger Brustkorb und gewölbter Bauch – unverwechselbar.

Kaum, daß er sie erkannt hatte, eilte er auf sie zu und begrüßte sie und ihre Begleiterin überschwenglich.

Nachdem sein Gruß mit den üblichen Floskeln erwidert worden war, meinte er in einem Ton, der wohl anerkennend klingen sollte: „Wie man hört, mein Fräulein, haben Sie sich ja auf der Prüfung neulich fast wie ein Mann geschlagen. Da kann man also das Experiment Ihres Herrn Vaters als durchaus geglückt bezeichnen!"

Äußerlich merkte man Dorothea nicht an, wie sehr das Wort „Experiment" ihr Blut in Wallung brachte; ganz kühl antwortete sie: „Ach wissen Sie, es war nicht nur die Unterstützung meines Vaters … Auch Sie waren es, der mir an entscheidender Stelle weitergeholfen hat."

„Ich?" fragte Leym erstaunt.

„Ja, Sie. Mitten in der Prüfung fragte mich nämlich ein Kommissionsmitglied, von wem denn meiner Meinung nach der Mensch abstamme. Einen Moment lang war ich ratlos, aber dann dachte ich an Sie und antwortete schnell: ‚Vom Affen natürlich.' Und sehen Sie: Das war genau die richtige Antwort."

Damit nickte sie ihm zu, zog ihre Freundin mit sich und ließ ihn stehen, während er ihnen nachschaute, mit offenem Mund, wie einer, der trotz aller Gelehrsamkeit nicht mehr recht weiterwußte.

Magdeburger Halbkugeln: In einem Experiment bewies der Magdeburger Bürgermeister Guericke 1656, daß der Luftdruck zwei Halbkugeln, zwischen denen ein Vakuum besteht, zusammenpressen kann. *Summa cum laude:* mit Auszeichnung.

---

81. Künstlerlos am Fürstenhof**

Wen halten wir heute für die bedeutendere Persönlichkeit – Mozart oder den Erzbischof Colloredo? Keine Frage. Aber damals war es genau umgekehrt. Damals war der Bischof ein Fürst, dessen Wort absolute Geltung hatte, und Mozart ein armseliger Musikus im Rang eines niederen Dienstboten. Wer zahlt, schafft an, hieß es bei Hofe, und wer nicht parierte, flog raus!
Vorlesezeit: 10 Minuten

Mozart wanderte, die Hände auf dem Rücken verschränkt, zornig in dem kleinen Kabinett in der Wiener Hofhaltung des Erzbischofs hin und her, in dem man ihn nun schon eine gehörige Zeit warten ließ. Was bildete er sich ein, dieser autokratische Menschenfeind, dieser hochmütige, aufgeblasene Pfaffe! Andere Menschen derart hochnäsig zu behandeln, nur weil er Erzbischof und von adeligem Blut war!
Über Mozarts Gesicht flog ein geringschätziges Lächeln. Zum Bischof wurde man gewählt, und Adel schützte nicht vor grenzenloser Dummheit. Er, Mozart, hatte wenigstens ein Talent, und das wollte er in Freiheit entfalten. Auch für 500 Gulden im Jahr würde er weder dies Talent noch seine Seele verkaufen.
Der junge Komponist war so in seinen Zorn vertieft, daß er überhörte, wie sich die Tür öffnete. Erst die näselnde Stimme des Sekretärs, der ihn hierher geführt hatte, riß ihn aus seinen Gedanken: „Wenn Sie jetzt mitkommen wollen, Mozart …"

Schweigend schritten sie durch einen langen Gang, bis sie vor einer geschnitzten Doppeltür standen, die ins Arbeitszimmer des Erzbischofs führte.

Der Sekretär klopfte, ein Lakai öffnete und ließ sie herein.

„Durchlauchtigster Herr, der Hoforganist Mozart", meldete der Sekretär und zog sich zurück.

Mozart trat drei Schritte in den Raum hinein, machte seinen Kratzfuß und wartete dann mit gesenktem Kopf, bis er angesprochen wurde, fest entschlossen, sich nichts, aber auch gar nichts gefallen zu lassen.

Hieronymus Graf Colloredo, Fürsterzbischof von Salzburg, saß an seinem Schreibtisch und klopfte mit den Fingern ein Andante auf die Armstützen des hochlehnigen Stuhls, in dem er kerzengerade saß.

Er war wie üblich aufs peinlichste korrekt gekleidet, kein Stäubchen lag auf Kragen oder Umhang, und seine Perücke war makellos, wie aus Erz gegossen. Dem Gesicht darunter konnte man die schlechte Laune unschwer ansehen. Die Augen waren zu schmalen Schlitzen zusammengekniffen, zwei tiefe Falten gruben sich über der Nasenwurzel in die Stirn.

„Nun, was hat Er zu Seiner Rechtfertigung zu sagen?"

So scharf und unvermittelt sprach Graf Colloredo ihn an, daß Mozart um ein Haar zusammengezuckt wäre. Er beherrschte sich gerade noch und hob den Kopf.

„Ich wüßte nicht, was ich schon wieder verbrochen haben sollte", entgegnete er ruhig.

„Ich wüßte nicht, ich wüßte nicht", äffte ihn der Erzbischof nach. „Er wählt schon wieder diese süffisanten Formulierungen, die Seiner Stellung durchaus nicht angemessen sind. Aber Wir werden Uns herablassen, Ihm Seine Verfehlungen zu nennen. Er hat wochenlang in München sich herumgetrieben, obwohl man Ihm dringend anbefohlen hat, sich in Unsere Residenz zu verfügen. Dann ist Er nach Wien bestellt worden, aber anstatt Uns Seine Dienste zu leisten, wie es Seine Pflicht gewesen wäre, hat Er am Kaiserlichen Hof antichambriert. Schließlich hat man Ihn nach Salzburg zurückgeschickt, Er aber spaziert unverdrossen weiter in Wien herum. Nun, also, zum zweiten Mal: Was hat Er zu Seiner Entschuldigung zu sagen?"

Mozart machte ein paar Schritte auf den Erzbischof zu.

Das Klopfen der Finger wechselte zum Allegretto, doch Mozart bemerkte das Alarmzeichen nicht.

„Aber verstehen Sie das denn nicht, Durchlauchtigster Herr?" rief er.

„Mit meiner Oper ‚Idomeneo' hatte ich in München einen so großen Erfolg, den mußte ich doch einfach ein bißchen feiern! Und hier in Wien, da ist der Hof, da ist die große Welt, da liebt man die Musik, hier könnte ich komponieren, Opern schreiben ..."

„Er könnte, aber Er kann nicht!" unterbrach ihn der Erzbischof trocken – die Finger hielten fürs erste still. „Er hat vor allem Seine Pflicht zu tun, will Er das nicht endlich begreifen?"

„Aber ..."

„Höre Er zu, was Wir Ihm zu sagen haben!" Die Finger begannen wieder zu klopfen, vivace diesmal.

„Er ist nämlich Unser bezahlter Diener, nicht schlecht bezahlt, scheint Uns, und dafür hat Er ausschließlich uns zu dienen, wie jeder andere Unserer Diener auch."

„Ja, das ist auch so etwas", brach es da aus Mozart heraus, „Diener! Wie kann ein Musiker und Compositeur so wenig gelten wie ein untergeordneter Lakai? Wieso muß er beim Küchenpersonal speisen wie ein Rübenschäler oder Pfannenputzer? Wie kann überhaupt der Hoforganist und Konzertmeister dem Oberküchenmeister unterstellt sein, als ob er bloß zur Verdauung der hohen Herrschaften beizutragen habe? Wissen Sie, Durchlauchtigster Herr, wie man in England oder Italien die Compositeure ehrt?" Mozarts Stimme war ungebührlich laut geworden, und die erzbischöflichen Finger hatten zum Prestissimo angesetzt, das mit einem heftigen Klatschen der Handflächen auf die Armlehnen endete.

„Schweig Er jetzt!" Die Stimme Colloredos war schneidend.

„Er ist in Salzburg, nicht in Italien und nicht in England. Geh Er doch dorthin, wenn Er meint, Er sei so gut! Aber offenbar hat Ihn ja noch niemand gerufen? Vielleicht überschätzt Er sich auch ein wenig? Ist gar nicht das große Genie? Zum letzten Mal, tu Er seine Pflicht oder verlaß Er Unsern Dienst. Wir finden hundert, die besser geeignet sind als Er."

Mozart wußte nicht mehr, was er sagte, so groß war seine Wut.

„Ja, das glaube ich gern, Durchlauchtigster Herr! Dorfmusikanten, die auf Befehl jede gewünschte Belanglosigkeit hervorbringen, die entsprechen sicher eher Ihrem musikalischen Geschmack!"

Das war zuviel. Die Finger trommelten nicht mehr, sie umklammerten die Lehne.

„Er ist ein liederlicher Kerl!" sagte der Erzbischof tonlos. „Scher Er sich weiter, und laß Er sich an unserem Hof nicht mehr blicken!"

„Bestimmt nicht, Durchlaucht", erwiderte Mozart kurz, wandte Colloredo demonstrativ den Rücken zu und lief hinaus.

Als der alte Mozart von dem Eklat erfuhr, war er entsetzt. Wie konnte ein Musiker etwas werden, wenn er nicht am Hof eines Fürsten etabliert war! Er bekniete seinen Sohn so lange, bis der endlich bereit war, sich mit dem Oberküchenmeister des Erzbischofs, Graf Arco, zu treffen, um die Wiederaufnahme in salzburgische Dienste zu erbitten.

Der Graf empfing ihn einigermaßen freundlich und übersah zunächst Mozarts mürrische Laune und seine offensichtliche Unlust, demütigst um Verzeihung zu bitten.

„Glauben Sie mir, Mozart", sagte er, „Sie lassen sich von Wien allzusehr blenden; hier dauert der Ruhm eines Menschen nur sehr kurz."

Er ließ sich herab, ihm leutselig auf die Schulter zu klopfen. „Schauen Sie zu, daß Durchlaucht Ihnen vergibt, und dann kommen Sie wieder in unser gemütliches Salzburg."

„Als Lakai, den man wie ein Küchenmädchen kommandieren darf und der jeder Laune seines Herrn dienernd entgegenkomponieren muß?" fragte Mozart hitzig. „Niemals!"

Die Miene des Oberküchenmeisters verdüsterte sich. „Hören Sie, Mozart, mit Ihrer Cholera werden Sie bei Seiner Durchlaucht auf wenig Gegenliebe stoßen."

Er wurde wieder freundlicher. „Ich gebe ja zu, es ist nicht einfach mit ihm. Auch ich habe unter seinen Launen oft zu leiden. Was hilft es? Man muß es tragen."

Aber mit Mozart ging es wieder einmal durch.

„Was müssen Sie schon tragen?" rief er. „Sie sind ja fast aus dem gleichen Holz geschnitzt wie er, und was Ihnen dazu fehlt, das machen Sie wett, indem Sie ihn umschmeicheln wie die andern Hofschranzen auch!"

Der Graf war sprachlos und bleich vor Wut.

„Was erlaubt Er sich!" brachte er schließlich hervor. Dann packte er, der groß und kräftig gebaut war, den schmächtigen Mozart am Kragen, schleifte ihn zur Tür und beförderte ihn mit einem Tritt in den Allerwertesten hinaus.

Mozart stürzte, rappelte sich aber gleich wieder auf und schrie: „Dieser Tritt, Herr Graf, ist das einzige, was von Ihnen in die Geschichte eingehen wird, denn Ihr höchst belangloser Fuß ist soeben mit einem bedeutenden Hinterteil zusammengetroffen!"

Dann hinkte er davon, stellungslos und mit Schmerzen in der Kehrseite, aber hocherhobenen Hauptes.

Andante: Musikstück mit mäßigem Tempo. *Allegretto:* Musikstück mit lebhaftem Tempo. *Vivace:* Musikstück mit raschem Tempo. *Prestissimo:* Musikstück mit sehr schnellem Tempo.

---

82. Verwandte hat man ...**

Die jüdische Unterschicht auf dem Land hatte kaum eine Chance, der Armut zu entkommen. Isaac Thannhäuser (geb. 1774) hat eine Lebensbeschreibung hinterlassen. Darin schildert er, wie er es immer wieder vergeblich versucht hat. Vorlesezeit: 11 Minuten.

Wenn man dem alten David Thannhäuser von Altenstadt vorher gesagt hätte, wie sich sein Sohn Isaac einmal würde durchschlagen müssen, dann hätte er nur lacht.

„Der Isaac? Der jetzt schon Raschi wie seine Westentasche kennt? Der dem blöden Schulmeister von Illereichen schon nach einem Monat im Lesen und Schreiben voraus war? Der hat doch das Genie fürs Studieren. Der wird etwas ganz Besonderes, da gibt es gar keinen Zweifel!"

Aber leider irrte er sich, der alte David, und der arme Isaac mußte allerhand erdulden, bevor er im Haus des Glücks wenigstens noch ein kleines Stübchen für sich ergattern konnte.

Daß geschah, was geschah, das lag nicht nur an einem bösen Geschick, das lag vor allem an einem gewissenlosen Kerl, der, was tut Gott, auch noch zur Verwandtschaft gehörte.

Isaacs Vater, den der Junge sehr liebte und der alles für seinen einzigen Sohn tat, wurde krank und starb, als Isaac zwölf Jahre alt war.

Der Vormund, der die Stelle des Vaters einnahm, ihn aber, bei Gott, nie ersetzen konnte, war dessen Schwager Bernhard Levi.

Zwei Sorten von Vormündern gibt es: die einen, die Ehrenmänner, die das Vermögen ihrer Schützlinge zu deren Nutzen einsetzen oder es klug zu mehren wissen; die anderen dagegen, die Lumpen, die unter billigem Vorwand das Geld auf die Seite schaffen, um sich endlich seiner zu bemächtigen.

Wer will raten, zu welcher Art Bernhard Levi gehörte?

Ein höchst gewissenhafter Herr schien er zu sein, denn als Isaac bescheiden sagte: „Ich würde gerne tun, was mein Vater mich hat tun lassen, nämlich studieren", da schrie er gleich: „Was, das Geld, das dich einmal nähren soll, vergeuden für ein nutzloses Studium? Niemals!"

Ein äußerst fürsorglicher Mann schien er außerdem zu sein, denn als Isaacs Mutter sagte: „Der Junge darf gern bei mir in Kost bleiben", da rief er sofort: „Was, dir auf der Tasche liegen, die du von deinem kleinen Erbteil leben mußt? Wozu hat er denn einen Vormund?"

Ja, das hörte sich alles gut an, und die Leute lobten Bernhard Levi dafür.
In Wahrheit aber war er ein gewissenloser Schurke: Denn er legte auf
diese Weise die Hand auf 1 500 Gulden, die Isaacs Erbe ausmachten, und
obendrein bekam er einen Schuhputzer, Stallknecht, Hausdiener und
Kinderhüter für besonders wohlfeilen Lohn, nämlich für nichts – zumindest, was das Geld anlangte. An Prügeln und Schelte freilich gab es mehr
als genug. So wurde im Lauf von zwei Jahren aus dem lernbegierigen
Isaac ein Junge, der sich duckte, wenn sein Vormund die Hand hob, und
der ertrug, was immer ihm widerfuhr.
Tatsächlich widerfuhr ihm das Schlimmste: Er, der so gern seine Nase in
die Bücher vergraben und mit den Wissenschaften gelebt hätte, mußte
das Schachern erlernen! Bernhard kaufte ihm eine große Trage voll
Knöpfe, Brillen, Spiegel, Tüchlein und andere Galanteriewaren und
schickte ihn über Land, das Zeug zu verschachern. Aber dafür hatte Isaac
gar keine Begabung. Verkaufte er drei kleine Spiegel, zerbrach er dafür
einen großen. Machte er irgendwo einmal ein gutes Geschäft, büßte er
den Gewinn woanders wieder ein, weil er sich den Preis herabschwatzen
ließ.
Weil aber viele Leute, die ihn so sahen, mit traurigem Gesicht und
ängstlichem Wesen, ihm doch etwas abkauften, und sei es aus Mitleid,
schlug er sich immer so recht und schlecht durch, ohne seinem Onkel
Verlust zu bescheren. Endlich wurde ihm erlaubt, seinen eigenen Handel
aufzumachen. Er bekam einen winzigen Rest des väterlichen Vermögens,
von dem sein Onkel das meiste in die Tasche gesteckt hatte, und kaufte
sich einen Vorrat an Waren.
Aber ach, auch wenn es auf seine eigene Rechnung ging, war Isaac ein
furchtbar schlechter Händler. Er verstand nichts vom Feilschen und ließ
sich nur allzuoft minderwertige Ware aufschwatzen. Hatte er sich einen
Bezirk ausgesucht, der ihm gefiel, so gab es dort einen Konkurrenten,
der alle Kniffe beherrschte und ihn schon bald verdrängte. Sosehr er sich
auch Mühe gab, nichts wollte ihm recht glücken, und oft genug ging es
ihm so, daß alle einen Gewinn machten, bloß er nicht.
Da gab es einen Bauern, der ihm 17 Gulden schuldete, aber nicht einmal
einen hatte. Was blieb ihm also übrig, er nahm eine Kuh an Zahlungsstatt
an, versprach sie gleich weiter und ging sie mit dem, der sie kaufen wollte,
holen. Es war ein kalter Herbsttag, Straßen und Wege waren angefroren,
und die Kuh war ein altes Vieh mit wackeligen Beinen. „Laß uns den
Wiesenpfad nehmen", sagte der Käufer, „der ist kürzer."
„Nein, die Straße, die ist sicherer."
„Nein, wir nehmen den Pfad."

Wie üblich gab Isaac nach, und sie gingen über den schmalen Weg, durch Sümpfe und nasse Wiesen. Was geschah? Nach Gottes Willen wurde das Wetter mild und freundlich, der Boden aber schlickig und morastig – die Kuh blieb stecken.

Bis man einen Bauern mit einem Pferd aufgetrieben hatte, der das Vieh aus dem Sumpf zog, vergingen Stunden, und billig war es auch nicht.

Als sie endlich mit der Kuh nach Memmingen kamen, wo der Käufer wohnte, da wollte der Goi, der das Tor bewachte, sie nicht passieren lassen.

„Juden müssen Leibzoll geben", sagte er, „und das müssen sie tun beim Ulmer Tor. Hier ist das Lindauer Tor." Bis die zwei mit der alten Kuh ans Ulmer Tor gelangten, war die Nacht herangekommen, und sie durften mit dem Vieh überhaupt nicht mehr in die Stadt.

„Weißt du, was?" meinte da der Ehrenmann, der sie kaufen wollte. „Laß die Kuh bis morgen beim Schanzmeister stehen. Ich geb' dir 12 Gulden dafür. Solltest du allerdings mehr wollen, mußt du sie halt wieder mit heimnehmen."

So machte Isaac Geschäfte. War es da ein Wunder, daß er nicht reich wurde?

Endlich, endlich wendete sich doch noch alles zum Guten für ihn, und schuld daran war ausgerechnet sein Onkel und Vormund, Bernhard Levi, und schlimm genug fing es an. Isaac verliebte sich in ein schönes Mädchen aus Altenstadt – und, o Wunder, sie liebte ihn wieder, und auch ihr Vater, ein Laufhändler wie Isaac, hätte ihn aufgenommen in die Familie.

Doch der Vormund war dagegen. Das schöne Haus seines Vaters in Altenstadt hätte Isaac dann beziehen können, und das wollte ihm Onkel Bernhard durchaus nicht gönnen, damit hatte er eigene Pläne.

„Was? Dieses Mädchen willst du ehelichen?" rief er erbost. „Die Dunklen und Zierlichen, die altern schnell, das kann ich dir sagen. Schau dir die kleinen Hände an, wie soll sie dir damit das Haus besorgen? Und geschwollene Füße hat sie auch – sie arbeitet nicht gern!"

Da hätte er fragen sollen, der Isaac: „Hast du sie schon mal aus der Nähe gesehen, lieber Onkel? Hast du ihre Füße inspiziert? Oder hast du dir deine Alte schon mal genauer betrachtet, daß du mir nichts Besseres gönnen willst?"

Aber Isaac hatte zwei Jahre lang Prügel bezogen und fürchtete den Onkel mehr als den Fürsten von Schwarzenberg, der doch Herr über Leben und Tod aller Juden in seinem Fürstentum war.

Also schüttelte er nur kummervoll den Kopf und ließ sich überzeugen.

„Ich weiß eine viel Geeignetere, mein Sohn", fuhr der Onkel liebenswürdig fort. „Ein prächtiges Mädchen. Die Tochter Gerschon bar Salomons. Sie ist sanft, geschickt, reinlich, fleißig, kann arbeiten wie ein Pferd und ist sogar gebildet. Ein nettes Häuschen und 200 Gulden kriegst du noch obendrauf."

„Und bist weit weg von deines Vaters Haus", dachte er dabei wohl, „und der Wechsel, den Gerschon von mir hat, wird auch zerrissen."

Ganz eilig war es plötzlich, der Fürst von Schwarzenberg wurde um die Heiratserlaubnis angegangen, und schon ein paar Tage später war der arme Isaac Bräutigam: Das Knes war festgelegt und so hoch, daß er es in zweihundert Jahren nicht hätte erübrigen können.

Aber ach, wie hatte er es wieder getroffen! Seine Braut war nicht sanft, sondern kratzbürstig, nicht geschickt, sondern tolpatschig, nicht gebildet, sondern dumm.

Wie bisher ging Isaac nach dem Verlöbnis jeden Tag mit seiner Trage über Land, aber wie sauer es ihm auch wurde, er freute sich jeder Stunde, denn noch war er ledig.

Dann kam die Hochzeit, und was tut Gott? Die Frau wurde umgänglicher, als das Mädchen gewesen war, ihre Launen wurden erträglicher, weil Isaac sich an sie gewöhnte, und als sie dann noch in gesegnete Umstände kam, fing er tatsächlich an, sie ein bißchen zu lieben.

Sie gebar ihm seinen ersten Sohn, den er Moses nannte; da fühlte Isaac, wie ein wenig Zufriedenheit in sein Herz einzog, und er ertrug das verhaßte Schachern schon leichter.

Nicht lange danach konnte Isaac gar den Handel aufgeben. In Fellheim, wo er jetzt lebte, wurde ein Lehrer für die deutsche Judenschule gesucht. Wer war da besser geeignet als Isaac, der die Bücher so liebte und den Raschi kannte wie kaum ein zweiter!

So kehrte ein kleines Glück ein im Häuschen des Isaac Thannhäuser. Sein Sohn, das schwor er sich, würde einmal studieren dürfen, und was den Onkel Bernhard betraf, so vertraute Isaac auf Gott: Der hatte schon gewußt, warum er die Mücken und die Schaben erschaffen hatte. Und für die Verwandten galt das ganz sicher auch. Zu irgend etwas waren sie nutze.

Raschi: Abkürzung für Rabbi Schelọmo Jizchạki, einen jüdischen Gelehrten aus dem 11. Jahrhundert. *Leibzoll:* eine Abgabe, die Juden lediglich dafür zahlen mußten, daß Sie Juden waren. *Knes:* Strafgeld für Nichteinhaltung des Eheversprechens. *Goi:* jüdische Bezeichnung für Nichtjuden, vor allem für Christen.

83. *Einst werden auch wir uns verstehen!****

Einer der brillantesten Köpfe der europäischen Aufklärung war der Franzose
François Marie Arouet, genannt Voltaire. Aber es ging ihm wie den meisten
Aufklärern: Während der erste und zweite Stand seine Vorstellungen von Gleich-
heit und Freiheit erbittert bekämpften, wußten die, für die er eintrat, nichts von
ihm. Wie sollten sie auch ...
Vorlesezeit: 12 Minuten.

Die Straße nach Lunéville lag verlassen in der Mittagsglut. In den
honiggelben Feldern leuchteten Kornblumen und Mohn, im Gras
der Gräben und Raine zirpten die Heupferdchen. Sonst regte sich nichts,
sonst war kein Laut zu hören.
Da wuchs aus dem flimmernden Dunst eine Wolke heraus, ein Geräusch
mißtönte durch die sommerliche Beschaulichkeit, das Geräusch von
eisenbeschlagenen Rädern, die über Steine, Sand und ausgedörrte Erde
knirschten. Eine Kutsche polterte über die staubige Straße, jemand
schien es tatsächlich bei dieser Hitze eilig zu haben. Der Kutscher auf
dem Bock trieb seine Tiere an, und sie trabten, was das Zeug hielt.
Rumpelnd und ächzend ging's dahin, durch ausgefahrene Spuren, durch
Löcher und über Wellen, daß die Räder sprangen und die Federn
knarrten. Bis das rechte Hinterrad erst über einen Buckel hüpfte und
dann in einem tiefen Schlagloch hängenblieb. Da brach es, löste sich, die
Achse schleifte auf dem Boden, und der Kutscher brauchte seine ganze
Kraft, um die Pferde zum Stehen zu bringen, bevor der Wagen kippte. Er
sprang vom Bock und fluchte gräßlich.
„Aber, aber", tönte da eine dünne Stimme aus dem Inneren der Kutsche,
„fluchen Sie doch nicht so abscheulich, mein lieber Jean-Philippe! Sie
sind doch ein guter Katholik, und ich kenne einen Abbé, der hat von
seinem Bischof gehört, und der weiß es vom Kardinal persönlich, daß
Gott die Flucherei überhaupt nicht schätzt!"
Die Tür wurde aufgestoßen, und ein schmächtiger Herr kletterte heraus.
Er hatte eine hohe Stirn, schmale Lippen, eine spitze Nase und listig
blickende kleine Augen. Er trug eine modische Perücke und war ausge-
sucht vornehm gekleidet.
„Wenn übrigens einer fluchen sollte", fuhr er fort und betrachtete die
Bescherung durch sein Lorgnon, „so bin ich es. Aber für eine schöne
Frau begibt sich ein Mann bisweilen seines höchsten Gutes, der Vernunft.
Nur ein Wahnsinniger oder ein Verliebter kann seinem Kutscher befehlen,

eine solche Straße mit solcher Geschwindigkeit zu durchfahren. Leben Sie einstweilen wohl, meine teure Marquise! Sie werden noch eine Zeitlang auf mich warten müssen! Statt unter der Hitze Ihrer Küsse zu erröten, werde ich mich unter der Glut der Sonne bräunen lassen."

Er holte ein Kissen und einen eleganten Spazierstock aus der Kutsche und befahl: „Gehen Sie nur ins nächste Dorf und holen Sie Hilfe, Jean-Philippe, ich werde hier auf Sie warten."

Der Kutscher machte sich davon, und der zierliche Herr warf das Kissen ins Gras. Er setzte sich darauf, stützte die Hände auf den Stock und blickte sich um.

„Da wäre doch alles aufs schönste geregelt", brummte er nachdenklich. „Die Sonne scheint, so daß Wärme für alle genug da wäre, die Blumen blühen, daß jedermann seine Freude daran haben könnte, und das Korn wächst, daß alle satt zu essen hätten. So ist es, seit es Menschen auf dieser Erde gibt. Und dennoch ist die Geschichte eine einzige Kloake von Elend und Grausamkeit, eine Kette von Drangsalen, ein Haufen von Verbrechen und Dummheiten. Wenn also die Natur die Schuld daran nicht trägt, dann muß sie wohl beim Menschen zu suchen sein."

Er saß eine Zeitlang regungslos und mit geschlossenen Augen in der Sonne, als er plötzlich Schritte hörte. „Das kann doch noch nicht Jean-Philippe sein?" dachte er und blinzelte. Da sah er einen Mann auf sich zukommen, der eine Trinkflasche am Gürtel trug und Schaufel, Hacke und Rechen geschultert hatte. Seine Haltung war gebeugt, und er litt sichtlich unter der Hitze. Trotzdem kam er auf den Herrn mit der Perücke zu und fragte ehrerbietig: „Kann ich Ihnen vielleicht helfen, Monsieur?"

Der Reisende führte sein Lorgnon an die Augen und musterte ihn: schäbiger Kittel, grobe Schuhe, verhornte, rissige Hände, das Gesicht müde und vor der Zeit alt. Er antwortete liebenswürdig: „Nein danke, mein Freund, denn ich habe den Eindruck, mir geht es um einiges besser als Ihnen. Außerdem ist Hilfe bereits unterwegs. Wenn ich aber", er warf einen schnellen Blick auf die Trinkflasche, „einen Schluck Wasser haben dürfte, wäre ich Ihnen dankbar."

Der Mann schnallte die Flasche vom Gürtel und reichte sie dem vornehm gekleideten Fremden. Wer mochte der seltsame Vogel wohl sein, der zu einem untertänigen Bauern sprach, als ob er ein Herr wäre?

„Es ist kein Wasser, es ist Most", sagte er. Neugierig beobachtete er, wie der Fremde die Flasche an die Lippen setzte und einen kräftigen Schluck nahm. Ein Lächeln glitt über sein faltiges Gesicht, als der Herr die Augen zukniff und die Nase rümpfte.

„Es ist wohl nicht das, was Sie gewöhnlich trinken, Monsieur?" fragte er. „Schmeckt es Ihnen nicht?"

„Pfui!" lautete die unmißverständliche Antwort. „Die Marquise, zu der ich eben unterwegs bin, hat einen Essig zu ihrem Salat, der ist dagegen wie Zuckerwasser."

Er gab die Flasche zurück und bemerkte dabei, eher zu sich selbst: „Und dafür arbeitet so ein Mensch nun sommers wie winters, von Sonnenaufgang bis Sonnenuntergang, daß er am Ende dieses abscheuliche Gesöff trinken muß!"

Dann fragte er: „Sie sind untertäniger Bauer, nehme ich an? Haben gerade Ihrem Herrn Dienste geleistet, Heu eingebracht zum Beispiel?" Der Bauer nickte. „So ungefähr, Monsieur. Ich hab' zwar kein Heu eingebracht, sondern Wassergräben gezogen, aber im Dienst meines Herrn, des Abts vom Kloster ..."

„Zum Teufel, im Dienst der Kirche stehen Sie? ‚Ecrasez l'infâme!' Da werden Sie besonders drangsaliert und ausgenutzt!"

Der Bauer zuckte die Achseln. „Nicht mehr als andere auch, glaube ich, Monsieur."

„Selbst wenn das stimmte, mein Lieber, wäre das schon mehr als genug", sagte der Fremde, sprang von seinem Kissen auf und begann, mit kurzen Schrittchen vor dem verblüfften Bauern auf- und abzulaufen.

„Haben Sie sich noch niemals überlegt, mein lieber Freund", fuhr er fort, „daß es so etwas gibt wie eine natürliche Gleichheit unter den Menschen?"

„Gleichheit, Monsieur? Sie meinen, daß àlle Menschen gleich sind, der Herr Abt und ich, Sie und der König?"

Der Bauer starrte den Reisenden an, erst, als ob der geradewegs vom Mond zu ihm heruntergesprungen wäre, dann aber sichtlich gekränkt.

„Monsieur, ich hab' Ihnen bloß helfen wollen. Wenn Sie mich aber, entschuldigen Sie schon, auf den Arm nehmen wollen, dann gehe ich lieber."

Er wandte sich ab, aber der Fremde faßte ihn an einem Zipfel seines Kittels. „So bleiben Sie doch! Ich habe es wirklich ernst gemeint! Denken Sie doch nach! Haben der König oder Ihr Abt nach der natürlichen Ordnung der Dinge eine höhere Seele oder einen höheren Verstand als Sie? Ein stärkeres Verlangen nach Glück, als Sie es empfinden?"

Verlegen sah der Bauer vor sich hin. Was sollte man von diesem Gerede halten? Schließlich erwiderte er: „Ich weiß nicht genau, was sie mit höherem Verstand und höherer Seele meinen, Monsieur. Ich glaube, daß der Abt und der König mehr Verstand haben als ich. Sonst hätte Gott

ihnen nicht so ein hohes Amt gegeben. Ihre Seelen sind bestimmt näher
bei Gott. Denn sie verdienen sich die ewige Seligkeit durch die Last, die
sie für uns tragen. Und das Glück? Ich bin glücklich, wenn wir alle satt
sind. Wenn ich mein Korn eingebracht habe. Wenn das Holz für den
Winter reicht. Was hat das mit dem Glück des Abts oder des Königs zu
tun? Davon weiß ich nichts!"

„Gut gesprochen, mein Freund!" rief der Herr und marschierte weiter
auf und ab, und der Bauer wußte nicht genau, ob er überhaupt zu ihm
sprach, denn er wirkte ganz versonnen und in sich selbst vertieft.

„Sie sprechen die Wahrheit, ohne es zu wissen, Sie argumentieren, als ob
Sie in einer Komödie diese unsere christliche Welt scharfsinnig persiflie-
ren wollten, mit dem Ergebnis, daß jeder Theaterbesucher von einigem
Verstand am Schluß das Christentum und die Räuber und Tyrannen, die
mit seiner Hilfe die Erde bevölkern, mit Abscheu betrachten muß."

Der Bauer erschrak. Wenn ihm auch viele Wörter fremd waren, die der
Herr gebrauchte, so schien ihm doch das, was er hörte, strafwürdig und
lästerlich zu sein. Vielleicht durfte ein hoher Herr so reden, aber ein
untertäniger Bauer durfte bestimmt nicht zuhören. Gerade als er überlegte, wie er das Gespräch beenden könnte, ohne allzu unhöflich zu sein,
sah er zu seiner Erleichterung einen Karren heranrollen, vor den ein Gaul
gespannt war.

Auch der Fremde hatte ihn schon bemerkt.

„Da kommt wohl meine Hilfe", vermutete er. „Schade, ich hätte gern
noch ein wenig mit Ihnen geplaudert."

Der Bauer schwieg daraufhin, und zwar so beharrlich, daß ihn der fremde
Herr schließlich lächelnd anschaute.

„Nichts für ungut, mein Freund", sagte er, „eines Tages werden auch wir
uns hoffentlich verstehen!"

Er griff in die Tasche und zog eine seidene Geldbörse heraus. „Nehmen
Sie das", sagte er und drückte dem Bauern einige Münzen in die Hand,
„nicht als Almosen, sondern dafür, daß Sie sich mit einem alten Schwätzer
so geduldig unterhalten haben."

Während der Schmied, der auf dem Karren gesessen hatte, sich an die
Reparatur des Rades machte, ließ sich der Herr vom Kutscher in das
Gefährt helfen und winkte zum Abschied.

„Ich wünsche Ihnen Glück", rief er, „wenigstens das bißchen, was Sie
darunter verstehen! Und vergessen Sie nicht: Alle Menschen sind gleich!"
Dann holperte der Karren davon.

„Wer war denn das?" fragte der Bauer den Schmied.

Der zuckte die Achseln. „Der Liebhaber der Marquise du Châtelet soll er sein. Voltaire heißt er."

„Ein Spinner", stellte der Bauer kopfschüttelnd fest, und, nach einem Blick auf die Münzen in seiner Hand: „Aber großzügig."

Er schenkte dem Schmied eines der Geldstücke, denn er meinte, daß die kleinen Leute zusammenhalten müßten, und schulterte sein Werkzeug. „Voltaire", murmelte er, „nie gehört." Dann zog er heimwärts.

Als der Herr auf dem Karren sich noch einmal nach ihm umwandte, war seine Silhouette schon eins geworden mit dem Honiggelb der Sommerlandschaft.

Ecrasez l'infâme!: Zertreten Sie die Abscheuliche!

84. Das Blutbad von Lyon***

Was 1789 verheißungsvoll als die Beseitigung von Willkürherrschaft und sozialer Ungerechtigkeit begonnen hatte, endete als Herrschaft des Schreckens: die Französische Revolution.
Vorlesezeit: 7 Minuten.

Der junge Offizier war entsetzt. „Aber Bürger Fouché, das können Sie doch nicht machen! Diese Leute, die da nach unserem Einmarsch festgenommen worden sind – das war doch mehr oder weniger Zufall, wer davon betroffen war! Und jetzt wollen Sie sie alle hinrichten lassen?"

„Zufall?" Fouchés Stimme war schneidend. „Wie kann es in Lyon eine zufällige Verhaftung geben? Die ganze Stadt hat sich gegen die Revolution verschworen. Also gehört eigentlich jeder niedergemacht. In den Kerkern aber sitzt höchstens der zehnte Teil. Indem ich nur diesen Teil hinrichten lasse, schenke ich den meisten der Aufrührer das Leben."

Fouchés Stimme wurde milder, und er lächelte, aber in einer Weise, die dem Offizier einen Schauer der Furcht über den Rücken jagte.

„Finden Sie nicht, daß das außerordentlich großzügig von mir ist, mein kleiner Gendron?"

Gendron wußte, es war höchste Zeit zu schweigen, denn diesem Mann zu widersprechen war gefährlich. Aber er mußte einfach noch einen Versuch wagen.

Die Bürger von Lyon hatten nicht gegen die Revolutionsregierung rebelliert oder gar dem Feind die Tore geöffnet, wie Toulon. Sie hatten nur den ständigen Terror satt und deshalb ihren jakobinischen Bürgermeister samt seinen Spießgesellen aufs Schafott geschickt – ganz so, wie er Hunderte von vermeintlichen Feinden der Republik aufs Schafott geschickt hatte. Dafür wollte Fouché schreckliche Vergeltung üben.

Er hatte im Auftrag des Wohlfahrtsausschusses Truppen vor Lyon geführt und die Stadt nach langer Belagerung eingenommen. Alle, die danach seinen Soldaten in die Hände gefallen und in eines der Gefängnisse gesperrt worden waren, sollten jetzt sterben. Gendron nahm seinen ganzen Mut zusammen. Vielleicht konnte er doch das Schlimmste verhüten!

„Bürger Fouché", beschwor er den Mann, der neben ihm in der Kommandantur saß und unbeteiligt vor sich hinsah, „es hat ja nicht einmal ein Gerichtsverfahren gegeben! Das wäre doch der blanke Terror …"

Er konnte das letzte Wort kaum aussprechen, als ihm Fouché dazwischenfuhr: „Terror, genau das ist es, was wir brauchen!" rief er in einem Ton, der keinen Widerspruch duldete. „Terror, Terror und nochmals Terror! Erinnern Sie sich nicht an die Worte des Unbestechlichen, die er zu wiederholen nicht müde wird? Nein? Das sollten Sie aber! ‚Unsere revolutionäre Regierung', sagt er, ‚ist der Despotismus der Freiheit gegen die Tyrannis; der Terror ist ihr schnelles und unerbittliches Instrument, um den Sieg von Freiheit und Vernunft gegen die Feinde des Volkes zu erkämpfen.' So sagt der Unbestechliche, und deshalb kann es für diese aufrührerischen Royalisten oder was immer sie sonst sein mögen nur eines geben: hundert-, tausendfaches Entsetzen, bis sie sich endgültig unterwerfen und sich der Herrschaft von Freiheit, Gerechtigkeit und Vernunft beugen. Der Terror aber braucht kein Gerichtsverfahren!"

Gendron sah in das wachsbleiche Gesicht Fouchés, sah das Blinzeln der kleinen Augen, die hochgezogene linke Braue und die schmalen Lippen, die, kaum wahrnehmbar, zu einem spöttischen Lächeln verzogen waren. „Er disputiert mit mir", dachte er verwundert. „Er droht mir nicht, er disputiert. Vielleicht kann ich ihn doch noch umstimmen."

„Wenn ich Ihnen so zuhöre", meinte er und versuchte Fouchés Blick standzuhalten, „frage ich mich, ob Sie all das glauben, was Sie da reden." Das Lächeln verschwand.

„Sie sind sehr mutig, mein kleiner Gendron! Vielleicht aber auch bloß dumm! Es sind schon Leute für weniger guillotiniert worden. Ich will Ihnen sagen, woran ich glaube, und ich rate Ihnen, das Thema dann zu beenden und sich darauf zu beschränken, meine Weisungen auszuführen. Ja, Bürger Gendron, ich glaube an den Terror! Sie meinen doch nicht im

Ernst, daß Sie diese Masse von dumpfen und stumpfen Tieren, ob sie nun gerade Untertanen oder Bürger heißen, auf andere Weise dazu bringen können, wenigstens nützliche Tiere zu werden? Der Staat bedarf des offenen Terrors in Zeiten wie diesen, des heimlichen Terrors, des unbekannten, niemals greifbaren Schreckens in ruhigeren Zeiten durch Bespitzelung, Überwachung und versteckte Bedrohung. Wenn ich jetzt jeden zehnten Lyoner erschießen lasse, so werden mir die anderen die Stiefel lecken; und damit das dauerhaft so ist, muß die Bedrohung durch Terror gegenwärtig bleiben. Allein der Klang des Namens Fouché muß dazu führen, daß alle Bürger dieser Stadt sich ducken und sich fragen, ob sie auch alle ihre Pflichten gegenüber dem Staat erfüllt haben."

Fouché hatte sich erhoben, fast war so etwas wie Leidenschaft in seinen hageren Zügen, aber gleichzeitig strahlte seine ganze Erscheinung eine Kälte aus, die Gendron schaudern machte.

„Aber, Bürger Fouché", rief er verzweifelt, „wir haben ja nicht einmal die Mittel, so viele Menschen hinzurichten!"

„O doch", erwiderte Fouché kühl, „die haben wir. Das heißt, Sie haben sie, Bürger Capitaine, und Sie werden dafür sorgen, daß sie in genau zwei Tagen zur Verfügung stehen."

Am übernächsten Morgen hatten Gendrons Soldaten auf einem großen Feld vor der Stadt riesige Massengräber ausgehoben. Vor ihnen standen, in langen Reihen aneinandergefesselt, die Lyoner, die auf dem Altar der Revolution geopfert werden sollten. Capitaine Gendron sah blaß und angegriffen aus. Verstört blickt er auf die beiden Männer, die hinter ihm auf der hölzernen Tribüne standen: Joseph Fouché und Jean Marie Collot d'Herbois, Mitglied des Wohlfahrtsausschusses und offizieller Führer des Feldzugs gegen Lyon.

„Ein eiskalter Mörder und ein versoffener Hurenbock und Raufbold sind alleinige Herren über Leben und Tod von Tausenden", dachte er erbittert. Dann gab Collot das Zeichen, die Kanonen brüllten auf und verwandelten die Reihen der Gefangenen in eine Masse von blutigen, zerfetzten Leibern, aus der nur vereinzelt noch qualvolle Schreie zu hören waren. Gendron wurde es speiübel, und gleichzeitig fühlte er maßlosen Haß. Aber er sagte nichts, denn auch er hing an seinem Leben.

Wohlfahrtsausschuß: von 1793—95 das oberste ausführende Organ des französischen Nationalkonvents. *Der Unbestechliche:* Gemeint ist Robespierre.

85. *Wenn ich euch nicht mehr trauen kann ...* [***]

Napoleon Bonaparte war ein genialer Feldherr und ein aufgeklärter Staatsmann, so sagt man. Er war auch ein Militärdiktator, dem Menschenleben nichts bedeuteten und der in allen von ihm beherrschten Gebieten ein System der totalen Kontrolle und Bespitzelung installierte.
Vorlesezeit: 7 Minuten.

Der alte Bonespoir setzte das Glas an die Lippen und trank es bis zur Neige aus. „Jetzt hat das Schwein endgültig Farbe bekannt", dröhnte er. „Sich zum König zu machen, das reicht dem revolutionären Herrn Bonaparte nicht. Er setzt noch eins drauf und krönt sich zum Kaiser. Er behängt sich mit Zierat, daß er wie eine Karikatur seiner bourbonischen Vorgänger aussieht, eine groteske Verzerrung, ein Majestätchen mit zu großem Kopf, zu dickem Bauch und viel zu kurzen Beinchen." Sein Freund und Kollege Philippe Jobert hob warnend die Hand. „Willst du wohl endlich das Maul halten, Jean Baptiste, oder wenn du das nicht kannst, denn dämpfe wenigstens die Stimme! Du schwätzt dich noch um Kopf und Kragen!"
Bonespoir atmete geräuschvoll aus, füllte sein Glas und leerte es in einem Zug. „Sei doch nicht immer so ängstlich", tadelte er milde. „Außer dir, der du zwar ein schlechter Kerl, aber trotzdem mein bester Freund bist, und meiner liebsten Marie Claire ist doch niemand hier."
Er warf einen liebevollen Blick auf die junge Frau, die über eine Handarbeit gebeugt in einer Ecke des Zimmers saß. Jetzt sah sie auf, lächelte und warf ihm eine Kußhand zu. Dann widmete sie sich wieder ihrer Stickerei.
„Na, und wenn ich euch nicht mehr trauen kann, der eigenen Frau und einem alten Freund, dann würde ich meinen Hals freiwillig unter die Guillotine legen."
„Heutzutage haben die Wände Ohren, und Fouchés Spitzel sind überall!"
Jobert wollte weitersprechen, aber Bonespoir brüllte wie ein gereizter Tiger: „Fouché! Nenn in meinem Haus nicht den Namen Fouché! Der Knecht ist ein noch größerer Lump als sein Herr! Wenn ich sehe, daß dieser Dreckskerl zu den Mächtigsten im Staat gehört, dann bereue ich den Tag, an dem ich die Culottes ausgezogen und im Nationalkonvent für die Rechte des dritten Standes und für die Revolution gekämpft habe!" Der Alte war rot angelaufen vor Zorn, und es bedurfte eines Glases Wein, daß er sich wieder beruhigte.

Dann fuhr er etwas gemäßigter fort: „Er war der radikalste Jakobiner, er hat Hunderte, wenn nicht Tausende abschlachten lassen, weil sie ihm nicht radikal genug waren, und jetzt ist er Polizeiminister eines Mannes, der soeben die Monarchie zu neuem Leben erweckt hat!"

Jobert legte ihm die Hand auf den Arm. „Reg dich nicht auf, Jean Baptiste, erstens höre ich deinen Ausbruch schon zum zwanzigsten Mal, und zweitens kenne auch ich Fouché. Menschen wie ihn wird es immer geben, sage ich dir, und wenn die Bourbonen wieder an die Macht kommen, dann wird er auch ihr Polizeichef werden."

Fragend sah Jobert seinen Freund an. „Was ich nicht verstehe, ist, daß dich jetzt die Krönung Bonapartes so erregt. Sie ist doch eine logische Folge seiner Politik – er ernennt die Präfekten der Departements, er bestimmt die Mitglieder des Staatsrates, er macht die Gesetze, seit Jahren ist er ohnedies Konsul auf Lebenszeit ... Was macht da die Krönung noch für einen Unterschied?"

Bonespoir nickte müde. „Du hast ja recht. Vieles habe ich lange Zeit gar nicht sehen wollen, war so fasziniert von seiner Persönlichkeit, dem Elan, mit dem er alles angepackt hat, und von dem neuen Glanz, den er dem Namen Frankreichs vor der ganzen Welt gegeben hat. Aber diese Krönung, die hat mir gänzlich die Augen geöffnet. Es ist, als ob Caesar die Maske hätte fallen lassen und sich ‚König' genannt hätte. Der ganze schöne Traum von der Republik, alles, wofür so viel Blut geflossen ist und wofür wir zwei mit unserer ganzen Kraft gekämpft haben, ist in nichts zerronnen wie der Morgennebel über den Türmen von Notre Dame."

„Wirklich ganz und gar zerronnen?" begehrte Jobert auf. „Haben wir nicht ein Gesetzbuch, das seinesgleichen sucht? Sind uns nicht die Bürgerrechte weiterhin garantiert?"

Bonespoir winkte müde ab. „Red keinen Unsinn, Philippe. Dieses Gesetzbuch war überfällig, das weißt du als alter Advokat am besten, es hat endlich einen Schlußstrich unter das Mittelalter gezogen. Daß es in Europa nichts Vergleichbares gibt, spricht gegen die alten Dynastien, aber nicht für Napoleon. Und die Bürgerrechte? Mach dich nicht lächerlich, alter Freund! Wie kannst du von Bürgerrechten sprechen, du, der du hinter jeder Wand einen Polizeispitzel vermutest?"

Er füllte und leerte zum vierten Mal sein Glas. Dann wandte er sich seiner Frau zu und versuchte, seine Stimme heiterer klingen zu lassen: „Nun, mein Liebling, wie beurteilst du unsere Lage?"

Marie Claire hob das Lockenköpfchen, strahlte ihren Gatten aus großen Augen an und sagte fröhlich: „Ach, ihr Herren der Schöpfung, immer

müßt ihr über so ernste und wichtige Themen sprechen! Ich für meinen
Teil finde Napoleon Bonaparte großartig als Kaiser. Jetzt wird er bestimmt noch mehr Siege für Frankreich erringen. Und der Monsieur
Fouché, ist der wirklich so schrecklich, wie du sagst, mein Lieber? Lad
ihn doch einmal zum Essen ein, vielleicht ist er gar nicht so schlimm!"
„Ist sie nicht wunderbar?" fragte Bonespoir seinen Freund. „Sie ist so
liebenswert und arglos und weiß gar nichts von den Widerwärtigkeiten
der Politik. Was für ein Glück, daß ein alter Kerl wie ich eine so reizende
junge Gefährtin gefunden hat!"
Darauf stießen die beiden Freunde an, und Marie-Claire saß bescheiden
dabei und stickte.

Ein paar Tage später wurde der alte Bonespoir überraschend von der
Geheimpolizei verhaftet, wegen jakobinischer Umtriebe, wie es hieß. Nie
wieder hörte jemand etwas von ihm.
Sosehr ihn alle, die ihn kannten, bemitleideten, mehr Mitgefühl noch
empfanden sie für seine junge Frau. Wußten sie doch, wie zärtlich sie
ihren Gatten geliebt hatte. Erstaunen erregte nur, daß er, obwohl jeder
ihn für einen Mann in bescheidenen Verhältnissen gehalten hatte, doch
sehr wohlhabend gewesen sein mußte. Nach angemessener Zeit des
Wartens und Trauerns nämlich führte die schöne unglückliche Madame
Bonespoir ein ziemlich großes Haus.

*86. Ein fetter Brocken für den Kurfürsten****

1803, als Napoleon in Deutschland das Sagen hatte, wurde eine der folgenreich-
sten Umverteilungen politischer Macht in der deutschen Geschichte vorgenommen: die Säkularisation, das heißt, kirchlicher Grundbesitz wurde weltlichen
Herren unterstellt.
Vorlesezeit: 9 Minuten.

Ja, Kreuzhimmeldonnerwetter, sind wir denn nur Spielfiguren auf dem
Schachbrett Seiner Durchlaucht?" Abt Emmeram brüllte den armen
Bruder Placidus so heftig an, daß der zusammenzuckte und sofort ein
schlechtes Gewissen bekam. Dabei war er unschuldig wie ein Kind, und
für die Katastrophe, die unausweichlich auf das Kloster zukam, konnte
er schon gar nichts.

„Verzeihung, Hochwürdigster Herr", stammelte er, „a… aber ich sage Ihnen nur, was mir der Pater Ökonom aufgetragen hat: ‚Morgen kommt ein Kommissär, um das Kloster für Seine kurfürstliche Durchlaucht in Besitz zu nehmen.' So soll ich es Ihnen melden." „Ja, ja, es ist schon gut, Bruder", sagte der Abt und klopfte Placidus auf die Schulter, „vergeben Sie mir, daß ich mich so gehenließ und vor allem daß ich so abscheulich geflucht habe. Bringen Sie mir jetzt Papier und Tinte – ach ja, und eine Karaffe von dem Südtiroler Rotwein aus meinem persönlichen Bestand, mit zwei Gläsern. Und dann sagen Sie dem Pater Ökonom, er möge mich nach dem Vespergebet aufsuchen."

„Er will dem Chorgebet fernbleiben", dachte Placidus verwundert. Das hatte es nahezu noch nie gegeben! Ob sie wohl alle davongejagt würden, wenn das Kloster erst dem Kurfürsten gehörte? Das wäre ja furchtbar! Aber Bruder Placidus hatte gelernt, demütig zu ertragen, was man über ihn beschloß, er war ja nur ein kleiner ungebildeter Laienmönch. Also beschränkte er sich auf einen leisen Seufzer und beeilte sich, das Gewünschte herbeizuschaffen.

Er breitete das Papier vor dem Abt aus, rührte die Tinte um, legte zwei frische Federkiele zurecht und stellte die Streusandbüchse in Griffweite der hochwürdigsten Hand.

Dann stand er still, bereit, weitere Befehle entgegenzunehmen. Aber der Abt schien ihn überhaupt nicht mehr zu bemerken, und so schlich er nach einiger Zeit auf Zehenspitzen hinaus.

Abt Emmeram seufzte, goß sich ein Glas Rotwein ein und nahm einen kräftigen Schluck.

Das war also nun das Ende einer 1 000jährigen Klostergeschichte! Wie hatte es nur dazu kommen können? Abt Emmeram seufzte nochmals. Es mußte wohl daran liegen, daß die Menschen vor nichts mehr Ehrfurcht hatten!

Mit dieser abscheulichen und gottlosen Revolution hatte es angefangen: Das Volk, der „Dritte Stand", hatte in Frankreich die Macht übernommen, und gleich danach war es dort auch der Kirche an den Kragen gegangen. Ihr gesamter weltlicher Besitz war verstaatlicht und alle Orden waren aufgelöst worden.

Dann hatte dieser kleine Korse, Napoleon Bonaparte, die Macht im Staat an sich gerissen und als „Kaiser der Franzosen" fast ganz Europa unter seine Kontrolle gebracht. Etliche Filetstückchen von dem Braten, den er im Feuer der Kanonen geröstet hatte, hatte er direkt für Frankreich in Anspruch genommen: Die Länder links des Rheins, die hatte er den deutschen Fürsten weggenommen.

Weil er es aber mit ihnen nicht dauerhaft verderben wollte, hatte er
erklärt: „Messieurs, Sie sollen großzügig entschädigt werden: Ich ermäch-
tige eine Deputation des Deutschen Reichstages, die Säkularisation der
geistlichen Fürstentümer und die Mediatisierung aller Miniaturherr-
schaften vorzubereiten. Aus dieser Masse können dann die Entschädigun-
gen vorgenommen werden."
Eine wahrhaft geniale Lösung! Abt Emmeram nahm einen weiteren
Schluck Rotwein, um die Wallungen seines Blutes etwas zu dämpfen.
Ein starker Mann stiehlt einem schwächeren sein Eigentum und sagt:
„Sei nicht traurig, da und da ist jemand, der ist noch schwächer als du,
nimm du ihm einfach das Seine, meinen Segen hast du!"
Manch einer von den bedeutenderen Fürsten hatte dabei mehr einge-
sackt, als ihm vorher weggenommen worden war. Zu ihnen gehörte der
bayerische Kurfürst Max Joseph.
Abt Emmeram griff erneut zum Rotweinglas.
Seine kurfürstliche Durchlaucht, Gott sei auch seiner Seele gnädig, waren
aber mit dero Zugewinnen noch nicht zufrieden.
Er hatte es tatsächlich außerdem durchgesetzt, daß auch sämtliche Klöster
aufgelöst werden sollten. Ihr Besitz fiel – selbstverständlich – an den Staat,
in dem sie lagen. Das war fette Beute für die Herrscher! Allein im
Kurfürstentum Bayern bald 70 Klöster, mit Wäldern, Gewässern, Feldern,
Weiden, Obst- und Weingärten, mit Schmieden, Bäckereien, Brauereien,
Scheunen, Höfen Ställen, Vieh und Gerätschaften. Die Kirchen nicht zu
vergessen.
Für einen Augenblick erhellte ein schadenfrohes Lächeln die düstere
Miene des Abtes.
„Die werden dich allerdings erheblich mehr kosten, als sie dir einbringen,
Freundchen", murmelte er. „Das weiß ich aus eigener Erfahrung!"
Aber die Heiterkeit hielt nicht lange an.
Hol's der Teufel, es war wirklich zum Wahnsinnigwerden, daß man gar
nichts tun konnte!
„Seitdem das Wort Säkularisation in aller Munde ist, gehen mir anschei-
nend die Flüche wie von selbst von den Lippen", dachte Emmeram. „Ein
schlechtes Zeichen. Vergib o Herr, Deinem unwürdigen Diener! Aber
die Zeiten sind hart für uns, o Herr."
Wieder bediente sich Abt Emmeram großzügig aus der Karaffe. Da
hallten Schritte in dem weiten Flur vor seinem Arbeitszimmer. Gleich
darauf klopfte es, und Bruder Placidus trat ein. „Der Pater Ökonom wäre
jetzt da, Hochwürdigster Herr …"
„Ich lasse bitten!"

Gleich darauf betrat Pater Coelestin, der Ökonom des Klosters, den Raum und nahm dankend das angebotene Weinglas.

„Der Würfel ist gefallen", sagte er daraufhin seufzend und ließ den ansehnlichen Leib in einen Sessel sinken, „wir können uns nur noch einen ehrenvollen Abgang verschaffen und ansonsten auf Gott vertrauen.".„Meinen Sie das auch?" fragte Abt Emmeram bekümmert. „Ein bißchen hatte ich gehofft, Sie wüßten noch einen Ausweg. Ihnen fällt doch immer etwas ein." Aber Pater Coelestin schüttelte nur den Kopf. Beide Männer schwiegen.

Doch auf einmal glitt ein schwaches Lächeln über Pater Coelestins Gesicht. „Aber ein wenig ärgern könnten wir den Herrn Kommissär schon", meinte er dann.

„Nämlich wie?" fragte der Abt hoffnungsvoll.

„Nun, wir könnten ihn mit seinen eigenen Waffen schlagen und obendrein unseren Konventsmitgliedern noch etwas Gutes tun. Sie wissen doch, Hochwürdigster Herr, daß man uns nur das nehmen kann, was dem Kloster gehört, nicht aber, falls vorhanden, das Privateigentum der Mönche? Und andererseits daß man uns immer kritisiert, daß wir unseren Konventsmitgliedern keinerlei Eigentum lassen würden, obwohl das gar nicht stimmt?"

„Ja richtig", erwiderte der Abt „aber ich verstehe nicht …"

„Ganz einfach." Pater Coelestin schmunzelte. „Wir werden zumindest unseren Herrn Kommissär eines besseren belehren. Wir erklären einfach, daß alles Mobiliar, Geschirr, Teppiche, Leuchter und so weiter und wenigstens ein Teil der Bücher Privatbesitz der Konventualen sind, den sie von ihren eigenen Geldern erworben beziehungsweise von ihren Verwandten zum Geschenk erhalten haben. Soll er uns erst einmal das Gegenteil beweisen! Und jeder Mitbruder kann wenigstens einige Dinge, die ihm liebgeworden sind, mit sich nehmen."

Abt Emmeram füllte die Gläser nach und prostete seinem Ökonomen zu.

„An Ihnen ist wirklich ein Kommissär verlorengegangen", rief er. „Ich sehe direkt das dumme Gesicht des Herrn Rechtsgelehrten, wenn er uns unsere ganze schöne Einrichtung lassen muß. Freilich wird das unser Kloster nicht retten, aber auf seinen Ärger freue ich mich jetzt schon. Denn, Kruzibimbam, ein Mönch ist schließlich auch nur ein Mensch!"

87. Ein sinnloses Opfer***

Viele junge Männer zogen 1813 als Freiwillige in den Krieg gegen den rücksichtslosen Eroberer Napoleon. Sie hofften, daß es nach seiner Vertreibung ein einiges Deutschland mit politischer Mitbestimmung für die Bürger geben würde. Aber ihre Erwartungen wurden bitter enttäuscht.
Vorlesezeit: 8 Minuten.

Aber Lieschen, davon verstehst du nun wirklich nichts!" Der junge Mann in der Uniform eines preußischen Husaren tätschelte dem blonden Mädchen die Hand.
Doch so leicht ließ sich die junge Dame nicht abspeisen. „Halt mich nicht für dumm, bloß weil ich ein Mädchen bin!" sagte sie scharf und zog ihre Hand weg. „Ich habe genauso meinen Verstand mitbekommen wie du, und außerdem bin ich die Tochter eines Geschichtsprofessors und erfahre vielleicht mehr über Politik als der Sohn eines Kaufmanns."
„Jetzt reg dich doch nicht so auf, mein Schatz! Willst du uns die letzten Stunden verderben?"
Die beiden saßen auf einer Bank im Volksgarten von Breslau. Walter, der junge Mann, studierte Jurisprudenz. Bei einer Abendgesellschaft im Haus ihres Vaters waren Elisabeth und er sich begegnet und hatten sich ineinander verliebt. Und ausgerechnet jetzt, kurz vor der Hochzeit, wollte Walter in den Krieg ziehen! Elisabeth konnte das nicht einsehen.
„Ich will uns doch nicht die letzten Stunden verderben", sagte sie besänftigend und sah ihren Verlobten traurig an. „Aber ich glaube, du bist ein Träumer. Du willst für etwas kämpfen, das sich niemals erfüllen wird. Es ist so schwer, diesen allmächtigen Franzosenkaiser zu besiegen. Wenn das Wunder aber doch geschieht, glaubst du, dann werden die strahlenden Sieger das tun, was du von ihnen erhoffst?"
Die Augen des jungen Mädchens füllten sich mit Tränen.
„Vielleicht ist das heut' ein Abschied für immer. Vielleicht liegst du bald irgendwo da draußen, tot zwischen tausend anderen Toten. All die Fürsten, Könige und Kaiser, die kümmern deine Träume und dein Schicksal wenig. Aber mich! Und ich habe Angst um dich!"
Der junge Mann wandte sich ab. Die Traurigkeit in ihren Augen bedrückte ihn. Aber er konnte und wollte nicht zurück. Als er endlich antwortete, war sein Blick in die Weite gerichtet, schien die Bäume des Parks zu durchdringen, so, als ob hinter ihnen eine ferne Zukunft sichtbar würde.
„Weißt du, Lieschen", sagte er leise, „vor langer Zeit, da waren die

Deutschen ein Volk mit einer eigenen Nationalgeschichte, damals, als noch die Kaiser des Mittelalters herrschten. Dann ist unsere Nation durch die Willkür des Adels und der großen und kleinen Fürsten zersplittert worden.

So hatte Napoleon, der korsische Tyrann, leichtes Spiel, unser Vaterland zu erobern und zu unterdrücken. Er beraubt uns unserer Freiheit, er nimmt uns durch maßlose Steuern unser Eigentum, und seine Bürokratie läßt uns kaum die Luft zum Atmen.

Aber er hat den Bogen überspannt. Er ist nicht unbesiegbar. In Rußland ist er jämmerlich gescheitert. Und jetzt ist er verwundbar, verstehst du? Die ganze Nation und alle Stände müssen zusammenstehen, dann schaffen wir es, den Tyrannen zu vertreiben.

Der König von Preußen hat das begriffen. Er hat zum bewaffneten Widerstand gegen Napoleon aufgerufen, hier in dieser Stadt. Wenn wir siegen, so hat er versprochen, dann gewährt er uns eine Verfassung."

Walters Stimme war lauter geworden.

„Dann dürfen alle Bürger mitbestimmen, was in ihrem Vaterland geschieht. Und wenn die ganze Nation fest zusammenhält und die Tyrannei abschüttelt, dann kann niemand dem deutschen Volk mehr verwehren, endlich wieder in einem gemeinsamen Staat zu leben. Niemand, niemand, niemand!"

Der junge Mann hatte sich in Begeisterung geredet. Er sprang auf und faßte nach den Händen des Mädchens.

„Na, verstehst du jetzt, warum ich in diesen Krieg ziehen muß?"

Elisabeth sah ihn an und versuchte zu lächeln. O ja, sie verstand ihn. Aber daran, wovon er träumte, daran glaubte sie nicht.

Bei Leipzig waren bald darauf die französischen Truppen unter schrecklichen Verlusten auf allen Seiten besiegt, Napoleon selbst war gefangengenommen worden.

Auch Walter zählte zu den Opfern der Schlacht; mit gerade 22 Jahren war er für seinen Traum vom einigen und freiheitlichen deutschen Vaterland gefallen.

Einige Monate später traf sich eine Gruppe von Gelehrten, Ärzten und Kaufleuten im Haus von Elisabeths Vater. Bis in die Nacht hinein debattierten sie über die politische Lage.

In Wien waren Gesandte aus allen Ländern zusammengekommen, um über die Neuordnung Europas zu beraten. Auch über Deutschlands Zukunft wurde da verhandelt. Würde es bald eine deutsche Nation mit einer geschriebenen Verfassung geben?

Elisabeth hatte, seitdem die Nachricht von Walters Tod gekommen war, kaum wahrgenommen, was um sie herum geschah. Sie hatte immer nur an die Begeisterung gedacht, mit der Walter in den Krieg gezogen war, an seine Hoffnungen, an ihre gemeinsamen Pläne. Daran, daß sein Körper jetzt irgendwo verweste, irgendwo in einem hastig geschaufelten Loch. Niemand hatte sie zu trösten vermocht.

An diesem Abend aber, als sie die diskutierenden Herren mit Wein und Tabak versorgte, hörte sie genau zu, was gesprochen wurde.

„Ich sage Ihnen, es gibt nur einen Weg, und der führt zum deutschen Nationalstaat!"

„Sie können gar nicht anders!"

„Und eine Verfassung wird es auch geben."

„Natürlich, der preußische König hat sie ja zugesagt!"

„Ich bin der Überzeugung, es dauert kein Jahr mehr!"

Mit einer heftigen Bewegung setzte Elisabeth das Tablett auf einem Tisch ab. Ein Glas fiel klirrend um und zerschellte.

Die Herren unterbrachen ihr Gespräch und blickten erstaunt auf die schwarzgekleidete junge Frau.

„Sie irren sich, meine Herren", rief Elisabeth und achtete nicht darauf, daß sie gegen alle guten Sitten verstieß. „Es wird weder eine Nation noch eine Verfassung geben. Die Mächtigen führen Kriege nur, um ihre Macht zu erhalten oder zu stärken. Sie mißbrauchen den Idealismus und die Begeisterung ihrer Untertanen für ihren eigenen Zweck. Haben Sie je gehört, daß Fürsten freiwillig ihre Macht verringert hätten? All die jungen Männer sind umsonst gestorben!"

Ehe jemand etwas erwidern konnte, hatte sie das Zimmer verlassen.

Ihr Vater war sichtlich peinlich berührt über die Ungezogenheit seiner Tochter, aber die Herren zuckten nur die Achseln und wandten sich wieder ihrem Gespräch zu. Man hatte Verständnis für ihre Trauer. Doch was sie gesagt hatte, war natürlich nicht ernst zu nehmen. Was verstanden Frauen schon von Politik.

88. Hochverräterische Tendenz!**

Der führende Politiker des Deutschen Bundes war der österreichische Kanzler Klemens Wenzel Fürst von Metternich (1773–1859). Er wollte keinerlei nationale und liberale Bestrebungen dulden und unterdrückte rücksichtslos jede Opposition.
Vorlesezeit: 11 Minuten.

Ich sage euch, es ist etwas im Busch!" Hartmut Gerber, seines Zeichens Student der Geschichte und der Philosophie, klopfte seine lange Tabakspfeife am Stuhlbein aus und stopfte sie neu.
„Ich sage euch, es ist etwas im Busch!" wiederholte er.

„Nicht genug damit, daß Metternich, dieser Freiheitsräuber und Menschenunterdrücker, und seine wortbrüchigen Fürstengesellen uns um die Früchte unseres Kampfes betrügen, der soviel Blut gekostet hat. Jetzt wird er auch noch den Krieg von außen nach innen tragen!"

Er nahm einen herzhaften Schluck aus seinem Krug. „Na ja, solang sie uns das Biertrinken an diesem schönen Ort nicht verbieten …", fügte er hinzu und sah sich um. Im Schankraum der Gastwirtschaft „Zur goldenen Gans" in Göttingen war die Luft zum Schneiden. Dicke Tabakschwaden hingen über den Tischen, an denen die Gäste saßen und eifrig miteinander diskutierten.

Man sah ihnen an, daß sie sich wohlfühlten, wenn sie auf den Bänken saßen, Bier tranken und scharfen holländischen Tabak rauchten. Niemand bespitzelte sie hier – jedenfalls, soweit sie das beurteilen und wissen konnten, hier konnten sie reden, wie ihnen der Schnabel gewachsen war. Sogar der Wirt war einer von ihnen, das zeigte nicht nur sein niedriger Bierpreis, sondern auch die Fahne, die groß und prächtig an der Längsseite der Stube prangte: Rot-schwarz-rot war sie, mit goldenem Eichenzweig und goldenen Fransen. Das war die Fahne, die die Jenaer Burschenschaft 1816 zum Gedenken an Lützows Jäger und ihren Kampf gegen Napoleon gestiftet hatte, das war auch die Fahne, zu der sich die Göttinger Burschenschaft bekannte.

Hartmut nickte zufrieden. Hier konnte man sich zu Hause fühlen. Aber wie lange noch …?

„Vielleicht verlangen wir zuviel? Vielleicht brüskieren wir die Obrigkeit zu sehr mit unseren Forderungen?" Werner Giesebrecht war bedächtiger als sein Freund. „Denk an unsere Zusammenkunft auf der Wartburg vor zwei Jahren: Mit was für heftigen Worten hat der Kommilitone, der die

Festrede gehalten hat, die alten Mächte angegriffen. Zwar hat er Recht
gehabt: Alles ist anders gekommen, als wir es gehofft hatten, alle unsere
Wünsche sind unerfüllt geblieben. Aber wer nie gelernt hat, einen
anderen Willen zu respektieren als den eigenen, der tut sich schwer, wenn
ihm so harte Forderungen gestellt werden. Was, glaubt ihr, macht der
Panther, wenn man ihm die Krallen stutzen und die Zähne ziehen will?
Er greift an!"

„Ja, Panther!" höhnte Hartmut. „Du meinst eher Schoßkätzchen! Als der
französische Tiger sie am Wickel hatte, da waren die Fürstenkaterchen
ganz froh über unsere Hilfe. Und jetzt wollen sie nichts mehr von uns
wissen."

„Du hast recht, Hartmut", pflichtete ihm ein anderer bei, der mit ihnen
an dem langen Tisch hockte. „Wer nichts verlangt, der kriegt auch nichts.
Die Einzelstaaten müssen weg, wir brauchen eine Republik, einen
einigen deutschen Staat für ein einiges deutsches Volk. Was wir auf der
Wartburg getan haben, das sollten wir eigentlich jeden Monat tun: die
Schandschriften der Reaktion und die Symbole der Monarchie auf einen
Haufen werfen und verbrennen, so lange, bis es der letzte begriffen hat,
daß die alten Zeiten vorbei sind!"

Immer lauter und erregter diskutierten die jungen Leute; hier wenigstens störte sich niemand daran, wenn sie Zorn und Enttäuschung
hinausschimpften, wenn sie Pläne machten, als ob sie binnen einer Woche
alle Fürsten Europas von den Thronen fegen könnten.

An einem kleinen Tischchen in der Nähe der Tür saß ein jüngerer Mann.
Er trug einen schäbigen schwarzen Gehrock, hatte wie die meisten
anderen auch einen Krug Bier vor sich stehen und rauchte ruhig seine
Pfeife. Nichts an ihm fiel auf, außer vielleicht, daß er für sich allein saß
und schweigsam war in diesem Raum voller Geselligkeit und Stimmen-
gewirr. Aber das mußte nichts bedeuten, vielleicht war er fremd hier, ein
schüchterner neuer Dozent oder auch nur irgend jemand, der Kummer
hatte und seine Ruhe haben wollte. Jedenfalls schaute er meistens ohne
besonderen Ausdruck vor sich hin, ab und zu schien er hier oder dort
ein wenig zuzuhören, nickte dann beifällig oder schüttelte auch den
Kopf, nippte an seinem Bier und schrieb bisweilen mit einem Bleistift
etwas in ein kleines Büchlein.

Wenn Hartmut Gerber etwas äußerte – und das tat er oft und gern –,
dann senkte der Mann den Blick und betrachtete angelegentlich die
Maserung der Tischplatte.

Wie eben gerade: Auf die Frage eines seiner Freunde: „Ja, und was wird
Metternich deiner Meinung nach tun?" entgegnete der Student hitzig:

„Das will ich dir sagen! Der Vaterlandsverräter wird alle patriotischen Vereinigungen verbieten, alle Burschenschaften und Vereine. So hofft er, den Deutschen den Weg zur Nation zu versperren. Denn was macht Österreich, dessen deutscher Teil zu unserem Vaterland gehören würde, dann mit all den fremden Nationen, die es willkürlich beherrscht? Den Ungarn, den Böhmen, den Kroaten?

Außerdem wird er eine strenge Zensur einführen, denn was freiheitlich gesinnte Geister schreiben, das kann leicht andere dazu bringen, daß sie handeln. Und davor hat er Angst, der große Metternich!"

Keinem fiel auf, daß der Mann im schwarzen Gehrock leise lächelte und vor sich hinmurmelte: „Was bist du doch für ein gescheiter Junge!" Er gähnte, legte ein Geldstück auf den Tisch und ging. So hörte er nicht mehr, was Hartmut abschließend sagte: „Doch alles kann er verbieten und zensieren, aber nicht unsere Gedanken. Die Gedanken sind frei."

Hartmut Gerber behielt Recht mit seinen düsteren Voraussagen. Kaum 14 Tage später hatte Metternich den Vorwand, um die freiheitlich und patriotisch gesinnten Studenten und Professoren im Zaum zu halten: Ein radikaler Burschenschaftler, von dem es hieß, er sei gemütskrank, erstach einen angesehenen Dichter, den er für einen Knecht der Reaktion hielt. Na also, nun sah wohl jeder ein, daß man das Volk, das an den Universitäten ein- und ausging, nur mit Gewalt im Zaum halten konnte!

Ein paar Monate nach dem Mord wurde in allen Staaten des Deutschen Bundes bekanntgemacht, was Metternich und die anderen Fürsten im böhmischen Karlsbad beschlossen hatten.

Die Universitäten waren ab sofort schärfstens zu kontrollieren, unbotmäßige Professoren und Studenten zu entlassen oder zu verhaften. Die Presse war mit aller Strenge zu zensieren, und die Burschenschaften wurden ab sofort verboten.

Metternich hatte wirklich den Krieg nach innen getragen, aber er hatte ihn sofort für sich und die Fürsten entschieden. Denn die, die sich vielleicht hätten noch wehren wollen, wurden schnell außer Gefecht gesetzt.

So stieg eines Abends ein Herr im etwas abgetragenen schwarzen Gehrock, begleitet von zwei königlich-hannoverschen Soldaten, die vier Treppen hinauf, die zur kleinen Dachwohnung des Studenten Hartmut Gerber führten. Er klopfte an die Tür, und als der junge Mann öffnete, erklärte er: „Hartmut Gerber, im Namen seiner Majestät des Königs, Sie sind verhaftet, denn Ihre Einstellung gegenüber König und Staat, Ihre Äußerungen in der Öffentlichkeit und Ihr Verhalten lassen revolutionäre, hochverräterische Tendenz erkennen!"

Hochverräterische Tendenz! Gerber erschrak. Was mochte jetzt auf ihn
zukommen? Entschlossen riß er sich zusammen. Auf keinen Fall sich vor
diesem miesen Spitzel etwas anmerken lasen!
„Nur zwei Soldaten?" fragte er spöttisch und deutete auf die beiden
Uniformierten, die sich steif wie Ladestöcke rechts und links von der Tür
postiert hatten. „Für einen gemeingefährlichen Verbrecher wie mich? Sie
sind ja nicht nur klug, sondern auch ungemein tapfer, mein Herr!"
„Die Witzchen werden Ihnen schon noch vergehen", knurrte der Polizist, „warten Sie ab, bis Sie erst einmal ein paar Jahre im Loch gesessen
haben!"
„Ein paar Jahre", dachte Gerber, „ein paar Jahre dafür, daß ich meine
Meinung gesagt habe!"
Werner Giesebrecht hatte recht gehabt: Die Reaktion griff an. Und nicht
wie ein Hauskätzchen, sondern wie ein ausgewachsener Panther.

89. Der Kaiser wird's euch schon zeigen!***

In Frankreich hatten die Aufstände begonnen – und wenig später brach auch in
viele Staaten des Deutschen Bundes die Märzrevolution aus, sogar in Österreich.
Aber dort hatte die Obrigkeit die Sache relativ schnell wieder im Griff. Kein
Wunder, denn die meisten gestandenen Bürgersleute hielten es mit ihrer Seite.
Vorlesezeit: 10 Minuten

Der Sattlermeister Ferdinand Xaver Landauer verstand die Welt nicht
mehr. „Stell dir vor, Reserl", sagte er empört, als er von einem
Geschäftsgang nach Hause zurückkehrte, „den Fürst Metternich, dem Kaiser
seinen Kanzler, wollen's absetzen! An Fürsten setzt man doch net ab!"
„Wer will ihn denn absetzen?" fragte seine Frau.
„Na, die Radikalen. Die Studenten."
„A so, die Studenten! Die sollen erst was lernen, vorher sind's eh zu nix
nutz! Ja, des wird ja immer schöner. Jetzt kommen die Studenten daher
und wollen an Fürsten Metternich absetzen! Vielleicht mögen's dem
Kaiser auch noch Vorschriften machen?" „Genau, Reserl, genau des
machen's schon!"
Frau Landauer stemmte die Hände in die Hüften und sah ihren Mann
ungläubig an. „Seiner Majestät dem Kaiser?" staunte sie. „Mach kan
Schmäh!"

„Ich hab's selber net glauben woll'n, aber es is' wahr. Sie ham ihm an Ulima…an Ultrama … also, sie ham von ihm verlangt, daß er bis heut' abend erfüllen muß, was sie von ihm fordern."

„Ja, was fordern's denn, um Gottes Willen?"

„Die Preßfreiheit! Das die Professoren sagen dürfen, was woll'n. Und versammeln woll'n sie sich dürfen. Und das ganze Volk soll er bewaffnen, der Kaiser. Und Schwurgerichte soll er einrichten. Alle Leut' sollen an Landtag wählen dürfen, und der Landtag darf dann die Minister hinausschmeißen, wenn's ihm net passen. Und a g'schriebene Verfassung muß er aa hergeben, der Kaiser!"

„Ja is' des möglich, des gibt's doch gar net, a so a Schand! Du, Ferdi, was is' des, was der Kaiser da hergeb'n muß, a g'schriebene Verfassung?"

„So ein Papier halt, so a Urkunde, wie mein Meisterbrief schaut des aus, denk'ich mir, und draufstehn tut, was der Kaiser für Vorschriften befolgen muß."

„A so a Schand! Da wird sich der Kaiser schön kränken. Und was glaubst? Muß er ja sagen?"

Landauer zuckte die Achseln.

„Ich kann's ma net vorstell'n", antwortete er. „Aber in die heutigen Zeiten? Was weiß ma scho?"

Er für seinen Teil hoffte dringend, daß der Kaiser hart bleiben würde und daß alles beim Alten bliebe. Wozu was ändern? Ihm ging es bestens. Eine Menge kaiserlicher Offiziere waren Kunden bei ihm, vom Hof und von der Hofreitschule kamen regelmäßig schöne Aufträge, und die vielen Bücklinge, die er dafür machen mußte, die hielten ihm den Rücken geschmeidig. Im übrigen – ein bisserl Respekt hatte noch keinem geschadet, am allerwenigsten den Lackeln, die jetzt daherkamen und Revolution machen wollten.

Preßfreiheit! Wo käme man da hin, wenn jeder Schmierfink schreiben dürfte, was er wollte? Was dabei herauskam, wenn man den Professoren zu wenig die Zügel anlegte, das konnte man ja gerade sehen: Die Herren Studenten empörten sich gegen die Obrigkeit. Was das Wahlrecht betraf – also, da legte er überhaupt keinen Wert drauf. Wer die Wahl hat, hat die Qual, und woher sollte er wissen, wer für das Landhaus taugte und wer nicht!

Die allgemeine Volksbewaffnung? Den Meister schauderte es. Da würden sich die Leut' ja gegenseitig erstechen und erschießen!

Dann blieb noch die Sache mit den Schwurgerichten: Das war der größte Unsinn. „Wer nichts verbricht, der muß nicht vor Gericht", das war seine Devise. Und wenn einer was angestellt hatte, dann mußte er dafür zahlen,

ganz wurscht, ob Geschworene über ihn urteilten oder bloß ein kaiserlicher Richter.

Also alles eine einzige Dummheit und zu nichts gut, außer seine Majestät
und die Hoheiten zu verärgern und ihm womöglich das Geschäft zu
verderben.

Den Meister Landauer regte die ganze Geschichte ziemlich auf, und so
beschloß er, seinen Unmut mit ein paar Vierteln hinunterzuspülen. Aber
vorher wollte er sich noch anschauen, ob die Aufrührer sich nicht
vielleicht wieder beruhigt hatten.

„Geh, sei vorsichtig, Ferdi, und komm bald wieder", rief ihm seine Frau
noch hinterher, und dann ging er los.

Maria und Josef, von Ruhe konnte da wahrhaftig noch nicht die Rede
sein! Überall Haufen von Menschen, die immer wieder drohend schrien:
„Nieder mit Metternich! Nieder mit Metternich!" Viele Fensterscheiben
waren eingeschlagen, und die Trümmer von Schilderhäuschen lagen umher.

„Na sauber", dachte Landauer, „i weiß scho, warum mir's lieber is', wann
der Kaiser bestimmt, was g'macht wird!"

Er wechselte die Straßenseite und drückte sich an eine Hauswand, als
sich ein Trupp Kavallerie näherte. Nicht daß die ihn noch für einen
Aufrührer hielten! Aber sie nahmen gar keine Notiz von ihm, auch nicht
von den Demonstranten, die ihnen mit den Fäusten drohten, sondern
drängten beiseite, was sich ihnen in den Weg stellte, und sprengten in
Richtung Staatskanzlei davon.

„Jetzt wird's ernst", dachte Landauer und war versucht, in die Sicherheit
seines Wohnzimmers zurückzukehren. Aber dann trieben ihn die Neugier und die Sehnsucht nach einem Schoppen Wein doch weiter. In
einem Punkt, das sah er jetzt, hatte er sich wohl gewaltig geirrt. Studenten
waren das nicht alle, die sich da in den Straßen herumtrieben, schon von
der Menge her nicht. Viele Arbeiter waren dabei, der Kleidung nach zu
schließen. Womöglich trieben sich seine eigenen Gesellen auch hier
irgendwo herum? Na, denen würd er die Flausen schon austreiben!

Als Landauer in die Herrengasse einbog, sah er, daß die Menge eine
Barrikade aufgebaut hatte, aus Karren, Balken und Fässern. Dahinter
stand eine Abteilung Grenadiere, die Bajonette schuß- und stoßbereit in
den Händen. Der Sattlermeister machte schleunigst kehrt. Das fehlte
noch, daß ihm jemand aus Versehen eine Kugel durch den Kopf schoß,
ihm, einem braven Bürger Wiens, der seine Steuern zahlte und die
Obrigkeit achtete!

In sicherer Entfernung von den Soldaten hielt er einen jungen Mann,
der eben an ihm vorbei in die Herrengasse eilen wollte, am Arm fest.

„Was macht's denn da für an Wirbel?" fragte er, und der ganze Ärger über die Störung seines bürgerlichen Friedens lag in seiner Stimme.

Der junge Mann riß sich los und rief ihm über die Schulter zu: „Wir kämpfen für Einheit und Freiheit! Das solltest du auch tun!" Weg war er.

„Wirst es noch erwarten können, Bürscherl, mit deiner Freiheit und Einheit!" brummte Landauer. „Is' eh alles nur leeres Gewäsch. Na, na, früher hätt's des net geb'n!"

Nun hatte er wirklich genug von Aufruhr und Revolution und schlug mit schnellen Schritten die Richtung in eine der Vorstädte ein, in der noch niemand „Nieder mit Metternich!" schrie, wo es ein ruhiges Beisel und einen wunderbaren Wein gab. Er hörte nicht mehr den Lärm und auch nicht den Jubel, als um neun Uhr der Kanzler Fürst Metternich tatsächlich sein Amt niederlegte.

Stunden später, es war schon lang finstere Nacht, verließ der Meister Landauer die Stätte der Behaglichkeit und machte sich auf den Heimweg. Sein Ärger war gänzlich verschwunden und sein Gang nicht mehr ganz sicher, und so schritt er vorsichtig, aber vergnügt durch die Gassen, in denen nur noch die Spuren des Aufruhrs, aber nicht mehr ihre Verursacher zu sehen waren.

Er war nicht mehr weit von seinem Haus entfernt, als ihm plötzlich drei dunkle Gestalten mit tief ins Gesicht gezogenen Hüten den Weg versperrten. Zwei hielten ihn fest, der dritte zog etwas hervor, das er Landauer gleich darauf mit sanftem Druck an die Kehle hielt: ein Messer! Landauer wurde bleich. „Was is'?" flüsterte er. „Wollt's mi austascheln? I geb euch eh alles!"

Mit zitternden Fingern griff er in die Tasche und holte seine Börse hervor. Sie wurde ihm aus der Hand gerissen, ausgeleert, flog ihm vor die Füße, und Sekunden später waren die Räuber in der Dunkelheit verschwunden. Landauer schickte ihnen einen gräßlichen Fluch hinterher, vorsichtshalber unhörbar, damit sie nicht etwa zurückkamen und ihn doch noch niederstachen.

Drei Gulden und siebenundzwanzig Kreuzer, verfluchte Schweinerei! Er hatte keinen Zweifel, wer hinter dem Schurkenstreich steckte: Umstürzler natürlich, denn wer sich gegen den Kaiser empörte, der schreckte auch nicht davor zurück, ehrliche Bürger auszuplündern. Drohend schüttelte Landauer die Fäuste – kein Revolutionär konnte jetzt noch einen Hauch Sympathie von ihm erwarten. „Wartet's nur!" stieß er zwischen den Zähnen hervor. „Der Kaiser wird's euch schon zeigen! Der wird euch die Freiheit und Einheit schon austreiben!"

Und obwohl er kein politischer Kopf war, der Meister Landauer, in diesem Punkt behielt er schließlich recht.

Beisel: Kneipe. *Austascheln:* ausrauben.

---

90. Ein Bett für sich allein**

Viele junge Männer besaßen nichts außer einem unsicheren Arbeitsplatz in einer Fabrik, wo sie gerade soviel verdienten, daß es zum Leben für sie reichte. Sie waren froh, wenn sie einen Platz zum Schlafen hatten, den sie mit niemandem teilen mußten. Aber notfalls ging es auch anders.
Vorlesezeit: 11 Minuten

Am Eingang der schäbigen Mietskaserne hing ein Schild, auf dem in großen, ungelenken Buchstaben stand: „Schlafstelle zu vermieten. Gruber, 3. Stock, 6. Tür."
Max Rathke betrat das Haus. Er kannte das alles. Den Gestank nach Essen, Urin und schlecht gelüfteten Wohnungen. Die knarrenden, ausgetretenen Treppenstufen und das Geländer, in dem die Streben klapperten, wenn man daranstieß. Das Halbdunkel und die klamme Kühle, die einen frösteln ließ. Genauso war es zu Hause gewesen. Aber hier hatte er wenigstens ein Bett für sich.
3. Stock. Er zählte die Türen ab, Namensschilder gab es hier nicht. Eins, zwei, drei, vier, fünf, sechs. Er klopfte. Schlurfende Schritte, dann öffnete sich die Tür.
Eine Frau stand vor ihm, den mageren Körper in einen viel zu großen Kittel gehüllt. Sie kaute auf einem Stück Brot herum, Max roch das säuerliche Aroma, ihre Zunge wanderte zwischen Zähnen und Lippen, um die klebrigen Krumen zu lösen. Sie sah fast aus wie seine Mutter, nur daß noch keine grauen Strähnen in ihren dunklen Haaren waren, und ihre Haut war noch nicht ganz so welk.
„Was gibt's?" fragte sie mißtrauisch.
„Ich komm' wegen der Schlafstelle."
Das Mißtrauen wich nicht, nicht aus der Stimme und nicht aus dem Gesicht. „Ham Sie 'ne Arbeit?"
„Ja, ich bin in der Gießerei von Mühlkamp."

Die Frau rieb die Finger gegeneinander und sah Max fragend an.

„Zwei Taler zwölf Groschen die Woche", sagte Max nicht ohne Stolz. Der Blick der Frau wurde freundlicher.

„Komm rein", sagte sie und zog die Tür weit auf. Max trat ein und blinzelte. Der Dunst, der penetrante Geruch störten ihn nicht. Das war er gewohnt. Daß soviel Tageslicht in das Zimmer fiel, irritierte ihn einen Moment lang; seine Eltern und Geschwister hausten im Keller. Dann freute er sich, denn er hatte ja gehofft, daß er es besser treffen würde. Der Mann und fünf Kinder saßen um den Tisch, löffelten Suppe und kauten ihr Brot. Kaum einer sah auf, als die Frau erklärte: „Ein neuer Schlafgänger."

Sie faßte Max an der Schulter. „Paß auf. Da drin, das ist unsere Schlafkammer. Da hast du nichts verloren. Dein Bett ist da." Sie deutete auf einen dünnen braunen Vorhang, hinter dem sich wohl ein Alkoven verbarg.

„Die Miete ist zehn Groschen die Woche. Morgens um fünf mußt du raus sein, denn dann …", sie zog ihn am Ärmel zu der Nische und schob den Vorhang beiseite, „… ist er dran. Er ist Nachtwächter." In dem schmalen Bett lag ein graubärtiger Mann und schlief, ohne sich von den Geräuschen ringsum stören zu lassen.

Erst als die Frau rasselnd und keuchend zu husten begann, öffnete er einen Augenblick lang die Augen, brummte: „Hör mit der verdammten Husterei auf", und drehte sich zur Wand. „Quatsch nicht", erwiderte die Frau ungerührt, „schlaf weiter, deine Zeit läuft ab."

Sie zog den Vorhang wieder zu und drehte sich zu Max. „Ich bin in der Streichholzfabrik", sagte sie. „Da sind Dämpfe, die machen den Husten. Aber er ist nicht schlimm. Er ist nicht blutig, und er steckt nicht an."

Max nickte. Übergangslos fuhr sie fort: „Du kannst morgens einen Kaffee haben, dann kostet es einen Groschen mehr."

Max nickte wieder.

„Die unterste Schublade von der Kommode kannst du benutzen, und den Hocker davor. Wasser ist in dem Krug, die Schüssel daneben kannst du auch nehmen. Am Dienstag und am Donnerstag mußt du Wasser holen."

Max nickte zum dritten Mal.

„Um Viertel nach fünf gehn wir alle aus dem Haus. Am besten, du gehst dann gleich mit. Tagsüber darfst du nicht herkommen, auch am Sonntag nicht."

Max nickte nicht mehr, sondern starrte auf den Tisch mit der Suppe und dem Brot und auf den essenden Mann und die essenden Kinder.

Die Frau folgte seinem Blick mit den Augen und sagte kurz: „Es reicht gerade für uns."

Max erwiderte nichts. Erst an der Tür sagte er: „Also abgemacht. Ab heute abend."

„Abgemacht", sagte die Frau. Dann folgte sie ihm und streckte die Hand aus. „Das Schlafgeld im voraus", verlangte sie.

Max sah sie mißtrauisch an.

„Keine Angst, ich hau' dich nicht übers Ohr."

Wortlos zählte Max ihr elf Silbergroschen in die Handfläche.

„Bis heute abend", sagte er dann.

Die Frau schloß die Tür, Max hörte noch das Klappern der Löffel, niemand sprach ein Wort.

So wurde Max Rathke Schlafgänger bei der Familie Gruber. Er fühlte sich ganz wohl dabei. Niemand machte ihm nachts seinen Schlafplatz streitig, morgens bekam er einen heißen Kaffee, und was wollte der Mensch mehr.

Sein Mittagessen holte er in einer Garküche. Wenn er nach zwölf Stunden Arbeit aus der Fabrik kam, trank er irgendwo ein paar Bier und aß eine Suppe. Dann ging er zu seinem Schlafplatz und war froh, daß sich niemand um ihn kümmerte oder mit ihm reden wollte.

Am Sonntag, wenn er frei hatte, ging er in die Kirche. Danach brachte er seinen Eltern und Geschwistern, was er von seinem Lohn erübrigen konnte. Den Rest des Tages hockte er im Wirtshaus und trank, aber immer nur soviel, daß er an seine Schlafstelle kam, ohne durch Schwanken und Grölen einer Wachpatrouille aufzufallen. Denn er wollte nicht, daß sein geregeltes Leben sich zum Schlechten veränderte.

Dann wurde Max krank.

Ganz harmlos war es zuerst. Ein bißchen Schnupfen und Husten, tränende Augen und ein Brennen im Hals. Nichts, um überhaupt darauf zu achten.

Bis der Morgen kam, an dem ihn jemand heftig an der Schulter rüttelte.

„Wach endlich auf! Zum dritten Mal sag ich dir's jetzt. Um halb sechs mußt du verschwinden, das weißt du genau!"

Halb sechs? Max erschrak. Mühsam öffnete er die Augen, sein Kopf dröhnte. Wie durch einen Schleier sah er die Frau neben dem Bett stehen und ihn zornig anstarren. Er nahm alle Kraft zusammen und stieg aus dem Bett. Erst dachte er, er könnte sich nicht auf den Beinen halten, aber als er sich das Gesicht gewaschen und den Kaffee, der schon kalt geworden war, getrunken hatte, ging es etwas besser. Nur schnell weg!

Um zehn nach sechs wurden die Tore geschlossen, dann kam er nicht mehr in die Fabrik.

Er stolperte zur Tür hinaus.

„Wenn so was öfter is' …", rief die Frau hinter ihm her, aber das hörte er schon nicht mehr.

Die große Uhr über dem Fabriktor zeigte vier Minuten nach sechs. Ein paar drohende Worte und drei Groschen Lohnabzug. Damit war es für diesmal getan.

Am nächsten Tag brach Max auf der Straße zusammen.

Die Knie knickten ihm einfach ein, er hörte einen Kutscher fluchen, Hufe klappern und eisenbeschlagene Räder dicht an seinem Kopf vorbeirumpeln und dann nichts mehr.

Irgendwann erwachte er, ein mitleidiger Passant half ihm auf die Beine, geleitete ihn ein Stück und steckte ihm eine Münze zu.

Er bedankte sich nicht einmal, stärker noch als das Fieber verwirrte die Angst seine Gedanken. Die Uhr! Wohin sollte er gehen? Wie spät es schon war. Die Uhr! Man mußte pünktlich sein. Pünktlich beim Arbeiten, pünktlich beim Essen, pünktlich beim Schlafengehen. Mußte man auch beim Sterben pünktlich sein? Die Uhr. Die großen schwarzen Zeiger drehten sich, immer schneller, immer schneller … die schweren Eisentore schlugen mit lautem Krachen zu und klemmten ihn ein. Hilflos zappelte er zwischen den Flügeln. Immer weiter drehten sich die Zeiger der Uhr. Als Max an der Fabrik ankam, war es zwanzig nach sechs. Verzweifelt rüttelte er am Tor, die Tränen liefen ihm über das fieberheiße Gesicht.

Ein bißchen Geld hatte er noch. Eine Woche lang konnte er so tun, als ab alles in Ordnung wäre.

Es war trocken und nicht mehr kalt, und so brachte er ein paar Tage damit zu, sich in irgendeinen Obstgarten zu schleichen, ins hohe Gras zu legen und bis abends zu dösen.

Bald ging es ihm besser, das Fieber ließ nach, und der quälende Husten löste sich.

Voller neuer Hoffnung ging er wieder zur Fabrik, aber er traf nur auf kopfschüttelnde Ablehnung. So waren nun einmal die Regeln. Wer nicht pünktlich war, mußte sehen, wo er blieb. Wenn einer ausfiel, warteten zehn andere darauf, ihn zu ersetzen.

Eine Woche später konnte Max keine elf Groschen mehr in die ausgestreckte Hand der Frau legen.

„Kein Geld?" fragte sie. „Dann nimm deine Sachen und verschwinde! Sei froh, daß du im voraus bezahlt hast, sonst wärst du sie los."

Der Mann und die Kinder saßen um den Tisch und löffelten ihre Suppe. Keiner sprach. Max packte zusammen, was ihm gehörte, und wickelte es in seinen Mantel. Wortlos wandte er sich zur Tür. Als er schon im dunklen Korridor stand, kam ihm die Frau nach.
„Wir haben die Woche keine fünf Taler. Alle zusammen", sagte sie. „Wir brauchen das Geld. Wir haben selber nichts und können nicht …" Ihre Stimme verhallte im Treppenhaus.
Max trat ins Freie und atmete die Abendluft ein. Vielleicht konnte er bei seinen Eltern unterkriechen … wieder mit seinen Geschwistern in einem Bett. Und wenn nicht, nun, er hatte einen Mantel. Da konnte man schon mal unter einer Brücke oder unter einem Baum schlafen. Morgen würde er dann auf Arbeitssuche gehen.
Nein, er war noch lange nicht am Ende!

91. Kürzere Arbeitszeit – weniger Lohn!**

Nichts kennzeichnet das soziale Elend der Fabrikarbeiter in der Mitte des 19. Jahrhunderts besser als die Tatsache, daß viele Familien nur existieren konnten, wenn auch die kleinen Kinder mitarbeiteten. Bis zu vierzehn Stunden, oft unter unvorstellbaren Bedingungen.
Vorlesezeit: 6 Minuten.

Der Gang in die Fabrik war das Schönste am ganzen Tag! Johannes schlug die Tür hinter sich zu, rannte durch den feuchten, dunklen Korridor, dann das Treppenhaus hinunter und ins Freie. Es war immer der erste, der morgens die zwei Zimmer in der riesigen Mietskaserne verließ, die seine achtköpfige Familie bewohnte. Aber heute hatte er sich noch mehr als gewöhnlich beeilt, um da herauszukommen.
Anna, die am Fußende des Bettes neben ihm schlief, hatte Durchfall gekriegt, so heftig, daß sie es nicht rechtzeitig zum Eimer schaffte. Jedesmal wenn er sich an den Gestank und die Feuchtigkeit gewöhnt hatte und wieder eingenickt war, hatte Emil einen seiner verdammten Hustenanfälle gehabt. Mann, wie er diesen Husten haßte! Immer wenn man Ruhe haben wollte oder sich was besonders Wunderbares ausmalte, ein frisches Brot und einen Schinken zum Beispiel oder gar ein Bett, ein richtiges Bett, mit richtiger weißer Wäsche, das einem ganz allein gehörte, dann fing der Kerl zu husten an.

„Werd gesund, oder verreck!" schrie Johannes ihn oft an, aber Emil zuckte immer bloß die Schultern und hustete weiter. Er hielt es erstaunlich lange aus.

Sie waren noch zwei mehr gewesen in den beiden Zimmern, zwei Mädchen. Die hatten auch so gehustet. Aber dann hatten sie Blut gespuckt, und dann war es bald vorbeigewesen.

Aber Emil, der hielt verflucht lange durch. Er hustete schon viele Monate, und immer noch war kein bißchen Blut zu sehen. Vielleicht schaffte er es ja doch. Johannes betete jede Nacht vor dem Einschlafen darum. Es wäre sicher besser für Emil, wenn er gesund wäre. Außerdem könnte er dann wieder richtig arbeiten. Und die anderen müßten sich nicht mehr die verdammte Husterei anhören. Heute nacht war es wirklich nicht zum Aushalten gewesen!

Johannes stand auf der Straße und atmete tief die kühle klare Morgenluft ein. Es war schon fast hell, und vom Kirchturm schlug es halb fünf. Der Gang zur Fabrik war das Schönste am ganzen Tag, und heute hatte er eine volle halbe Stunde Zeit dafür!

Er ging mit schnellen Schritten die Straße entlang, wich hüpfend Schlaglöchern voll Unrat und Batzen von Pferdedreck aus und bog dann in die Gasse ein, die zum Fluß führte. Das war ein Umweg, aber heute konnte er ihn sich leisten.

Das Wasser des Flusses war schwarz. Wo die ersten Sonnenstrahlen Bäume und Häuserzeilen durchdrangen, da leuchteten goldene Flecken. Johannes liebte den Fluß. Er wußte nicht genau, woher er kam und wohin er führte. Aber dieses dunkle, leise rauschende Wasser war voller Hoffnungen auf Ferne und Freiheit, und niemanden beneidete Johannes glühender als die Männer, die in den langen Lastkähnen standen und ihre Frachten flußabwärts stakten.

Pünktlich kam Johannes vor dem Tor der Textilfabrik an, in der er arbeitete: Den Fluß, das Rauschen des Wassers, die Schiffer – all das verbannte er jetzt energisch aus seinen Gedanken. Denn wer bei der Arbeit zuviel nachdachte, der machte Fehler, und wer Fehler machte, der kriegte Prügel, nicht zu knapp. Wer zuviel Fehler machte, flog raus – und das war das Schlimmste.

Bevor er den Saal betrat, in dem er mit vielen anderen an den riesigen Bottichen arbeitete, die mit beißend riechenden Farben gefüllt waren, schnappte er ein paar Sätze auf, die zwei Kattundrucker miteinander wechselten.

„Sie wollen ihnen die Arbeitszeit kürzen, hast du das schon gehört?"
„Warum das, um Gottes willen?"

„Von ganz oben kommt angeblich die Anweisung. Vierzehn Stunden Arbeit, das soll ihrer Gesundheit schaden, heißt es."

„So ein Quatsch! Wenn sie nicht genug zu tun haben, lungern sie höchstens auf der Straße rum und betteln. Außerdem: Kürzere Arbeitszeit heißt weniger Lohn ... he, du da, schau, daß du an deine Arbeit kommst, sonst gerb' ich dir das Fell!"

Johannes gehorchte wortlos. Er war zu Tode erschrocken. Kürzere Arbeitszeit! Weniger Lohn! Wie sollte er das denen zu Hause erklären? Sie brauchten doch jeden Kreuzer. Er strengte sich doppelt an, damit nur ja niemand auf die Idee käme, ihn früher nach Hause zu schicken.

Am Abend erzählte er nichts von dem, was er gehört hatte. Vielleicht war ja alles gar nicht wahr. Aber später, im Bett, als alle schon schliefen, auch Anna und Emil, da lag er noch wach und dachte nach. Kürzere Arbeitszeit, weniger Lohn. Hoffentlich, hoffentlich stimmte das nicht!

Lange überlegte er, was er dann machen würde, lange, bis ihm endlich doch die Augen zufielen. Denn, so groß die Sorgen auch sein mochten, er war einfach entsetzlich müde. Und das durfte er wohl sein – obwohl er schon fast acht Jahre alt war.

92. Für die gute Sache***

Um den Kampf gegen die Sklaverei ginge es, so lautete die Propaganda der amerikanischen Nordstaaten, als sie gegen den Süden ins Feld zogen. Aber wie so oft waren die Beweggründe in Wahrheit nicht ganz so edel ...
Vorlesezeit: 6 Minuten.

Sergeant, wir haben doch recht, nicht? Wir kämpfen doch für eine gute Sache, Sergeant, nicht? Das sind doch Schweine! Schweine, die sich Sklaven wie Tiere halten, Schweine sag ich, Sergeant, stimmt das nicht? Man muß diese Schweine doch erledigen, Sergeant, oder? Wir schaffen das doch, Sergeant!"

Die Stimme des Jungen klang schrill und hysterisch, während er mechanisch repetierte und schoß, ohne zu zielen, ohne überhaupt zu merken, was er da tat.

„Ruhig, Junge." Wilson packte seinen Nachbarn am Schopf und drückte ihm den Kopf tiefer in die Deckung. „Bleib ruhig, Junge. Vergeude deine Munition nicht. Bleib in Deckung. Willst du krepieren für nichts?"

„Für nichts, Sergeant? Wir müssen es denen doch zeigen!"

Wieder hob der Junge den Kopf und schoß.

Mein Gott, gab es das? Daß einer mutig wurde, weil er halbtot war vor Angst?

„Halt den Kopf unten, oder ich hau' dir den Kolben über den Schädel!" schrie Wilson. Wirklich, das war ein Krieg der Helden! Er sah den Jungen an: gerade siebzehn, das Gesicht bleich unter dem Dreck; wenn er schoß, verriß er das Gewehr so, daß er eine Kugel nach der anderen in die Wolken jagte. Das war gut so, denn so traf wenigstens er die armen zerlumpten Hunde nicht, die seit Stunden versuchten, den Hügel zu stürmen, weil irgendein wahnsinniger General es ihnen befohlen hatte. Sie fielen im Feuer wie die Kegel von der Kugel, aber wenigstens er traf keinen. Aber mein Gott, was mußte er durchmachen!

Wieder drückte Wilson ihm den Kopf nach unten. Wenn er könnte, er würde ihn zwanzig Meter tief in die Erde eingraben. Und sich dazu. So tief, daß das Krachen der Geschütze und die Schreie der sterbenden Männer nicht mehr zu hören wären.

„Heute siegen wir doch Sergeant, nicht? Heute geben wir es ihnen doch so, daß sie für alle Zeiten genug haben, die verdammten Sklavenhalter! Verdammt, wir kämpfen doch für die gerechte Sache!"

Gerechte Sache! Wilson schirmte sich mit einem Arm gegen die sengende Sonne ab; er fühlte, wie ihm der Schweiß in den Augen brannte.

Gerechte Sache! Konnte man nach drei Jahren des großen Mordens noch von gerechter Sache sprechen? Von denen, die da unten auf dem Feld von Gettysburg ihren Kopf hinhalten mußten, hatte vielleicht kaum einer einen einzigen Sklaven. Wen kümmerten überhaupt die armen Teufel, die sich auf den großen Plantagen des Südens zu Tode schufteten?

Wilson dachten an seinen Chef in dem großen Handelskontor in Baltimore, wo er vor dem Krieg gearbeitet hatte. Sie hatten mal darüber geredet, er erinnerte sich an jedes Wort. Wie ein Lauffeuer hatte sich damals die Nachricht von John Browns Überfall auf Harper's Ferry verbreitet: John Brown, der Kämpfer für die Freiheit der Sklaven!

„Weißt du, was mich ein lausiger Nigger interessiert, Andrew?" hatte sein Chef damals gesagt und mit den Fingern geschnippt. „Soviel wie ein lausiger Indianer."

Wilson zuckte zusammen, als ein Geschoß über ihn hinwegjaulte, und drückte den Kopf des Jungen nach unten.

Soviel wie ein lausiger Indianer, also weniger als nichts.

Nein, es gab andere Gründe für den Krieg. Er lag hier im Dreck, weil die Nordstaaten die Sezession nicht dulden wollten. Weil der Norden dem Süden seine Wirtschaftspolitik aufzwingen wollte. Weil Leute wie sein Chef den Süden brauchten, um das große Geld zu machen.

Fluchend hielt Wilson die Arme über den Kopf, als ein Geschoßhagel in der Nähe seiner Stellung in den felsigen Boden einschlug. Querschläger sirrten über ihn und den Jungen hinweg, Kiesel und Splitter flogen. Verdammt, hatten sie denn noch nicht genug?

Wilson spähte über die Deckung. Mein Gott, da unten waren mehr Tote als Lebende. Aber die, die es für heute überstanden hatten, zogen sich zurück. Für heute war es vorbei. Er starrte auf die Männer, die mit verrenkten Gliedern im verdorrten Gras der Ebene lagen.

Plötzlich war es still. Wilson genoß die Stille. Sie war wie ein weiches Tuch, in das er sich hüllen konnte, um für einen Augenblick die letzten Stunden zu vergessen.

Aber es war zu still.

Wilson beugte sich zu dem Jungen hinunter. Er lag immer noch da, das Gesicht am Boden. Hinter seinem rechten Ohr war ein häßliches gezacktes Loch und ein Streifen schwärzlich geronnenen Blutes.

Keiner interessierte sich für einen lausigen Nigger. Und keiner für einen lausigen Indianer. Und keiner für einen gottverdammten Yankee.

Wilson rieb sich die Augen. Es war nicht mehr der Schweiß, der darin brannte. Es waren Tränen.

Sezession: Abspaltung, hier der Südstaaten der USA von den Nordstaaten 1861.

---

93. Aus Freunden werden Feinde**

Engstirniger Nationalismus hat schon oft die Gemeinsamkeiten von Menschen zerstört, die seit Jahrhunderten friedlich neben- und miteinander gelebt hatten, obwohl sie unterschiedlichen Völkern angehörten. Ernste Konflikte gab es in der zweiten Hälfte des 19. Jahrhunderts zwischen Dänen und Deutschen in Nordschleswig.

Vorlesezeit: 11 Minuten.

Mensch, Christian, was ist los mit dir? Vor drei Jahren waren wir Feinde, und das hat unsere Freundschaft nicht beeinträchtigt. Aber jetzt tust du, als ob ich ein Fremder wäre, noch dazu einer, der dir zutiefst zuwider ist."

„Du hast dich entschieden, deinem Vaterland den Rücken zu kehren, als es dir zum ersten Mal nicht nur Annehmlichkeiten geboten, sondern auch etwas von dir verlangt hat. Nämlich, daß du deine Pflicht tust. Wer die nicht tut, der ist mir tatsächlich zutiefst zuwider."

Christians Tonfall schwankte zwischen Verachtung und Zorn.

„Preußen ist doch nicht mein Vaterland!"

„Bisher hast du dich aber hier ganz wohl gefühlt!"

„Ja, weil das bisher ein Land war, in dem Deutsche und Dänen unbehelligt miteinander leben konnten. Aber das geht wohl nicht in deinen Kopf, daß deine Preußen alles kaputt machen, wenn sie sich hier als Herren aufspielen!"

Jetzt war auch Knut zornig geworden, aber Christian wandte sich wortlos ab und ließ ihn stehen.

Knuts Zorn verrauchte schnell. Traurig sah er dem Mann hinterher, der so viele Jahre nicht bloß sein Nachbar, sondern auch sein bester Freund gewesen war.

Hatten sich die wechselnden Herren von Schleswig, Holstein und Dänemark auch noch so gestritten, die Deutschen und die Dänen in Nordschleswig hatten fast immer einträchtig zusammengelebt. Nicht einmal der Krieg, den Preußen und Österreich vor drei Jahren gegen Dänemark geführt hatten, hatte daran viel geändert. Erst seit einem Jahr, seitdem Preußen ganz Schleswig-Holstein annektiert hatte, war es vorbei mit Frieden und Eintracht. Schuld daran trug vor allem das verfluchte Wehrpflichtgesetz.

Kaum hatten sie sich überall breitgemacht, die Preußen, ihre Verwaltungen eingesetzt und die Steuern gewaltig erhöht, hatten sie nichts Eiligeres zu tun, als die allgemeine Wehrpflicht einzuführen.

Als ob ein Däne sich dazu bewegen ließe, preußischer Soldat zu werden! Knut trat in die Diele seines Hauses und schmetterte mit neu entfachtem Zorn die Tür hinter sich zu.

Preußischer Soldat! Als ob ein Däne vergessen könnte, wie sich die Preußen von drei Jahren aufgeführt hatten, nach ihrer Besetzung Jütlands! Preußischer Soldat zu werden – das war für einen Dänen so abwegig wie für einen Engländer, an Napoleons Grab einen Kranz niederzulegen.

Doch die Preußen waren die neuen Herren, und mit der Gründlichkeit, für die sie berüchtigt waren, setzten sie ihren Willen in die Tat um. Jeder Mann im wehrfähigen Alter wurde erbarmungslos eingezogen.

Es sei denn … Ein flüchtiges Grinsen stahl sich über Knuts Gesicht, während er sich die Stiefel aufknotete, es sei denn, er war Däne und machte von seinem Optionsrecht Gebrauch.

Knut hängte sein Jacke an den Haken, fuhr sich durch die Haare, die vom
Wind zerzaust waren, und ging in die warme Küche.

Grete, seine Frau, saß am Tisch und nähte; auf dem Boden spielten die
beiden Kinder. „Na, da bist du ja schon wieder", sagte Grete, „ich kann
mich erinnern, daß ihr schon länger zusammengehockt habt, vor allem,
wenn eine Flasche Kümmel im Spiel war." Aber als sie aufsah und den
Gesichtsausdruck ihres Mannes bemerkte, fragte sie besorgt: „Was ist?
Habt ihr etwa euren Streit nicht beigelegt?"

„Nein, da ist wohl nichts mehr zu machen." Knut schüttelte den Kopf.
„Seitdem ich für Dänemark optiert habe, betrachtet mich Christian als
Feigling und Vaterlandsverräter."

„Aber du bist doch Däne!"

„Christian sieht das anders. Für ihn bin ich Schleswiger. Und da hat er
ja eigentlich auch recht. Nur, daß Schleswig jetzt von den Preußen
beherrscht wird, die Deutsche sind wie er, die mit ihm in einer gemeinsamen Muttersprache reden und die er so hoch achtet, daß sein Vaterland
jetzt nicht mehr Schleswig, sondern Preußen heißt."

„Aber von dir kann er doch nicht erwarten, daß du genauso denkst!"

„Tut er aber. Wir sind beide Nordschleswiger, deshalb jetzt beide Preußen, ja, wenn du willst, Deutsche, und damit ist es meine verdammte
Pflicht, preußischer Soldat zu werden. So sieht Christian das."

„Wenn das so ist", seufzte Grete, „wenn sogar alte Freundschaften an der
Option zerbrechen, dann sehe ich schwarz für unsere Zukunft hier!"

Als Dänemark vor den vereinten Truppen der Preußen und Österreicher
hatte kapitulieren müssen, war im Friedensvertrag den Nordschleswiger
Dänen das Recht eingeräumt worden, sich binnen sechs Jahren zu
Untertanen der dänischen Krone zu erklären. Was sie an Land, Häusern
und Höfen besaßen, sollte trotzdem nicht angetastet werden.

Tausende junger Dänen hatten so wie Knut für Dänemark optiert, um
der Wehrpflicht zu entgehen.

Sie alle hofften, daß die Preußen sich an die Bestimmungen des Frie-
densvertrags halten würden. Aber sie hofften vergeblich. Das sollten auch
Knut und Grete bald merken.

Am selben Abend nämlich, zu ungewohnt später Stunde, pochte es
energisch an die Tür. Als Knut öffnete, sah er sich zwei Gendarmen in
preußischen Uniformen gegenüber. Als sie noch echte Schleswiger
gewesen waren, hatte er manches Glas mit ihnen geleert, aber nun
schienen sie ihn gar nicht mehr zu kennen.

„Knut Pedersen?" fragte nämlich der eine.

„Na klar ...", antwortete Knut verdattert, „was soll die ..."
„Knut Pedersen, Sie haben für Dänemark optiert?"
„Ja, Mensch, das wißt ihr doch!"
„Mit sofortiger Wirkung sind Sie aus Schleswig ausgewiesen. Binnen 24 Stunden haben Sie das preußische Staatsgebiet zu verlassen, andernfalls Sie festgenommen und inhaftiert werden. Ihre Frau und Ihre Kinder dürfen hier verbleiben."
Knut war wie vom Donner gerührt.
„Was ... was ... seid ihr verrückt geworden?" stammelte er.
Aber die Polizisten gingen darauf nicht ein. Einer drückte ihm ein Blatt Papier in die Hand und sagte bedeutungsvoll: „24 Stunden." Dann drehten sie sich um und verschwanden in der Nacht, nur das Knallen ihrer Stiefel war noch eine Zeitlang zu hören.
Knut ging in die Küche zurück und starrte im Schein der Lampe, die auf dem Tisch flackerte, auf das Papier.
Da stand es schwarz auf weiß, unterschrieben und gesiegelt vom Schleswiger Regierungspräsidenten: „Ausweisungsverfügung ..."
Er mußte das Wort wohl laut gesagt haben, denn Grete brach in Tränen aus.

Es war nicht weit von Hadersleben, Knuts Heimatstadt, bis zur Grenze und von dort nach Kolding, wo er Verwandte besaß, die ihn bereitwillig aufnahmen.
Aber er dachte, er müsse verrückt werden vor Heimweh und vor Sorgen um Frau und Kinder. Wer würde sich um sie kümmern? Wer würde seine Arbeit machen? Wie lange würde Grete mit den Ersparnissen auskommen?
Wochen und Monate voller Grübeln und erzwungener Untätigkeit schürten seine Abneigung gegen alles, was deutsch sprach; längst schon machte es keinen Unterschied mehr für ihn, ob einer Preuße oder Schleswiger war – hatten sie ihn nicht alle vertrieben?
Seine schlimmsten Ängste wurden übertroffen, als eines Tages ein junger Haderslebener, ausgewiesen wie er, aufgeregt in das Haus von Knuts Verwandten kam.
„Ich bin bei Nacht und Nebel über die Grenze", berichtete er, „und habe meine Frau besucht. Ich habe Nachricht von Grete. Keine gute. Du mußt unbedingt nach Hause. Deine Kinder haben die Blattern, und der Junge liegt im Sterben ... Grete weiß nicht mehr weiter ..."
Der junge Mann brachte ihn im Schutz der Nacht über die Grenze. Im Morgengrauen erreichte Knut sein Haus.

Er kam zu spät, um seinen Sohn noch einmal lebend zu sehen, und es blieb ihm nicht viel Zeit, um am Krankenbett seiner Tochter zu sitzen und seine Frau zu trösten. Mittags schon kamen sie und holten ihn ab, sosehr er auch bat, flehte und drohte. Wer ihn verraten hatte, sagten sie ihm nicht.

Unter scharfer Bedeckung wurde er mit anderen Dänen nach Neumünster gebracht und in preußische Uniform gesteckt.

Als er schon fast so weit war, das Seitengewehr, das sie ihm gegeben hatten, gegen seine Peiniger zu richten, wurde er entlassen – zu groß war die internationale Empörung über die Unterdrückung der dänischen Bevölkerung Nordschleswigs geworden. Der preußische Ministerpräsident bestätigte das Optionsrecht und nahm die Ausweisungsverfügungen zurück.

So konnte auch Knut zu Frau und Tochter heimkehren und das Grab seines Sohnes besuchen.

Der Haß auf alle Deutschen aber blieb; und hätte man von ihm verlangt, sie mit der Waffe in der Hand zu bekämpfen – nicht einen Augenblick hätte er noch gezögert.

94. Tödliches Wasser**

Bis ins 19. Jahrhundert hinein machte die Medizin kaum Fortschritte, und insbesondere bei großen Seuchen blieb den Menschen nichts weiter übrig als zu beten. Erst die konsequente Ursachenforschung und die Entdeckung der Erreger machten die wirkungsvolle Bekämpfung von Epidemien möglich.
Vorlesezeit: 7 Minuten.

Das große Sterben begann in den Häusern der Armen. Dort, im Kirchspiel von St. Jacobi, wo die Gassen eng und schmutzig waren, wo es in keiner Wohnung Wasser gab und wo die Kinder sich schon längst nicht mehr vor den Ratten fürchteten, fand die Seuche ihr erstes Opfer. Es war ein alter Mann, der da starb. Er bekam heftigen Durchfall, erbrach sich wieder und wieder, seine Muskeln verkrampften sich schmerzhaft, und sein Gesicht fiel ein, bis es aussah wie das Gesicht einer Mumie. Zwei Tage später war er tot. Am Leben in der großen Stadt änderte sich nichts – noch nicht. Ein zweiter Mann starb, und noch immer ahnte niemand, was der Stadt bevorstand.

Und dann waren plötzlich über zweihundert Menschen erkrankt, Männer, Frauen und Kinder. Sie alle zeigten die gleichen Symptome wie der Alte, und fast alle starben nach kurzer Zeit.

„Wir wollen doch die Sache nicht unnötig aufbauschen, meine Herren!" Der Bürgermeister trommelte nervös mit den Fingern auf die Tischplatte.
„Was ist denn schon geschehen? Ein paar hundert Menschen aus den untersten Klassen sind der Cholera erlegen, einer Krankheit, der sie auf Grund ihrer ungesunden Lebensweise und mangelnder Reinlichkeit wenig Widerstand entgegensetzen konnten. Haben wir deshalb das Recht, eine Dreiviertelmillion Bürger zu beunruhigen? Haben wir das Recht, Handel und Wandel zu lähmen, unser aller Wohlstand zu gefährden?
Nein, meine Herren, ich werde Ihnen sagen, was wir tun. Wir werden versuchen, der leidigen Angelegenheit in aller Stille Herr zu werden, und ansonsten gilt grundsätzlich die Parole, ich beschwöre Sie, meine Herren, halten Sie sich daran: Nichts an die große Glocke hängen!"

Es war heiß in diesem August, ungewöhnlich heiß. Trüb und träge floß die Elbe in ihrem Bett, weit mußten sich die Ärmsten der Armen, die ihr Wasser aus dem Fluß holten, hinunterbeugen, um ihre Eimer und Krüge zu füllen. Sie brauchten viel Wasser in diesen Tagen, um ihren Durst zu stillen, um die Kranken zu waschen und ihnen lindernde Kühlung zu verschaffen.
Fast viertausend Menschen hatte die Seuche jetzt befallen, 180 von ihnen starben jeden Tag. Und noch kein Ende war abzusehen.
Da geriet die Stadt in Panik.
In den Bahnhöfen, an den Fahrkartenschaltern standen lange Schlangen von Reisenden. Nur weg aus der Stadt, nur weg von der Seuche! Tausende ergriffen die Flucht, und manch einer von ihnen nahm die Krankheit mit sich, trug den Tod in andere Städte und Dörfer. Die Kirchen, in denen mehrmals täglich Fürbittgottesdienste abgehalten wurden, waren voll wie nie zuvor. Alkohol, hieß es, sollte helfen. Also versuchten die, die es sich leisten konnten, mit Cognac und Rum die schädlichen Stoffe in sich abzutöten.
Die Krankenhäuser waren hoffnungslos überfüllt. In den hastig errichteten Cholerabaracken lagen sie in langen Reihen nebeneinander, Kranke und Sterbende. Jeden Tag 450 Tote. Eine Stadt in Panik.

Zornig fuhr der Direktor des Reichsgesundheitsamtes, Professor Robert Koch, seinen Begleiter an. „Ich vergesse, daß ich in Europa bin! Was ich in den Armenvierteln dieser großen, reichen Stadt gesehen habe, spottet jeglicher Beschreibung. Winzige Behausungen, vollgestopft mit Menschen, ohne Toiletten und oft gar ohne fließendes Wasser im ganzen Haus – und überhaupt dieses Wasser! Haben Sie es gesehen? Eine stinkende braune Brühe, angereichert mit allem Dreck dieser Welt!"
Der Ingenieur der „Hamburger Wasserbaukunst" sah ihn betreten an und machte einen Versuch, sich zu verteidigen.
„Immerhin münden die Abwasserkanäle erst kilometerweit flußabwärts in die Elbe, und unsere Sammelbecken liegen oberhalb der Stadt!"
„Ach was!" Mit einer energischen Handbewegung wischte Koch den Einwand beiseite. „Was meinen Sie, was sich in diesen Becken für Schmutz ansammelt! Haben Sie einmal beobachtet, wie viele Menschen ihren Nachttopf einfach in den Fluß kippen? Was ist mit den Exkrementen der Elbfischer? Den Abtritten im Hafengebiet? Jedesmal wenn die Flut zu einem Rückstau führt, drückt es den ganzen Dreck in ihre famosen Leitungswassersammelbecken. Nein, nein, diese Zustände sind untragbar!"
Mit leiser Stimme, in der seine Wut nur um so deutlicher herauszuhören war, fuhr er fort: „Ist Ihnen eigentlich schon aufgefallen, Sie Ahnungsloser, daß es im Gegensatz zu Hamburg in Altona kaum einen Fall von Cholera gibt? Können Sie sich denken, woran das wohl liegt?"
Der Ingenieur wurde blaß. „Sie meinen …?"
„Ja", sagte Koch. „In der Brühe, die Sie Wasser nennen, sind die Erreger der Cholera millionenfach enthalten."

„Meine Herren, ich stelle fest, daß wir rasch und entschlossen gehandelt haben."
Der Bürgermeister nestelte an seiner Amtskette.
„Die Gesundheit unserer Bürger muß Vorrang haben vor allen wirtschaftlichen und politischen Interessen. Mit Hilfe von Professor Koch haben wir eine Choleraprophylaxe entwickelt, die die allgemeinen hygienischen Verhältnisse verbessert und den Genuß von nicht abgekochtem Wasser, das möglicherweise von vielleicht nicht ganz einwandfreier Qualität sein könnte, strengstens untersagt. Außerdem werden wir künftig, nach dem Vorbild Berlins, das Wasser durch eine Reihe von Sandbecken leiten, wodurch es nachhaltig gefiltert wird.
Sie sehen, meine Herren", schloß der Bürgermeister, „die Führung der Stadt tut alles, um Schaden von ihren Bürgern abzuwenden."

Über 8 000 Menschenleben forderte die Cholera, bis sie endlich besiegt war. Und lange noch herrschte die Angst in der Stadt.

95. Wie wird man seinen Schatten los?**

Nachdem Bismarck die Verabschiedung des Sozialistengesetzes erreicht hatte, wurden die Sozialdemokraten in ihrer politischen Arbeit behindert und mit zahlreichen Verboten schikaniert. Ihre führenden Mitglieder hatten ständig einen Geheimpolizisten auf den Fersen. Es sei denn, sie schüttelten ihn ab ...
Vorlesezeit: 7 Minuten.

„Seit meiner Ankunft auf dem Bahnhof ist er hinter mir her", murmelte Bebel.

„Scheißkerl!" zischte Friedrichsen.

„Psst. Nicht so laut, sonst merkt er noch, daß ich ihn längst enttarnt habe."

„Ja, weiß er das denn nicht?"

„Ach wo! Er glaubt, es fällt nicht auf, wenn er hinter einem herrennt und jedesmal, wenn man sich umdreht, in die Luft schaut und pfeift. Er glaubt, es fällt nicht auf, wenn er einem ins Pissoir folgt und dann an der Rinne steht, ohne daß es plätschert. Er glaubt auch, es fällt nicht auf, wenn er einem in eine Kneipe nachgeht, sich ein kleines Bier bestellt und zwanzigmal davon trinkt, ohne daß es weniger wird. Kurz und gut, der Mann ist so blöde, wie man es von einem preußischen Geheimpolizisten nur erwarten kann."

Friedrichsen lachte leise. „Ja, das sieht man ihm an. Was mich aber wundert, ist, daß sie dich immer so schnell aufspüren."

Bebel nahm einen Schluck aus seinem Glas. „Das ist der Fluch der modernen Zeiten, Genosse", seufzte er. „In Berlin habe ich sozusagen meine eigene Leibwache. Allerdings", er grinste, „wenn wirklich jemand auf die Idee käme, mir was zu tun, dann würden diese Leibwächter vermutlich dabeistehen und sich halbtot lachen vor Vergnügen. Aber sie sind jedenfalls immer da, Tag und Nacht, auf Schritt und Tritt, ob ich zum Abendessen gehe oder ins Parlament oder sonstwohin. Wenn ich verreisen will und eine Fahrkarte gelöst habe, erkundigt sich eine Minute später einer der Polizisten, die mich bewachen, am Schalter nach meinem Ziel, kontrolliert den entsprechenden Zug, ob ich auch drinsitze, und dann telegraphiert er meine Ankunftszeit, meine Größe, die Länge meines Bartes und die Farbe meiner schönen Augen. Auf diese Weise bin ich sofort, wenn ich eintreffe, wieder in der Obhut eines tüchtigen Observanten."

Er deutete verstohlen zu dem Tisch, an dem der Polizist saß und an seinem Bier nippte. „Ist es nicht großartig, wenn man so wichtig ist?" Das sollte heiter klingen, aber es hörte sich eher verbittert an. Friedrichsen klopfte ihm mitfühlend auf die Schulter.

„Für einen wie dich sind die Folgen des Sozialistengesetzes schwer zu tragen", meinte er. „Und an dir zeigt sich auch, wie absurd das Ganze ist. Als sozialdemokratischer Reichstagsabgeordneter bist du rechtmäßiger Vertreter des Volkes, als Verfasser von Druckschriften, in denen nichts anderes steht, als was du im Parlament sagst, oder als Gewerkschaftsmitglied setzt du dich ständig der Strafverfolgung aus."

Friedrichsen schaute seinen Freund nachdenklich an. „Ich frage mich nur, warum Bismarck nicht den letzten Schritt auch noch getan und durchgesetzt hat, daß die Partei verboten wird."

Bebel schüttelte den Kopf. „Dafür hätte er keine Mehrheit bekommen, nicht einmal er, obwohl er der ausgekochteste Hund ist, den du dir vorstellen kannst. Aber in einem irrt er sich. Er glaubt, nachdem unsere Organisationen und Vereine, unsere Versammlungen, Veranstaltungen und Druckschriften verboten worden sind, seien wir hilflos. Er glaubt, wir seien wie ein Gelähmter, der nur noch reden, aber kein Glied mehr rühren kann. Wenn er wüßte, wie aktiv wir sind, dann würde es sogar ihm die Sprache verschlagen."

Friedrichsen zog seine Taschenuhr und klappte den Deckel auf. „Aktiv, das war das richtige Stichwort. Es ist zwanzig vor sieben. Du mußt schleunigst gehen, Genosse, und zwar ohne deine Schatten."

„Es ist sicher nicht schwer, ihn abzuschütteln; schau dir seine Wampe an!" Friedrichsen überlegte.

„Nein", sagte er dann, „warum ein Risiko eingehen. Paß auf. Wir zahlen jetzt und ziehen uns an. Es ist schon ziemlich dunkel draußen. Hier gleich um die Ecke sind unbeleuchtete Hauseingänge – bis er uns nachkommt, haben wir dort Mäntel und Mützen getauscht. Wir sind ungefähr gleich groß, also wird er drauf reinfallen. Du hast selbst gesagt, er ist ein ziemlich beschränktes Exemplar, und außerdem muß er ja hinter uns bleiben und kann unsere Gesichter nicht sehen. An der nächsten Ecke trennen wir uns, du gehst unbehelligt zu den Genossen, und ich, ich werde ihn an einen Ort führen, an dem es viel interessanter für ihn ist als bei unseren Versammlungen."

Bebel war einverstanden, und sie machten, was Friedrichsen vorgeschlagen hatte. Es klappte bestens, Bebel kam rechtzeitig zu der geheimen Versammlung und hielt den Vortrag, dessentwegen er hergekommen war. Ein paar Stunden später, als er und seine Genossen schon beim Bier saßen, kam Friedrichsen. Er war bester Laune.

„Für jemand, der den Abend mit einem Polizisten verbracht hat, siehst du geradezu glücklich aus", rief Bebel. „Bist du ihn gut losgeworden, unseren Freund?"

„Und ob!" Friedrichsen lächelte breit. „Ich führte ihn an ein Haus im Süden der Stadt, dessen Besitzerin ich seit langem kenne. Ich klopfte, wurde eingelassen, gab drinnen schnell ein Zeichen und ließ wie aus Versehen die Tür einen Spalt offenstehen. Natürlich konnte der Dummkopf der Versuchung nicht widerstehen und folgte mir.

Das Gesicht hättest du sehen sollen, als er merkte, daß er in einem Puff gelandet war! Und als eins der Mädchen, die ihn umringten, noch so tat, als würde es ihn kennen, und ihn artig fragte: ‚Guten Abend, Herr Geheimer Gendarm, welche speziellen Wünsche darf ich Ihnen erfüllen?', da rannte der Arme davon, schneller, als wenn der Teufel oder eine ganze Rotte gemeingefährlicher Sozialdemokraten hinter ihm her wäre."

96. Louise ist anderer Ansicht ***

Gegen Ende des 19. Jahrhunderts waren immer mehr Frauen nicht länger bereit, ihre Benachteiligung hinzunehmen. Sie durften nicht wählen, keinen akademischen Beruf ergreifen und waren in allen Lebensbereichen dem Willen ihrer Ehemänner unterworfen.
Vorlesezeit: 10 Minuten.

Die Uhr über dem Kamin schlug acht. Der Sanitätsrat Professor Wilhelm von Stelzer faltete sorgfältig seine Serviette zusammen und trank mit Genuß den letzten Schluck Rotwein aus seinem Glas.

„Stell dir vor, meine liebe Louise", sagte er, „da kam doch heute ein junges Mädchen zu mir, mit dem Ansinnen, ich möge ihr das Medizinstudium ermöglichen. Du wirst es nicht glauben, sie war erstaunt, als ich sie fragte, ob sie sich einen Scherz mit mir machen wolle!"

Professor von Stelzer kicherte, wurde aber gleich wieder ernst. „Ach, schenke mir doch mein Glas noch einmal voll, und dann rufe Anna, sie soll abräumen. Du weißt, ich kann es nicht leiden, wenn das schmutzige Geschirr so lange auf dem Tische steht. Und meine Zigarren, Louise, sei so gut. Vergiß aber nicht wieder die Zündhölzer. Es ist besser, alles gleich zu bedenken, als wegen einer Nachlässigkeit die doppelte Mühe zu haben."

Frau von Stelzer rief das Mädchen, goß Wein ein, holte Zigarren und Hölzer. Während sie ihrem Mann Feuer reichte und Anna den Tisch abräumte, herrschte Schweigen.

Der Sanitätsrat saß behaglich zurückgelehnt auf seinem Stuhl und blies duftende Havannawolken von sich.

Als das Mädchen den Raum wieder verlassen hatte, beugte er sich zu seiner Frau hinüber und tätschelte ihr die Hand.

„Na, Louischen, ist es nicht schön so?" fragte er wohlwollend. „Wenn der Gatte müde von des Tages Mühsal nach Hause kommt, und ein gepflegtes Heim empfängt ihn, ein gutes Essen erwartet ihn und eine Frau, die ganz für ihn da ist? Die die kleinen Sorgen des Haushalts und der Kindererziehung von ihm fernhält? Ist nicht ein solcherart geordnetes Familienleben die beste Garantie für einen blühenden Staat und eine Gesellschaft ohne sozialistische Gleichmacherei?"

Er seufzte zufrieden und fügte dann tadelnd hinzu: „Und das wollen diese Weiber aufs Spiel setzen, indem sie etwas beanspruchen, wozu sie weder geistig noch psychisch in der Lage sind!"

Seine Frau war zusehends unruhiger geworden. Sie war eine zierliche Person, die meist tüchtig ihre hausfraulichen Pflichten erledigte und ihrem Mann das Reden überließ.

Aber jetzt war sie auf ihrem Stuhl ganz nach vorne gerutscht, wetzte auf der Kante hin und her wie ein Kandidat vor der Prüfung und trommelte mit den Fingern leicht auf den Tisch, eine Geste, deren sich ihr Mann sonst gern bediente, um seinen Unmut auszudrücken.

Zwischen zwei Zügen aus seiner Zigarre musterte der Sanitätsrat sie erstaunt.

„Aber Louischen", meinte er, „du wirst doch nicht anderer Meinung sein?"

„Mit Verlaub, mein lieber Wilhelm, das bin ich", erwiderte Louise und wurde ein bißchen rot, als käme ihr erst jetzt die Kühnheit ihres Widerspruchs in den Sinn, aber hartnäckig wiederholte sie: „Das bin ich. Warum sollte eine Frau denn nicht Medizin oder sonst ein gelehrtes Fach studieren können?"

„Aber Louischen", sagte der Sanitätsrat nachsichtig, „du mußt doch einsehen, daß dies im Plane der Schöpfung durchaus nicht vorgesehen sein kann. Hätte der Allmächtige es wohl so gefügt, daß das Weib die

Kinder austrägt und – verzeih bitte, daß ich so unverblümt spreche – einmal im Monat von einer gewissen Schwäche heimgesucht wird, wenn er es ins rauhe Leben hätte hinausschicken wollen?"

Louise wollte das nicht einsehen: „Ich hätte eher gedacht, dies sei eine zusätzliche Bürde, die den Frauen auferlegt sei. Aber was soll das mit ihren geistigen Gaben zu schaffen haben?"

Professor von Stelzer setzte sich gerade hin, legte die Zigarre in den Aschenbecher, faltete die Hände auf der Tischplatte und begann: „Nun hör einmal gut zu, Louise. Ich weiß ja nicht, welchem wirren Freigeist du solche unerhörten Ansichten zu verdanken hast, aber ich will versuchen, dich mit der Stimme der Vernunft zu überzeugen. So kann doch wohl dem niemand widersprechen, daß die schwachen Kräfte der Frau nicht ausreichen, sich im harten Lebenskampf zu behaupten. Dort aber, wo sie behütet und beschützt sich entfalten kann, gelangen die ihr eigenen Fähigkeiten voll zur Blüte. Der Mann hingegen braucht die Herausforderungen des Lebens, an denen er sich bewähren kann. Was aber nun die inneren Werte betrifft, gelten dort womöglich noch größere Unterschiede. Die moralische Standhaftigkeit, der Gerechtigkeitssinn, die schöpferische Kraft in Wissenschaft und Kunst sind die Sache der Frauen nicht. Dafür besitzen sie in höherem Maße die Demut, die Milde und die Hingabe, also die mehr passiven Tugenden.

Nur wer töricht ist oder sich bewußt den Tatsachen verschließt, kann bestreiten, daß der scharfe analytische Verstand ausschließlich dem Manne zu eigen ist, während, das sei gerne zugegeben, das Weib die größere Tiefe des Gefühls besitzt.

Was aber, meine liebe Louise, folgt aus all dem, dem doch nur ein Böswilliger widersprechen kann? Laß die Frau dem Beruf und der Berufung eines Mannes nachgehen, und sie wird in kurzer Zeit zugrunde gerichtet sein. Laß sie Arzt werden, und sie wird unter der Belastung ihres Körpers zusammenbrechen, Aug' in Aug' mit der Krankheit wird sie ihre moralische Kraft schwinden sehen, das Übermaß ihrer Gefühle wird sie angesichts des Leides in den Wahnsinn treiben, und die ständige gewaltsame Überforderung ihres Verstandes wird sie nervenkrank machen. Wer so der weiblichen Natur Gewalt antut, der vergeht sich in Wahrheit an den Frauen, und deshalb, meine liebe Louise, sind schon solche Gedanken, wie du sie geäußert hast, höchst verwerflich!"

Im Bewußtsein, eine große Gefahr gebannt zu haben, lehnte sich Sanitätsrat von Stelzer zurück und zündete sich höchsteigenhändig die Zigarre wieder an. Es war nun wirklich alles gesagt, was zu sagen war. Aber seine Frau dachte anders.

„Weißt du, Wilhelm", meinte sie freundlich, „ich finde das gar nicht richtig, was du gesagt hast."
Der Professor schaute sie entrüstet an, aber sie ließ sich nicht stören.

„Das bequeme Sitzen im Richterstuhle eines Amtsgerichtes, das soll die Kräfte einer Frau überfordern, aber die Erziehung einer Horde ungebärdiger Kinder und die schwere Arbeit im Haushalt soll sie bewältigen? Als Krankenschwester erträgt sie das Leid, über dem sie als Arzt verrückt würde? Dir hat dein Arzt seit langem den Wein untersagt, weil es mit deinem Herzen nicht zum besten steht, aber du schaffst es nicht, sein Gebot zu befolgen. Ich hingegen, die ich gesund bin, rühre ihn nicht einmal an. Wer hat da die größere moralische Kraft?

Was aber den Verstand betrifft, so würde ich gern einmal beweisen, wieviel ich davon besitze, und vielen Frauen geht es, denke ich, wie mir. Aber die Männer wollen uns nicht lassen, und das ist vielleicht das ganze Geheimnis der männlichen Überlegenheit: Aus Selbstsucht und Eitelkeit haben die Männer alles, was Ansehen, Wohlstand und Ehre einbringt, den Frauen vorenthalten!"

Louise von Stelzer hatte sich richtig in Feuer geredet, aber nun hielt sie verlegen inne. Da war sie wohl doch ein wenig zu weit gegangen; das Gesicht ihres Gatten war jedenfalls eine Maske versteinerten Grimms, als er sich erhob und mit kalter Stimme sagte: „Ich denke, Louise, das genügt. Die verdorbenen Charaktere, mit denen du offenbar ohne mein Wissen oder gar meine Billigung verkehrst und die dir solche Ideen einflüstern, denn in deinem eigenen Kopfe kann derlei ja wohl nicht entstanden sein, kennen anscheinend keine Grenzen.

Da kommen schöne Zeiten auf uns zu! Morgen leugnen sie, daß Gott ein Mann sei, und übermorgen verlangen sie womöglich gar das Wahlrecht! Dir Louise, gebiete ich ausdrücklich: Enthalte dich künftig solchen Verkehres! Und jetzt wollen wir, zu deinem Besten, so tun, als habest du deine Äußerungen nie getan."
Damit schritt er steifbeinig aus dem Zimmer.

Ein paar Wochen danach erlitt der Sanitätsrat – „der Wein und die Zigarren", erklärte sein Kollege und Hausarzt Louise – einen Herzanfall. Nichts wirklich Bedrohliches, aber doch ernst genug, daß er einige Zeit ans Bett gefesselt blieb und ordentlich Angst bekam.
Da lag er denn, und einmal, als Louise, die ihn hingebungsvoll betreute, das Krankenzimmer betrat, seufzte er und sagte: „Ach, Louischen, du läßt mich doch nicht allein, jetzt, wo ich vielleicht sterben muß? Du kümmerst dich doch um mich?"

Da setzte sie sich auf die Bettkante, lächelte ihn wehmütig an und erwiderte: „Natürlich kümmere ich mich um dich, mein Lieber. Dafür ist eine Frau doch schließlich da." Und sie blieb sitzen und hielt seine Hand, bis er eingeschlafen war.

Sanitätsrat: früher Ehrentitel für verdiente Ärzte.

---

97. Entscheidung in der Nordsee**

Kaiser Wilhelm II. hatte große Pläne. Er wollte dem Deutschen Reich Weltgeltung verschaffen und, nach dem Aufbau einer gewaltigen Flotte, die britische Vorherrschaft zur See brechen. Diese Pläne waren eine der Ursachen für den Ausbruch des Ersten Weltkriegs.
Vorlesezeit: 8 Minuten

Die Sonne schien mild und freundlich in den Garten hinter dem Haus des Kgl. Preußischen Gymnasialprofessors Erich Koedenstatt. Auf der kleinen Wiese, die den Mittelpunkt des Gartens bildete, stand eine mit Wasser gefüllte alte Zinkbadewanne.
Zwei Jungen, der eine vielleicht acht, der andere zehn oder elf Jahre alt, schleppten jeder keuchend vor Anstrengung einen Eimer herbei, den sie in die Wanne leerten. „So, das reicht", meinte der Ältere befriedigt. „Du holst jetzt noch die Schiffe, Fritz, und dann geht's los."
Der Kleiner nickte gehorsam, aber dann kamen ihm doch Bedenken: „Sollen wir nicht erst was anderes anziehen? Es gibt einen Riesenkrach mit Mutter!"
Sein Bruder musterte kurz den frischgewaschenen und makellos gebügelten Matrosenanzug, den Fritz trug und der ein genaues Abbild seines eigenen war, und dachte nach.
Dann entschied er: „Nein, das dauert jetzt zu lang. Und wenn wir Marine spielen, dann ist der Vater auf unserer Seite. Also los, hol jetzt die Schiffe!"
„Na gut, wenn du meinst." Fritz lief davon und kam gleich darauf zurück, auf den vor der Brust verschränkten Armen einen ganzen Berg von Spielzeugschiffen, großen und kleinen, aus Holz und Blech, und alle in vorschriftsmäßigem Schlachtschiffgrau. Mit Schwung wurden sie zu Wasser gelassen.

„So, Willi, das sind alle", sagte der Kleine und blickte seinen Bruder erwartungsvoll an. „Nenn mich nicht immer Willi", tadelte der, „ich heiße Wilhelm, wie …"

„Wie unser Kaiser", unterbrach Fritz, „ich weiß. Aber jetzt will ich endlich anfangen!" Wilhelm drückte die Mütze in die Stirn, rückte den Halstuchknoten zurecht und zog die Bluse glatt.

„Ich", verkündete er, „kommandiere die deutsche Flotte."

„Nein, nein, nein!" Fritz stampfte wütend mit dem Fuß auf. „Immer muß ich die blöden Engländer kommandieren! Ich will auch mal der Admiral von Tirpitz sein!"

„Aber die Engländer haben doch viel mehr Schiffe!"

„Ja, bloß die alten und die kaputten und die, die nicht richtig schwimmen!"

„Das ist eben so bei den Engländern!"

„Genau. Und deshalb will ich nicht immer der blöde englische Admiral sein!"

„Entweder du machst jetzt, was ich dir sage, oder ich spiel' nicht mit dir!"

„Du bist ein Spielverderber! Immer muß alles bloß nach deiner Nase gehn!" maulte Fritz, und seine Stimme klang ein bißchen weinerlich.

„Komm, sei doch nicht so", meinte da tröstend der große Bruder. „Ich zeig' dir dafür, wie man seine Matrosen richtig drillt, willst du?"

„Au ja!" Der Kleine hatte seinen Ärger vergessen und war Feuer und Flamme.

„Paß auf: Das Wichtigste ist der Gehorsam. Der Matrose muß sofort alles tun, was der Admiral sagt. Wenn er erst lange überlegt, dann ist es vielleicht schon zu spät."

„Wieso zu spät?"

„Na ja, stell dir mal vor, der Admiral befiehlt dem Matrosen: ‚Zerschieß das Schiff da!' Und der Matrose überlegt erst lange, dann ist das Schiff vielleicht schon weg."

„Ach so", Fritz nickte verständnisvoll.

„Dann üben wir das mal", befahl Wilhelm. „Du bist der Matrose und ich der Admiral. Denk dran! Gehorchen ohne Überlegen! Achtung! Stillgestanden!"

Fritz stand wie eine Salzsäule.

„Fünf Kniebeugen machen!"

Fritz machte Kniebeugen.

„Hinlegen!"

„Aber da wird doch mein schöner Anzug schmutzig!"

„Ha!" schrie Wilhelm. „Jetzt ist die Katastrophe schon passiert. Du hast überlegt! Wenn ein Matrose das tut, muß er sofort eine Strafe bekommen!"

Fritz sagte verdrießlich: „Ich glaub', ich weiß schon, wie man Matrosen drillt. Können wir jetzt endlich mit der Schlacht anfangen?"

„Du wolltest doch lernen, wie man seine Leute richtig auf Trab bringt! Aber meinetwegen. Also, ich bin der Admiral von Tirpitz, und du bist der englische Admiral. Das Wasser ist die Nordsee. Deine Schiffe liegen auf der linken Seite und meine auf der rechten."

Wilhelm griff in die Wanne und holte einige der grauen Schlachtschiffe heraus. „Als erstes mußt du diesen Teil deiner Flotte nach Übersee verlegen."

„Nein, jetzt fängst du schon wieder damit an!" jammerte Fritz, aber Wilhelm erklärte: „Das ist nun mal so. Die Engländer haben immer einen Teil ihrer Flotte in Übersee. Sie müssen ihre Kolonien schützen."

„Aber dann hast du nicht bloß alle neuen Schiffe. Du hast auch noch mehr als ich!" Wilhelm zuckte die Achseln. „So ist das nun mal im Krieg. Um so tapferer mußt du kämpfen. Übrigens, wenn ich gewinne, dann bekomme ich deine ganzen Länder in Übersee."

„Und wenn ich gewinne?" fragte der Kleine.

„Du gewinnst nicht", lautete die Antwort. „Die Engländer können gar nicht gegen die Deutschen gewinnen. Denn die Deutschen haben die besseren Schiffe und die besseren Matrosen."

„Du bist gemein!" brüllte Fritz. „Ich will nicht immer die blöden Engländer spielen!"

Aber dann fingen sie doch an, und bald tobte in der Nordsee eine fürchterliche Schlacht.

Die englischen Schiffe waren von Anfang an unterlegen, und eines um das andere wurde trotz tapferer Gegenwehr von dem hervorragend organisierten deutschen Verband versenkt, bis den englischen Admiral die Wut packte und er seinem deutschen Kollegen zwei Hände voll Wasser ins Gesicht spritzte.

Der ließ sich das natürlich nicht gefallen und spritzte zurück.

Schließlich bestanden die Flotten nur noch aus gestrandeten Wracks, die Nordsee führte so gut wie kein Wasser mehr, und beide Admirale hatten keinen trockenen Faden am Leib.

Die Entscheidungsschlacht war für diesmal noch unentschieden ausgegangen.

Verborgen hinter der Gardine des Wohnzimmerfensters, hatten der Professor und seine Gattin der Schlußphase des Kampfes zugesehen.

Die Mutter war entsetzt. „Schau dir das an", schimpfte sie, „was die nichtsnutzigen Bengel mit ihren schönen Matrosenanzügen angestellt haben! Na, die können was erleben!"

„So laß sie doch", beschwichtigte der Professor. „Wenn sie schon Admirale sind, müssen sie schließlich auch Uniform tragen; und ein Krieg nimmt nun mal keine Rücksicht auf das Gewand."

Er blickte voller Vaterstolz auf das Schlachtfeld im Garten und fügte sichtlich bewegt hinzu: „Ich sage dir, meine Liebe, mit solchen Jungs wird dem Kaiser alles gelingen!" Er sah versonnen in die Ferne, und in seinen Augen schimmerte es feucht.

98. Drei kleine Buchstaben***

Wer wirklich etwas gelten wollte im wilhelminischen Staat, der mußte eine Offiziersuniform tragen oder von Adel sein – am besten beides. Deshalb hatten viele Unternehmer, die zwar eine Menge Geld und einiges Ansehen besaßen, denen aber doch das Entscheidende fehlte, nur ein Ziel ...
Vorlesezeit: 11 Minuten

W ünsche ergebenst guten Morgen, Herr Kommerzienrat!" Der alte Pförtner Lehmann sprang auf, führte die Hand an die Mütze und erstarrte, als ob er noch immer Unteroffizier bei den preußischen Ulanen wäre und seinem Rittmeister gegenüberstände.

„Geheimer Kommerzienrat!" erwiderte der Geheime Kommerzienrat Scheffel leutselig. „Seit gestern Geheimer Kommerzienrat!"

Lehmann verharrte in seiner Haltung. „Meine ergebensten Glückwünsche, Herr Geheimer Kommerzienrat!" schnarrte er. „Wenn ich mir die Bemerkung erlauben darf: Niemand hat es mehr verdient!"

„Na, nun stehn Sie mal bequem, Lehmann", sagte Scheffel, griff in die Tasche und legte ein Geldstück in die Hand, die ihm der Pförtner schüchtern entgegenstreckte. „Nehmen Sie schon, Lehmann. Und heut' abend trinken Sie mit der Frau Gemahlin eine Flasche auf mein Wohl!"

„Ergebensten Dank, Herr Geheimer Kommerzienrat!"

„Schon gut, Lehmann, schon gut. Übrigens: Jetzt, wo Sie's wissen, lassen Sie den ‚Geheimen' mal ruhig wieder weg! Ich bin kein Mensch, der so an Titeln klebt wie andere. Wird ja auch zu lang sonst."

Er kniff ein Auge zu. „Wir zwei beide wissen auch so, was wir wert sind, was Lehmann?"

Er winkte noch einmal, ließ den alten Pförtner und sein „Wie Sie wünschen, Herr Kommerzienrat!" hinter sich zurück und stieg mit

wohlberechneter Mischung aus Bedacht und Geschäftigkeit die breite
Treppe hinauf.

Er durchschritt das Kontor, erwiderte alle Grüße mit würdevoller
Freundlichkeit und betrat schließlich sein Büro, wo ihn sein persönlicher
Sekretär bereits erwartete, um ihm aus dem Mantel zu helfen und ihn
nach seinen Wünschen zu fragen.

„Nichts Wesentliches heute, Bucher. Meine Zigarren liegen bereit, sehe
ich … Wann liefert der Drucker die Entwürfe für die neuen Visitenkar-
ten?"

„Für gegen zwölf hat er sie versprochen, Herr Kommerzienrat!"

„Gegen zwölf, gegen zwölf! Mehr Genauigkeit, Bucher! Stelln Sie sich
vor, der Generalfeldmarschall von Moltke hätte gesagt: ‚Gegen zwölf
greifen wir die Franzosen an!' Mensch, Bucher, den Krieg hätten wir
womöglich verloren! Nichts im Leben kann funktionieren ohne Genauigkeit und Pünktlichkeit, Bucher, keine Ehe, kein Geschäft, kein Krieg.
Merken Sie sich das!"

„Jawohl, Herr Kommerzienrat!"

„Und jetzt bringen Sie mir die Speisenfolge, die ich Ihnen gestern
diktiert habe. Da sind noch ein paar Ergänzungen zu machen!"

„Sofort, Herr Kommerzienrat!" Fast lautlos verschwand der Sekretär
durch die Doppeltür.

Der Geheime Kommerzienrat Dietrich Scheffel, alleiniger Inhaber der
Scheffel Papierfabriken, lehnte sich zufrieden in seinem Sessel zurück.
Heute spielte das Geschäft mal die zweite Geige, ein paar Stündchen
jedenfalls.

Genußvoll zündete er sich eine Zigarre an. Gestern abend, das war
großartig gewesen, nein, mehr noch! Wie ihm der Chef des Heroldsamtes
feierlich die Urkunde überreicht hatte, ausdrücklich „mit den Wünschen
und Grüßen Seiner Majestät des Kaisers" und wie er selbst dann das
Champagnerglas gehoben und einen Trinkspruch ausgebracht hatte auf
den großen Kaiser des deutschen Volkes, wie dann nach einem Augenblick ergriffenen Schweigens brausender Jubel losgebrochen war, das war
ein erhabener Augenblick gewesen!

„Was ist denn schon wieder, Bucher?"

Unvermittelt tauchte Scheffel aus dem Meer seliger Erinnerungen wieder auf in die rauhe Luft der Wirklichkeit und musterte ärgerlich die
dürre Gestalt seines Sekretärs. „Sehen Sie denn nicht, daß ich zu arbeiten
habe?"

„Verzeihung, Herr Kommerzienrat, aber Sie wollten doch …"

„Ja, was wollte ich denn, Bucher? So reden Sie doch, Mann!"

„Sie wollten doch die Speisenfolge überprü…"

„Warum sagen Sie das nicht gleich, Bucher? Muß ich immer selbst auf
alles kommen? Wofür brauche ich dann einen hochbezahlten Sekretär?"

„Aber ich habe doch nur …"

„Ja, Bucher, Sie haben immer nur. Aber was Sie haben, das interessiert
mich einen Mäusedreck. Mich interessiert, was Sie leisten, verstanden?
Und nur das!"

„Jawohl, Herr Kommerzienrat! Entschuldigen Sie vielmals!"

„Entschuldigen Sie sich nicht dauernd, Bucher! Einen Rüffel steckt man
in kerzengerader Haltung ein, ohne mit der Wimper zu zucken, aber man
winselt nicht wie ein altes Weib! Und jetzt legen Sie den Wisch dahin,
und verschwinden Sie!"

„Jawohl, Herr Kommerzienrat!"

Wie ein geprügelter Hund schlich sich der Sekretär hinaus.

„Versager!" zischte Scheffel und brummte dann: „Es ist wirklich ein
reiner Akt der Humanität, daß ich den noch nicht vor die Tür gesetzt habe!"
Immer noch kopfschüttelnd griff er nach dem Zettel, den Bucher
gebracht hatte.

Die Speise- und Weinfolge, die darauf vermerkt war, hatte er dem
Sekretär nach Notizen seiner Frau diktiert. Scheffel sah auf das Blatt.
Zunächstmal gehörten Austern und Kaviar dazu. Kraftbrühe! Ja, war sie
denn von allen guten Geistern verlassen? Consommé mußte es jedenfalls
heißen. Was fehlte noch? Hummer, Helgoländer Hummer, das war immer
gut. Trüffel mußten auch her. Zum Teufel, ein paar Trüffel würden doch
noch zu bezahlen sein! Mit dem Wein kannte er sich nicht recht aus …
neulich hatte er einen getrunken, der wunderbar süß gewesen und so
schnell in den Kopf gestiegen war. Irgendwas mit Ypsilon …, es wollte
ihm nicht einfallen. Eine Eisbombe durfte nicht fehlen, Portwein, eine
riesige Hochzeitstorte zum Schluß … Sonst hieß es womöglich noch:
Der alte Scheffel verlobt seine Tochter mit einem Oberleutnant der
kaiserlichen Kriegsmarine. Mit einem leibhaftigen Grafen. Aber das
Hochzeitsmenü hat ein Sozialdemokrat entworfen!

„Bucher!" Schnell wie der Blitz stand der Sekretär vor dem Schreibtisch,
Hacken zusammen, Hände an der Hosennaht.

„Sehn Sie, Bucher, das nenn' ich Haltung!" „Meine Schule", dachte
Scheffel und befahl: „Hier, was diese Speisefolge betrifft, schreiben Sie
dem Küchenchef vom ‚Atlantic', er soll sie gefälligst selber zusammen-
stellen! Ich wünsche zwölf Gänge, Kaviar, Hummer, Austern und Trüffel
müssen dabei sein, ach ja, und Kalbsrücken in saurem Rahm, und eine
Eisbombe. Natürlich Hochzeitstorte, Mokka, mit allem Pipapo. Minde-

stens sechs verschiedene Weine. Und er soll die Namen der Gerichte und die Weine halb französisch und halb deutsch wählen, wissen Sie, die richtige Mischung aus Eleganz und Patriotismus."

„Wird alles sofort erledigt, Herr Kommerzienrat!"

Bucher verschwand.

Als es nach einiger Zeit wieder klopfte, hob Scheffel nicht einmal den Kopf.

„Bucher, wenn Sie nicht einen verdammt guten Grund haben, mich schon wieder zu stören, werden Sie den Tag bedauern, an dem Sie auf die Welt gekommen sind", sagte er gefährlich leise.

Aber den Sekretär schien das gar nicht zu beeindrucken. „Da ist ein Herr, der Ihnen gern seine Aufwartung machen möchte", erwiderte er nur und legte Scheffel eine Karte auf die polierte Schreibtischplatte. Den Namen lesen und aufspringen war für Scheffel eins. „Ja, worauf warten Sie denn, Bucher, bitten Sie ihn herein! Los, los, los, so machen Sie schon! Cognac und Kaffee, aber ein bißchen plötzlich!"

Bucher stürmte hinaus und öffnete kurz darauf wieder die Tür, um den Besucher anzukündigen. „Herr Baron von Borwitz!"

„Mein lieber Baron!" Der Kommerzienrat eilte mit ausgestreckten Händen auf seinen Gast zu. Der nickte wohlwollend und näselte: „Kam gerade vorbei, lieber Scheffel, und dachte mir: ‚Nütze die Gelegenheit, dich für den reizenden Abend zu bedanken!' Und noch etwas …"

Er blickte bedeutungsvoll zur offenen Tür, in der immer noch der Sekretär stand.

„Das ist alles, Bucher", sagte Scheffel scharf und wedelte mit der Hand, bis der Sekretär verschwunden war.

„Eine Niete erster Güte", klagte er dann, „aber man kriegt ja heutzutage kaum was Brauchbares."

Der Baron nickte verständnisvoll. „Wem sagen Sie das, wem sagen Sie das", seufzte er und kam dann ohne Umschweife zum eigentlichen Grund seines Besuches.

„Habe Ihnen was Erfreuliches mitzuteilen, lieber Scheffel. Habe 'n bißchen meine Beziehungen spielen lassen, als Chef des Heroldsamtes hat man ja so seine Möglichkeiten. Habe höheren Orts Ihr Engagement für die Kunst, Ihre erfolgreiche unternehmerische Tätigkeit und Ihre loyale Haltung zur Politik Seiner Majestät hervorgehoben. Bin auf großes Wohlwollen gestoßen. Also, um es kurz zu machen, mein lieber Scheffel, in Ihrem Fall wird man von der Kontingentierung abweichen. Denke, wir können die Sache mit Ihrer Nobilitierung bis zur Verlobung Ihres Fräulein Tochter durchziehen!"

Sie saßen dann noch eine Zeitlang bei Kaffee und Cognac und plauderten über dieses und jenes. Aber Scheffel war gar nicht recht bei der Sache. Vor seinem geistigen Auge sah er die neue Visitenkarte: „Kgl. Preuß. Geheimer Kommerzienrat Dietrich *von* Scheffel". Oh, wie köstlich waren diese drei Buchstaben, wie adelten sie das Papier!
Eine Woge von Glück und Zufriedenheit überschwemmte ihn. So oder so ähnlich mußte man sich im Paradiese fühlen!

Heroldsamt: Behörde für die Adelsaufsicht, die auch Nobilitierungsgesuche bearbeitete. *Kontingentierung:* Mengenbegrenzung, hier für die Anzahl der Männer, die in den Adel aufgenommen wurden.

---

99. Dienstmädchen Anna***

Ungefähr vierzehn Jahre alt war ein Mädchen vom Land, wenn es in die Stadt in Dienst ging. Ein Sechzehnstundentag war noch um die Jahrhundertwende nichts Außergewöhnliches, der Lohn war gering, und bei ernsthafter Erkrankung gab es ein Zeugnis, gute Wünsche – und die Entlassung.
Vorlesezeit: 15 Minuten.

Und nachher fahren wir mit der Pferdebahn zur Floriansmühle und essen Kalbsbraten und trinken ein Bier dazu." Franz legte der Anna zwei Finger unters Kinn und hob ihr den Kopf. „Wär' das nichts?" Anna nickte bloß und strahlte ihren Franz an. Ja, das wär' schon was! Aber er hätte vorschlagen können, was er wollte, sie hätte alles wunderbar gefunden! Denn heute war Sonntag, heute hatte sie frei, vier herrliche Stunden frei!
„Aber daß du soviel Geld ausgeben willst, Franz!" rief sie.
„Es wird sich schon lohnen", erwiderte er und lächelte. Was er wohl meinte?
„Komm jetzt!" Er nahm ihren Arm. „Ich muß mit dir reden."
Aufgeregt trippelte Anna an seiner Seite durch den Park, in den sie eingebogen waren. Es war heut' so anders als sonst. „Nun sag schon, Franz! Was ist los?"
Franz rückte seine Mütze zurecht und zog seinen Uniformrock glatt. Dann räusperte er sich zweimal und begann: „In genau einem Jahr ist meine Militärzeit vorbei."

„Ich weiß", nickte Anna. Sie sah ihn von der Seite an. „Eigentlich schade."

Ja, er sah schon gut aus, der Franz. Er war zwar bloß ein Gemeiner, aber so wie er sich hielt, hätte man ihn auch für einen Feldwebel halten können, so gut saß die Uniform und so straff hielt er sich.

„Also, wenn sie vorbei ist", fuhr er fort, „dann werd' ich vom Vater das Geschäft übernehmen."

„Ja, die Metzgerei. Und was willst du da mit mir bereden, Franz?" fragte Anna und spürte, wie ihr Herz heftig klopfte.

„Du weißt es doch schon", erwiderte Franz. „Schau, ein Geschäft kann nur gut gehn, wenn auch eine gute Frau da ist. Eine, die fest arbeiten kann, die für die Kundschaft immer ein freundlichen Wort hat und die auch ein bißchen was hermacht. Arbeiten kannst du, das weiß ich. Freundlich bist du auch. Und was den Rest betrifft …"

„Ja?" Anna wurde rot.

„Beim letzten Mal, da haben uns zwei von meinen Kameraden gesehen. Die haben gesagt: ‚Ein bißchen mager ist sie, aber sonst, Franz, sonst wären wir gern an deiner Stelle!' Na, und daß du mager bist, das kann man ja leicht ändern."

„Das hast du schön gesagt, Franz!"

„Eine Sache wär' da noch …"

„Sag's nur, Franz!"

„Wie schaut's mit der Mitgift aus?"

Anna blieb stehen und senkte beschämt den Kopf. „Nicht gut, Franz. Wir sind zu neunt daheim, und der Hof ist nur klein. Viel wird der Vater nicht geben können. Aber eine schöne Aussteuer hab' ich zusammengebracht. Das meiste davon hab' ich selber genäht. Das ist ja auch was wert, wenn eine gut nähen kann. Und von meinem Lohn, das sind jetzt achtzig Mark, die ich jedes Jahr verdien', da hab' ich auch das meiste gespart."

Sie sah ihn so flehentlich an, daß Franz ganz gerührt war.

„Ich muß mit den Eltern noch drüber reden", sagte er. „Aber ich denk' schon, daß sie einverstanden sind."

Er tätschelte ihr die Wange. „Das wär' also abgemacht. Und jetzt gehn wir weiter, sonst sind wir heute abend noch nicht in der Floriansmühle." Anna war glücklich.

Jetzt war sie eine Braut, eine richtige Braut, und in einem Jahr würde sie der Franz heiraten. Dann gab es keine Ohrfeigen von der Gnädigen mehr für einen zerbrochenen Teller, dann mußte sie keine vierzehn Tage oder gar vier Wochen warten, bis sie wieder einmal mit dem Franz ausgehen durfte, dann hatte sie ihn ja immer. Ach, es würde herrlich werden!

Anna merkte kaum, daß ein Strom von Tränen über ihr Gesicht rann und auf ihr Kleid tropfte. Nur langsam wurde ihr bewußt, daß man den kurzen Augenblick des Glücks nicht festhalten konnte, langsam begann sie die Welt wieder wahrzunehmen, und jetzt hörte sie auch den Franz.

„Ja, Anna, so beruhige dich doch, was hast du denn?"

„Nichts hab' ich, Franz, es ist nur, weil es so schön ist, weißt du, der schönste Tag in meinem Leben ist heut."

Franz schaute ein bißchen mißmutig drein. Das schätzte er gar nicht, wenn die Weiberleut' gefühlig wurden!

„Jetzt komm aber, Anna", befahl er, „ich hab' Hunger und Durst." Er faßte sie am Arm und zog sie kurzerhand hinter sich her.

Plötzlich keuchte sie: „Wart', Franz, ich kann nicht so schnell!" Sie nestelte an ihrem Kragen und zog ein Tuch aus dem Ausschnitt, das sie sich gegen den Mund preßte, während sie von einem heftigen Hustenanfall geschüttelt wurde.

„Ja, was ist denn jetzt wieder, Anna?" Na, das war vielleicht ein Sonntag! Da wär' er besser mit seinen Kameraden zum Kegeln gegangen!

„Nichts ist, Franz. Ich hab mich nur etwas verkühlt, in meiner Kammer, da zieht es so. Aber es ist schon viel besser."

Sie schob das Tuch schnell wieder ins Kleid, damit der Franz die vielen roten Tröpfchen nicht sehen sollte, die sie hineingehustet hatte. Er würde sich nur unnötig beunruhigen. Von dem Blut hatte sie bisher niemandem etwas erzählt, und wenn die Herrschaft dabei war, hatte sie den Husten immer unterdrückt, so gut es ging. Besser, keiner wußte davon. Und den Sonntag nachmittag würde sie sich auf keinen Fall verderben lassen. Jetzt war es ja erst mal wieder vorbei!

„Hast du nicht Hunger und Durst, Franz?" fragte sie.

„Also, dann gehen wir jetzt zur Pferdebahn!"

Es wurde wirklich noch ein schöner Nachmittag. In der Floriansmühle, beim dritten Bier, taute der Franz wieder auf, und sie achtete einfach nicht auf die Schmerzen in der Brust.

Pünktlich kurz vor halb sieben brachte er sie dann heim, gab ihr zum Abschied einen Kuß und sagte: „Also denk dran, was wir ausgemacht haben, und schreib deinen Eltern, daß sie ihre Erlaubnis geben!"

„Denk dran!" Als ob sie das vergessen könnte! Anna schlüpfte durch den Hintereingang und ging die schmale Treppe hinauf. Kaum war sie in ihrer Kammer, da ertönte schon die Klingel. Herrje, warum mußte es denn gar so eilig gehen? Heut war doch Sonntag!

Anna zog sich rasch um, prüfte im Spiegel, ob auch das Häubchen richtig saß, wusch sich Gesicht und Hände und eilte nach unten.

„Da bist du ja endlich!" Die Gnädige war ziemlich ungehalten. „Wenn man dir freigibt, so heißt das noch nicht, daß du bis zur allerletzten Minute wegbleiben mußt. Wir haben einen unerwarteten Gast heut abend; geh jetzt und bring das Silber auf Hochglanz!"
„Jawohl, gnädige Frau!"
Anna machte einen Knicks und ging. Draußen vor der Tür seufzte sie leise. Den ganzen Abend Dienst! Dabei hätte sie soviel zum Nachdenken gehabt! Später, als der Besuch da war, es war der Hausarzt, ein alter Freund des gnädigen Herrn, machte Anna ihre Sache so gut, daß sogar die Gnädige ihr ein freundliches Gesicht schenkte. Bis sie die Nachspeise servierte. Da bekam sie plötzlich ein solches Stechen in der Brust, einen solchen Hustenreiz, daß sie schleunigst die Schüssel abstellen mußte, damit sie sie nicht fallen ließ.
Sie zog ihr Tüchlein hervor und hielt es an die Lippen, aber es war zu spät, ein paar von den roten Sprenkeln leuchteten schon unübersehbar auf dem weißen Tischtuch. Anna stürzte hinaus, und während sie in der Diele an der Wand lehnte und keuchend nach Atem rang und hustete, hörte sie mit halbem Ohr, wie der Arzt sagte:
„Die Kleine ist schwer lungenkrank, meine Liebe. Ist Ihnen das noch gar nicht aufgefallen? Sie ist ohne Zweifel seit längerer Zeit schwindsüchtig."
Kurz darauf kam die Gnädige herbeigerauscht und sagte nur eisig: „Darüber reden wir morgen. Jetzt geh in deine Kammer!"
Anna ging langsam die Stiege hinauf. Der stechende Schmerz in der Brust war immer noch da, und das Gefühl des Glücks, das sie am Nachmittag empfunden hatte, war verschwunden. Statt dessen hatte sie Angst, Angst vor der Krankheit, die plötzlich schlimmer geworden zu sein schien, und Angst vor dem Zorn der Herrschaft.
In ihrer Kammer setzte sie sich aufs Bett. Sie fröstelte. Schwindsüchtig war sie. Was hieß das: „Darüber reden wir morgen"?
Wenigstens hatte sie den Franz. Was auch geschah, er würde ihr schon helfen.

Am nächsten Morgen, gleich nachdem Anna das Frühstücksgeschirr abgeräumt und der Hausherr sich auf den Weg in sein Amt aufgemacht hatte, rief die Gnädige: „Anna, ich habe mit dir zu reden."
„Jawohl, gnädige Frau?" Anna stand da und versuchte, gelassen zu wirken; ihr Herz klopfte wie rasend. „Anna, du hast doch nichts Böses getan", sagte sie immer wieder zu sich selbst, aber als sie in das verdrießliche Gesicht vor sich blickte, die steile Unmutsfalte über der Nase sah, da wußte sie, daß sie sich irrte.

Die Gnädige nahm einen Schluck aus ihrer Kaffeetasse, lehnte sich zurück und sagte: „Ich habe mich sehr aufgeregt gestern. Ich muß sagen, du hast uns sehr enttäuscht. Wir haben dich gut gehalten, und großzügig waren wir, meine ich, auch. Jedenfalls haben wir es nicht verdient, daß du unser Vertrauen so grob mißbrauchst. Dadurch, daß du uns deine Krankheit verschwiegen hast, hast du uns, die wir dir Arbeit und Brot gaben, in hohem Maß gefährdet. Was ist, wenn du uns angesteckt hast mit deiner Schwindsucht?"

Die Gnädige machte eine Pause. Anna stand da, unfähig, sich zu rühren oder ein Wort zu sprechen.

„Deine Krankheit macht es uns unmöglich, dich weiter bei uns zu behalten. Deine mangelnde Ehrlichkeit uns gegenüber verhindert, daß wir dies bedauern. Du wirst uns also noch heute verlassen."

Sie wartete einen Moment, als ob sie damit rechnete, daß Anna etwas entgegnen wollte. Als das Mädchen sie aber nach wie vor nur schweigend anstarrte, sagte sie noch: „Wir haben uns entschlossen, trotz deiner Verfehlung auch weiterhin großzügig zu sein, und dir ein gutes Zeugnis ausgestellt. Außerdem werde ich dir deinen Lohn bis zum Ende des Monats auszahlen, ja, die Summe sogar nach oben abrunden. Ich hoffe, du weißt das zu würdigen."

Anna schwieg noch immer.

„Wie du meinst." Die Gnädige schob ihr einen Umschlag zu. „Du kannst jetzt gehen und deine Sachen packen. Am besten, du fährst nach Hause und schaust, daß du gesund wirst. Dann wirst du schon wieder eine Stellung finden."

Sie erhob sich und verließ den Raum.

Minutenlang noch stand Anna regungslos an der abgedeckten Tafel.

Keine Stelle mehr. Hinausgeworfen. Ohne recht zu wissen, was sie tat, griff sie nach dem Umschlag und stieg in ihre Kammer hinauf. Sie packte Wäsche, Schuhe und Waschzeug in ihren Koffer, legte den Umschlag und das Zigarrenkistchen obenauf. Sie band die weiße Schürze ab, zog das schwarze Kleid aus, nahm das Häubchen vom Kopf, faltete alles ordentlich zusammen und legte es auf das Bett.

Sie schlüpfte in ihr eigenes Kleid, setzte den Strohhut auf, machte den Koffer zu, nahm ihn in die Hand und legte sich ihren Mantel über den Arm. Sie warf keinen Blick zurück und machte kaum ein Geräusch auf der Treppe. Die Haustür klickte leise hinter ihr ins Schloß. Keine Stellung mehr. Hinausgeworfen. Die Kleine ist schwer lungenkrank. Du hast unser Vertrauen grob mißbraucht.

Anna beschleunigte ihre Schritte. Der Franz würde helfen.

Der Posten vor der Kaserne, in der Franz stationiert war, lächelte sie freundlich an. „Warten Sie, ich schicke sofort jemanden, der Ihren Bräutigam holt."

Bald darauf kam er. Er war heute nicht so schneidig und elegant, er trug eine Arbeitsuniform aus grobem Tuch.

„Was willst du hier, Anna?" fragte er, und Anna sah ihm an, daß er eher erstaunt als erfreut war. Die Zuversicht, die ihr geholfen hatte, den weiten Weg zu gehen, ohne zu husten, den Koffer zu tragen und die Angst zu vergessen, schwand.

Sie rang nach Atem und sagte mühsam: „Sie hat mich entlassen, Franz."

Bestürzt sah er sie an. „Warum, um Gottes willen?"

„Weil ich schwindsüchtig bin, Franz, und weil ich es ihr nicht gesagt habe."

„Ihr nicht – und mir auch nicht", sagte Franz langsam. „Da kann man nichts machen. Am besten ist es, du fährst heim und schaust, daß du gesund wirst. Dann wirst du schon wieder eine Stellung finden."

Er spähte in den Kasernenhof, als ob ihn jemand riefe, aber es rief ihn niemand. „Du, Anna, ich muß gehen, der Feldwebel macht mir sonst Ärger. Ich wünsch' dir viel Glück."

Dann schloß sich das Tor hinter ihm.

100. Der Krieg ist kein Ort für Gedichte***

Heroischer Kampf für das Vaterland, Spaziergang nach Paris, fester Glaube an einen glorreichen Sieg – das ganze leere Geschwätz war schnell vergessen an der Front des Stellungskriegs. Dort gab es nur Kälte, Angst, Überlebenswillen und Tod. Vorlesezeit: 6 Minuten.

Sie hocken zu dritt in dem schlammigen Unterstand. Georg, Werner und der kleine Erich. Anfangs sind sie sechs gewesen, aber nun liegt einer irgendwo, draußen, dort, wo ihn ein Schrapnell erwischt hat. Einer ist auf eine Mine getreten: Kein Leichnam beweist, daß er je gelebt hat. Der dritte hat es gut. Er hat eine Gewehrkugel abbekommen, eine glatte, saubere Gewehrkugel.

Sie haben einfach ein Loch in die Grabenwand gehackt und ihn dort hineingesetzt, gerade und ordentlich. Sogar das nasse Haar haben sie ihm aus der Stirn gestrichen.

Seine Braut, wenn sie ihn hätte sehen können, sie würde ihn in bester Erinnerung behalten.

Sie können nicht schlafen. Nicht, weil der Tote ein paar Meter von ihnen entfernt in seiner Nische liegt. Er hat sie als Lebender nicht gestört, er stört sie auch nicht als Toter. Aber es ist kalt, und von den Wänden des Unterstands rinnt das Wasser; ihre Kleider sind feucht, und sie frieren. Sie können nicht schlafen, also reden sie.

„Meine Mutter hat mir ein Buch geschickt", sagt der kleine Erich.

„Ein Buch?" Werners Stimme klingt ungläubig. „Ein Buch? Was steht drin? Wie eine Frau aussieht? Wie man sich fühlt, wenn man gebadet hat? Wie ein Rumpsteak schmeckt?"

„Ein Buch ist etwas sehr Nützliches", sagt Georg versonnen. „Wenn man Tabak hat, kann man sich mit einer einzigen Seite ein paar Zigaretten drehn. Wie dick ist das Buch?"

„Ihr seid Idioten", sagt der kleine Erich leise. „Es ist ein Buch über den Krieg."

Draußen schweigt der Krieg. Ab und zu durchdröhnt eine ferne Detonation die Nacht, aber sonst ist es ruhig.

„Es ist ein Buch über den Krieg", wiederholt der kleine Erich.

Niemand sagt etwas darauf, also fährt er fort: „Es handelt von Freundschaft im Krieg. Ein Gedicht ist auch drin. Ich hab es auswendig gelernt. Soll ich es euch vorsagen?" Georg und Werner antworten immer noch nicht, also fängt er einfach an:

„Wildgänse rauschen durch die Nacht,
mit schrillem Schrei nach Norden –
Unstäte Fahrt! Habt acht, habt acht!
Die Welt ist voller Morden."

Seine leise Stimme verschmilzt nicht wie ihre Unterhaltung vorhin mit dem Rinnen des Regens, mit dem Zerplatzen der Tropfen auf dem Dach des Unterstands und dem Knarren der Bäume.

Die Wörter klingen fremd, so daß man gar nicht hinhören möchte, wie ein Herrenwitz, den jemand bei einem Damenkränzchen erzählt.

Nach der dritten Strophe sagt Erich: „Ich hab' mir eine Melodie dazu ausgedacht."

Mit seiner dünnen, ein bißchen brüchigen Stimme singt er die vierte Strophe:

„Wir sind wie ihr ein graues Heer,
und fahr'n in Kaisers Namen
und fahr'n wir ohne Wiederkehr,
rauscht uns im Herbst ein Amen!"

Die Fremdheit vertieft sich, die Wörter werden zu Empfindungen, und als Erich geendet hat, summt Werner die Melodie leise nach.

„Sei still!" fährt ihn Georg an, und als Erich trotzig sagt:

„Ich finde es schön!", ruft er noch einmal: „Sei still!"

Dumpf schallt eine Explosion herüber, vielleicht ist ein Reh auf eine Mine getreten. Reh oder Mensch, keiner denkt weiter darüber nach.

„Er ist ein Lump, der das geschrieben hat", sagt Georg. Er sagt es ganz sachlich und ohne Wut. „Und schlimmer als die Narren, die uns erzählen, wie schön der Krieg ist und wie herrlich es ist, als Held sein Leben zu lassen. Er läßt dem Krieg seinen Schrecken, aber er wandelt den Schrecken in Poesie. Er weckt Sehnsucht nach dem Tode, auch bei dem, der kein Held sein will."

„Warum willst du mir die Freude nehmen, die mir das Gedicht macht?" fragt der kleine Erich.

„Er hat recht", sagt Werner. „Warum willst du ihm die Freude nehmen?"

„Der Krieg ist kein Ort für Gedichte." Georg spuckt geräuschvoll aus. „Der Krieg ist ein Ort für zerrissene Leiber, für geplatzte Trommelfelle, für Läuse und Dreck, ein Ort für verschimmeltes Brot und vollgeschissene Hosen. Im Krieg gibt es keine Sehnsucht nach dem Tod, nur nach dem Überleben. ‚Wenn du krepierst, dann nehm' ich deine Jacke, denn sie ist wärmer als meine.' Das ist die ganze Poesie des Kriegs."

Zwei Tage später wird Georg von einer Granate getroffen. Seine Braut, wenn sie ihn jetzt sehen könnte, sie würde ihn nicht wiedererkennen. Werner und Erich schaufeln ein Loch in die Grabenwand, so tief, daß auch am Tag kein Licht auf sein Gesicht fällt. Niemand sagt ein Gedicht auf, niemand singt ein Lied.

Der kleine Erich hat zerrissene Stiefel. Er nimmt sich die des Toten. Sie passen wie angegossen.

Das ist die Poesie des Kriegs.

Fundgruben
für Ihren Unterricht

Michael Gressmann

**Die Fundgrube für Vertretungs-
stunden in der Sekundarstufe I**

Im schulischen Alltag sind Vertretungs-
stunden in einer fremden Klasse keine
Seltenheit. „Die Fundgrube" lädt dazu
ein, solche Stunden spannend zu ge-
stalten.
Zu jeder Idee bietet sie die wichtigsten
Kurzinformationen auf einen Blick.
Viele Kopiervorlagen helfen, Vertre-
tungsstunden einfallsreich zu meistern.
2. Auflage 1993. 200 Seiten,
Paperback
ISBN 3-589-21028-1

David Clarke/Ingrid Preedy
**Die Fundgrube für den
Englisch-Unterricht**
Das Nachschlagewerk für jeden Tag
„Von Vorschlägen für das Poesiealbum
bis zu detailliert beschriebenen Klas-
senfahrten, von englischen Witzen bis
zu Musterbriefen, von Ideen für Ver-

tretungsstunden bis zu Kochrezepten
aus der englischsprachigen Welt
bietet der Band Arbeitshilfen zur Be-
lebung des Unterrichts. Die umfang-
reiche Materialsammlung ist ganz
auf die tägliche Praxis zugeschnitten."
*Bildung konkret, Zeitung des
Deutschen Lehrerverbandes 12/1990*
3. Auflage 1992. 328 Seiten mit
Abbildungen,
Paperback
ISBN 3-589-20899-6

Sylvie Gauthey/Danielle Spiekermann
**Die Fundgrube für den
Französisch-Unterricht**
Das Nachschlagewerk für jeden Tag
Französischlehrerinnen und -lehrer
aller Schulformen und Jahrgangs-
stufen finden hier eine Fülle von
Informationen, Anregungen und Tips.
Von Spielen bis zu Kochrezepten
(„La grande cuisine et la petite"),
von Witzen bis zu Musterbriefen
und Hinweisen für Klassenfahrten,
von landeskundlichen Details bis
hin zu nützlichen Adressen bietet der
Band umfangreiches Material für die
tägliche Unterrichtspraxis.
Auch Lehrer/innen mit langer Berufs-
erfahrung können diese Fundgrube mit
Gewinn für ihre Arbeit nutzen.
1994. 248 Seiten mit
Abbildungen,
Paperback
ISBN 3-589-21032-X

**Cornelsen Verlag
Scriptor**

Fragen Sie
in Ihrer Buchhandlung